Giorgio Vasari

Kunstgeschichte und Kunsttheorie

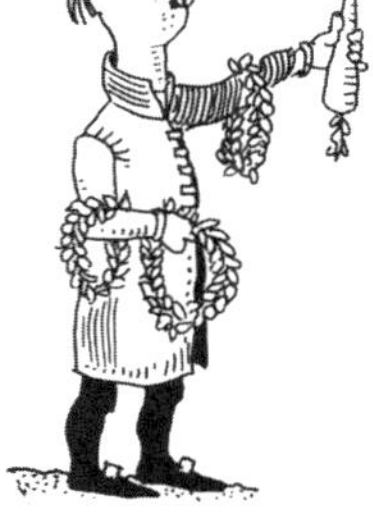

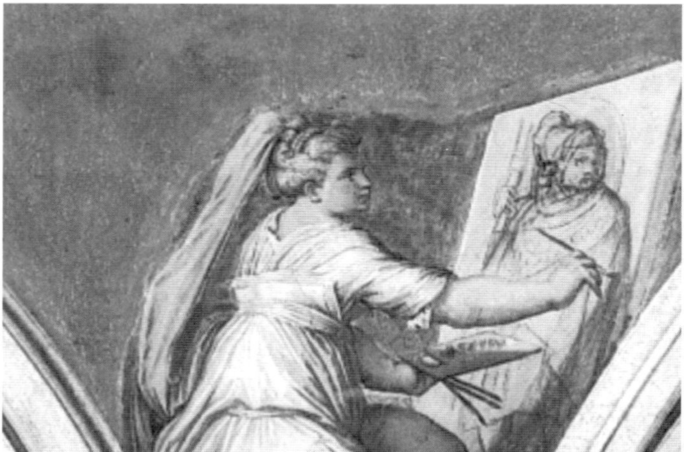

Giorgio Vasari: Malerei. Arezzo, Casa Vasari

GIORGIO VASARI

KUNSTGESCHICHTE UND KUNSTTHEORIE

Eine Einführung in die Lebensbeschreibungen berühmter Künstler

Neu übersetzt von Victoria Lorini
herausgegeben, eingeleitet und kommentiert
von Matteo Burioni und Sabine Feser

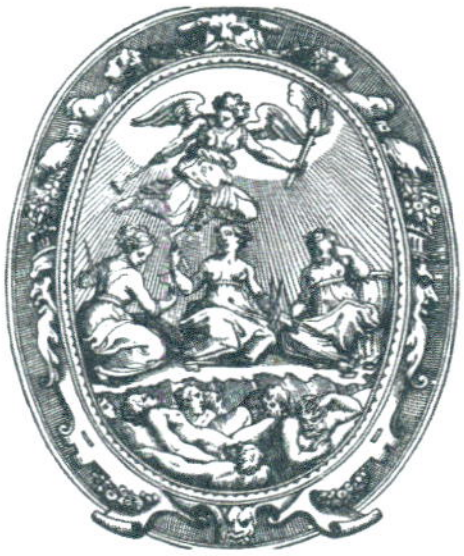

Verlag Klaus Wagenbach Berlin

Zu dieser Neuausgabe

Kaum ein anderes literarisches Werk hat auf die Kunstgeschichtsschreibung folgender Generationen einen so nachhaltigen Einfluß ausgeübt wie die von Giorgio Vasari (1511–1574) verfaßten und erstmals 1550 im Druck erschienenen *Lebensbeschreibungen der berühmtesten Maler, Bildhauer und Architekten,* die achtzehn Jahre später in einer revidierten und erweiterten Fassung noch einmal herausgegeben wurden. Heute ist das Hauptwerk Vasaris vor allem unter dem Titel *Le vite* bekannt.

Vasaris Text wurde in der Fassung von 1568 (nach der kritischen Ausgabe von Rosanna Bettarini und Paola Barocchi) neu übersetzt – textgetreu, ungekürzt und vollständig auch da, wo Vasari sich zu wiederholen scheint.

Eine Einführung stellt die jeweilige Künstlervita vor. Der Anmerkungsapparat behandelt nicht nur die jeweiligen kunsthistorischen, literarischen und zeitgeschichtlichen Aspekte auf neuestem wissenschaftlichem Stand, sondern benennt auch die heutigen Standorte (und Zustände) der Kunstwerke, die wichtigsten Abweichungen gegenüber der ersten Ausgabe der *Vite* sowie die uns heute bekannten Lebensdaten des Künstlers. Jeder Band enthält außerdem Abbildungen der wichtigsten Kunstwerke, die von Vasari erwähnt wurden.

Herausgegeben von Alessandro Nova

Inhalt

Vorwort 7

Giorgio Vasari:
Maler, Architekt,
Kunstschriftsteller und Hofmann 11

Widmung an Cosimo de' Medici (1550) 23

Widmung an Cosimo de' Medici (1568) 27

Abschlußwort an die Künstler und Leser (1550) 31

Der Autor an die Künstler des Disegno (1568) 35

Einleitung zur Vorrede des Gesamtwerks 39

Vorrede des Gesamtwerks 43

Einleitung zur Vorrede der Lebensbeschreibungen 59

Vorrede der Lebensbeschreibungen 63

Einleitung zur Vorrede des zweiten Teils 91

Vorrede des zweiten Teils 93

Einleitung zur Vorrede des dritten Teils 107

Vorrede des dritten Teils 109

Anmerkungen 121

Bibliographie 174

Glossar 203

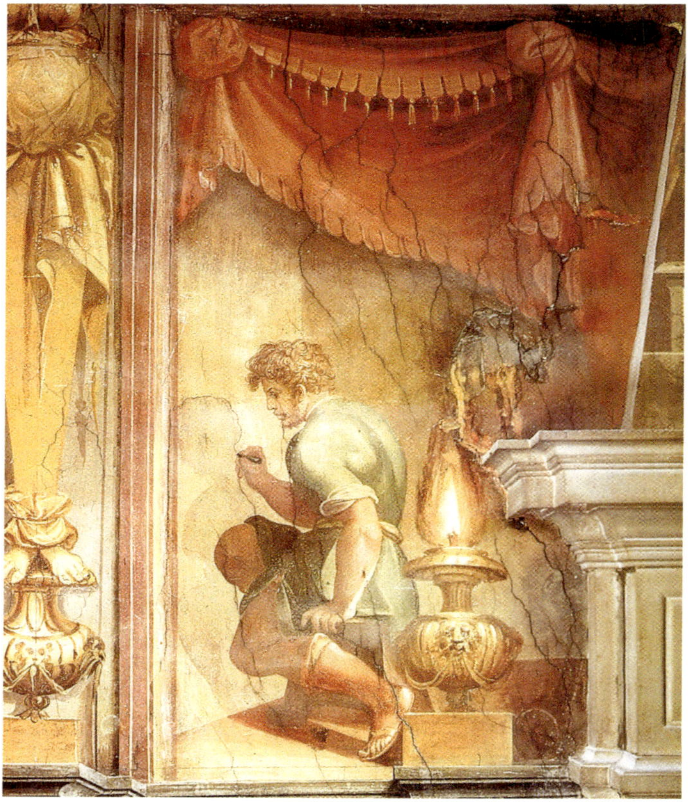

Giorgio Vasari: Der Ursprung der Kunst – der Lydier Gyges.
Florenz, Casa Vasari

Vorwort

Kaum ein anderes literarisches Werk hat die Kunstgeschichtsschreibung folgender Generationen so nachhaltig beeinflußt wie die von Giorgio Vasari (1511–1574) verfaßten und erstmals 1550 erschienenen *Lebensbeschreibungen der berühmtesten Maler, Bildhauer und Architekten,* die achtzehn Jahre später in einer revidierten und erweiterten Fassung noch einmal herausgegeben wurden.

Heute vor allem unter dem Kurztitel *Le Vite* bekannt, wird das ›Opus magnum‹ Vasaris fast ausschließlich in der Edition von 1568 rezipiert. Neben der Widmung an seinen Gönner Herzog Cosimo I., einem Schlußwort an die Künstler des Disegno, einer technischen Einleitung und vier *Proemien* umfaßt dieses Werk insgesamt 159 Lebensbeschreibungen vorwiegend italienischer Künstler des 14., 15. und 16. Jahrhunderts und enthält überdies an letzter Stelle die bislang kaum gewürdigte Autobiographie des Verfassers.

Vasari, der gern als ›Vater der modernen Kunstgeschichte‹ bezeichnet wird, nicht zuletzt weil spätere Kunsthistoriographen bis weit ins 18. Jahrhundert hinein seinem übermächtigen Beispiel oftmals folgten, sah seine Aufgabe nicht allein darauf beschränkt, eine umfangreiche Vitensammlung zu verfassen – ein damals überaus beliebtes literarisches Genre –, er verfolgte mit seinem Werk auch die Intention, einen Beitrag zur Geschichte der Künste zu leisten sowie eine grundlegende Abhandlung zu ihrer Theorie vorzulegen. Dies geschah einerseits in Auseinandersetzung mit zahlreichen antiken und zeitgenössischen Schriften, aus denen Vasari neben dem historischen Modell von Wachstum, Blüte und Verfall in besonderem Maße auch sein reiches, oftmals ambivalentes Vokabular zur Beschreibung und

Bewertung der Künste schöpfte, andererseits im Austausch mit den seinerzeit bekanntesten Humanisten, Literaten und Künstlern, mit denen Vasari nicht selten über Jahre hinweg persönlichen Umgang hatte oder brieflichen Kontakt pflegte. Neben ihrer Rolle als bis heute wichtigste Quelle für die Kunst der italienischen Renaissance sind die *Vite* wie auch beispielsweise Baldassare Castigliones *Buch vom Hofmann* (1528) ein typisch humanistisch-höfisches Produkt jener Zeit, in das die damals gängigen Vorstellungen und Ideale der sozialen Elite unmittelbar einflossen.

Vasaris epochales Werk in seiner Gesamtheit zu würdigen, kann schon aufgrund seines Umfangs und seiner Komplexität kaum in angemessener Weise geleistet werden, und so präsentiert sich der vorliegende Band zusammen mit den anderen Bänden dieser Reihe als jeweils eigenständiger Teil eines größeren Ganzen. Basierend auf der durch Rosanna Bettarini und Paola Barocchi besorgten italienischen Ausgabe der *Vite* (Florenz 1966–87), wurde Vasaris Text in der Fassung von 1568 vollkommen neu ins Deutsche übertragen und dem heutigen Sprachgebrauch mit der Maßgabe angepaßt, größtmögliche Texttreue zu bewahren. Dabei sollten im Gegensatz zu den älteren Übersetzungen von Ludwig Schorn und Ernst Förster (Stuttgart/Tübingen 1832–49) oder jener von Adolf Gottschewski und Georg Gronau (Straßburg 1904–27) stilistische Eigenarten wie etwa die Verwendung zahlreicher Superlative und redundanter Elemente weitestgehend erhalten bleiben und Passagen, in denen Vasari unklar in der Satzstellung oder inhaltlichen Logik ist, nicht einfach ausgelassen oder zu sehr geglättet werden.

Da eine tiefere Durchdringung der einzelnen Künstlerviten ohne den entsprechenden theoretischen Rahmen nur bedingt möglich ist, wurden für die Nachauflage des vorliegenden Bandes sowohl Widmung und Schlußwort, als auch alle vier *Proemien* (Vorreden) der *Vite* ausgewählt. Obwohl Vasari für die zweite Ausgabe seines Werks eine neue Dedikation verfaßte, nahm er die ursprüngliche Version von 1550 gleichberechtigt neben der neuen auf. Das vormalige Abschlußwort an die Künstler und Leser hingegen ersetzte er in der Ausgabe von 1568 durch einen Text, der sich nun nach Gründung der Accademia del Disegno (1563) ausschließlich an die Künstler des *Disegno* richtete. Beide Versionen wurden der Vollständigkeit halber in diesen Band aufgenommen, zumal sich daraus interessante Rückschlüsse auf Vasaris jeweiliges Selbstverständnis ergeben. In den *Proemien,* die als Einleitungen sowohl dem Gesamtwerk als auch jeder der drei chronologisch angeordneten Perioden vorangestellt sind, legt Vasari nicht nur seine Auffasssung von einer Entwicklung der Künste dar, sondern formuliert in diesen Passagen auch seine kunsttheoretischen Überlegungen.[1] Alle ausgewählten Texte wurden mit einem kritischen Anmerkungsapparat versehen, in dem einerseits der aktuelle Forschungsstand reflektiert wird, sich andererseits in vielen Fällen aber auch völlig neue Aspekte und Interpretationsmöglichkeiten erschließen.

Zu guter Letzt enthält dieser Band ein umfangreiches Glossar mit den wichtigsten Begriffen zu Vasaris Kunsttheorie. Viele dieser Termini haben im Laufe der Zeit einen nicht unerheblichen Bedeutungswandel erfahren, so daß sich ihr ursprünglicher Sinngehalt erst im historischen Kontext vollends offenbart. Als skizzenhafter Leitfaden will dieses Glossar in erster Linie zu einer genaueren und kritischeren Lektüre nicht nur der hier enthaltenen Texte, sondern der *Vite* insgesamt anregen. Erst die Kenntnis solcher Hintergründe läßt Vasaris Strategien im einzelnen deutlicher hervortreten und vermag der Auseinandersetzung mit seinem literarischen Werk eine neue lohnende Perspektive zu geben.

Dieser Band ist in Gemeinschaftsarbeit entstanden: Von Sabine Feser (*SF*) stammt das einleitende Kapitel über Vasaris Leben und Werk. Zusammen mit Victoria Lorini (*VL*) verfaßte sie die Anmerkungen zum *Proemio* des dritten Teils der *Vite* sowie das Glossar. Matteo Burioni (*MB*) besorgte die Kommentierung der Widmungen und Schlußworte, sowie die Anmerkungen zu allen *Proemien* (mit Ausnahme des oben genannten), dazu die Einleitungen zu allen *Proemien.*

SF

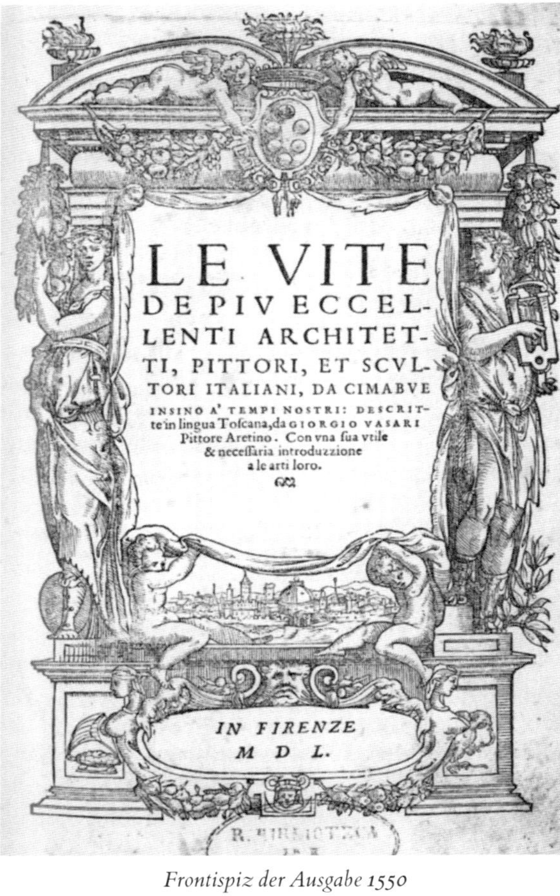
LE VITE
DE PIV ECCEL-
LENTI ARCHITET-
TI, PITTORI, ET SCVL-
TORI ITALIANI, DA CIMABVE
INSINO A' TEMPI NOSTRI: DESCRIT-
te in lingua Toscana, da GIORGIO VASARI
Pittore Aretino. Con vna sua vtile
& necessaria introduzzione
a le arti loro.

IN FIRENZE
M D L.

Frontispiz der Ausgabe 1550

Giorgio Vasari: Maler, Architekt, Kunstschriftsteller und Hofmann

Wann Vasari letztendlich den Entschluß zu seinem kühnen Vorhaben faßte, die *Lebensbeschreibungen der berühmtesten Maler, Bildhauer und Architekten* zu verfassen, läßt sich aus Mangel an entsprechenden Quellen bis auf den heutigen Tag nicht mit Bestimmtheit sagen. In seiner Autobiographie behauptet Vasari, die Idee dazu sei an einem Abend des Jahres 1546 geboren worden, zu einer Zeit, als er für Kardinal Alessandro Farnese (*1520 – † 1589) einen Saal des Cancelleria-Palastes in Rom freskierte und regelmäßig Gast in dessen Haus war, wo sich bekannte Humanisten, Literaten und Künstler des öfteren im Beisein des Hausherrn zu gelehrten Tischgesprächen trafen. Eines Abends, so berichtet Vasari, sei man bei dieser Gelegenheit auch auf das Museum des anwesenden Paolo Giovio (*1483 – † 1552) in Como und die dort versammelten Bildnisse berühmter Männer zu sprechen gekommen. Von Giovio stamme auch der Wunsch, diese Sammlung durch einen Traktat zu ergänzen, in dem nach dem Vorbild der *Uomini illustri* die bedeutendsten Künstler seit der Zeit Cimabues (dokumentiert 1272–1302) gewürdigt werden sollten. Seiner Kompetenz als bildender Künstler hätte er, Vasari, es zu verdanken, daß man ihn ein chronologisch geordnetes Verzeichnis anlegen ließ, das die Keimzelle der späteren *Vite* gebildet haben soll.

Längst ist bekannt, daß dieses Ereignis kaum in dieser Form und zu diesem Zeitpunkt stattgefunden haben kann, da Personen, die Vasari in diesem Zusammenhang als Anwesende nennt, sich gar nicht mehr in Rom aufhielten oder bereits gestorben waren. Vielmehr handelt es sich bei dieser Episode um ein literarisches Konstrukt, einen geschickten Kunstgriff Vasaris, der das alleinige Ziel hat, seine Schrift gleichermaßen als höfisches

Produkt und als Ergebnis gelehrter Überlegungen auszuweisen. Tatsächlich reichen Vasaris Vorarbeiten viel weiter zurück, und glaubt man seinen Angaben an anderer Stelle der *Vite,* so sammelte der aus Arezzo stammende Sprößling einer Töpferfamilie schon seit seiner Jugend mit großer Leidenschaft Informationen über bereits verstorbene und noch lebende Künstler. Ob er sich allerdings von Anfang an mit dem Gedanken trug, dieses Material zu veröffentlichen, entzieht sich unserer Kenntnis.

Nicht verwunderlich ist der offensichtliche ›Toskozentrismus‹ seiner Schrift, der sich nicht nur in der Auswahl der von ihm behandelten Künstler widerspiegelt. Vasaris Wunsch, die Geschichte der Künste mit der Geschichte von Florenz und der Familie Medici untrennbar zu verknüpfen, die als Mäzene auch für seine eigene Karriere eine ausschlaggebende Rolle spielten, wird an vielen Stellen der *Vite*, besonders durch die Widmung seines Werks an Herzog Cosimo I. de' Medici (*1519 – † 1574) deutlich.

Vasari, dem in Arezzo die Grundlagen einer humanistischen Bildung zuteil geworden waren und der in der Werkstatt des französischen Glasmalers Guillaume de Marcillat (*um 1470 – † 1529) erste Erfahrungen als bildender Künstler sammeln konnte, kam dank der Gunst Silvio Passerinis (*1470 – † 1529), dem damaligen Kardinal von Cortona und zugleich Auftraggeber Marcillats, 1524 im Alter von dreizehn Jahren erstmals nach Florenz. Zusammen mit Ippolito (*1511 – † 1535) und Alessandro (*1510 – † 1537), den beiden minderjährigen Medici-Abkömmlingen, für die Passerini im Auftrag von Papst Clemens VII. (Giulio de' Medici, *1478 – † 1534) die Regierungsgeschäfte in Florenz führte, wurde Vasari von dem Humanisten Piero Valeriano (*1477 – † 1558) unterrichtet, einem profunden Kenner antiker Mythologie und Verfasser eines bedeutenden Handbuchs, der *Hieroglyphica*, das 1556 mit einer Widmung an Herzog Cosimo I. erstmals im Druck erschien. Das starke Interesse Vasaris an allegorischen und symbolischen Darstellungen, das sowohl in seinem eigenen künstlerischen Werk als auch in der Beschreibung von Kunstwerken immer wieder zutage tritt, läßt sich wohl auch auf die frühe Prägung durch seinen damaligen Lehrer zurückführen.

Zwar mußte Vasari als Medici-Günstling 1527, nach dem Sturz der Familie, die Arnometropole verlassen, wo er in der Werkstatt Andrea del Sartos (*1486 – † 1530) und als Gehilfe Baccio Bandinellis (*1488 – † 1560) tätig gewesen war, trat dann aber nach verschiedenen Tätigkeiten in Arezzo, Pisa und Bologna 1532, als die Medici wieder in Florenz herrschten, sowohl in die Dienste von Herzog Alessandro als auch in jene Kardinal Ippolitos. Durch letzteren gelangte er 1532 zum ersten Mal nach Rom. Die intensive Auseinandersetzung mit den dort vorhandenen Kunstwerken der Antike und jenen seiner berühmten zeitgenössischen Kollegen Michelangelo (*1475 – † 1564), Raffael (*1483 – † 1520) und anderer, die Vasari eigenen Angaben zufolge mit seinem Freund Francesco Salviati (*1510 – † 1563) in endlosen Sitzungen studierte und systematisch kopierte, formte unmittelbar seine in den *Vite* vertretene Auffassung vom idealen Künstler, der sich unter anderem an diesen Werken zu schulen habe.

Einen tiefen Einschnitt in Vasaris Leben hinterließ der Tod beider Medici-Mäzene, die im Abstand von zwei Jahren gewaltsam ums Leben kamen (Kardinal Ippolito 1535 und Herzog Alessandro 1537). Die Zeit bis zu seinem Eintritt in die Dienste Herzog Cosimos I. im Jahr 1555 verbrachte Vasari je nach Auftragslage an recht unterschiedlichen Orten Italiens. Dabei führte ihn sein Weg außer nach Arezzo und Florenz, wo er sich von Zeit zu Zeit immer wieder aufhielt, nach Bologna, Venedig, Neapel, Rimini und abermals nach Rom. Religiöse Orden wie die der Kamaldulenser und der Olivetaner gehörten neben einflußreichen Persönlichkeiten wie Ottaviano de' Medici (*1494 – † 1546), Francesco Rucellai oder Bindo Altoviti (*1491 – † 1557) in jener Zeit zu seinen bedeutendsten Auftraggebern. Insbesondere letzterer verhalf ihm 1543 zu einem Auftrag Kardinal Alessandro Farneses und verschaffte ihm auf diese Weise Zugang zu dessen gelehrten Kreisen in Rom.

Bereits in den 1540er Jahren scheint Vasari sich eingehend mit Architektur beschäftigt zu haben, auch wenn er damals noch nicht selbst als Architekt und Bauleiter in Erscheinung trat. Eigenen Angaben zufolge will er schon unter Herzog Alessandro de' Medici architektonische Studien mit dem Ziel betrieben haben, seinem fürstlichen Mäzen durch den Bau von Befestigungsanlagen und anderen Gebäudekomplexen besser dienen zu können. Zugang zu diesem Metier hatte Vasari wohl in der Betrachtung antiker Denkmäler und auf Umwegen über die Architekturtheorie gefunden. Von seinem ersten unabhängigen Auftrag als Architekt, dem Entwurf einer großzügigen Villenanlage für Kardinal del Monte (späterer Papst Julius III., *1487 – † 1555), sind außer einem an Vasari adressierten Brief des Kardinals keinerlei Zeugnisse überliefert. Erst nachdem Vasari 1555 in den Dienst Herzog Cosimos getreten war – eine Stellung, um die er sich, wie aus seiner Korrespondenz hervorgeht, mehrmals selbst bemüht hatte –, betätigte sich Vasari in größerem Maße als Architekt. So oblag ihm als Hofkünstler Cosimos über mehrere Jahrzehnte hinweg nicht nur der Umbau und die malerische Ausgestaltung des Palazzo Vecchio, die Errichtung der Uffizien und die Modernisierung der größten Florentiner Ordenskirchen, darunter Santa Maria Novella und Santa Croce, sondern fast zwanzig Jahre lang bis zu seinem Tod 1574 nahezu der gesamte Florentiner Kunstbetrieb. Auch wurde unter seiner Mitwirkung 1563, ein Jahr vor Michelangelos Tod, die Accademia del Disegno in Florenz gegründet, eine Vereinigung von Künstlern, der Herzog Cosimo I. als Förderer und Schutzpatron vorstand. Diese hatte in erster Linie die Institutionalisierung und Systematisierung der künstlerischen Ausbildung zum Ziel, kümmerte sich aber ähnlich einer religiösen Bruderschaft im herkömmlichen Sinn auch um soziale Belange ihrer Mitglieder. Als Michelangelo im Februar 1564 in Rom verstarb, war es die Accademia del Disegno, die ihm zu Ehren die Bestattungsfeierlichkeiten in Florenz organisierte und ihm als ihr erstes öffentliches Projekt ein Grabmal in Santa Croce errichtete.

Von Anfang an verfolgte Vasari das Ziel, den Künsten die höheren Weihen der *artes liberales* zu verleihen und den Status des Künstlers, nicht zuletzt seinen eigenen, jenem von Staatsmännern, Humanisten und Literaten, die man der Erinnerung für besonders würdig hielt, durch die Intellektualisierung von Kunst gleichzusetzen und auf diese Weise zu nobilitieren. Mit seinen *Lebensbeschreibungen der berühmtesten Maler, Bildhauer und Architekten* wollte Vasari, wie er in der Einleitung zu seinem Werk bemerkt, verhindern, daß die von ihm erwähnten Künstler einen zweiten Tod durch das Vergessen erleiden. Schon Vespasiano da Bisticci (*um 1421 – † 1498) hatte in seinen um 1480 geschriebenen *Vite dei uomini illustri* darauf verwiesen, daß Malerei, Bildhauerei und Architektur in seinem Jahrhundert zu höchster Reife gelangt seien, sich bislang jedoch kein Autor gefunden hätte, der bereit gewesen wäre, ihren Ruhm in gebührender Weise zu verkünden und die Mühen eines Unterfangens auf sich zu nehmen, von dem niemand wußte, wer daran Geschmack finden würde und wer in der Lage wäre, diese Leistung entsprechend anzuerkennen. Fast siebzig Jahre vergingen, bis Vasari diesem Desiderat mit seinem ebenso umfangreichen wie Maßstäbe setzenden Projekt nachkam. Seine Adressaten sind zwar in erster Linie Künstler, doch richtet sich seine Schrift auch an kunstinteressierte Laien und potentielle Mäzene, denen Vasari durch die Vermittlung einer technischen Kompetenz ein geeignetes Instrumentarium zur Bewertung von Kunst an die Hand geben wollte.

Es ist kaum möglich, Vasaris Werk und seine literarischen Ambitionen entsprechend zu würdigen, ohne die Quellen und Modelle zu benennen, die in dieser Hinsicht vorbildlich wirkten, oder die Faktoren, die auf die jeweilige Ausgabe der *Vite* Einfluß hatten. Die Unterschiede der beiden Editionen von 1550 und 1568 sind zum Teil beträchtlich und offenbaren nicht selten ein verändertes Konzept, einen Wechsel des politisch-religiösen Umfeldes oder eine neue Strategie, mit der Vasari stellenweise die eigene künstlerische Leistung ins rechte Licht zu stellen versucht (die wesentlichen Abweichungen werden deshalb in unserer Edition vorgestellt).

Von zentraler Bedeutung im Entstehungsprozeß der *Vite* waren einerseits antike Schriften wie die *Naturalis historiae* von Plinius dem Älteren, Vitruvs Traktat über die Baukunst, die Bücher

Ciceros und Quintilians über die Redekunst (*De inventione*, *De oratore*, *Institutio oratoriae*) oder die von Plutarch und Sueton verfaßten Biographien. Andererseits konnte Vasari gerade im Hinblick auf künstlerische Techniken oder theoretische Überlegungen zu Optik, Anatomie und Proportion auf die Schriften einiger Künstlerkollegen zurückgreifen, darunter Cennino Ceninis *Libro dell'arte* (um 1400), Leon Battista Albertis *De pictura* (1435) bzw. *Della pittura* (1436), Lorenzo Ghibertis *I commentarii* (um 1450), Leonardo da Vincis (*1452 – † 1519) *Trattato della pittura* (eine Kompilation von Manuskripten unterschiedlichen Datums) und den *Dialogo della pittura* (1548) des Venezianers Paolo Pino, in dem die Publikation von Vasaris *Vite* bereits angekündigt wurde. Die größte Verwandtschaft besteht jedoch augenscheinlich zu den dreiteiligen *Commentarii* Ghibertis, die Vasari in seinem an die Künstler gerichteten Epilog sogar explizit als eine seiner Quellen nennt. Darüber hinaus geht aus einem 1547 datierten und an Vasari adressierten Brief des Poeten Annibale Caro hervor, daß der Titel von Vasaris Werk ursprünglich wohl *Commentario degli artefici del disegno* lauten sollte – ein unmißverständlicher Rückgriff auf Ghibertis rund hundert Jahre früher entstandene Schrift.

Des weiteren ließ sich Vasari beim Abfassen seiner *Lebensbeschreibungen* von klassischen literarischen Vorbildern wie der toskanischen Trias Dante, Petrarca und Boccaccio inspirieren, deren Stimmen oft in sprichwörtlicher Manier oder in Form von Sonetten und Novellen in die Biographien einflossen. Ebenso darf die Rolle der mündlichen Überlieferung nicht vergessen werden. Wie Vasari in seiner allgemeinen Einleitung lapidar bemerkt, habe er die meisten Informationen über Künstler der älteren Generation durch Erzählungen betagter Zeitgenossen erhalten. Zudem ist es seinem weitverzweigten Netzwerk, seinen Kontakten zu den verschiedenen Höfen Italiens mit den dort versammelten Gelehrten, Künstlern, Dichtern und Adligen zu verdanken, daß er immer wieder mit neuen Informationen – seien es biographische Details, anekdotisches Material oder Schilderungen bestimmter Werke – versorgt wurde. Davon zeugen nicht zuletzt die noch über tausend erhaltenen Briefe aus seinem Nachlaß.

Nicht weniger von Bedeutung ist in diesem Zusammenhang der Einfluß des visuellen Gedächtnisses auf die Entstehung bestimmter Passagen seiner Schrift. Über Jahre hinweg hatte Vasari dank ausgedehnter Reisen in Italien (darunter nach Bologna, Mailand, Mantua, Venedig, Rimini, Neapel, Pisa) die Gelegenheit, bedeutende Werke seiner Künstlerkollegen vor Ort zu studieren und zu kopieren. Neben Kupferstichen, Porträts und Zeichnungen der von ihm bewunderten Künstler dienten ihm diese graphischen Arbeiten später zum Teil als Gedächtnisstütze beim Beschreiben bestimmter Werke. Als *Libro de' disegni* zusammengefaßt, existierten sie neben den *Vite* als eigenständige Form der Künstler-Memoria, denn Vasari betrachtete die Zeichnung nicht nur als eine vorbereitende Studie, sondern als autonomes Kunstwerk von besonderem Rang.

Neben diesen allgemeinen Faktoren, die zur Genese der *Lebensbeschreibungen* beitrugen, spielten eine Reihe bedeutender Persönlichkeiten und das jeweilige historische Ambiente bei der Entstehung der *Vite* eine entscheidende Rolle. An erster Stelle muß hier der Humanist, Historiograph und Arzt Paolo Giovio genannt werden, der vor allem auf die erste Edition der *Vite* von 1550 großen Einfluß nahm. Nicht nur daß er die handschriftliche Fassung von Vasaris literarischem Werk redigierend und beratend begleitete, er überwachte auch dessen Drucklegung in Florenz. Während seiner Zeit am päpstlichen Hof in Rom, wo er unter anderem das ikonographische Programm für die von Vasari realisierten Fresken in der Sala dei cento giorni des Cancelleria-Palastes entwarf, beschäftigte sich Giovio in besonderem Maße mit den verschiedenen Formen der Geschichtsschreibung und verfaßte aus diesem Grund auch selbst Biographien berühmter Männer. Darunter befanden sich erstmals auch die Viten von Michelangelo, Raffael und Leonardo da Vinci, die, in lateinischer Sprache verfaßt, Vasari unter anderem als Quelle dienten. Wie viele Humanisten seiner Zeit folgte Giovio dem Diktum Ciceros, wonach durch entsprechende Exempla aus der Geschichte Lehren für das gegenwärtige Dasein abgeleitet werden können (›Historia magistra vitae‹). Vor diesem Hintergrund mit moralisch-didaktischem Anspruch plante Giovio in Rom auch, einen nie zur Ausführung gelangten Traktat zu schreiben, in dem er mittels antiker und zeitgenössischer Beispiele die aristotelischen Grundsätze der Ethik veranschaulichen wollte. Aufschlußreich für sein Verständnis von Historiographie ist seine strikte Abgrenzung der Geschichtsschreibung von der literarischen Form der Lobrede, die im Unterschied zur Schilderung von historischen Ereignissen ausschließlich positive Aspekte beschreiben würde und deshalb leicht Gefahr liefe, in Lügen zu verfallen. Nach Cicero (*De oratore* II, 62) hätte ein Historiograph jedoch die Aufgabe, ohne Verschweigen negativer Facetten die volle Wahrheit zu berichten.

Obwohl Vasari in der ersten Ausgabe seiner *Vite* behauptet, kein Historiker oder Schriftsteller sein zu wollen und zudem betont, daß das Malen und nicht das Schreiben seine eigentliche Profession sei, gibt er sich als Historiograph im Sinne Giovios zu erkennen, wenn er beteuert, daß es ihm dank zahlreicher Unterstützung möglich gewesen sei, über so viele göttliche Talente die reine Wahrheit zu berichten, ohne irgend etwas zu verheimlichen oder zu verschleiern. Darüber hinaus macht er sich den Anspruch antiker Autoren zu eigen, wonach die Aufgabe des Geschichtsschreibers im Gegensatz zu jener des Kompilators darin besteht, historische Fakten zu analysieren und zu bewerten. So will jede Lebensbeschreibung für sich auch nicht als Werkkatalog eines bestimmten Künstlers verstanden werden, selbst wenn Vasari in der Regel darum bemüht ist, alle ihm bekannten und seiner Ansicht nach bedeutenden Werke zu erwähnen und dabei die chronologische Ordnung ihrer Genese einzuhalten. Meistens fließen in die Biographien neben der Bewertung des Talents eines Künstlers und der Schilderung seiner jeweiligen Lebensumstände mehr oder weniger lange Passagen mit anekdotischem Inhalt ein, deren Funktion es überwiegend ist, gemäß der Vorstellung von ›Historia magistra vitae‹ die jeweiligen Charaktereigenschaften und Verhaltensweisen eines Künstlers, im positiven wie im negativen Sinn, besser hervortreten zu lassen.

Schon die antike Biographik sah neben der Behandlung von *genus, educatio* und *res gestae* einer darzustellenden Person auch die eingehende Betrachtung ihrer selbst als wesentliches Element einer Lebensbeschreibung vor. Aus der Rhetorik waren dafür zwei Verfahren bekannt: einerseits das der *etopeia*, der Darstellung des Charakters, und andererseits das der Prosopographie (griech. *prosopon* [Gesicht, Maske]), also die Darstellung der äußeren Erscheinung.

Hatte Vasari in der Ausgabe von 1550 die Gesichtszüge der von ihm behandelten Künstler zum Teil noch mit Worten wiederzugeben versucht, so ergänzte er in der zweiten Edition von 1568 die verbale mit einer bildlichen Prosopographie. In Anlehnung an die berühmte Porträtsammlung Giovios in Como stellte er nun jeder einzelnen Vita einen Holzschnitt mit dem Bildnis des Künstlers voran und bemerkte dazu in seinem Vorwort, daß er sich bei der Beschreibung des Aussehens und der Gesichtszüge kurz fassen würde, da die von ihm gesammelten Porträts weitaus besser als jede Beschreibung in der Lage wären, die jeweilige Gestalt eines Künstlers wiederzugeben. Wie wertvoll ihm diese Bildnisse innerhalb der *Vite* sind, beweist schon die Tatsache, daß er in Fällen, wo kein Künstlerporträt aufzutreiben war, wie beispielsweise bei Correggio, um Entschuldigung für diesen Mangel bittet.

Doch ist diese später vorgenommene Einfügung in die *Lebensbeschreibungen* keineswegs die einzige Veränderung gegenüber der Ausgabe von 1550. Verschiedene Gründe brachten Vasari dazu, 1568 eine revidierte Fassung seiner Schrift vorzulegen: Einerseits war ihm die große Resonanz Anlaß für eine Wiederaufnahme seines Projekts, zumal ihm dank des enormen Bekanntheitsgrades seiner Arbeit eine Fülle von neuem Quellenmaterial zugetragen wurde. Andererseits verlangte das zwischenzeitliche Ableben Michelangelos, den Vasari in der ersten Edition seiner *Vite* als einzigen lebenden Künstler in die Sammlung aufgenommen und außerdem zum Gipfelpunkt einer fortschreitenden Kunstentwicklung erklärt hatte, eine radikale Änderung des bisherigen Konzepts. Im Bewußtsein, daß gemäß seines zugrundeliegenden zyklischen Geschichtsmodells nach der erreichten Blüte ein Verfall der Künste eintreten müßte und alle noch lebenden Künstler seiner Zeit, einschließlich er selbst, nun einer Phase der Dekadenz angehören würden, entschloß sich Vasari, in die zweite Ausgabe der *Lebensbeschreibungen* auch Biographien noch nicht verstorbener Künstler aufzunehmen, um auf diese Weise den Fortbestand der Künste auf hohem Niveau anzudeuten. Seine eigene Biographie setzte er dabei an den Schluß der *Vite,* gewissermaßen in Analogie zu jener Michelangelos in der Edition von 1550.

Obwohl Vasari in der Widmung an Herzog Cosimo I., der zu diesem Zeitpunkt schon seit mehr als zehn Jahren sein Mäzen war, behauptet, das Buch fast neu geschrieben zu haben, wurde die Struktur des Werks an sich nicht grundlegend verändert, sein Volumen hatte sich jedoch nahezu verdreifacht. Einige der alten Viten wurden dank neuer Informationen erweitert. In erster Linie aber kamen weitere Biographien hinzu, darunter auch jene von Tizian (*um 1485/90 – † 1576), der entgegen des anfänglichen Konzepts, vorrangig Kunst und Künstler der Toskana zu ehren, nun als bedeutendster Vertreter der Kunstlandschaft Venedigs erscheint. Die Unterrepräsentierung bestimmter Regionen glich Vasari zudem durch mehrere Viten aus, in denen er nach lokalen Gesichtspunkten diverse, auch nordalpine Künstler (von Vasari ›flämisch‹ genannt) zusammenfaßte.

Mag die zweite Edition der *Lebensbeschreibungen* in dieser Hinsicht zwar vollständig wirken, so bleibt doch zu bedenken, daß die Kriterien, nach denen Vasari über die Aufnahme eines Künstlers in sein Werk entschied, nicht ganz frei von persönlichen Motiven waren. Seinem berühmten Zeitgenossen Benvenuto Cellini (*1500 – † 1571), der einer seiner schärfsten Konkurrenten am Hof von Cosimo I. in Florenz und einer seiner erbittertsten Feinde war, widmete er bezeichnenderweise keine eigene Vita. Ihn nicht zu erwähnen, wäre allerdings einem seinem Anspruch zuwiderlaufenden Versäumnis gleichgekommen, und so reihte er seinen mißliebigen Kollegen unter die Künstler der Accademia del Disegno ein. Vielleicht hielt Vasari es auch nicht für notwendig, eine umfangreiche Vita über Cellini vorzulegen, weil ihm bekannt war, daß dieser eine Autobiographie geschrieben hatte, und er erwartete, daß diese demnächst publiziert würde. Zumindest kommt Vasari in seiner kurzen Passage über Cellini auch auf dessen Tätigkeit als Autor kunsttheoretischer Schriften zu sprechen und erklärt in diesem Zusammenhang, daß er das eigene Leben niedergeschrieben hätte.

Während Vasari an der neuen Ausgabe der *Vite* arbeitete, war sein Freund Vincenzio Borghini (*1515 – † 1580), Prior des Florentiner Waisenhauses und zudem Autor einer Geschichte von Florenz, die zentrale Figur an seiner Seite. Er verfaßte einen Index zu den *Lebensbeschreibungen* und hielt Vasari in seiner Eigenschaft als Philologe und Historiker überdies dazu an, historische Fakten zu überprüfen und einige anekdotische Passagen aus den *Vite* zu streichen. Wie eine Reihe anderer Gelehrter der Accademia Fiorentina gehörte er den intellektuellen Kreisen der katholischen Reform in Florenz an, die auch von Herzog Cosimo I. in großem Maß unterstützt wurde, nicht zuletzt aus staatspolitischem Interesse. Vielerorts in den *Vite* offenbart sich bei einem Vergleich beider Editionen der unmittelbare Einfluß dieses intellektuellen Zirkels und die Auswirkungen des Konzils von Trient (1545–1563): Äußerungen, die nun nicht mehr in das gegenreformatorische Klima paßten, wurden in der späteren Ausgabe entweder völlig getilgt oder durch Umformulierungen abgemildert (die wichtigsten dieser Veränderungen werden, wie schon erwähnt, im Anmerkungsapparat unserer Edition jeweils vermerkt).

Obwohl 1565 schon der erste Band der zweiten Edition in Druck ging, war das erforderliche Material noch nicht lückenlos zusammengetragen, was zur Folge hatte, daß Vasari die später hinzugekommenen Informationen in die Folgebände einarbeiten mußte. Auch wenn dies naturgemäß nicht ohne formale und inhaltliche Unstimmigkeiten vonstatten ging, bleibt diese Edition der *Lebensbeschreibungen* von 1568 bis auf den heutigen Tag das Meisterwerk Vasaris und macht ihn zu einem Wegbereiter der modernen Kunstgeschichte.

SF

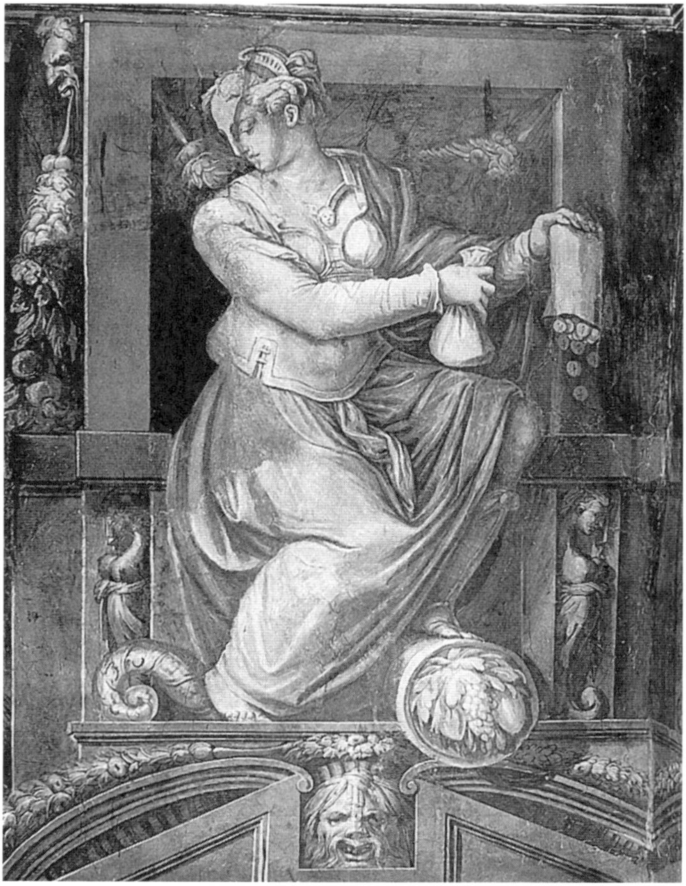

Giorgio Vasari: Die Großzügigkeit. Arezzo, Casa Vasari

Widmung an Cosimo de' Medici (1550)[2]

Dem hochwohlgeborenen, vortrefflichen Herrn Cosimo de' Medici, Herzog von Florenz

Mein hochverehrter Herr

Da Eure Exzellenz auf den Spuren Eurer hochverehrten Vorfahren wandelnd, außerdem getrieben und angespornt von Eurer angeborenen Großmut, unaufhörlich jede Art von Talent fördert, wo immer es sich auch zeigt, und Ihr Euch insbesondere der Zeichenkünste angenommen habt, den Künstlern gewogen seid und ihren schönen und außerordentlichen Werken Beachtung und Wertschätzung schenkt, denke ich, daß Ihr an dieser meiner Bemühung Freude haben werdet, die Leben, Werke, Stilrichtungen und Umstände all derer niederzuschreiben, welche die vormals erloschenen Künste wieder zum Leben erweckt, nach und nach erhöht, geschmückt und schließlich im Hinblick auf Schönheit und Größe zu jener Stufe geführt haben, auf der sie sich dieser Tage befinden. Da sie fast alle aus der Toskana stammten, in der Mehrheit überdies Eure Florentiner waren, und viele von ihnen durch Eure hochverehrten Vorfahren mit allen erdenklichen Belohnungen und Ehrungen in ihrer Ausübung angespornt und unterstützt wurden, darf man sagen, daß sie in Eurem Staat, noch eher aber in Eurem vom Glück gesegneten Haus wiedergeboren wurden und sie es waren, die der Welt diese wunderschönen Künste zurückgegeben haben, die dadurch geadelt und verschönert worden ist.

Dieses Jahrhundert, diese Künste und Künstler sind Eurer Familie und Euch selbst als Erben ihrer Verdienste und ihres Patronats über diese Tätigkeiten verpflichtet, und vor allem ich, der ich unter Kardinal Ippolito de' Medici[3] und seinem Vorgänger Alessandro[4] aufgezogen wurde und von ihnen lernen durfte, schulde ihnen als ihr getreuer Untertan vieles; auch fühle ich mich den seligen Gebeinen des herrlichen Ottaviano de' Medici[5] unendlich verbunden, der mich Zeit seines Lebens ernährt, geliebt und in Schutz genommen hat. Aus all diesen Gründen, sage ich, wegen des Vorteils, den die Größe Eures Ansehens und Eures Geschicks für dieses Werk bedeutet, wegen Eurer Einsicht in das Thema, die Euch besser als jeder andere seinen Nutzen einschätzen läßt, und die Mühe und Sorgfalt, die ich auf seine Ausführung verwandte, war ich der Ansicht, daß es einzig und allein Eurer Exzellenz gewidmet werden konnte und unter Eurem hochverehrten Namen in die Hände der Menschen gelangen sollte.

Eure Exzellenz geruhe demnach, es anzunehmen, es Eurer Gunst erfreuen zu lassen und zuweilen, sofern Eure hohen Gedanken dies zulassen, darin zu lesen. Sie geruhe dabei, die Qualität der darin behandelten Themen zu beachten und meine lautere Absicht, die nicht darin bestand, mir als Schriftsteller Ehre zu machen, sondern als Künstler die Fähigkeiten zu loben und die Erinnerung an diejenigen aufzufrischen, die diesen Berufen Leben eingehaucht und Zierde verliehen haben und es deshalb nicht verdienen, daß ihre Namen und Werke, wie einst geschehen, dem Tod und dem Vergessen anheimfallen.

Gleichzeitig dachte ich, daß das Beispiel dieser tüchtigen Menschen und all die von mir in diesem Buch gesammelten Informationen für die Lehrer dieser Berufe von einigem Nutzen sein könnten und allen anderen, die Geschmack und Freude daran haben, Vergnügen bereiten würden. Ich habe mich darum bemüht, dies mit jener Genauigkeit und Aufrichtigkeit zu tun, die man sich vom Wahrheitsgehalt historischer Schriften erwartet.

Sollte das Geschriebene, ungelenk und wie mir der Mund gewachsen ist, den Ohren Eurer Exzellenz und den Verdiensten all der hochberühmten Künstler unwürdig sein, bitte ich, was jene angeht, die Feder eines Zeichners wie sie selbst zu entschuldigen, die nicht mehr tun kann, als sie in Umrissen und Schattierungen wiederzugeben.[6] Was Euch betrifft, würde es mir genügen, wenn Ihr mein schlichtes Bemühen anerkennen wolltet und dabei berücksichtigen würdet, daß es mir die Notwendigkeit der Beschaffung meines Lebensunterhalts nicht erlaubt hat, etwas anderes als die Handhabung des Pinsels zu üben.

Nicht einmal mit diesem ist es mir gelungen, das Niveau zu erreichen, das ich nun, da mir das Schicksal so sehr gewogen scheint, zu erlangen hoffe, damit ich der Welt meine Vorstellungen mit größerer Annehmlichkeit und Lob für mich selbst und zur größeren Zufriedenheit der anderen mit dem Pinsel in der gleichen Weise näherbringen kann wie mit der Feder. In der Tat, neben der Unterstützung und Protektion, die ich von Eurer Exzellenz als meinem Herrn und Förderer mittelloser Talente erhoffen muß, hat es der göttlichen Güte gefallen, den hochheiligen, glückseligen Pontifex Maximus Julius III.[7] als seinen Stellvertreter auf Erden zu erwählen, der ein Liebhaber und Kenner jeder Form von Talent ist, insbesondere dieser vortrefflichen und schwierigen Künste. Von seiner umfassenden Großzügigkeit erwarte ich mir eine Entschädigung für viele investierte Jahre und für zahlreiche Mühen, die bislang ohne irgendeinen Gewinn geblieben sind.

Und nicht nur ich, der ich mich für immer zum Diener Seiner Heiligkeit erklärt habe, sondern alle talentierten Künstler unserer Zeit sollen nicht weiter auf Ehre und Belohnung warten müssen und auf eine Gelegenheit zu praktizieren. Schon jetzt erfreue ich mich an dem Anblick dieser Künste, die in Eurer Zeit die höchste Stufe ihrer Vollendung erreicht haben, und an dem von Rom, das von so vielen erhabenen Künstlern geschmückt wird. Zählt man jene aus Florenz hinzu, die Eure Exzellenz Tag für Tag mit Aufträgen versorgt, hoffe ich, daß meine Nachfolger den vierten Teil meines Buches schreiben werden, mit anderen Meistern und anderen Lehren, als den von mir beschriebenen, und ich werde mit allem Fleiß danach streben, in dieser Gruppe nicht unter die Letzten zu zählen.[8]

Einstweilen begnüge ich mich mit Eurer Zuversicht in meine Person und mit einer besseren Meinung als der, die ihr Euch ohne mein Zutun vielleicht von mir gebildet habt. Ich hoffe darauf, daß Ihr mich in Eurer Auffassung nicht von den böswilligen

Äußerungen anderer herabsetzen laßt, bis mein Leben und meine Werke das Gegenteil von diesen Behauptungen beweisen werden.

Indem ich nun in meiner Absicht, Euch zu ehren und unablässig zu dienen, Euch diese meine ungeschlachte Arbeit widme, wie auch alle meine Werke und mich selbst, bitte ich Euch inständig, ihnen Eure Gunst nicht zu verweigern oder zumindest der Ergebenheit dessen Beachtung zu schenken, der sie Euch darbringt. Ich empfehle mich Eurer wohlmeinenden Gnade und küsse demütigst Eure Hände.

Euer Exzellenz zutiefst ergebener Diener,
Giorgio Vasari, Maler aus Arezzo

Widmung an Cosimo de' Medici (1568)[9]

Dem hochwohlgeborenen, vortrefflichen Herrn Cosimo de' Medici, Herzog von Florenz und Siena

Euer hochverehrter Herr

Siebzehn Jahre ist es her, daß ich Eurer durchlauchten Exzellenz die Lebensbeschreibungen der berühmtesten Maler, Bildhauer und Architekten in nahezu skizzenhafter Form präsentierte.[10] Nun werden sie Euch erneut unterbreitet, noch immer nicht in allem perfekt, doch so verschieden von ihrer früheren Form, ausgeschmückt und angereichert mit Werken, von denen ich damals noch keine Kenntnis haben konnte, daß zumindest ich mir für meinen Teil nicht mehr wünschen könnte.

Nun, da sie sich Euch erneut präsentieren, erlauchter, hochverehrter Herzog, zeigen sie sich um viele vornehme und berühmte Künstler ergänzt, die seit damals aus diesem elenden Leben in ein besseres übergegangen sind und andere, die zwar noch unter uns weilen, aber in einer Weise in diesen Tätigkeiten gewirkt haben, daß ihnen ewiges Gedenken zutiefst gebührt.[11] In der Tat sehen viele es als ein großes Glück an, daß ich dank der Güte Dessen, dem alles Leben zu verdanken ist, solange gelebt habe, um dieses Buch fast vollkommen neu zu schreiben, indem ich viele Dinge gestrichen habe, die sich dort in meiner Abwesenheit ohne mein Wissen irgendwie eingeschlichen haben beziehungsweise verändert wurden, und auf der anderen Seite vieles Nützliche und Notwendige, das noch fehlte, hinzufügte.

Und sind auch die Abbilder und Porträts vieler tüchtiger Personen, die ich diesem Werk – vor allem dank der Hilfe und Vermittlung Eurer Exzellenz – beigefügt habe, zuweilen nicht sehr naturgetreu und besitzen nicht die Eigenschaft und Ähnlichkeit, die ihnen die Lebendigkeit der Farben zu verleihen pflegt, so heißt das nicht, daß ihre Züge nicht nach dem Leben gezeichnet wurden und ihrem natürlichen Aussehen entsprechen. Einen

Großteil davon haben mir Freunde von verschiedenen Orten geschickt, doch nicht alle unter ihnen sind von fähiger Hand gezeichnet. Eine nicht unbedeutende Erschwernis stellte außerdem die Entfernung zu den Herstellern dieser Holzschnittporträts dar; hätten sich diese Holzschnitzer in meiner Nähe befunden, hätte man dieser Sache wahrscheinlich sehr viel mehr Sorgfalt widmen können, als geschehen.[12]

Wie dem auch sei, unsere meisterhaften Künstler, zu deren Wohl und Nutzen ich diese Mühe auf mich genommen habe, sind für alles, was sie an Positivem, an Gewinn und Annehmlichkeit daraus schöpfen werden, Eurer durchlauchten Exzellenz verpflichtet, da ich in Eurem Dienst dank der Muße, die Ihr mir zu gewähren geruht habt, und dem Zugang zu vielen Eurer Besitztümer die Möglichkeit hatte, all das zusammenzustellen und hervorzubringen, was für die vollständige Ausführung dieses Werks notwendig schien.

Wäre es deshalb nicht verwerflich oder gar undankbar, wenn ich diese Viten jemand anderem widmen würde oder die Künstler den daraus gewonnenen Nutzen und Vorteil einem anderen als Euch zuerkennen würden? Sind sie nicht dank Eurer Hilfe und Gunst vormals und heute wieder ans Licht getreten und seid nicht Ihr nach dem Vorbild Eurer Ahnen der einzige Vater, Herr und Beschützer unserer Künste? Es ist deshalb nur angemessen und richtig, daß sie in Eurem Dienst und zu Eurem ewig währenden Gedenken viele erhabene Bilder und Statuen und viele herrliche Bauwerke jeder Stilrichtung zur Ausführung bringen.

Sind wir aber alle Euch aus diesen und anderen Gründen unendlich verpflichtet, wieviel mehr schulde ich Euch dann, der Ihr mir stets so viele ehrenvolle Gelegenheiten zur Demonstration meines geringen Könnens geboten habt (wenn nur Talent und Hand meinem Vorhaben und meiner guten Absicht gehorcht hätten), das, wie auch immer es damit bestellt sei, nicht im mindesten an Eure Seelengröße und wahrlich königliche Herrlichkeit heranreicht? Was also soll ich tun? Besser wäre es wohl, wenn ich es dabei belassen würde, anstatt zu versuchen, was selbst dem größten und erhabensten Talent völlig unmöglich wäre, geschweige denn meinem verschwindend geringen. So möge Eure hochwohlgeborene Exzellenz mein oder vielmehr Euer Buch mit den Lebensbeschreibungen der Künstler des Disegno akzeptieren und gleich dem großen Gott mehr meine guten Absichten als das Werk selbst beachtend von mir annehmen, nicht, was ich gewollt und was meine Pflicht gewesen wäre, sondern das, wozu ich fähig bin.

Florenz, am 9. Januar 1568.

Euer hochwohlgeborenen Exzellenz zutiefst ergebener Diener
Giorgio Vasari

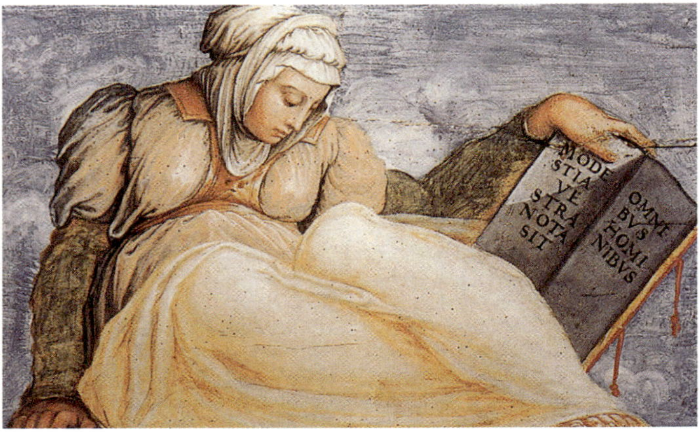

Giorgio Vasari: Die Bescheidenheit. Arezzo, Casa Vasari

Abschlusswort an die Künstler und Leser (1550)

Conclusione della Opera agli Artefici et a' Lettori

Wie sehr mir auch, meine tüchtigen Künstler und ihr anderen hochverehrten Leser, all die emsig schönen Werke gefallen, die zugleich Vergnügen und Nutzen bereitend die Welt verschönern und schmücken, und so sehr mich die Zuneigung, oder eher einzigartige Liebe, die ich ihren Urhebern schon immer entgegengebracht habe und entgegenbringe, schon viele Male angespornt und gedrängt hat, ihnen zu Ehren und zum Nutzen all jener, die sie nachahmen wollen, ihre ehrwürdigen Namen gegen den Zahn von Tod und Zeit zu verteidigen, habe ich doch zu Beginn niemals daran gedacht, ein so umfangreiches Buch zu verfassen oder in der Fülle des Materials so weit auszuufern. Verleitet hat mich schließlich gegen meinen Willen der sehnliche Wunsch, jene zufriedenzustellen, die nach den frühen Anfängen unserer Künste begehren, dazu die lebhafte Überredung vieler Freunde, die sich aus Zuneigung zu mir vielleicht sehr viel mehr von mir versprochen haben als in meinen Kräften stand, und schließlich die Anspielungen einiger Dienstherren, die mir mehr als Befehl sind.

Unter größten persönlichen Anstrengungen, Ausgaben und Beschwerden habe ich zehn Jahre lang ganz Italien aufs genaueste abgesucht und nach den Gewohnheiten, Grabstätten und Werken jener Künstler geforscht, deren Leben ich beschrieben habe. Dabei waren die Schwierigkeiten so groß, daß ich aus Verzweiflung mehrfach aufgegeben hätte, wenn nicht die Unterstützung guter Freunde gewesen wäre, denen ich mich immer mehr als verpflichtet fühlen werde. Sie haben mich ermutigt und mit allen möglichen Freundschaftsdiensten zum energischen Weitermachen angehalten, indem sie mich mit Hinweisen und diversen Überprüfungen verschiedener Werke versorgten, bei denen ich unschlüssig war, obwohl ich sie mit eigenen Augen gesehen und betrachtet hatte. Es waren in der Tat diese Hilfestellungen, die es mir ermöglicht haben, die reine Wahrheit über so viele göttliche Begabungen aufzuschreiben und diese Schriften ohne einen Hauch von Verschleierung freimütig zu veröffentlichen. Nicht daß ich mir den Ruhm eines Historikers oder Schriftstellers erwarten oder versprechen würde, daran habe ich nie gedacht, denn als meinen Beruf sehe ich das Malen und nicht das Schreiben an. Mein alleiniges Anliegen war, diese, nennen wir es Aufzeichnung, Erinnerung oder Skizze irgendeinem vorzüglichen Geist zu hinterlassen, dem die außergewöhnlichen Vorzüge eines Schriftstellers verliehen sind und der mit größerem Nachhall und gehobenerem Stil diese ruhmreichen Künstler feiern und unsterblich machen wird, die ich lediglich dem Staub und Vergessen entrissen habe, durch die sie bereits größtenteils ausgelöscht waren.

Zu diesem Zweck habe ich mich mit der größtmöglichen Sorgfalt darum bemüht, zweifelhafte Fälle durch wiederholte Überprüfungen zu klären und in der Vita jedes Künstlers die Werke aufzuzeichnen, die er geschaffen hat. Dabei habe ich die Erinnerungen und Schriften vertrauenswürdiger Personen ebenso zu Rate gezogen wie ich stets die Meinung und Ratschläge der ältesten unter den Künstlern eingeholt habe, die über ihre Werke Bescheid wußten und fast noch ihre Ausführung gesehen haben. Darüber hinaus habe ich mich – und zwar nicht unbedeutend – der Schriften von Lorenzo Ghiberti,[13] Domenico Ghirlandaio[14] und Raffael von Urbino[15] bedient. Wenn ich ihnen allerdings mit Fug und Recht Vertrauen schenkte, habe ich die Werke doch immer auch durch eigene Anschauung überprüfen wollen, die dank der langen Erfahrung (und dies sei ohne Neid bemerkt) die verschiedenen Stile der Künstler auf die gleiche Weise zu erkennen vermag, wie ein erfahrener Gerichtsschreiber die unterschiedlichen Schriftarten seiner Kollegen wiederzuerkennen weiß.

Für den Moment würde ich mich unendlich glücklich schätzen, wenn es mir gelungen wäre, mein höchstes Ziel erreicht zu haben, nämlich Licht in die tiefe Finsternis zu bringen, die sich über die Werke unserer alten Meister gelegt hat, und zugleich das Material und den Weg für denjenigen zu bereiten, der gewillt ist, über sie zu schreiben. Könnte ich Nutzen und Vergnügen gleichermaßen bereiten, wird mir dies größter Lohn und Erfolg für die lange Mühe und schwere Arbeit sein, die erkennbar in diesem Werk stecken. Sollte dies aber nicht der Fall sein, so wird mir keine geringe Zufriedenheit daraus erwachsen, meine Mühen für eine so ehrenvolle Aufgabe aufgewendet zu haben, was mir die Nachsicht, wenn nicht Vergebung der kultivierten Menschen und meiner Kollegen einbringen sollte, um deren Zufriedenheit es mir vor allem ging. Doch so mannigfaltig und unterschiedlich ich sie in ihren Stilen kenne, so verschieden mag auch ihr Urteil und Geschmack ausfallen. Nicht wenig würde es mich allerdings bekümmern, jene nicht geehrt zu haben, die ein Gewinn für unsere schönen Künste waren. Ihre Werke habe ich immer verehrt, und stets waren sie mir von großem Nutzen, obwohl mein geringes Wissen mich noch nicht den Lohn hat davontragen lassen, den ich mit allem Fleiß und größter Leidenschaft immer angestrebt habe und den ich vielleicht erreicht hätte, wenn ich bei der Arbeit genauso glücklich wäre, wie ich in Achtung vor ihr brenne und wie sehr ich auch gewillt bin, mich zu üben.

Um jetzt aber zum Ende dieser langen Rede zu kommen: Ich habe als Maler geschrieben und zwar in der Sprache, die ich spreche, sei dies nun florentinisch oder toskanisch. Und wenn in dieses Werk viele Begriffe unserer Künste eingestreut sind, so ist ihre Verwendung gewiß gerechtfertigt, geschah es doch aus der Notwendigkeit heraus, von meinen Künstlerkollegen verstanden zu werden und nicht, weil ich Lob erheischen wollte. Noch viel weniger habe ich mich um die allgemeinen Regeln der Orthographie gekümmert und nicht weiter darauf geachtet, ob man etwas mit Z oder T schreibt oder ob man auf das H verzichten kann. Denn von Anfang an habe ich mich einem urteilsfähigen, ehrenwerten Menschen anvertraut, den ich liebe und der mich in einzigartiger Weise wiederliebt, und habe das gesamte Werk in seine Hände gelegt und ihm volle Freiheit gelassen, es nach seinem Geschmack vorzubereiten, sofern nur der Sinn nicht verändert und der Gehalt der Worte, obschon vielleicht schlecht geschmiedet, nicht gewandelt würde. Soweit ich es überschaue, habe ich keinen Grund, diesen Schritt zu bereuen, vor allem weil es nicht meine Absicht war, die toskanische Schreibweise zu lehren, sondern allein die Lebensgeschichten und Werke der von mir beschriebenen Künstler niederzulegen. Nehmt deshalb, was ich euch gebe und verlangt von mir nichts, was ich nicht geben kann. Ich verspreche euch allerdings in nicht allzu ferner Zeit eine umfassende Ergänzung dieses Bandes mit den Biographien der noch lebenden Künstler, die schon hoch an Jahren sind und von denen kaum mehr Werke zu erwarten sind als die bereits geschaffenen.

Sollte sich mir auch nichts Neues bieten, wird es mir dennoch nicht schwerfallen, für sie zur Feder zu greifen, auch nur um zu ergänzen, was noch fehlt. Und wenn diese Arbeit von meinen Kollegen und den Liebhabern dieser Künste wohlwollend aufgenommen wird, so will ich mich mit der Feder zu ihrem Gewinn und ihrer Ehre einbringen. Weil ich sie alle aufrichtig liebe, möchte ich sie am Ende dieser Rede daran erinnern, daß der nach Lob heischende Künstler in der Schönheit und Qualität der Werke immer in die Fußstapfen der besten und tüchtigsten Meister treten muß. Wer nämlich gewillt ist, der Geschichte zu folgen, wird mit seiner ehrenvollen Arbeit die Werke der Toten mit Recht weniger glänzend und schön erscheinen lassen können. Auf daß euch dies, meine Kollegen, genauso viel Nutzen bringt, wie mir die Werke und Taten jener, die mir in unserem Beruf als Vorbild dienen.

Ende

Der Autor an die Künstler des Disegno (1568)[16]

L'autore agl'artefici del disegno

Meine vortrefflichen, teuren Künstler.
Immer war das Vergnügen groß, das ich zusammen mit dem Nutzen und der Ehre aus dieser so noblen Kunst gezogen habe, die ich ausübte, so gut ich es eben verstand. Nicht nur empfand ich deshalb das brennende Verlangen, sie zu lobpreisen, zu feiern und ihr in jeder mir möglichen Form Ehre zu erweisen, sondern war immer auch all denen zutiefst verbunden, die dieselbe Freude an ihr haben und sie mit größerem Erfolg praktizierten als ich es vielleicht vermocht habe. Auch scheint mir mein guter Wille und meine zutiefst aufrichtige Zuneigung bislang angemessene Früchte eingebracht zu haben, da ich von euch allen immer geliebt und geachtet worden bin. Außerdem herrscht unter uns ein, ich möchte sagen, unglaublich vertrauter, brüderlicher Umgang, demzufolge ich euch meine Werke zeige und ihr im Gegenzug mir die euren, und wir einander, wenn die Gelegenheit sich bietet, mit Rat und Tat zur Seite stehen. Aufgrund dieser Zuneigung, noch viel mehr aber wegen eures vortrefflichen Talents sowie meiner frei gewählten und von Natur aus übermächtigen Neigung habe ich mich stets verpflichtet gefühlt, euch Nutzen und Dienst zu erweisen und euch mit allen mir geeignet erscheinenden Mitteln und Wegen Vergnügen und Erleichterung zu verschaffen.

Mit diesem Ziel habe ich 1550 die Lebensbeschreibungen unserer besten und berühmtesten Vertreter veröffentlicht, angeregt durch eine Begebenheit, die ich an anderer Stelle erwähnt habe und, um die Wahrheit zu sagen, durch die reichliche Empörung darüber, soviel Talent für eine derart lange Zeit und noch immer verschüttet zu sehen. Wie es scheint, war meine Mühe nicht umsonst, sondern im Gegenteil so willkommen, daß neben dem, was man mir mündlich und schriftlich hat zukommen lassen, sich von der gewaltigen Auflage, die damals gedruckt wurde, kein einziges Exemplar mehr in den Buchhandlungen findet. Ich habe deshalb auf die Anfragen zahlreicher Freunde hin und im Wissen um die stillen Wünsche vieler anderer diese Arbeit erneut in Angriff genommen (obwohl ich mich inmitten einiger hochbedeutender Projekte befinde). Mein Vorhaben ist es, nicht nur diejenigen mit aufzunehmen, die seitdem aus diesem Leben in ein besseres übergegangen sind und mir deshalb die Gelegenheit bieten, ausführlich über ihren Lebensweg zu berichten, sondern außerdem zu ergänzen, was jenem ersten Werk zur Vollständigkeit fehlte, da ich seitdem Zeit hatte, viele Werke besser zu verstehen und viele andere noch einmal in Augenschein zu nehmen. Möglich war dies nicht nur dank der Gunst jener hochverehrten Herren, in deren Diensten ich stehe und die die wahre Zuflucht und Obhut aller Talente sind, sondern auch dank der mir von ihnen gebotenen Gelegenheit, erneut ganz Italien zu erkunden und viele Werke zu besichtigen und zu ergründen, von denen ich zuvor keine Kenntnis hatte. Nicht so sehr habe ich verbessern als hinzufügen können, so daß man viele Viten als fast neu geschrieben bezeichnen könnte. In der Tat sind einige der alten Künstler, die gefehlt haben, neu hinzugekommen. Um die Erinnerung an die von mir so hochverehrten Meister noch weiter aufzufrischen, habe ich keine Mühen, Kosten und Umstände gescheut, ihre Porträts aufzufinden und ihren Lebensbeschreibungen voranzustellen.

Zur größeren Genugtuung vieler Freunde außerhalb der künstlerischen Praxis, die der Kunst aber zutiefst verbunden sind, habe ich in einem Kompendium den größten Teil der Werke derer zusammengestellt, die noch leben und allemal würdig sind, für ihr Talent erwähnt zu werden. Die Zurückhaltung, die ich beim ersten Mal geübt habe, ist, wenn man es recht bedenkt, fehl am Platz, da ich hier nichts erwähne, das nicht vortrefflich und lobenswert wäre. Vielleicht kann dies ein Anreiz für jeden sein, weiterhin ausgezeichnete Arbeit zu leisten und sich immer weiter zu verbessern, so daß der künftige Verfasser die Fortsetzung dieser historischen Darstellung mit größerer Pracht und Erhabenheit wiedergeben kann, da er Gelegenheit haben wird, die außerordentlichsten und vollendetsten Werke aufzuzählen, welche die Welt nach und nach aus euren Händen hervorkommen sehen wird – von göttlichen Talenten im Wunsch nach Unsterblichkeit begonnen und mit Fleiß vollendet.[17] Die noch lernenden jungen Leute, die ihnen nachfolgen, werden, angestachelt vom Ruhm – sollte der materielle Gewinn nicht Antrieb genug sein –, durch das Vorbild unwillkürlich darauf brennen, Vortrefflichkeit zu erlangen.

Damit dieses Werk vollständig ist und man nicht anderswo nach Dingen suchen muß, habe ich einen Großteil der Werke der berühmtesten antiken Künstler, sowohl griechischer als auch anderer Herkunft, hinzugefügt, deren Andenken von Plinius und verschiedenen Schriftstellern bis in unsere Zeit bewahrt worden ist und ohne deren Feder sie wie viele andere dem ewigen Vergessen anheimgefallen wären.[18] Vielleicht kann auch diese Beobachtung in uns allgemein den Willen zu virtuosem Schaffen stärken. Der Anblick von Adel und Größe unserer Kunst und die Art und Weise, wie sie in allen Ländern und insbesondere von den vornehmsten Begabungen und mächtigsten Herren stets geschätzt und belohnt worden ist, vermag uns vielleicht alle anzutreiben und darauf brennen zu lassen, die Welt mit zahllosen Werken von außerordentlicher Qualität zu schmücken. Auf daß sie uns, verschönt durch unsere Werke, jenen Rang zuerkennt, den sie den herrlichen und gefeiertsten Geistern stets verliehen hat.

Nehmt deshalb diese meine Mühen wohlwollend an, die ich, wie auch immer sie sein mögen, zum Ruhm der Kunst und zur Ehre der Künstler mit Liebe zu Ende geführt habe. Seht sie als Beweis und sicheres Unterpfand meiner Absicht, dem mir nichts mehr am Herzen liegt, als eure Größe und und euer Ruhm. Aufgenommen in eure Gesellschaft – wofür ich euch danke und worüber ich für meinen Teil sehr froh bin –, wird es mir immer so scheinen, als ob ich in gewisser Weise daran teilhabe.

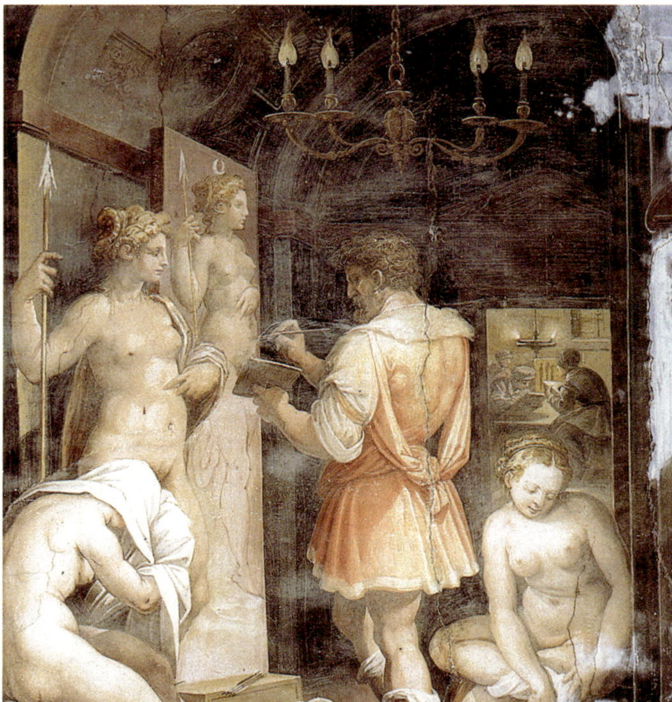

Giorgio Vasari: Der Maler im Atelier. Florenz, Casa Vasari

Einleitung zur Vorrede des Gesamtwerks

Eine Darstellung des Rangstreits zwischen Malerei und Skulptur, des sogenannten *paragone*, bildet die Einleitung zum Gesamtwerk der *Vite*. Im 16. Jahrhundert bezeichnet *paragone* einen ›Probierstein‹, mit dem durch Reiben die Qualität von Gold getestet werden kann, im übertragenen Sinne aber auch jeden Qualitätstest: So steht *paragonare* oft für ›vergleichen‹. Als Bezeichnung für diesen Rangstreit ist das Wort jedoch erst seit Beginn des 19. Jahrhunderts geläufig.[19]

Der *paragone* entstand im Kontext der Gespräche und Schaukämpfe der Gelehrten am Hof und steht in der Tradition des mittelalterlichen Dichterwettstreits. Die erste zusammenhängende Abhandlung des *paragone* findet sich in den Schriften Leonardo da Vincis (*1452 – † 1519), die in der Fassung eines anonymen Kompilators, dem *Codex urbinas*, berühmt geworden sind. Leonardo entfaltete diese Argumente am Hof der Sforza in Mailand wohl vor 1492 und beschäftigte sich noch einmal in den Jahren 1508–10 mit dem Thema. Der *Hofmann* von Baldassare Castiglione (*1478 – † 1529), der 1528 erstmals publiziert wurde, aber schon vorher als Manuskript zirkulierte, enthält eine knappe, vereinfachte Zusammenfassung des *paragone* und machte Leonardos Argumente weiteren Kreisen bekannt.[20] Neben dem *Hofmann* kannte Vasari wahrscheinlich auch Leonardos Originalmanuskripte oder eine Kompilation, wie einige Passagen der Vorrede nahelegen.[21]

Den aktuellen Anlaß für Vasaris Darstellung des *paragone* bildeten zwei hitzig ausgefochtene Debatten in Florenz: 1547 veranstaltete Benedetto Varchi (*1502 – † 1565) eine Umfrage und hielt eine öffentliche Vorlesung an der Accademia Fiorentina (1549 publiziert), und 1564, anläßlich der Trauerfeier für Michelangelo in San Lorenzo, brach zwischen den Künstlern ein Streit um die Gestaltung des Katafalks aus. Vasaris erste und zweite Ausgabe der *Vite* sind stark durch diese beiden Ereignisse geprägt. Neben diesen Debatten war das Disputieren über die relativen Vorzüge von Malerei und Skulptur in der Mitte des 16. Jahrhunderts zu einer in Künstlerkreisen, höfischen und akademischen Zirkeln weitverbreiteten Form der literarischen Auseinandersetzung mit Kunst geworden. Für eine Einführung in die *Vite* war der *paragone* besonders geeignet, da Vasari somit an eine dem Leser bekannte und aktuelle Diskussion anknüpfen und zugleich durch die Darlegung der eigenen Meinung in dieser Streitfrage in die Grundthemen der *Vite* einführen konnte, von denen die Lösung des *paragone* im *disegno* und das Leitbild von Michelangelos Meisterschaft in allen drei Künsten die bedeutendsten sind.

Neben Castigliones eingängiger Darlegung im *Hofmann* setzte sich Vasari vor allem mit Benedetto Varchis *paragone*-Schrift, der *Lezzione della maggioranza delle arti*, auseinander, mit der er nicht einverstanden war. Varchi ordnet zunächst Malerei und Skulptur in eine allgemeine Hierarchie der Künste hinter Medizin und Architektur ein und stellt mit Argumenten Michelangelos den Vorrang der Bildhauerei heraus. Vasari dagegen diskutiert in seiner Darstellung die relativen Vorzüge von Malerei und Skulptur, wobei er zuerst die Argumente der Bildhauer anführt und sehr viel ausführlicher die Argumente der Maler ausbreitet. Allein darin zeigt sich schon, daß er der Malerei den Vorzug einräumt. Das stärkste Argument für die Malerei ist ihre Universalität, das Vermögen, »der Luft ihr Licht oder ihre Dunkelheit mitsamt ihren wechselnden Stimmungen« zu verleihen und die »schwärzeste Finsternis der Nacht« darzustellen. In einer der zweiten Ausgabe hinzugefügten Passage macht Vasari deutlich, daß sich die Künstler an der *paragone*-Debatte nicht nur mit Schriften beteiligten, sondern, wie er am Beispiel Giorgiones (*1477–78 – † um 1510) zeigt, vor allem in ihren Werken zu dieser Debatte Stellung nehmen. Damit stellt er gegen die philosophischen Erörterungen des *paragone* die Theoriehaltigkeit der Bildpraxis heraus.

Als Bindeglied zwischen Vasaris Darstellung des *paragone* und den Lebensbeschreibungen fungiert seine Auffassung, daß sich ein relativer Vorrang einer Kunst nur aus den wechselnden Fähigkeiten der in ihnen praktizierenden Künstler ergebe. Damit vermittelt Vasari kunsttheoretische Argumente mit der nachfolgenden historisch-biographischen Darstellung und setzt den Historiker letztlich als Richter über den *paragone* ein.[22]

MB

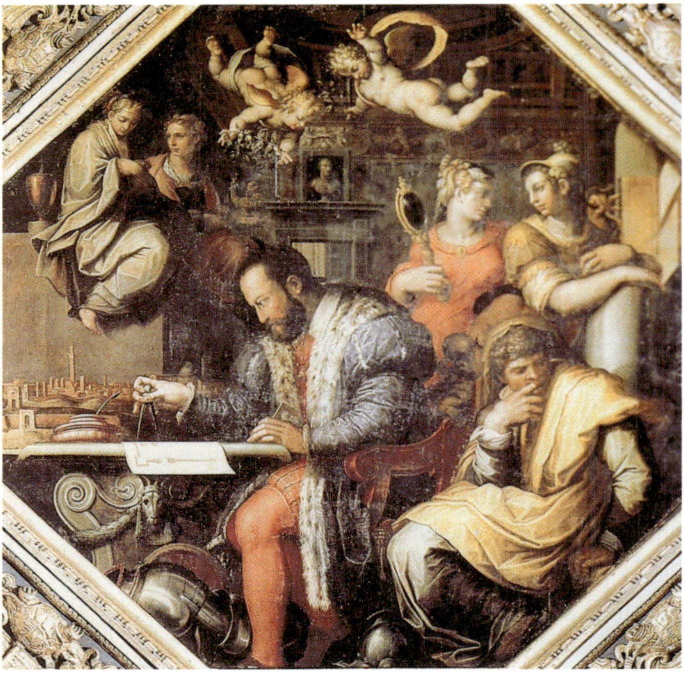

Giorgio Vasari: Cosimo I.
Florenz, Palazzo Vecchio, Salone dei Cinquecento

Vorrede des Gesamtwerks

Proemio di tutta l'opera (1568)

Die edlen Geister pflegten, getrieben von einem brennenden Verlangen nach Ruhm, in allen ihren Handlungen keine noch so große Mühe zu scheuen, um ihre Werke zu jener Vollendung zu führen, die sie der ganzen Welt herrlich und wundervoll erscheinen lassen würde. Noch vermochte die niedere Herkunft vieler, ihren Bemühungen hinderlich zu sein, zu höchsten Gipfeln aufzusteigen, um ein achtbares Leben zu führen und zugleich den künftigen Zeiten ewigen Ruhm von all ihrer erlesenen Vortrefflichkeit zu hinterlassen. Obwohl solch lobenswertes Mühen und Streben zu ihren Lebzeiten von der Freigiebigkeit der Herrscher und dem tugendhaften Ehrgeiz der Republiken hoch belohnt wurde und sie sich auch nach dem Tod durch das Zeugnis der Statuen, Grabmäler, Medaillen und anderer vergleichbarer Denkmäler im Gedächtnis der Welt verewigten, ist doch ganz offenbar, wie die Gefräßigkeit der Zeit nicht nur die eigenen Werke und die ehrwürdigen, gestifteten Zeugnisse eines Großteils [der Künstler] dezimiert, sondern die Namen all derer ausgelöscht und verdunkelt hat, die uns durch nichts anderes als die aufs höchste lebendigen und barmherzigen Federn der Schriftsteller bewahrt worden sind. Viele Male habe ich über diesen Umstand nachgedacht und habe nicht nur am Beispiel der antiken Künstler, sondern auch an dem der modernen gesehen, wie die Namen von sehr vielen alten und modernen Architekten, Bildhauern und Malern zusammen mit ihren unzähligen wunderschönen Werken in unterschiedlichen Teilen Italiens[23] nach und nach in Vergessenheit geraten und in einer Art vergehen, die man in der Tat nicht anders bezeichnen kann als einen sicheren, sehr nahen Tod. Um sie deshalb mit allen meinen Kräften vor diesem zweiten Tod[24] zu bewahren und sie so lange wie möglich im Andenken der Lebenden zu erhalten, habe ich sehr viel Zeit aufgewandt, um Erinnerungen von ihnen zu sammeln und mit größter Sorgfalt den Heimatort, die Ursprünge und Taten der Künstler herauszufinden, indem ich diese Informationen mit großer Mühe den Berichten vieler alter Männer und ihren Memoiren und Schriften entnahm, die ihre Erben dem Staub und den Würmern preisgegeben hatten.[25] Und als ich schließlich Gewinn und Vergnügen daraus gezogen hatte, hielt ich es für richtig, nein, vielmehr noch für meine Pflicht, davon jene Aufzeichnung zu machen, soweit dies meine schwache Begabung und mein mäßiges Urteil zulassen wird. All denen zu Ehren, die bereits gestorben sind, und zum Nutzen all jener Studierenden, die sich besonders mit den überaus vortrefflichen Künsten der Architektur, Skulptur und Malerei beschäftigen, werde ich also die Lebensbeschreibungen der Künstler jeder dieser drei Künste in der zeitlichen Abfolge, in der sie lebten, Schritt für Schritt von Cimabue[26] bis heute niederschreiben, wobei ich die antiken Künstler nur nennen werde, sofern es unserem Vorhaben dient, da hierzu nicht mehr gesagt werden kann als von den vielen Schriftstellern, die unserer Epoche überliefert wurden, schon gesagt worden ist.[27] Ich werde viele Aspekte behandeln, die für die Meisterschaft einer jeden dieser genannten Künste von Belang sind, aber bevor ich zu ihren Geheimnissen oder zur Geschichte der Künstler[28] komme, scheint es mir richtig, einen Streit anzusprechen, der ohne einen Anlaß zwischen vielen entfacht und ausgetragen wurde, um den Vorrang und Adel nicht der Architektur, die sie beiseite gelassen haben, sondern von Malerei und Skulptur festzustellen. Da diese [Argumente] sowohl für die eine wie die andere in Anspruch genommen wurden, sind eine Reihe von Argumenten, wenn auch nicht alle, es wert, gehört und von den in ihnen tätigen Künstlern bedacht zu werden.[29]

So berichte ich folglich, daß die Bildhauer von der Natur und durch die Ausübung ihrer Kunst womöglich mit einer besseren Konstitution, mehr Blut und mehr Kraft ausgestattet und deswegen wagemutiger und kühner als die Maler sind,[30] in dem Versuch, den ehrenvolleren Rang ihrer Kunst zuzusprechen, den Adel der Skulptur vor allem auf ihr hohes Alter zurückführen und als Beweis dafür anführen, daß der allmächtige Gott den Menschen geschaffen hat und dies die erste Skulptur gewesen sei.[31] Sie sagen, daß die Skulptur sehr viel mehr verwandte Künste umfasse und unter sich eine viel größere Zahl an solchen versammle als die Malerei, wie das Flachrelief, das Arbeiten in Ton, Wachs-, Stuck-, Holz- und Elfenbeinarbeit, das Metallgießen, jede Art von Ziselieren, der Tief- und Reliefschnitt von Edelsteinen und Metallen sowie viele andere Techniken, die sowohl an Quantität als auch an Meisterschaft jene der Malerei übertreffen.[32] Und sie fügen hinzu, daß jene Werke, die sich länger und besser gegen den Zahn der Zeit behaupten und sich dem Gebrauch der Menschen, zu deren Nutzen und Dienst sie geschaffen worden sind, in einem intakteren Zustand erhalten, fraglos nützlicher sind und es deshalb mehr als die anderen verdienen, geschätzt und in Ehren gehalten zu werden. Sie behaupten auch, daß die Skulptur so viel hochrangiger als die Malerei ist, weil sie sich besser eignet, den Namen derer, die von ihr in Marmor und Bronze gefeiert werden, gegen alle Widrigkeiten der Zeit und des Klimas zu bewahren als die Malerei, die abgesehen von den wetterbedingten Schäden allein aufgrund ihrer Natur noch in den entlegensten und sichersten Räumen zugrunde geht, welche die Architekten für sie errichten mochten.[33] Sie behaupten weiterhin, daß sowohl die geringere Anzahl ihrer herausragenden wie auch die ihrer mittelmäßigen Künstler gegenüber der unendlichen Anzahl von Malern einen höheren Adel beweise, mit der Begründung, daß die Skulptur in bestimmter Hinsicht nach einer besseren geistigen und körperlichen Verfassung verlangt, die nur selten in dieser Verbindung anzutreffen ist, wohingegen sich die Malerei mit jedem schwächlichen Körperbau zufriedengibt, vorausgesetzt, er besitzt eine sichere, wenn schon nicht starke Hand; diese Behauptung stützt sich ihrer Meinung nach auch auf die bei Plinius angeführten höheren Preise,[34] auf die Liebe, die durch die wundervolle Schönheit einiger Statuen ausgelöst wurde,[35] und auf das Urteil desjenigen, der die Statue der Skulptur aus Gold und die der Malerei aus Silber schuf und jene rechts und diese links anordnete.[36] Sie versäumen auch nicht, die Schwierigkeiten erstens bei der Beschaffung der benutzten Materialien wie Marmor und Metall und ihren hohen Wert anzuführen, die im Gegensatz zur Leichtigkeit bei der Beschaffung von Tafeln, Leinwänden und Farben steht, die für einen geringen Preis überall zu bekommen sind. Zweitens die extreme Mühsal bei der Verarbeitung von Marmor und Bronze wegen ihres Gewichts und dem der Werkzeuge, mit denen sie bearbeitet werden, und im Gegensatz dazu die Leichtigkeit der Pinsel, Griffel, Federn, Zeicheninstrumente und Kohlestifte.[37] Außerdem verausgabt sich ihr Geist in allen Teilen des Körpers, was äußerst anstrengend ist im Vergleich mit der ruhigen und leichten Tätigkeit des Geistes und einzig der Hand beim Maler.[38] Für besonders grundlegend halten sie, daß die Werke um so edler und vollkommener sind, je mehr sie sich der Wirklichkeit annähern, und sagen, daß die Skulptur die wirkliche Form nachahmt und ihre Werke in allen Ansichten zeigt, wenn man um sie herumgeht, während die Malerei, die mit dem Pinsel die einfachsten Umrißlinien auf planer Fläche angibt und nur eine Lichtquelle hat, lediglich eine einzige Ansicht darstellt.[39] Viele von ihnen sind sogar so respektlos zu behaupten, daß die Skulptur der Malerei so überlegen ist wie die Wahrheit der Lüge.[40] Als letzten und stärksten Grund führen sie jedoch an, daß der Bildhauer nicht wie der Maler nur über eine gewöhnlich ausgeprägte Urteilskraft verfügen muß, sondern über eine absolut sichere, damit er im Innern des Marmorblocks die gesamte Gestalt erkennt, die er aus ihr zu gewinnen trachtet, und er ohne ein weiteres Modell zunächst viele vollkommene Glieder bildet, um sie dann zu verbinden und zu einer Einheit zu fügen, wie es auf göttliche Weise Michelangelo getan hat.[41] Denn sollte diese glückliche Urteilskraft fehlen, geschehen mit Leichtigkeit oft unwiederbringliche Mißgriffe, die, einmal geschehen, die Fehler des Meißels oder die geringe Urteilskraft des Bildhauers auf ewig bezeugen. Dies kann den Malern nicht geschehen, weil sie bei jedem fehlerhaften Pinselstrich und bei jedem fehlgeschlagenen Urteil, das ihnen unterkommen mag, so sie es selber erkennen oder von anderen darauf aufmerksam gemacht werden, Zeit haben, es mit demselben Pinsel, der es verursacht hat, zu übertünchen und wieder zu heilen; dieser hat in ihren Händen gegenüber den Meißeln der Bildhauer den Vorteil, daß er nicht nur heilt, sondern seine Wunden auch ohne Narben hinterläßt, wie das Eisen der Lanze des Achilles.[42]

Diesen Argumenten halten die Maler nicht ohne Verärgerung vor allem folgendes entgegen: Wenn die Bildhauer den Streit nicht so genau nehmen wollen, dann steht der höchste Adelsrang ihnen [den Malern] zu und die Bildhauer täuschen sich bei weitem, wenn sie die Statue des Urvaters als ihr Werk bezeichnen, da sie aus Erde geformt wurde und die Kunst dieses Verfahrens durch das Hinzufügen und Wegnehmen [von Materie] den Malern nicht weniger zu eigen ist als den anderen. Sie wurde von den Griechen Plastik (*plastice*) genannt und von den Lateinern *fictoria*, während Praxiteles sie als die Mutter der Skulptur, Gußtechnik und Ziselierkunst bezeichnete, wodurch die Bildhauerei zur Nichte der Malerei wird, denn Plastik und Malerei werden zusammen und gleichzeitig mit dem *disegno* geboren.[43] Und wenn man die Sache ganz genau nimmt, sind die Meinungen der Epochen so zahlreich wie unterschiedlich, daß man schlechterdings mehr an die eine als an die andere glauben kann, und wenn sie schließlich diesen Adel an der gewünschten Stelle nachweisen, werden sie an anderer Stelle verlieren und an der nächsten nicht gewinnen, wie im Vorwort zu den *Vite* noch deutlicher zu sehen sein wird.[44] Dann weisen sie in Erwiderung auf die verwandten und der Bildhauerei untergeordneten Künste darauf hin, über eine größere Anzahl derselben zu verfügen, weil die Malerei die Erfindung der *istoria*,[45] die äußerst komplizierte Technik der Verkürzung, alle Teile der Architektur zur Darstellung von Häusern und die Perspektive, das Temperamalen und die Freskotechnik umfaßt, die sich von allen anderen unterscheidet und vielseitig ist.[46] Ähnlich verhält es sich mit der Arbeit in Öl, auf Holz, Stein und Leinwand, mit der sich von allen anderen unterscheidenden Technik der Miniatur, dem Anfertigen von Glasfenstern und Glasmosaiken, dem Ineinanderfügen farbiger Intarsien, bei dem man – was Malerei ist – aus farbigen Hölzern *istorie* schafft, der mit dem Eisen ausgeführten Sgraffitotechnik an den Hausfassaden, der Niellokunst, den Kupferstichdrucken – alles Bestandteile der Malerei –, dem Emaillieren der Goldschmiede, dem Damaszieren von Gold, dem Figurenmalen auf Glas, der Gestaltung wasserbeständiger Szenen und Figuren auf Tonvasen, dem Weben von Brokat mit Figuren und Blumen, der wunderschönen Erfindung der gewebten Wandteppiche, die für Annehmlichkeit und Pracht sorgt, da man die Malerei an jeden Ort bringen kann, ob es sich nun um ein häusliches Ambiente handelt oder eines in der freien Natur. Abgesehen davon, daß in jeder Gattung, die auszuüben nötig ist, der *disegno*, der unser *disegno* [jener der Maler] ist, von allen angewendet wird. Deswegen hat die Malerei sehr viel mehr und nützlichere Bereiche als die Bildhauerei.[47] Nicht zu leugnen versuchen sie die Ewigkeit der Skulptur – wie die Bildhauer sie nennen –, sagen aber, daß dies kein Vorzug sei, der die Kunst edler mache, als sie von Natur aus ist, da er nur vom Material herrührt, und wenn die Länge des Lebens den Seelen Adel verliehe, die Pinie unter den Pflanzen und der Hirsch unter den Tieren eine über die Maßen edlere Seele besäßen als der Mensch; abgesehen davon, daß sie eine ähnliche Beständigkeit und einen vergleichbaren Adel des Materials mit ihren Mosaiken anführen könnten, von denen man ebenso altehrwürdige [Beispiele] wie die ältesten antiken Skulpturen Roms sieht, da sie aus Edelsteinen und feinen Steinen geschaffen zu werden pflegten.[48] Und was die geringe oder mindere Anzahl der Bildhauer anbelangt, bekräftigen sie, daß dies nicht daher rühre, daß diese Kunst eine bessere körperliche Verfassung und eine umfassendere Urteilskraft verlange, sondern es vollkommen vom Mangel an Material und von der geringen Gunst oder vom Geiz – wie immer wir es nennen wollen – der reichen Männer abhängt, die ihnen nicht in ähnlichem Umfang Marmorblöcke zur Verfügung stellen noch Aufträge geben, wie man es für die Antike vermuten und auch sehen kann, als die Bildhauerei ihren Zenit erreichte. Und es ist völlig klar, daß, wer nicht eine größere Menge von Marmor und hartem Stein verbrauchen und wegwerfen kann, die ja sehr viel kosten, keine angemessene Praxis in dieser Kunst erwerben kann: Wer sich also nicht darin übt, der lernt nicht, und wer nicht lernt, der kann nichts Gutes schaffen. Deswegen sollten sie mit diesem Umstand eher ihre Unvollkommenheit und die geringe Anzahl ihrer ausgezeichneten Künstler entschuldigen, als daraus unter einem Vorwand ihren Adel beweisen zu wollen. Was die höheren Preise der Skulpturen angeht, antworten die Maler, daß diejenigen ihrer Werke sicherlich geringer seien, sie diese aber nicht zu teilen hätten, da sie sich unter geringen Ausgaben mit einem Jungen, der ihnen die Farben zerstößt und die Pinsel oder Schemel reicht, zufriedengeben, während die Bildhauer, abgesehen vom hohen Wert ihres Materials, viele Hilfskräfte benötigen und mehr Zeit für eine einzige Figur aufwenden als die Maler für eine große Menge von ihnen.[49] Deswegen scheinen ihre Preise eher in der Qualität und Beständigkeit des Materials, den Hilfskräften, die zu ihrer Ausführung benötigt werden, und in der Zeit, die zu ihrer Bearbeitung nötig ist, begründet zu sein als in der Vortrefflichkeit der Kunst selbst.[50] Und sollte dieses Argument nicht ausreichen und kein größerer Lohn darin gesehen werden – was für jeden ein leichtes wäre, der die Angelegenheit sorgfältig zu überdenken bereit ist –, so werden sie den höheren Preis des wunderbaren, schönen und lebendigen Geschenks anerkennen müssen, das Alexander der Große[51] Apelles[52] für ein äußerst kunstvolles und ausgezeichnetes Werk zuteil werden ließ, indem er ihm keine kostbaren Schätze oder Ländereien schenkte, sondern seine geliebte, wunderschöne Campaspe, wobei sie beachten sollten, daß Alexander jung und in sie verliebt war, naturgemäß unter dem Einfluß der Venus stand und dazu noch König und Grieche zugleich war: Dann sollen sie darüber urteilen, wie es ihnen gefällt.[53] Auf die Liebschaften Pygmalions und die jener anderen Verwerflichen, die des Menschseins nicht würdig sind, die sie als Beweis für den Adel der Bildhauerei anführen, können sie nur erwidern, ob man denn aus einer vollkommenen Blindheit des Geistes und aus einer jedes natürliche Maß überschreitenden, schrankenlosen Lust einen Adelsbeweis ableiten kann.[54] Und was jenen von den Bildhauern angeführten, mir unbekannten Mann angeht, der wie oben gesagt die Skulptur aus Gold und die Malerei aus Silber schuf, gestehen sie zu, daß dieses Argument nicht anzuzweifeln wäre, hätte dieser sich als ebenso urteilsfähig wie begütert erwiesen. Und abschließend stellen sie fest, daß das antike Goldene Vlies, so gefeiert es auch sein mag, nichts anderes als einen verstandlosen Schafbock umhüllte, weshalb man sich weder nach dem Zeugnis des Reichtums noch nach dem der unschicklichen Lüste richten soll, sondern nach dem der Schriften, der Erfahrung, der Qualität und der Urteilskraft.[55] Hinsichtlich der Schwierigkeit, an die Marmorblöcke und das Metall zu kommen, erwidern sie lediglich, daß dies, wie schon gesagt, im eigentlichen Mangel [an diesen Materialien] und im geringen Wohlwollen der Mächtigen begründet ist und zu keinem höheren Grad an Adel berechtigt. Im Hinblick auf die extremen körperlichen Anstrengungen und die Gefahren für Leib und Werke erwidern sie lachend und ohne die geringste Bedrängnis, wenn größere Mühen und Gefahren Argumente für höheren Adel wären, so sei die Kunst, den Marmor aus dem Inneren der Berge zu gewinnen, wegen der Verwendung von Prägeeisen, Pfählen und schweren Hämmern noch edler als die Bildhauerei und demnach würde auch der Schmied den Goldschmied und der Maurer den Architekten übertreffen.[56] Und sie fügen hinzu, daß die wirklichen Schwierigkeiten eher im Geistigen als im Körperlichen liegen und daher jene Tätigkeiten, die von Natur aus nach mehr Erfahrung und größerem Wissen verlangen, edler und vortrefflicher sind als jene, die sich vor allem der Körperkraft bedienen; und da sich die Maler die Kraft des Geistes mehr zunutze machen als jene, gebührt diese höchste Ehre der Malerei.[57] Den Bildhauern genügen Zirkel oder Winkel, um alle notwendigen Proportionen und Maße zu ermitteln und zu übertragen. Dagegen benötigen die Maler, abgesehen von der Fähigkeit zum Umgang mit den oben genannten Werkzeugen, eine genaue Kenntnis der Perspektive, um tausend andere Dinge wie Landschaften oder Gebäude anzuordnen, und darüber hinaus muß man wegen der Menge an Figuren in einer Szene über eine größere Urteilskraft verfügen, da hier leichter Fehler auftreten als in einer einzelnen Statue. Dem Bildhauer genügt die Kenntnis der wirklichen Formen und der Beschaffenheit der festen, tastbaren und ganz dem Tastsinn unterworfenen Körper und von denen auch nur diejenigen, die etwas haben, das sie trägt. Für den Maler besteht nicht nur die Notwendigkeit, die Form aller gradlinigen und nicht geraden Körper zu kennen, sondern auch diejenige aller durchsichtigen und nicht berührbaren. Darüber hinaus müssen sie die Farben kennen, die sich für die genannten Körper eignen, deren Zahl und Vielfalt so allumfassend und fast ins Unendliche gesteigert ist – wie es sich neben den Mineralien am besten an Blumen und Früchten beobachten läßt –, daß die Aneignung und das Verfügen über diese Kenntnis wegen dieser unendlichen Mannigfaltigkeit in höchstem Maße schwierig ist.[58] Sie bemerken außerdem, daß dort, wo die Skulptur wegen der Unnachgiebigkeit und Unvollkommenheit der Materie die seelischen Empfindungen nur mit der Bewegung darstellt, die sich in ihr jedoch nur begrenzt fassen läßt, und mit der Gestalt der Glieder selbst, allerdings nicht einmal aller, die Maler sie in der Gesamtheit ihrer unendlichen Bewegungen durch die Gestaltung aller Glieder bis ins kleinste Detail zeigen, mehr noch mit dem Atem selbst und dem beseelten Blick.[59] Und um mit größerer Vollkommenheit nicht nur die Leidenschaften und Gefühle der Seele darzustellen, sondern auch die künftigen Ereignisse,[60] wie es in der Natur geschieht, bedürfen sie außer einer langen Übung in der Kunst der umfassenden Kenntnis der Physiognomie,[61] von der der Bildhauer nur den Teil benötigt, der von der Menge und Form der Glieder handelt, ohne sich um die Eigenschaft der Farben zu kümmern. Wie groß aber der Nutzen und die Notwendigkeit dieser Kenntnis [der farblichen Qualität] zur getreuen Nachahmung der Natur ist, kann derjenige ermessen, der mit den Augen urteilt, so daß derjenige, der sich ihr am meisten annähert, der Vollkommenere ist. Dem fügen sie noch hinzu, daß da, wo die Skulptur Stück für Stück

[Materie] wegnehmend den von Natur aus körperhaften Dingen gleichzeitig Tiefe und Plastizität verleiht, wobei sie sich des Tastsinns und des Sehsinns bedient, die Maler in zwei Arbeitsschritten der ebenen Fläche mit Hilfe eines einzigen Sinns Plastizität und Tiefe geben. Dieses Vorgehen, soweit es von einer kunstverständigen Person angewandt wurde, hat auf höchst angenehme Weise viele große Männer getäuscht, ganz zu schweigen von den Tieren, etwas, das man bei der Skulptur nie beobachtet hat, da sie die Natur nicht in jener, wie man wohl sagen darf, so vollkommenen Weise nachahmt wie die Malerei.[62] In ihrer abschließenden Erwiderung auf jene umfassende und absolute Vollkommenheit der Urteilskraft, der die Skulptur bedarf, da sie dort, wo sie einmal weggenommen hat, keine Möglichkeit des Wiederhinzufügens hat, stimmen sie zunächst zu, daß diese Fehler, wie sie sagen, nicht zu berichtigen sind und man ihnen nur mit Flicken beikommen kann, daß aber ebenso, wie diese in der Kleidung eine Lösung für arme Leute sind, sie in der Skulptur und Malerei eine Lösung für Leute ohne Talent und Urteilskraft darstellen.[63] Zudem bewahrt sie die Geduld innerhalb eines angemessenen Zeitrahmens anhand der Modelle, Gerüste, Winkel, Zirkel und tausend anderer Verfahren und Werkzeuge zur Übertragung nicht nur vor Fehlern, sondern läßt sie auch alles zur Vollendung bringen. Daraus schließen sie, daß diese Schwierigkeit, die jene als die größte hinstellen, nichts oder wenig ist im Vergleich mit denen, die sich den Malern bei der Freskoarbeit stellen. Und außerdem sei die genannte Vollkommenheit in der Urteilskraft für die Bildhauer keinesfalls notwendiger als für die Maler, denn so wie es für die einen ausreichend ist, gute Wachsmodelle oder solche aus Ton oder anderen Materialien auszuführen, so genügt es diesen, ihre Entwürfe in vergleichbaren Materialien oder auf Kartons auszuführen. Und schließlich sei der Arbeitsschritt, bei dem sie Stück für Stück ihre Modelle in den Marmor übertragen, eher eine Fleißarbeit als alles andere. Als Urteilskraft, wie sie die Bildhauer verstehen, sollte man hingegen das bezeichnen, was eher für den Freskomaler als für den, der den Marmor bearbeitet, vonnöten ist, weil diese Technik nicht nur keinen Raum für Geduld und Zeit läßt, da dies die ärgsten Feinde der Verbindung von Putz und Farben sind, sondern weil darüber hinaus das Auge die wirklichen Farben erst sieht, wenn der Putz völlig trocken ist und man auch mit der Hand lediglich feststellen kann, ob er naß oder trocken ist.[64] Deswegen würde meiner Meinung nach derjenige nicht sehr irren, der diese Technik als ein Arbeiten im Dunkeln und durch farbige, die Wirklichkeit verfälschende Brillengläser bezeichnet, und ich zweifle hingegen in keiner Weise daran, daß diese Bezeichnung passender für das Freskieren ist als für die Arbeit des Skulptierens, der ja das Wachs als getreue und gute Brille dient. Sie sagen außerdem, daß diese Arbeit einer entschlossenen Urteilskraft bedarf, die jenen Endzustand im feuchten Putz vorhersieht, den er nach dem Trocknen annehmen wird, man darüber hinaus die Arbeit nicht liegenlassen kann, solange der Putz noch feucht ist, und man in einem Tag mit Entschlossenheit das vollbringen muß, was die Bildhauerei in einem Monat schafft. Und wenn einer diese Urteilskraft und Vortrefflichkeit nicht besitzt, so sieht man nach Abschluß der Arbeit oder mit der Zeit die Flicken, Flecken und Korrekturen und die übereinander gemalten oder auf dem trockenen Putz nachgebesserten Farben, was ein höchst schändliches Vorgehen ist, da sich in der Folge Schimmel bildet, der die Unfähigkeit und die geringe Erfahrung des Künstlers offenbart, so wie auch die angestückten Teile in der Skulptur eine häßliche Wirkung haben. Wenn es darüber hinaus notwendig wird, die Freskofiguren zu waschen, wie es nach einiger Zeit häufig geschieht, um sie wieder aufzufrischen, dann erhält sich das in *fresco* Gearbeitete, während die auf dem Trockenen ausgeführten Nachbesserungen vom Schwamm weggewaschen werden. Sie fügen noch hinzu, daß da, wo die Bildhauer in einem einzigen Marmorblock maximal zwei oder drei Figuren zusammen schaffen, sie in einer einzigen Tafel eine sehr große Zahl von ihnen ausführen, wobei sie in den vielen abwechslungsreichen Ansichten, von denen jene sagen, daß nur eine Statue sie bietet, mit der Mannigfaltigkeit der Stellungen, Verkürzungen und Haltungen der Figuren wettmachen, was beim Bildhauer durch das Herumgehen erreicht wird. So hat es schon Giorgione da Castelfranco[65] in einem seiner Gemälde getan, in dem [die Figur] in Rückenansicht dargestellt ist, dazu zwei Spiegel auf jeder Seite und eine Quelle zu ihren Füßen, so daß das Gemalte die Rückenansicht, in der Quelle die Vorderansicht und in den Spiegeln die Seitenansichten zeigt, was die Skulptur nie zustande gebracht hat.[66] Sie bekräftigen überdies, daß die Malerei kein einziges Element darstellt, ohne es mit all jenen Herrlichkeiten zu schmücken und anzureichern, welche die Natur ihm gegeben hat: So verleiht sie der Luft ihr Licht oder ihre Dunkelheit mitsamt ihren wechselnden Stimmungen und Eindrücken und bevölkert sie mit allen Arten von Vögeln.[67] Dem Wasser [gibt sie] Transparenz, Fische, Moospflanzen, Schaumkronen, die Bewegung der Wellen, die Schiffe und seine unterschiedlichen Stimmungen; der Erde [gibt sie] die Berge, die Ebenen, die Pflanzen, die Früchte, die Blumen, die Tiere und die Gebäude und alles in einer solchen Vielzahl an Dingen und einer Mannigfaltigkeit an Formen und naturgetreuen Farben, daß selbst die Natur oftmals darüber staunt. Dem Feuer schließlich verleiht sie so viel Hitze und Licht, daß man die Dinge deutlich brennen sieht und die schwärzeste Finsternis der Nacht mit scheinbar flackernden Flammen teilweise erhellt wird. Aus all diesen Gründen scheint es ihnen berechtigt, abschließend zu sagen, daß nach der Gegenüberstellung der Schwierigkeiten der Bildhauer mit jenen der Maler, der Anstrengung des Körpers mit den Anstrengungen des Geistes, der ausschließlichen Nachahmung der Form mit der Nachahmung der vom Auge wahrgenommenen Erscheinung in ihrer Quantität und Qualität, der geringen Anzahl von Dingen, mit denen die Bildhauerei ihre Tugend beweisen kann und beweist gegenüber den unendlichen, die uns die Malerei wiedergibt – zumal sie sie darüber hinaus dem Geist perfekt einprägt und sie an Orten erscheinen läßt, wo nicht einmal die Natur selbst sie geschaffen hat –, und wenn man schließlich die Vorzüge der einen gegen die Vorzüge der anderen abwägt, der Rang der Bildhauerei hinsichtlich des Talents, der Erfindungsgabe und der Urteilskraft der sie ausübenden Künstler bei weitem nicht dem entspricht, den die Malerei einnimmt und verdient. Und dies sind die erwägenswerten Argumente, die mir von der einen und der anderen Seite zu Ohren gelangt sind.

Da es mir aber scheint, daß die Bildhauer mit zuviel Kühnheit und die Maler mit zu großer Entrüstung gesprochen haben, ich außerdem seit geraumer Zeit über die Belange der Skulptur nachdenke und seit jeher die Malerei ausübe, wie gering die erkennbaren Früchte [meiner Arbeit] auch sein mögen, sehe ich es aufgrund meiner Erfahrung und im Hinblick auf die hier in Angriff genommenen Schriften als meine Pflicht an, das Urteil darzulegen, das ich mir in Gedanken schon immer darüber gebildet habe, gelte meine Autorität hierin, soviel sie mag. Ich werde über diesen Streit deutlich und knapp meine Meinung sagen, nachdem ich mich davon überzeugt habe, mir nicht die Bürde der Anmaßung oder Unwissenheit aufzuladen, da ich keinesfalls anderer Leute Künste abhandeln werde, wie es viele andere getan haben, um vor den Ungebildeten mittels der Schriften allwissend zu erscheinen, wie es unter anderem dem Peripatetiker Phormion[68] aus Ephesus geschah, der bei der Zurschaustellung seiner Redekunst die Tugenden und [Wissens-]Gebiete des vortrefflichen Heerführers vortrug und diskutierte und Hannibal[69] wegen seiner Anmaßung und Unwissenheit zum Lachen brachte.[70] Und so sage ich, daß Skulptur und Malerei in Wahrheit Schwestern sind, die von einem Vater – dem *disegno* – abstammen und aus einer Geburt zugleich hervorgegangen sind; demnach übertreffen sie sich nicht gegenseitig, wenn nicht durch die Fähigkeit und Kraft der in ihnen tätigen Künstler der eine den anderen hinter sich läßt, keinesfalls aber aufgrund eines Unterschieds oder dem Grad an Adel, der sich tatsächlich in beiden findet.[71] Und wenn sie auch durch die in ihrem Wesen begründeten Unterschiede jeweils viele Vorzüge besitzen, so sind diese jedoch weder so zahlreich noch von einer solchen Art, daß sie sich nicht gegenseitig vollkommen ausgleichen würden und man nicht zugleich anstelle der Urteilskraft die Leidenschaft und den Starrsinn derjenigen erkennen kann, die die eine der anderen vorziehen wollen. Deswegen kann man mit Recht sagen, daß eine Seele zwei Körper belebt, und so schließe ich daraus, daß jene schlecht daran tun, die versuchen, sie aus ihrer Einheit herauszulösen und voneinander zu trennen. Vielleicht um uns von dieser Täuschung zu befreien und uns die Verschwisterung und Einheit dieser beiden unsagbar edlen Künste nachzuweisen, hat der Himmel zu verschiedenen Zeiten viele malende Bildhauer und bildhauende Maler zur Welt kommen lassen, wie man in den Lebensbeschreibungen von Antonio Pollaiuolo,[72] Leonardo da Vinci[73] und vieler anderer schon [lange] Verstorbener sehen wird. In unseren Tagen aber hat uns die göttliche Güte Michelangelo Buonarroti[74] geschaffen, in dem diese beiden Künste so vollkommen erstrahlen, so ähnlich und miteinander verbunden scheinen, daß die Maler über seine Malerei staunen und die Bildhauer seinen Skulpturen Bewunderung und höchste Verehrung entgegenbringen. Diesen hat die Natur, wohl damit er nie bei einem anderen Meister um einen passenden Aufstellungsort für die von ihm geschaffenen Figuren nachsuchen müsse, in einer Weise mit dem Wissen von der Architektur beschenkt, daß er ohne fremde Hilfe in der Lage ist, diesem und jenem von ihm gestalteten Bild einen ehrenhaften und angemessenen Platz zu geben, so daß man ihn verdientermaßen einen einzigartigen Bildhauer, ausgezeichneten Maler und ganz vortrefflichen Architekten, nein, vielmehr einen wahren Meister der Architektur nennen muß. Wir jedenfalls können in der Tat bestätigen, daß jene nicht im geringsten irren, die ihn ›göttlich‹ nennen, da er auf göttliche Weise die drei lobenswertesten und geistvollsten Künste, die unter Sterblichen zu finden sind, in sich vereinigt hat und uns mit ihnen, einem Gott gleich, unendlich zu nützen vermag.[75] Damit genug zum Streit der beiden Fraktionen und zu unserer Meinung. Kehren wir nun zu meinem ursprünglichen Vorhaben zurück, [nämlich] dem gefräßigen Schlund der Zeit, soweit meine Kräfte reichen, die Namen der Bildhauer, Maler und Architekten zu entreißen, die sich in Italien von Cimabue bis heute in irgendeiner bemerkenswerten Weise ausgezeichnet haben. Da ich mir wünsche, daß diese meine Mühen ebenso nützlich seien, wie ich sie mir angenehm vorstelle, halte ich es für notwendig, bevor wir zur eigentlichen Geschichte kommen, kurz eine Einführung zu jenen drei Künsten zu geben, in denen sich diejenigen hervorgetan haben, deren Leben ich zu beschreiben habe, damit jeder edle Geist vorab die wichtigsten Bewandtnisse dieser Metiers versteht und anschließend mit gesteigertem Genuß und Nutzen in aller Deutlichkeit erkennen kann, wie sie sich voneinander unterscheiden, welche Zierde und welchen Nutzen sie ihren Heimatstädten und jedwedem gebracht haben, der sich ihrer Fertigkeit und ihres Wissen bedienen wollte.[76]

Ich werde also mit der Architektur beginnen, da sie für den Menschen die umfassendste, notwendigste und nützlichste [Kunst] ist, der die anderen beiden dienen und die sie verzieren. Ich werde kurz die unterschiedliche Qualität der Steine, die Stile oder Modi des Bauens mit ihren Proportionen aufzeigen und darauf hinweisen, woran man die guten, wohldurchdachten Bauwerke erkennt. Anschließend werde ich die Bildhauerei besprechen und erklären, wie die Statuen gearbeitet werden, welche Form und Proportion sie haben sollten und welches die guten Statuen sind, mit all den geheimsten und notwendigsten Anleitungen dazu. Anschließend werde ich in der Erörterung zur Malerei den *disegno*, den Umgang mit den Farben, die vollendete Ausführung der Werke, die Qualität jener Gemälde und alle von ihr ableitbaren Verfahren behandeln: also jede Art von Mosaik, die Technik des Niello, das Email, das Damaszieren und schließlich die Drucke nach Gemälden. So bin ich davon überzeugt, daß meine Mühen jene erfreuen werden, die diese Tätigkeiten nicht ausüben, und jenen, die sie zu ihrem Beruf gemacht haben, zugleich Freude bereiten und nützen werden. Denn davon abgesehen, daß sie in der Einleitung die Arbeitstechniken nochmals vorgeführt bekommen, in den Lebensbeschreibungen der Künstler erfahren werden, wo sich ihre Werke befinden, wie man mit Leichtigkeit ihre Vollkommenheit oder Unvollkommenheit erkennt und zwischen Stil und Stil zu unterscheiden weiß, können sie sich darüber hinaus einmal mehr davon überzeugen, wieviel Lob und Ehre derjenige verdient, der mit den

Verdiensten solch edler Künste ehrenhafte Umgangsformen und einen guten Lebenswandel verbindet, so daß sie angestachelt von dem Lob, das die solcherart Beschaffenen erlangt haben, sich ebenso zum wahren Ruhm erheben werden. Auch wird man keinen geringen Gewinn aus der Geschichte ziehen, der wahren Führerin und Lehrmeisterin unserer Handlungen, wenn man von der unendlich variierenden Vielfalt von Unfällen liest, die den Künstlern teils aus eigenem Verschulden, teils durch Schicksalsfügung widerfahren sind.[77]

Es bliebe mir noch, mich dafür zu entschuldigen, einige Male keine wirklich toskanischen Begriffe verwendet zu haben, doch möchte ich hiervon nicht sprechen, da ich stets mehr darauf geachtet habe, die für unsere Künste spezifischen und eigenen Begriffe und Vokabeln zu verwenden als die liebreizenden, gewählten Worte der feinen Sprache der Schriftsteller.[78] Es sei mir also erlaubt, in dieser charakteristischen Sprache die eigenen Worte unserer Künstler zu verwenden, und ein jeder gebe sich mit meinem guten Willen zufrieden, der sich zu diesem Vorhaben bewegt sah, nicht um andere über etwas zu belehren, wovon ich selbst nichts weiß, sondern von dem Wunsch geleitet, wenigstens dieses Andenken der gefeiertsten Künstler zu bewahren, da ich in so vielen Jahrzehnten noch von keinem gehört habe, der ihnen viel Erinnerung gestiftet hätte. Deshalb habe ich es vorgezogen, mit diesen meinen ungeschlachten Mühen ihre vortrefflichen Taten zu umreißen und damit zu einem gewissen Teil die Verpflichtung auszugleichen, die ich ihren Werken schulde, die mich das wenige lehrten, was ich weiß, anstatt mich dem Müßiggang hinzugeben und ein boshafter Kritiker der Werke anderer zu sein, sie anzuklagen und zu verurteilen, wie einige andere es oft zu tun pflegen.

Aber nun ist es Zeit, zur Sache zu kommen.

Ende der Vorrede

Einleitung zur Vorrede der Lebensbeschreibungen

Als Vorrede zu den *Vite* insgesamt und als Überleitung von den technischen Einleitungen zu den Lebensbeschreibungen des ersten Teils gibt Vasari einen Abriß der Kunstentwicklung von den Ursprüngen über Antike und Mittelalter bis Cimabue (dokumentiert 1272–1303). Dabei prägt Vasari in dieser Vorrede Begriffe, Konzepte und Entwicklungsvorstellungen, die auf die nachfolgende Kunstgeschichtsschreibung großen Einfluß hatten: eine Theorie des Ursprungs der Kunst im *disegno*, ein zyklisches Verständnis der Kunstgeschichte, den Renaissancebegriff, die Ursachen des Verfalls der antiken Kunst, eine erste Skizze der mittelalterlichen Kunst und den Stilbegriff der Gotik, um nur einige zu nennen.[79]

Die Darstellung der mittelalterlichen Kunst gewährt gerade wegen der vielen Verkürzungen, Ungereimtheiten und der harschen Kritik einen Einblick in Vasaris historiographisches Vorgehen und seine Kunstanschauung. Die Zusammenarbeit mit den Florentiner Literaten Vincenzo Borghini (*1515 – † 1580) und Cosimo Bartoli (*1503 – † 1572) läßt sich für diese Vorrede durch den Nachweis direkter Quellen sehr anschaulich darstellen. Die Schwierigkeiten Vasaris bei der Integration der vielen neuen Informationen in die zweite Ausgabe sind der »Vorrede der Lebensbeschreibungen« an vielen Stellen noch anzusehen. Besonders auffällig ist der Bruch im Textfluß, wenn Vasari direkte Quellenexzerpte einfügt. Schon beim Verfassen der ersten Edition hat Vasari sicherlich auf die Hilfe von Gelehrten zurückgegriffen, wobei hier der Nachweis schwieriger ist; vieles deutet darauf hin, daß Pier Francesco Giambullari (*1495 – † 1555), Autor einer *Geschichte Europas im Mittelalter*, Vasari auch hier geholfen hat.[80]

Im Verlauf der Vorrede setzt sich Vasari vor allem mit Leon Battista Albertis (*1404 – † 1472) Kunsttheorie auseinander, wobei er von der Freundschaft mit Cosimo Bartoli profitierte, der die Traktate *De re aedificatoria*, *De pictura* und *De statua* ins *volgare* übertrug.[81] Vasari trägt unterschiedliche Ursprungstheorien vor, vermeidet es aber ähnlich wie Alberti, einen absoluten Ursprung zu benennen. Alberti hatte das Dilemma durch eine naturalistische Ursprungstheorie gelöst, indem er von einer allgemeinintellektuellen Fähigkeit ausging, in zufällig in der Natur vorkommende Formen, zum Beispiel einen Baumstumpf oder konkrete Gestalten, hineinzusehen und deren Ähnlichkeit mit etwas Bekanntem herauszuarbeiten. Vasari greift diese naturalistische Theorie auf und verknüpft sie mit der Vorstellung von Gott als erstem Künstler. Alle Künste, so auch Malerei und Skulptur, entspringen gemäß Vasaris Darstellung einem schon am Weltenanfang vollkommen ausgeprägten Prinzip, dem *disegno.* Gott vermittelt dieses Prinzip bei der Erschaffung des Menschen mit der Materie und erfindet eine erste Form der Malerei und Skulptur. Ein Künstler vermag dank der Teilhabe am schon immer existierenden *disegno* in Nachahmung des schaffenden Gottes künstlerisch tätig zu werden. Vasari geht davon aus, daß die Menschen dank der ursprünglichen Vollkommenheit des *disegno* und ihres natürlichen Triebes schon immer in Nachahmung der Schaffenskraft Gottes gemalt und gemeißelt haben. Die biblischen und die antiken Darstellungen der Ursprungssituation sind für Vasari die wichtigsten, von denen er aber keine favorisiert, da sich beide in seine Theorie des Ursprungs der Kunst im *disegno* integrieren lassen. Das Wissen um einen absoluten Ursprung der Künste ist für Vasari insofern »eine Angelegenheit, die gefährlich zu beurteilen und die zu wissen vielleicht wenig notwendig ist«.[82]

Auf die Prägung des Stilbegriffs der Gotik hat Vasari entscheidenden Einfluß genommen, indem er die in Italien schon vor ihm häufig kritisierte deutsche Manier mit der gotischen Manier gleichsetzte.[83] In seiner technischen Einführung sagt Vasari von der deutschen Manier: »Erfunden wurde dieser Stil von den Goten. Nachdem sie die antiken Bauten zerstört hatten und die Architekten in den Kriegen getötet worden waren, errichteten die Übriggebliebenen in diesem Stil Bauwerke, die sie mit spitzbogigen Gewölben überspannten, [...] Gott bewahre jedes Land vor den Gedanken und der Vorstellung an jene Werke, von denen es, da sie gegenüber der Schönheit unserer Bauwerke vollkommen mißgebildet sind, deswegen nicht lohnt, weiter zu reden.«[84] Vasari verwendet in den *Vite* die Begriffe deutsche bzw. gotische Manier sowohl als historisch beschreibende wie auch als ästhetisch wertende Termini. Michelangelo äußert sich bei Vasari zu Sangallos Sankt Peter-Entwürfen folgendermaßen: »Die Bauglieder haben viel mehr von der gotischen Bauweise als von der guten antiken oder dem anmutig schönen Stil der Moderne.«[85]

Zu den vielen originellen Prägungen und Begriffen, die Vasari in dieser Vorrede entwickelt, gelangt er durch eine manchmal eigenwillige Quellenlektüre und durch die Verknüpfung von unterschiedlichen Texttraditionen. Wenn man sich auch über seine zuweilen unbeholfene Ausdrucksweise wundert, sollte man nicht vergessen, daß viele Generationen von Künstlern und Kunstgeschichtlern unter dem Bann seiner einflußreichen Erklärungsmuster standen.

MB

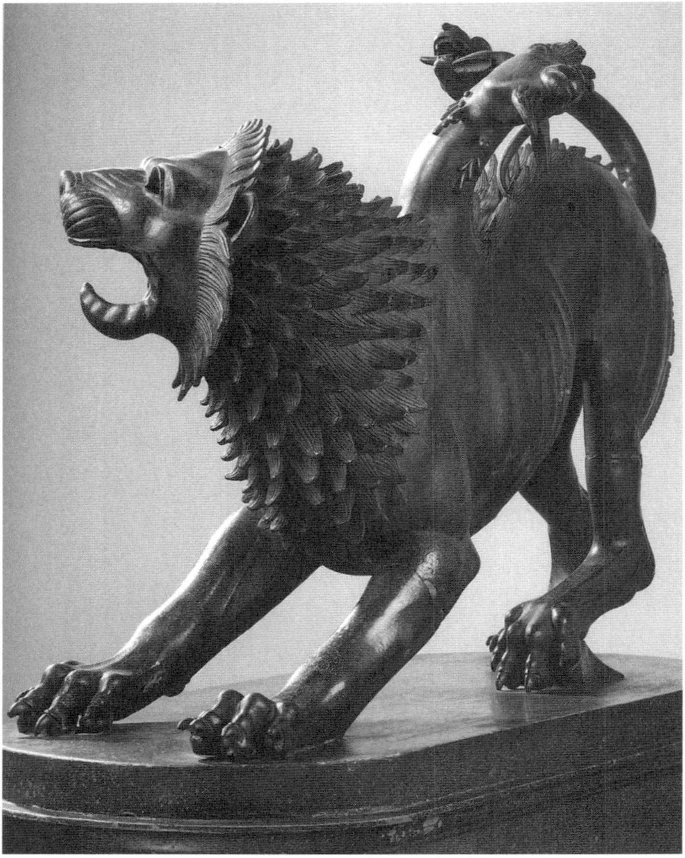

Chimäre. Etruskische Bronze. Florenz, Archäologisches Museum

Vorrede der Lebensbeschreibungen

Proemio delle vite (1568)

Ich zweifle in gar keiner Weise daran, daß es die allgemeine und ganz feste Überzeugung fast aller Autoren ist, daß die Skulptur zusammen mit der Malerei auf natürliche Weise zuerst von den Völkern Ägyptens entdeckt wurde, während einige andere die ersten roh behauenen Marmorblöcke und plastisch gearbeiteten Statuen den Chaldäern zuschreiben, den Griechen hingegen die Erfindung des Pinsels und der Farbgebung. Ich aber werde nichtsdestotrotz behaupten, daß der *disegno*, die Grundlage der einen wie der anderen Kunst und mehr noch die eine Seele, die aus sich selbst heraus alle Tätigkeiten der denkenden Wesen gebiert und nährt, beim Ursprung aller Dinge vollkommen war.[86] Nachdem der höchste Gott den großen Weltenkörper geschaffen und den Himmel mit seinen hellen Lichtern geschmückt hatte, ließ er seinen Geist weiter nach unten in die Klarheit der Lüfte und auf die feste Erde hinabsteigen und entdeckte dank seiner anmutigen Erfindungskraft in der Formung des Menschen die erste Form von Bildhauerei und Malerei.[87] Aus diesem Menschen wurden dann nach und nach wie von einem echten Modell (denn man darf nicht das Gegenteil behaupten) die Statuen und Skulpturen, komplizierte Haltungen und Umrisse und für die ersten Malereien, wie auch immer sie gewesen sein mögen, die Weichheit, Abstimmung und disharmonische Harmonie von Licht und Schatten abgeleitet.[88] So war also das erste Modell, aus dem das erste Bild des Menschen entstand, ein Erdklumpen; und dies geschah nicht ohne Grund, denn der göttliche Architekt der Zeit und der Natur wollte als Allvollkommener in der Unvollkommenheit der Materie das Verfahren des Wegnehmens und Hinzufügens veranschaulichen, genau so wie gute Bildhauer und Maler es mit ihren Modellen zu tun pflegen, deren unvollkommene Entwürfe sie durch Hinzufügen und Wegnehmen zu jener Vollendung und Perfektion bringen, die sie erreichen wollen. Er gab ihm [dem ersten Menschen] die unendlich lebendige Farbe der Haut, für die man dann in der Malerei aus den Tiefen der Erde dieselben Farben gewann, um all die Dinge nachzuahmen, die in der Malerei vorkommen.[89]

Andererseits stimmt es, daß man nicht sicher sagen kann, was die Menschen vor der Sintflut zur Nachahmung eines so schönen Werks [des ersten Menschen] in diesen Künsten geschaffen haben, es ist aber mit ziemlicher Sicherheit glaubhaft, daß auch diese in jeglicher Weise meißelten und malten. Denn Belus[90], der Sohn des stolzen Nimrod, ließ ungefähr 200 Jahre nach der Sintflut die Statue schaffen, durch die dann die Götzenverehrung entstand, während seine hochberühmte Schwiegertochter Semiramis,[91] die Königin von Babel, beim Bau dieser Stadt zwischen die Verzierungen derselben nicht nur mannigfaltige und unterschiedliche Gattungen von Tieren anbrachte, die lebensecht wiedergegeben und farbig gestaltet waren, sondern auch ihr eigenes Bild, das ihres Gatten Ninus und auch die Bronzestatuen ihres Schwiegervaters, ihrer Schwiegermutter und ihrer Urschwiegermutter, wie Diodorus[92] berichtet, der sie mit den damals noch nicht üblichen Namen der Griechen als Jupiter, Juno und Opis bezeichnet.[93] Wahrscheinlich lernten die Chaldäer von diesen Statuen, die Abbilder ihrer Götter zu fertigen, denn 150 Jahre später stahl Rachel zusammen mit ihrem Gatten Jakob auf der Flucht aus Mesopotamien die Idole ihres Vaters Laban, wie die Genesis in aller Klarheit erzählt.[94]

Nicht nur die Chaldäer schufen Skulpturen und Malereien, sondern auch die Ägypter, die sich in diesen Künsten mit großem Fleiß übten, wie es das ausführlich von Diodorus beschriebene wunderbare Grab des uralten Königs Osymandyas zeigt[95] und wie es auch das strenge Gebot Moses' deutlich macht, das dieser auf dem Weg aus Ägypten aufstellte und das besagte, daß unter Todesstrafe keine Abbilder Gottes geschaffen werden sollten.[96] Als dieser vom Berg herabkommend das Goldene Kalb fertig ausgeführt und von seinem Volk demütig angebetet vorgefunden hatte, beließ er es, in seiner tiefen Bestürzung darüber, daß die göttlichen Ehren dem Abbild eines Tieres erwiesen wurden, nicht nur bei seiner Zerstörung und machte es zu Staub, sondern ließ als Strafe für diesen Fehltritt von den Leviten viele Tausend der frevlerischen Söhne Israels töten, die sich jener Götzenanbetung schuldig gemacht hatten.[97] Da allerdings nicht das Anfertigen der Statuen, sondern die Anbetung derselben als frevelhafte Sünde galt, liest man im Exodus, daß die Kunst des Zeichnens und der Statuen, und zwar nicht nur jene aus Marmor, sondern auch die aus allen Arten von Metall, durch den Spruch Gottes Bezaleel vom Stamm Juda und Oholiab vom Stamm Dan mitgegeben wurde; diese waren es, die die beiden goldenen Cherubim, die Kerzenständer, das Velum, die Fransensäume der Priestergewänder und viele andere wunderschöne gegossene Werke für das Tabernakel schufen, und zwar einzig und allein zu dem Zweck, die Leute zum Schauen und Anbeten zu bewegen.[98]

Durch die Werke also, die vor der Sintflut zu sehen waren, fand der Stolz der Menschen zu dem Brauch, die Statuen derjenigen zu schaffen, deren Ruf vor der Welt unsterblich bleiben sollte. Die Griechen, die von diesem Ursprung [der Künste] eine andere Meinung haben, behaupten, daß die ersten Statuen (laut Diodorus) von den Äthiopiern erfunden worden seien, die Ägypter sie von diesen übernommen hätten und von jenen wiederum die Griechen, da schon zur Zeit Homers Bildhauerei und Malerei offenbar vollkommen waren, wie jener göttliche Dichter in seiner Beschreibung des Schildes von Achill bezeugt, den er uns mit aller Kunstfertigkeit eher plastisch gebildet und gemalt als mit Worten beschrieben vor Augen führt.[99] Lactantius Firmanus spricht die beiden Künste fabulierend Prometheus zu, der in Nachahmung des großen Gottes die menschliche Gestalt aus Lehm formte, und er behauptet, daß die Kunst der Statuen von ihm abstamme.[100] Laut dem, was Plinius schreibt, kam diese Kunst allerdings durch den Lydier Gyges nach Ägypten, der am Feuer sitzend seinen Schatten betrachtete und mit einem Stück Kohle in der Hand schnell seine eigenen Umrisse auf die Wand zeichnete [siehe Seite 6].[101] Und von da an pflegte man selbigem Plinius zufolge eine Zeitlang nur die Linien auszuführen, ohne die Flächen mit Farbe auszufüllen, ein Verfahren, das der Ägypter Philokles[102] mühevoll und desgleichen die Korinther Kleanthes[103] und Aridikes[104] sowie der Sikuler Telephanes wiederentdeckten.[105]

Der Korinther Ekphantes[106] war der erste Grieche, der Farben verwendete, und Apollodoros[107] der erste, der den Pinsel entdeckte. Es folgten die allesamt hochgepriesenen Polygnotos[108] aus Thasos, Zeuxis[109] und Timagoras[110] aus Chalkis, Pythias[111] und Aglaophon[112] und dann der hochberühmte Apelles,[113] der von Alexander dem Großen für sein Talent außerordentlich geschätzt und verehrt wurde und zudem ein überaus kundiger Erforscher von Verleumdung und Gunst war, wie Lukian uns berichtet. Dies gilt allerdings stets für fast alle herausragenden Maler und Bildhauer, die vom Himmel zumeist nicht nur mit der Gabe der Poesie beschenkt wurden, wie man bei Pacuvius[114] liest, sondern auch mit der der Philosophie, wie man an Metrodorus[115] sah, der in der Philosophie ebenso kundig war wie in der Malerei. Dieser wurde von den Athenern zu Paulus Aemilius geschickt, um seinen Triumphzug auszuschmücken, und blieb dann dort, um seine Söhne in der Philosophie zu unterrichten. In Griechenland wurde nun im großen Stil die Bildhauerei betrieben, in der sich viele herausragende Künstler etablierten, darunter großartige Meister wie der Athener Phidias[116] oder Praxiteles[117] und Poliklet.[118] Gleiches gilt für Lysipp und Pyrgoteles, die im Kameenschnitt sehr tüchtig waren,[119] und für Pygmalion in der Reliefarbeit in Elfenbein, von dem man erzählt, daß er durch sein Bitten der Gestalt einer Jungfrau, an der er arbeitete, Atem und Leben verlieh.[120] Auf ähnliche Weise ehrten und belohnten die antiken Griechen und Römer die Malerei, indem sie den Malern, die ihre Kunst zu wundervoller Vollendung brachten, mit Schenkungen von Städten und höchsten Ämtern [ihre Anerkennung] bezeugten.

So sehr blühte diese Kunst in Rom, daß Fabius den Namen seiner Familie begründete, indem er seine so liebreizend gemalten Werke im Salus-Tempel signierte und sich dabei ›Fabius Pictor‹ nannte.[121] Durch ein öffentliches Dekret war es verboten, daß Sklaven diese Kunst in den Städten ausübten, und so sehr verehrten die Leute stets Kunst und Künstler, daß die erlesenen Werke als Kriegsbeute für die Triumphzüge wie Wunderdinge nach Rom geschickt wurden und die herausragenden Künstler von Sklaven zu freien Männern gemacht und mit ehrenvollen Preisen von der jeweiligen Republik gewürdigt wurden.[122] Die Römer brachten diesen Künsten so viel Ehrfurcht entgegen, daß Marcellus nicht nur verlangte, bei der Zerstörung der Stadt Syrakus einen berühmten Künstler respektvoll zu behandeln, sondern bei der Einnahme dieser Stadt darauf zu achten, daß derjenige Teil vom Feuer verschont bliebe, wo sich eine wunderschöne bemalte Tafel befand, die man später beim Triumphzug in Rom mit großem Pomp mitführte.[123] Dorthin brachten sie im Laufe der Zeit, in der sie fast die gesamte Welt geplündert hatten, die Künstler selbst und ihre herausragenden Werke, wodurch Rom dann so ungemein schön wurde, denn solche außergewöhnlichen Statuen schmückten sie mehr als die aus lokalen und eigenen [Werkstätten]. So weiß man, daß in Rhodos, einer nicht sehr großen Inselstadt, mehr als dreitausend Bronze- und Marmorstatuen gezählt wurden, daß auch die Athener über nicht weniger verfügten, jene in Olympia und Delphi aber noch viel mehr hatten und sich in Korinth eine zahllose Menge von ihnen befand, die allesamt wunderschön und von höchstem Wert waren. Und ist nicht auch bekannt, daß der lydische König Nikomedes in seiner Gier nach einer Venus von der Hand des Praxiteles fast alle Reichtümer seines Volks aufbrauchte?[124] Verhielt sich Attalus denn nicht genauso, als er sich nicht scheute, für eine von Aristides gemalte Tafel mit einem Bacchus mehr als sechstausend Sesterzen auszugeben? Diese Tafel wurde von Lucius Mummius ebenfalls zur Zierde Roms im Tempel der Ceres mit größter Pracht aufgestellt.[125]

Aber obwohl der Adel dieser Kunst nach alledem ein solches Ansehen genoß, weiß man immer noch nicht sicher, wer ihren Ursprung begründete, da sie, wie oben schon angemerkt, seit uralter Zeit bei den Chaldäern bekannt ist, gewisse andere sie den Äthiopiern zusprechen, während die Griechen sie sich selbst zuschreiben. Und nicht zu Unrecht kann man behaupten, daß sie möglicherweise bei den Toskanern noch ältere Ursprünge besitzt, wie unser Leon Battista Alberti[126] bezeugt und wie es das wundervolle Grab des Porsenna in Chiusi mit ziemlicher Deutlichkeit zeigt, wo man vor nicht allzu langer Zeit unter der Erde zwischen den Mauern des Labyrinths einige Terrakottaziegel gefunden hat, auf denen Figuren im Halbrelief so hervorragend und in einem so schönen Stil dargestellt sind, daß leicht einzusehen ist, daß die Kunst hier nicht erst zu dieser Zeit begonnen haben kann, vielmehr wegen der Vollkommenheit dieser Arbeiten ihrem Höhepunkt viel näher stand als einem Anfangsstadium.[127] Ebenso muß man diesen Eindruck gewinnen, wenn man den ganzen Tag die vielen Fragmente jener roten und schwarzen [sprich rot- und schwarzfigurigen] Aretiner Vasen sieht, die dem Stil nach zu urteilen ungefähr zu jener Zeit mit anmutigen Ritzungen, Figürchen, Szenen im Flachrelief und vielen kleinen Rundmasken angefertigt wurden und ihrer Wirkung nach von äußerst geübten und tüchtigen Meistern jener Epoche fein gearbeitet worden sein müssen.[128] Auch an den Statuen, die in Viterbo zu Beginn des Pontifikats von Alexander VI.[129] aufgefunden wurden, sieht man, daß die Bildhauerei Wertschätzung erfuhr und in der Toskana zu nicht geringer Vollkommenheit gelangt war. Und obwohl man keineswegs weiß, zu welcher Zeit sie ausgeführt wurden, so kann man doch mit ziemlicher Sicherheit aus dem Stil der Figuren, der Art der Bestattungen, der Bauten und nicht weniger aus den Inschriften mit toskanischen [sprich etruskischen] Buchstaben den Schluß ziehen, daß sie uralt sind und in einer Zeit geschaffen wurden, in der es um die Dinge hier gut und trefflich stand.[130] Aber welch größeren Beweis könnte man dafür noch erhalten, als die in unserer Zeit, sprich im Jahr [15]41, aufgefundene Bronzefigur der Chimäre des Bellerophon [siehe Seite 62], die in Arezzo beim Ausheben von Gräben und dem Bau der Befestigung und der Stadtmauer zutage kam? An dieser Figur erkennt man die Perfektion, zu der diese Kunst in antiker Zeit bei den Toskanern gelangt war, wie an dem etruskischen Stil [der Chimäre], viel eher aber noch an den in eine Pranke eingeritzten Buchstaben zu erkennen ist. Da es sehr wenige [Buchstaben] sind, vermutet man – zumal die etruskische Sprache heute von keinem mehr verstanden wird –, daß sie den Namen des Meisters oder den der Figur bezeichnen könnten, vielleicht aber auch eine Datierung gemäß dem Brauch jener Zeit. Diese Figur wurde jetzt von Herzog Cosimo aufgrund ihrer Schönheit und ihres Alters im Saal des neuen Appartements in seinem Palast aufgestellt, wo ich die Taten Papst Leos X. gemalt habe. Und neben dieser wurden am selben Ort viele kleine Bronzefiguren desselben Stils gefunden, die sich im Besitz des genannten Herzogs befinden.[131]

Aber da das Alter der Werke der Griechen, der Äthiopier und der Chaldäer in gleicher Weise zweifelhaft ist wie das der unseren und vielleicht noch zweifelhafter und wir ein Urteil über jene Dinge auf Vermutungen gründen müssen, die allerdings nicht so schwach sind, als daß sie völlig am Ziel vorbeischießen würden (sie sind aber auch nicht wirklich sicher), glaube ich, mich nicht im geringsten von der Wahrheit entfernt zu haben. Und ich denke, daß jeder, der diese Frage ausreichend überdenken wird, ebenso urteilen wird wie ich, als ich oben sagte, daß der Ursprung dieser Künste in der Natur selbst und im Vorbild oder Modell des wunderschönen Weltgebäudes lag und als Lehrmeister jenes göttliche Licht wirkte, das uns durch einzigartige Gnade eingegeben wurde und uns den Tieren nicht nur überlegen, sondern, wenn der Ausdruck erlaubt ist, Gott ähnlich gemacht hat. Und wenn man in unserer Zeit sehen konnte – was ich durch viele Beispiele bald werde zeigen können –, wie einfache Jungen, die wild in den Wäldern aufgewachsen sind, nur durch das Beispiel der schönen malerischen und plastischen Werke der Natur und mit der Wachheit ihres Verstandes von alleine angefangen haben zu zeichnen, wieviel mehr kann und muß man dann nicht mit ziemlicher Sicherheit annehmen, daß jene ersten Menschen, die dank ihrer so viel geringeren Entfernung zu Gottes Ursprung viel vollkommener waren und sich durch einen höheren Verstand auszeichneten, selbständig und nur angeleitet von der Natur, geführt von ihrem unendlich reinen Verstand, nach dem Beispiel dieses so anmutigen Modells der Welt den Ursprung dieser äußerst edlen Künste begründet und sie nach und nach verbessernd von einem bescheidenen Anfang schließlich zur Vollendung gebracht haben?[132] Ich will deswegen nicht leugnen, daß es einen Ersten gegeben hat, der den Anfang machte, denn ich weiß sehr wohl, daß notwendigerweise irgendwann und von irgendeinem der Anstoß gegeben worden sein muß. Ich will damit auch nicht die Möglichkeit ausschließen, daß der eine dem anderen half, ihn anleitete und ihm den Weg zu Zeichnung, Farbe und Plastizität ebnete, denn ich weiß, daß unsere Kunst in ihrer Gesamtheit vor allem in der Nachahmung der Natur besteht und dann, wenn einer von sich aus nicht so hoch hinaus kommt, in der Nachahmung der Werke, die von den Meistern ausgeführt worden sind, die er für besser als sich selbst einstuft. So sage ich also folgendes: Mit Sicherheit behaupten zu wollen, wer dieser [erste] und jene [die ihm folgten] waren, ist eine Angelegenheit, die gefährlich zu beurteilen und die zu wissen vielleicht kaum notwendig ist, da wir ja die tatsächliche Wurzel und den tatsächlichen Ursprung, von wo sie herstammt, kennen. Denn da durch die alles verzehrende Zeit von den Werken, die Leben und Ruhm der Künstler sind, die ersten und dann nach und nach auch die zweiten und dritten verlorengingen und es damals niemanden gab, der etwas niedergeschrieben hätte, sie also auch nicht auf diesem Weg den Nachkommen bekannt sein konnten, fielen schließlich auch die Schöpfer derselben dem Vergessen anheim. Als aber die Schriftsteller begannen, an das zu erinnern, was sich vor ihrer Zeit zugetragen hatte, konnten sie natürlich nicht von den Dingen berichten, über die sie keine Nachricht hatten, so daß bei ihnen nun diejenigen an erste Stelle rücken, von denen als letztes die Erinnerung verlorengegangen war. Genauso wie man im allgemeinen Einvernehmen Homer als den ersten Dichter bezeichnet, nicht weil es vor ihm keine anderen gegeben hätte, denn es gab durchaus welche, wenn auch nicht besonders herausragende,

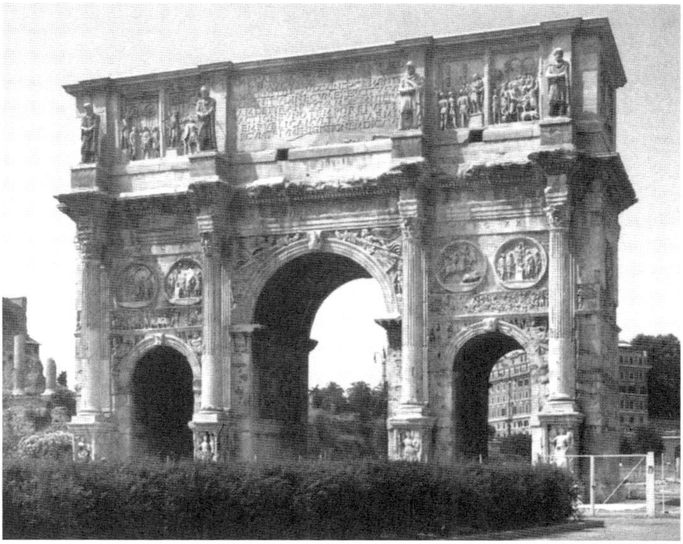

Konstantinsbogen. Rom

wie man ganz klar in seinen eigenen [Homers] Werken sieht, sondern weil von diesen ersten, wie auch immer sie gewesen sein mochten, schon vor zweitausend Jahren jegliche Kenntnis verlorengegangen ist.[133] Lassen wir nun dieses Thema hinter uns, da es durch sein Alter zu unsicher ist, und kommen wir zu den gesicherten Werken, zu ihrer Vollkommenheit, ihrem Untergang, ihrer Wiederherstellung oder besser gesagt ihrer Wiedergeburt, die wir wesentlich wohlbegründeter werden behandeln können.[134]

Ich sage nun, daß es wohl richtig sein muß, daß diese [Künste] in Rom spät ihren Anfang nahmen, wenn die ersten Figuren, wie man sagt, jene des Abbilds von Ceres waren, das mit dem Vermögen des Spurius Cassius in Metall gearbeitet wurde,[135] der wegen seines Plans, sich zum König zu machen, von seinem eigenen Vater schonungslos umgebracht wurde, und obschon die Künste der Bildhauerei und Malerei bis zum Ende [der Zeit] der zwölf Cäsaren weiterbestanden, wurden sie jedoch nicht in jener Perfektion und Güte weitergeführt, die ihnen zuvor zu eigen gewesen war. Denn man sieht an den Bauten, welche die Kaiser jeweils nach dem Vorbild ihrer Vorgänger errichteten, wie diesen Künsten in ihrem täglich fortschreitenden Niedergang nach und nach die gesamte Vollkommenheit des *disegno* abhanden kam. Davon können die Werke der Bildhauerkunst und Architektur, die zur Zeit Konstantins[136] in Rom geschaffen wurden, ein klares Zeugnis ablegen, vor allem der Triumphbogen [siehe Seite 71], den ihm das römische Volk am Kolosseum errichtete.[137] An diesem sieht man, daß man sich aus Mangel an guten Meistern nicht nur der Darstellungen der Trajanssäule, sondern auch der Spolien bediente, die von verschiedenen Orten nach Rom gebracht wurden. Und wer erkennt, daß die in den Tondi dargestellten Votivgaben, sprich die Skulpturen im Halbrelief, wie auch die Gefangenen, die großen Szenen, die Säulen, Gesimse und anderen, früher geschaffenen oder aus Spolien bestehenden Ornamente auf hervorragende Weise gearbeitet sind, sieht ebenso, daß die Werke, die zur Ausfüllung [der Zwischenräume] von Bildhauern jener Zeit geschaffen wurden, äußerst plump sind: wie beispielsweise einige kleinformatige Darstellungen mit kleinen Marmorfiguren unterhalb der Tondi, der Sockelbereich mit ein paar Viktorien und zwischen den Bögen an den Seiten einige Flußgötter, die sehr plump sind und von einer Bearbeitung, die einen zu der sicheren Annahme führt, daß die Kunst der Bildhauerei von da an begann, an Qualität einzubüßen, auch wenn noch nicht die Goten und die anderen barbarischen fremden Nationen gekommen waren, die Italien und auch alle trefflichen Künste zerstörten. Es ist zweifellos wahr, daß in jener Zeit die Architektur weniger Schaden nahm als die anderen Künste des *disegno*, denn an dem von Konstantin am Eingang des Portikus vom Lateran errichteten Taufbecken[138] [siehe Seite 73] sieht man, daß neben den Porphyrsäulen die aus Marmor gearbeiteten Kapitelle und die doppelten Sockel, die von anderswoher kamen, sehr gut skulptiert sind und daß die gesamte Komposition des Baus äußerst wohlverstanden

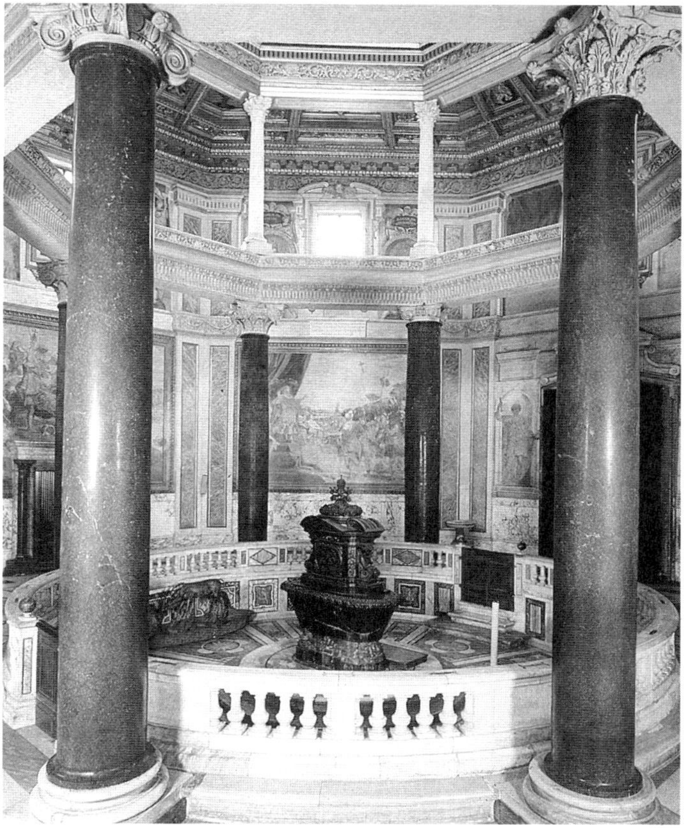

Taufbecken. Rom, San Giovanni in Laterano

ist, während im Gegensatz dazu der Stuck, das Mosaik und einige Verkleidungen der Außenseiten, die von Meistern jener Zeit geschaffen wurden, denen nicht gleichkommen, die er von den heidnischen Göttertempeln ablösen und an selbigem Taufbecken anbringen ließ. Dasselbe tat Konstantin, soweit man sagt, im Garten des Equitius beim Bau jenes Tempels, den er anschließend stiftete und den christlichen Priestern übergab. Auch der herrliche Tempel von San Giovanni in Laterano, den derselbe Kaiser errichten ließ, kann dasselbe bezeugen, und zwar daß sich die Skulptur zu seiner Zeit schon sehr im Niedergang befand, denn das Bild des Erlösers und die zwölf Apostel aus Silber, die er anfertigen ließ, waren sehr schlechte, ohne Kunstfertigkeit und mit sehr wenig *disegno* gearbeitete Skulpturen. Wer darüber hinaus mit Sorgfalt die Medaillen selbigen Konstantins, sein Abbild und andere, von Bildhauern jener Zeit geschaffene Statuen betrachtet, die sich heute auf dem Kapitol befinden, sieht deutlich, daß diese von der Vollkommenheit der Medaillen und Statuen der früheren Kaiser sehr weit entfernt sind.[139] Dies alles zeigt, daß sich lange vor der Ankunft der Goten in Italien die Bildhauerei bereits sehr verschlechtert hatte.

Die Architektur erhielt sich, wie schon gesagt, zwar nicht ganz vollkommen, aber doch in besserer Weise, was nicht verwundern sollte, da man die großen Bauten fast nur aus Spolien schuf. So war es für die Architekten beim Bau der neuen Gebäude ein leichtes, weitgehend die alten nachzuahmen, die sie stets vor Augen hatten. Für sie war dies sehr viel einfacher, als es für die Bildhauer war, die guten Figuren der antiken Künstler nachzuahmen, nachdem die Kunstfertigkeit verlorengegangen war. Daß dies wahr ist, wird am Tempel des Apostelfürsten im Vatikan deutlich, der ausschließlich mit solchen Säulen, Säulenbasen, Kapitellen, Gebälken, Gesimsen, Türen und weiteren Verkleidungen und Verzierungen reich ausgestattet war, die ausnahmslos von verschiedenen Orten und von früher errichteten, ausgesprochen prachtvollen Bauten entfernt worden waren. Ähnliches ließe sich von Santa Croce in Gerusalemme sagen, die Konstantin auf Bitten seiner Mutter Helena errichten ließ, von San Lorenzo fuori le Mura und von Sant'Agnese, die von selbigem auf Wunsch seiner Tochter Costanza geschaffen wurde. Und wer weiß nicht, daß das Becken, das zu ihrer Taufe und der ihrer Schwester diente, gänzlich mit viel früher entstandenen Werken verziert wurde, vor allem mit jenem Sarkophag aus Porphyr, der mit wunderschönen Figuren reliefiert ist und einigen Marmorkandelabern, die mit hervorragenden Blattwerkreliefs und einigen wirklich wunderschönen Putten im Flachrelief verziert sind?[140] Insgesamt sieht man, wie tief durch diesen und viele andere Gründe die Bildhauerei schon zu Zeiten Konstantins gesunken war und mit ihr zusammen die anderen ausgezeichneten Künste. Und wenn zu ihrem endgültigen Niedergang noch irgend etwas fehlte, dann wurde er vollendet durch den Weggang Konstantins aus Rom und die damit einhergehende Verlegung des Reichssitzes nach Byzanz, da er nicht nur die besten Bildhauer und andere Künstler jener Epoche, wie auch immer sie gewesen sein mochten, nach Griechenland führte, sondern auch eine unendliche Zahl von Statuen und anderen wunderschönen Werken der Bildhauerkunst.

Nach dem Weggang Konstantins bemühten sich die Cäsaren, die er in Italien zurückließ, durch beständige Bautätigkeit in Rom und anderswo ihre Sache so gut zu machen, wie sie konnten, aber wie man sieht, wurden Bildhauerei wie auch Malerei und Architektur immer schlechter. Dies geschah vielleicht deshalb, weil die menschlichen Werke, wenn ihr Verfall einsetzt, nie aufhören, immer weiter einzubüßen, bis sie nicht mehr schlechter werden können. Ebenso erkennt man, daß sich die Architekten zur Zeit des Papstes Liberius beim Bau der Kirche Santa Maria Maggiore zwar bemühten, Großes zu leisten, was ihnen aber nicht in allem glücklich gelang. Denn obwohl dieser Bau, der gleichermaßen größtenteils aus Spolien besteht, mit recht vernünftigen Abmessungen errichtet wurde, kann man dennoch nicht leugnen, daß es (neben einigen weiteren Punkten) dem ringsum oberhalb der Säulen verlaufenden Feld, das mit Verzierungen aus Stuck und Malerei versehen ist, völlig an *disegno* fehlt und daß viele andere Werke, die man an diesem großen Kirchenbau sieht, die Unvollkommenheit der Künste belegen. Viele Jahre später während der Verfolgung der Christen unter Julianus Apostata[141] wurde den Heiligen Märtyrern Johannes und Paulus auf dem Hügel Celio in einem so viel schlechteren Stil als bei den oben genannten eine Kirche errichtet, woraus man deutlich ersieht, daß in jener Zeit die Kunst fast vollständig verloren war. Auch die Bauten, die zu derselben Zeit in der Toskana errichtet wurden, legen davon ein beredtes Zeugnis ab: Ganz zu schweigen von vielen anderen zeigt schon die außerhalb der Stadtmauern von Arezzo errichtete Kirche für den Heiligen Donatus,[142] dem Bischof jener Stadt, der zusammen mit dem Mönch Hilarion[143] unter dem genannten Julianus Apostata den Märtyrertod starb, daß sie um keinen Deut besser ist als die bereits genannten. Es besteht Anlaß zur Annahme, daß die Gründe dafür ausschließlich im Mangel an guten Architekten in jener Zeit zu suchen sind, denn die genannte achteckige Kirche wurde, wie man zu unserer Zeit noch sehen konnte, mit Spolien des Theaters, des Kolosseums und anderer Gebäude erbaut, die in Arezzo vor der Bekehrung zum christlichen Glauben standen, und ohne auf Sparsamkeit zu achten, errichtete man sie unter sehr hohem Kostenaufwand und verzierte sie mit Säulen aus Granit, Porphyr und Buntmarmor, die von den erwähnten antiken Bauwerken stammten. Ich zweifele angesichts der damals für diesen Tempel getätigten Ausgaben nicht daran, daß die Aretiner ein wunderbares Werk geschaffen hätten, wenn sie bessere Architekten gehabt hätten. Denn an dem Ausgeführten sieht man, daß sie es an nichts fehlen ließen, um dieses Werk so reich und wohlproportioniert wie möglich zu errichten, und da, wie schon oft gesagt wurde, die Architektur weniger an Vollkommenheit eingebüßt hatte als die anderen Künste, sieht man dort manches gut Gelungene. Zur selben Zeit wurde auf ähnliche Weise die Kirche Santa Maria in Grado zu Ehren des genannten Hilarion vergrößert, da er in ihr lange Zeit gewohnt hatte, als er mit Donatus das Martyrium erlitt.[144]

Da aber das Schicksalsrad einen, den es bis zum höchsten Scheitelpunkt geführt hat, meist entweder aus Spaß oder aus Reue wieder nach unten fallen läßt, geschah es nach diesen Ereignissen, daß sich in verschiedenen Teilen der Welt fast alle barbarischen Nationen gegen die Römer erhoben, worauf innerhalb kurzer Zeit nicht nur der Niedergang dieses großen Reichs folgte, sondern seine völlige Zerstörung und vor allem die der Stadt Rom. Dadurch stürzten zugleich die vortrefflichen Künstler, Bildhauer, Maler und Architekten in den Untergang, wobei die Künste und sie selbst den schrecklichen Blutbädern zum Opfer fielen und unter den Trümmern jener hochberühmten Stadt begraben wurden.[145] Als erste waren die Malerei und die Skulptur vom Niedergang betroffen, als solche Künste, die mehr zum Vergnügen als zu anderem dienten. Die Architektur hingegen, die notwendig und nützlich für das körperliche Wohlergehen ist, wurde weiterhin ausgeübt, wenn auch nicht in ihrer [früheren] Vollkommenheit und Güte. Und hätten nicht die Skulpturen und Malereien den später Geborenen jene vor Augen geführt, die man durch sie ehrte und zu verewigen trachtete, so wäre die eine wie die andere völlig in Vergessenheit geraten. Einiges aber blieb dank der Bildnisse und Inschriften erhalten, die an privaten und öffentlichen Gebäuden angebracht worden waren, sprich an den Amphitheatern, Theatern, Thermen, Aquädukten, Tempeln, Obelisken, Kolosseen, Pyramiden, Bögen, Lagerstätten, Schatzkammern und schließlich in den Gräbern selbst, die zum großen Teil von den grausamen Volksstämmen der Barbaren zerstört wurden, denen außer dem Aussehen und dem Namen nichts Menschliches eigen war.[146] Zu diesen zählten unter anderem die Westgoten, die, nachdem sie Alarich[147] zu ihrem König erwählt hatten, Italien und Rom überfielen und zweimal ohne jede Rücksicht plünderten. Ähnlich gingen die aus Afrika kommenden Vandalen unter ihrem König Genserich[148] vor, der, nicht zufrieden allein mit den erbeuteten Gütern und den verübten Grausamkeiten, die Menschen in höchst elender Weise versklavte – unter ihnen Eudoxia, die Witwe des Kaisers Valentinianus,[149] der kurz zuvor von seinen eigenen Soldaten ermordet worden war. Die alten römischen Tugenden waren in ihnen größtenteils verkümmert, da die Besten von ihnen vor langer Zeit Kaiser Konstantin nach Byzanz gefolgt waren, und so lebten sie ohne jeglichen Anstand und gutes Benehmen. Mehr noch, da sie zur gleichen Zeit die wahren Menschen und jede Form von Tugend verloren hatten, ihre Gesetze, Gewohnheiten, Namen und Sprachen sich veränderten, hatten alle diese Einflüsse zusammen und jeder für sich jede schöne Seele und jeden hohen Geist zur Gänze entstellt und erniedrigt.

Was aber mehr als alle genannten Einflüsse unendlich zum Verlust und Schaden der erwähnten Metiers beitrug, war der glühende Eifer der neuen christlichen Religion, die nach langem und blutigem Kampf endlich mit der Fülle an Wundern und der Lauterkeit ihrer Handlungen den alten heidnischen Glauben niedergeschlagen und vernichtet hatte und nun mit größter Inbrunst und Sorgfalt die kleinste Gelegenheit für Fehlverhalten zu unterdrücken und auszumerzen versuchte. Dadurch beschädigten oder zerstörten sie nicht nur all die wunderschönen Statuen, Skulpturen, Malereien, Mosaiken und Verzierungen der falschen heidnischen Gottheiten, sondern auch das Gedenken und die Ehrungen unzähliger vortrefflicher Personen, denen das verdienstreiche Altertum für ihre herausragenden Leistungen Statuen und andere Denkmale öffentlich hatte aufstellen lassen. Außerdem zerstörten sie für den Bau ihrer Kirchen nach christlichem Brauch nicht nur die angesehensten Götzentempel, sondern beraubten, unzufrieden mit den ursprünglichen Verzierungen, zur Veredelung und Verschönerung von Sankt Peter das heute als Engelsburg bekannte Hadriansmausoleum seiner steinernen Säulen und viele andere [Gebäude], die wir heute beschädigt sehen. Und obwohl die christliche Religion dies nicht aus Haß gegen verdienstreiche Werke, sondern als Schmähung und Schlag gegen die heidnischen Götter tat, hatte dieser heftig glühende Eifer dennoch eine solch verheerende Wirkung auf diese ehrwürdigen Metiers, daß jegliche Form davon verlorenging.[150] Und als wenn dieses schlimme Unglück nicht genügt hätte, überkam Rom der Zorn des Totila,[151] der ihre Stadtmauer schleifte, ihre sehenswertesten und würdigsten Gebäude allesamt mit Schwert und Feuer zerstörte, sie vollständig in Brand steckte und, nachdem er alle noch lebenden Einwohner aus ihr entfernt hatte, sie den Flammen und dem Feuer überließ, so daß achtzehn Tage lang kein Lebender mehr in ihr zu finden war. Die Statuen, Malereien, Mosaiken und wunderbaren Stuckwerke aber zerstörte und vernichtete er in einer Weise, daß nicht nur ihr Glanz, sondern ihre Form und eigentliche Existenz verlorengingen. Da vormals die ebenerdigen Räume der Paläste und anderer Gebäude mit Stuck, Malereien und Statuen ausgestattet waren, versank unter den Trümmern all das Gute, das sich in unseren Tagen wiedergefunden hat. Und die nachfolgenden Generationen, die alles für zerstört hielten, pflanzten darauf ihre Weinstöcke an, und da diese genannten ebenerdigen Räume nunmehr unter der Erde lagen, nannten die Modernen sie ›Grotten‹ und die Malereien, die man heute dort sieht, ›Grotesken‹.[152]

Nachdem die von Narses vernichteten Ostgoten nicht mehr da waren und man mehr schlecht als recht zwischen den Trümmern Roms lebte, kam 100 Jahre später Konstantinus II., der Kaiser von Konstantinopel. Nach einem liebenswürdigen Empfang durch die Römer zerstörte, plünderte und raubte er all das, was in der elenden Stadt Rom mehr durch Zufall als durch den freien Willen derjenigen zurückgeblieben war, die sie zugrunde gerichtet hatten. Wohl ist es wahr, daß er an dieser Beute keine Freude hatte, da er durch einen Seesturm nach Sizilien abgeschlagen von seinen eigenen Leuten zu Recht getötet wurde und seine Beute, sein Reich und sein Leben samt und sonders an das Schicksal verlor. Noch nicht zufrieden mit den Verwüstungen Roms und um ja zu verhindern, daß die geraubten Schätze jemals wieder zurückkehren könnten, führte jenes [Schicksal] ein Heer von Sarazenen dorthin, um diese Insel zu verheeren. Diese nahmen zur großen Schmach und Schädigung Italiens und der Christenheit die Besitztümer der Sizilianer und eben jene Beutestücke aus Rom mit sich nach Alexandrien.[153] Und so ging all das, was nicht schon die Päpste und vor allem der Heilige Gregor[154] zerstört hatten, der, wie man sagt, alle noch verbliebenen Statuen und Spolien der Gebäude zum Abriß freigab, letztendlich durch die Hände dieses gar frevelhaften Griechen verloren. Ohne die Spur oder das Anzeichen irgendeines guten Werks zu haben, begannen die nachfolgenden Menschen, grob und ungeschickt, wie sie besonders in der Malerei und Bildhauerei waren, nur angeleitet von der Natur und durch das Klima kraftlos geworden, nicht nach den Regeln der oben genannten Künste zu arbeiten, von denen sie nichts wußten, sondern allein gemäß der jeweiligen Qualität ihres Verstandes.[155] Nachdem die Künste des *disegno* dieses Stadium erreicht hatten, verschlechterten sie sich vor, während und nach der Herrschaft der Langobarden in Italien ungeachtet der Ausführung einiger Werke rückhaltlos immer weiter, daß man unmöglich plumper und mit weniger *disegno* hätte arbeiten können, als man es damals tat. Dies zeigen neben vielen anderen Werken einige Figuren, die sich im Portikus von Sankt Peter in Rom über den Türen befinden und im griechischen Stil zum Gedenken an einige heilige Väter geschaffen wurden, die bei einer Reihe von Konzilien der Heiligen Kirche disputiert hatten.[156] Ebenfalls bezeugen dies viele Werke derselben Stilrichtung, die man in der Stadt und im gesamten Exarchat von Ravenna sieht, und vor allem einige, die sich in Santa Maria Rotonda außerhalb jener Stadt befinden und die kurze Zeit nach der Vertreibung der Langobarden aus Italien entstanden. Ich möchte nicht verschweigen, daß man in jener Kirche ein äußerst beachtenswertes und wunderbares Werk sieht, und das ist das Gewölbe oder vielmehr die Kuppel, die sie überspannt. Und obwohl sie in der Breite zehn *braccia* mißt und jenem Gebäude als Dach und Decke dient, besteht sie trotzdem nur aus einem einzigen Stück, das so groß und unförmig ist, daß es unmöglich scheint, wie ein solcher, mehr als 200 000 *libbre* wiegender Fels in so großer Höhe angebracht werden konnte.[157]

Kehren wir aber zu unserem Thema zurück: Zu dieser Zeit gingen aus den Händen der Meister jene Hampelmänner und Plumpheiten hervor, die man noch heute unter den alten Werken sieht. Das gleiche geschah in der Architektur, doch man mußte ja bauen, und da jegliche Form und gute Praxis durch den Tod der Künstler und die Beschädigung und Zerstörung der Werke verlorengegangen war, bauten jene, die sich dieser Tätigkeit widmeten, kein Werk, das in Hinblick auf die Ordnung oder Abmessung auch nur ein wenig Anmut, *disegno* oder Vernunft gehabt hätte.[158] Dadurch kamen neue Architekten auf, die aus ihren barbarischen Nationen jenen eigentümlichen Baustil mitbrachten, den wir heutzutage als den deutschen bezeichnen. Diese schufen eine Reihe von Werken, die uns modernen Menschen um einiges lächerlicher anmuten, als sie ihnen lobenswert schienen, bis dann bessere Künstler zu einer angemesseneren, dem guten antiken Stil vergleichbaren Form fanden. Diesen Stil zeigen die von ihnen erbauten frühesten nicht antiken Kirchen in ganz Italien und auch die von Theoderich, dem König Italiens, errichteten Paläste in Ravenna, Pavia und Modena, die noch den barbarischen Stil zeigen und sich eher durch ihren Reichtum und ihre Größe auszeichnen als durch eine wohldurchdachte, gute Architektur.[159] Dasselbe läßt sich von Santo Stefano in Rimini, von San Martino in Ravenna, von der durch Galla Placidia um 438 n. Chr. in derselben Stadt erbauten Kirche des Evangelisten Johannes, von San Vitale, die im Jahr 547 errichtet wurde, von der Badia bei Classe di fuori und insgesamt von vielen anderen Abteien und Kirchenbauten sagen, die nach den Langobarden erbaut wurden.[160] Diese ganzen Bauten sind, wie gesagt, groß und prachtvoll, architektonisch aber äußerst plump; unter diesen befinden sich viele für den [Orden des] Heiligen Benedikt erbaute Abteien in Frankreich, die Kirche und das Kloster von Monte Cassino und die Kirche des Heiligen Johannes des Täufers in Monza, die von der Königin der Goten, Theodelinde,[161] erbaut wurde, an die der Heilige Gregor seine Dialoge richtete. An diesem Ort ließ jene Königin die Geschichte der Langobarden malen, worin man sieht, daß jene am Hinterkopf geschoren waren, vorne lange Mähnen hatten und sich bis zum Kinn bemalten. Ihre Kleider waren aus grobem Leinen, wie es auch bei den Angeln und den Sachsen üblich war, und darüber [trugen] sie einen vielfarbigen Mantel und Schuhe, die bis zu den Zehen offen und darüber mit ein paar dünnen Riemen verschnürt waren.[162] Den oben genannten Sakralbauten ähnlich waren die Kirche San Giovanni in Pavia, die von Gundperga, der Tochter oben genannter Theodelinde, errichtet wurde, und in derselben Stadt die Kirche San Salvatore, die von Aribert,[163] dem Bruder jener Königin, geschaffen wurde, der die Nachfolge von Gundipergas Gatten Rodwald[164] in jenem Reich antrat, die Kirche Sant'Ambrogio in Pavia, die vom König der Langobarden Grimoald errichtet wurde, der den Sohn Ariberts Bertarid aus seinem Reich vertrieb. Jener Bertarid, der nach dem Tod Grimoalds[165] seine Nachfolge im

Reich antrat, erbaute ebenfalls in Pavia ein Frauenkloster zu Ehren der Madonna und der Heiligen Agatha, das Monasterio Nuovo genannt wird, während die Königin eines außerhalb der Stadtmauern errichtete, das der Jungfrau Maria in Pertica geweiht wurde. Auch Kunibert, der Sohn Bertarids, erbaute in einem ähnlichen Stil ein Kloster und eine Kirche für den Heiligen Georg, die den Beinamen ›di Coronate‹ trägt, an der Stelle, wo er einen großen Sieg über Alarich errungen hatte.[166] Diesen nicht unähnlich war die Kirche San Pietro in Ciel d'Oro, die der Langobardenkönig Liutprand[167] in Pavia errichten ließ, der zur Zeit des Vaters von Karl dem Großen,[168] König Pippin,[169] lebte, und auch nicht die Kirche San Pietro al Monte in Civate, die der nach Aistulf[170] regierende Desiderius[171] in der Mailänder Diözese bauen ließ. Dies gilt ferner für das Kloster San Vincenzo in Mailand und jenes von Santa Giulia in Brescia, die allesamt größte Ausgaben erforderten, aber einen äußerst häßlichen und unregelmäßigen Stil aufweisen.[172]

Die Architektur verbesserte sich nun allmählich, und so wies die in Florenz von Karl dem Großen erbaute Kirche Santi Apostoli, obschon klein, einen wunderschönen Stil auf; denn neben den Säulenschäften, die, wenngleich sie aus Stücken zusammengesetzt sind, viel Anmut besitzen und schöne Abmessungen aufweisen, zeigen auch die Kapitelle und die Bögen, welche die kleinen Gewölbe der beiden Schiffe tragen, daß in der Toskana manch guter Künstler geblieben oder zu neuem Leben erwacht war. Kurz, die Architektur dieser Kirche ist solcherart, daß sich Pippo di Ser Brunelleschi[173] beim Bau der Kirchen Santo Spirito und San Lorenzo in derselben Stadt nicht scheute, sie zum Vorbild zu nehmen.[174] Dasselbe kann man an der Kirche San Marco in Venedig sehen – um nicht von San Giorgio Maggiore zu sprechen, die Giovannni Morosini[175] im Jahr 978 errichten ließ –, die unter dem Dogen Justinian[176] und Giovanni Particiaco[177] in der Nähe von San Teodosio erbaut wurde, als man den Körper des Evangelisten aus Alexandrien nach Venedig überführte. Nachdem viele Feuersbrünste dem Dogenpalast und der Kirche großen Schaden zugefügt hatten, wurde sie schließlich, so wie man sie noch heute sieht, auf denselben Fundamenten und im griechischen Stil unter größtem Kostenaufwand und auf den Rat vieler Architekten im Jahr des Herrn 973 wiedererrichtet, und der seinerzeitige Doge Domenico Selvo[178] ließ dafür die Säulen von allen Orten herbeischaffen, an denen er nur welche finden konnte. Die Arbeiten dauerten bis zum Jahr 1140 an, als Piero Polani[179] Doge war, und wie schon gesagt wurde, stammte der Entwurf von mehreren Meistern, die allesamt Griechen waren.[180] Denselben griechischen Stil weisen in derselben Epoche die sieben Abteien auf, die Graf Hugo,[181] der Markgraf von Brandenburg, in der Toskana errichten ließ, zu sehen an der Badia Fiorentina, jener von Settimo und an den anderen. Alle diese Bauten und die Spuren von jenen, die nicht mehr erhalten sind, bezeugen, daß die Architektur, obgleich ziemlich entartet und von dem guten antiken Stil sehr weit entfernt, sich noch einigermaßen aufrecht hielt. Zeugnis davon liefern auch viele alte Paläste, die nach der Zerstörung Fiesoles in Florenz zwar in toskanischem Stil, aber in den Abmessungen der Türen, den äußerst lang gezogenen Fenstern und in der Kurvatur der spitz gewölbten Bögen nach dem Brauch der ausländischen Architekten jener Zeit in barbarischer Ordnung errichtet wurden.[182] Im Jahr 1013 sah man dann zur Zeit des Messer Ildebrando,[183] Bürger und Bischof von Florenz, beim Wiederaufbau der wunderschönen Kirche San Miniato al Monte die Kunst wieder etwas an Kraft gewinnen. Denn außer den innen und außen zu sehenden Marmorverzierungen erkennt man an der Hauptfassade, daß sich die toskanischen Architekten bei den Türen, Fenstern, Säulen, Bögen und Gesimsen soweit wie möglich bemühten, die gute antike Ordnung nachzuahmen, die sie an dem uralten Tempel von San Giovanni [sprich dem Baptisterium] in ihrer Stadt teilweise wiederentdeckt hatten. Zur selben Zeit sah man, daß sich die fast vollständig erloschene Malerei wieder etwas erholte, wie das Mosaik zeigt, das in der Hauptkapelle der genannten Kirche San Miniato geschaffen worden war.[184]

Von diesem Anfang nun nahm die Vervollkommnung des *disegno* und die fortschreitende Verbesserung der Künste nach und nach ihren Lauf: Deutlich wurde dies im Jahr 1016, als die Pisaner mit dem Bau ihres Doms begannen, da es zu jener Zeit eine große Leistung war, einen solchen fünfschiffigen, außen und innen fast vollständig mit Marmor verkleideten Kirchenbau in Angriff zu nehmen. Diesen Kirchentempel, der unter der Leitung und nach dem Entwurf des aus Dulicchio stammenden Griechen Buschetto[185] geschaffen wurde, einem herausragenden Architekten jener Zeit, errichteten und schmückten die Pisaner, die sich auf dem Gipfel ihrer Macht befanden, mit unzähligen Spolien, die sie von verschiedenen, weit entfernten Orten auf dem Meeresweg herbeitransportierten. Ganz deutlich zeigen dies die Säulen, Basen, Kapitelle, die Gesimse und anderes Steinmaterial aller Art, das man dort sieht. Da unter all diesen Spolien einige klein, andere groß und noch andere mittelgroß waren, bewies Buschetto bei ihrer Einpassung und in der Anordnung des gesamten Baus, der sowohl innen wie außen sehr gut eingeteilt ist, große Urteilskraft und Befähigung. Und abgesehen von anderen Dingen gestaltete er an der Hauptfassade mit einer großen Zahl von Säulen auf sehr kluge Weise die Verjüngung des Giebelfelds, indem er es mit mannigfaltigen, unterschiedlich behauenen Säulen und antiken Statuen verzierte; ebenso verfuhr er mit den Hauptportalen selbiger Fassade. Zwischen diesen [Portalen], das heißt neben dem des Carroccio, wurde jenem Buschetto ein ehrenvolles Grabmal mit drei Grabinschriften gesetzt, eine davon gleich den anderen jener Zeit in Latein:

WAS DAS VEREINTE GESPANN VON TAUSEND OCHSEN KAUM BEWEGEN KONNTE UND EIN SCHIFF GERADE NOCH ÜBER DAS MEER ZU TRANSPORTIEREN VERMOCHTE, DIESE LAST WURDE AUF EINEN WINK BUSCHETTOS HIN VON EINER SCHAR VON ZEHN MÄDCHEN – WAS EIN WUNDERLICHER ANBLICK WAR – ANGEHOBEN.[186]

Und da weiter oben die Kirche Santissimi Apostoli in Florenz erwähnt worden ist, werde ich nicht verschweigen, daß man dort auf einem Marmorblock zu einer Seite des Hauptaltars folgende Worte liest:

AM 6. APRIL DES JAHRES 805, AM TAG DER AUFERSTEHUNG DES HERRN, HIELT KARL, KÖNIG DER FRANKEN, AUF DEM RÜCKWEG VON ROM EINZUG IN FLORENZ. ER WURDE MIT GROSSER FREUDE UND FEIERLICHKEIT EMPFANGEN UND HAT ZAHLREICHE BÜRGER MIT DER GOLDENEN KETTE AUSGEZEICHNET. [AM PFINGSTTAG GRÜNDETE ER] DIE KIRCHE DER HEILIGEN APOSTEL UND AUF EINER BLEIPLAKETTE, DIE IN DEN ALTAR EINGELASSEN IST, WERDEN DIE VORGENANNTE GRÜNDUNG UND DIE WEIHE DURCH DEN ERZBISCHOF TURPIN IN ANWESENHEIT VON ROLAND UND OLIVER BESCHRIEBEN.[187]

Der Bau des obengenannten Doms von Pisa, der in ganz Italien und vor allem in der Toskana in vielen die Lust auf schöne Unternehmungen weckte, war der Grund dafür, daß man in der Stadt Pistoia im Jahr 1032 in Anwesenheit des Seligen Bischofs Atto[188] mit dem Bau der Kirche San Paolo begann, wie es in einem Vertrag jener Zeit nachzulesen ist, und zog insgesamt auch noch viele andere Bauten nach sich, deren Nennung hier zu viel Zeit beanspruchen würde.[189] Nicht verschweigen werde ich hingegen, daß im weiteren Verlauf der Zeit, im Jahr 1060, der Rundbau von San Giovanni gegenüber dem Dom auf demselben Platz in Pisa errichtet wurde. Und eine ganz wunderbare und kaum zu glaubende Sache steht zur Erinnerung in einem alten Buch der Dombauhütte geschrieben, und zwar daß die Säulen, Pilaster und Gewölbe von San Giovanni in nicht mehr als fünfzehn Tagen aufgerichtet und geschaffen wurden. In demselben Buch, das jeder, der dazu Lust hat, einsehen kann, liest man, daß zum Bau dieses Tempels jedem Haushalt die Abgabe eines Geldstücks auferlegt wurde, wobei nicht erwähnt wird, ob es sich um Goldstücke oder weniger wertvolle Münzen handelte; zu jener Zeit gab es jedenfalls, wie sich aus demselben Buch ersehen läßt, in Pisa 34 000 Haushalte. Mit Sicherheit erforderte dieser gewaltige Bau große Ausgaben und war vor allem im Hinblick auf das birnenförmige, außen mit Blei verkleidete Kuppelgewölbe schwierig in der Ausführung. Das Äußere ist vollständig mit Säulen, bildhauerischem Schmuck und szenischen Darstellungen geschmückt, während der Fries über der mittleren Tür einen im griechischen Stil gearbeiteten Christus mit zwölf Aposteln im Halbrelief zeigt.[190]

Zur gleichen Zeit, sprich im Jahr 1061, begannen die Luccheser im Wettstreit mit den Pisanern ihre Kirche San Martino in Lucca nach dem Entwurf einiger Schüler Buschettos, da es in der Toskana damals noch keine anderen Architekten gab. Der Hauptfassade ist ein Portikus aus Marmor vorgelagert, den viele Verzierungen und skulpturale Elemente schmücken, die zum Andenken an Papst Alexander II.[191] geschaffen wurden, der kurz vor der Wahl zum Papst Bischof von Lucca geworden war. Neun lateinische Verse künden in aller Ausführlichkeit von diesem Bau und von jenem Alexander, und dasselbe sieht man in weiteren antiken Lettern in den Marmor unter dem Portikus zwischen die Türen eingraviert. An besagter Fassade befinden sich einige Figuren und unter dem Portikus viele in Marmor ausgeführte Halbreliefdarstellungen aus dem Leben des Heiligen Martin im griechischen Stil; die besten aber, die sich oberhalb einer der Türen befinden, wurden 170 Jahre später von Nicola Pisano geschaffen und (wovon an entsprechendem Ort die Rede sein wird) im Jahr 1233 fertiggestellt. Als sie begonnen wurden, waren Abellenato und Aliprando die Dombaumeister, wie einige Lettern verkünden, die am selben Ort angebracht sind. Diese Figuren von der Hand Nicola Pisanos zeigen, wie sehr durch ihn die Kunst der Bildhauerei verbessert wurde.[192]

Diesen ähnelten die meisten, wohl eher aber alle Bauten, die seit der oben genannten Zeit bis ins Jahr 1250 in Italien errichtet worden waren, da die Architektur in einem so langen Zeitraum kaum oder nichts hinzugewonnen oder sich verbessert hatte, sondern in dem gleichen Zustand verblieben war und in jenem plumpen Stil weitergeführt wurde, in dem noch viele Werke zu sehen sind. An diese möchte ich aber zum jetzigen Zeitpunkt nicht erinnern, da ich davon weiter unten je nach sich bietender Gelegenheit sprechen werde.

Die guten Statuen und Malereien, die unter den Ruinen Italiens verschüttet worden waren, blieben bis in jene Zeit verborgen und waren den Menschen unbekannt, die in ihrer Plumpheit durch den aktuellen Brauch jener Zeit abstumpften. Damals wurden keine anderen Skulpturen und Malereien hervorgebracht als jene, die ein Rest von alten griechischen Künstlern schuf und bei denen es sich um Bildwerke aus Tonerde oder Stein handelte oder um monströse, gemalte Figuren, bei denen sie nur die ersten Umrißlinien angaben und mit Farbe ausfüllten. Diese Künstler, die als die besten galten, da sie in diesem Metier die einzigen waren, wurden nach Italien geführt und brachten dorthin die ihnen bekannte Methode des Mosaiks, der Skulptur und der Malerei, die sie den Italienern folglich in einer groben, ungeschliffenen Art und Weise beibrachten. Die Italiener bedienten sich ihrer dann, wie schon gesagt und noch weiter auszuführen sein wird, für einen gewissen Zeitraum. Und die Menschen jener Tage, die nicht daran gewöhnt waren, Schöneres oder Vollkommeneres zu sehen als das, was ihnen vor Augen stand, staunten über sie und erlernten sie trotz ihrer üblen Qualität als die beste. Aber die Geister der nun Geborenen reinigten sich, mancherorts unterstützt durch die Feinheit der Luft,[193] so sehr, daß im Jahr 1250 der Himmel sie aus Mitleid mit den schönen Talenten, welche die toskanische Erde Tag für Tag hervorbrachte, in ihren ursprünglichen Zustand zurückversetzte. Obwohl ihre Vorgänger Reste von Bögen, Kolossen, Statuen, Sarkophagen oder figürlich verzierten Säulen in der Zeit nach den Plünderungen, Zerstörungen und Bränden Roms gesehen hatten, wußten sie sich bis zu der oben genannten Zeit diese nie zunutze zu machen oder daraus irgendeinen Gewinn zu ziehen. Die nachfolgenden Talente aber, die sehr gut zwischen Gutem und Schlechtem zu unterscheiden wußten und die alten Stile aufgaben, kehrten mit all ihrer Kunstfertigkeit und ihrem Verstand zur Nachahmung der antiken [Stile] zurück.

Damit man nun leichter begreife, was ich alt und was ich antik nenne: Als antik gelten die Werke, die vor Konstantin in Korinth, Athen, Rom und anderen hochberühmten Städten bis zu Nero,[194] Vespasian,[195] Trajan,[196] Hadrian[197] und Antoninus[198] geschaffen wurden, während man als alt diejenigen bezeichnet, die vom Heiligen Silvester[199] an bis heute ein letzter Überrest von Griechen, die sich eher auf das Anstreichen als aufs Malen verstanden, ins Werk setzte.[200] Denn da in jenen Kriegen, wie gesagt, die herausragenden frühen Künstler gestorben waren, blieb diesem Rest alter, aber nicht antiker Griechen nichts anderes als Grundlinien auf einem farbigen Feld, wovon bis zum heutigen Tag unzählige, von diesen Griechen in ganz Italien ausgeführte Mosaike Zeugnis geben, die man heute in jeder alten Kirche in allen Städten Italiens sieht, vor allem im Dom von Pisa, in San Marco in Venedig und noch an weiteren Orten. Und so schufen sie in diesem Stil weiterhin viele Malereien [mit Figuren] mit verstört blickenden Augen, geöffneten Händen und auf Zehenspitzen stehend, wie man noch außerhalb von Florenz in San Miniato zwischen der in die Sakristei führenden Tür und jener, die ins Kloster führt, sehen kann; außerdem in Santo Spirito derselben Stadt auf der gesamten, zur Kirche hin liegenden Seite des Kreuzganges und gleichfalls in Arezzo in San Giuliano, San Bartolomeo und noch weiteren Kirchen und in Alt Sankt Peter in Rom in den Szenen rings um die Fenster: Werke, die in ihren Umrissen eher etwas von Monstern haben als von dem, was sie eigentlich darstellen sollen. In der Bildhauerei schufen sie ebenfalls unzählige Werke, wie man noch immer an den Flachreliefs über der Tür von San Michele auf der Piazza Padella in Florenz sieht, in Ognissanti und noch an vielen anderen Orten an Grabmälern und Verzierungen von Kirchenportalen, wo Figuren als Konsolen das Dach tragen und in ihrer Plumpheit und ihrem Stil so grob und schlecht ausgeführt sind, daß es unmöglich erscheint, sich Schlimmeres ausdenken zu können.[201]

Bis hierhin schien es mir sinnvoll, von den Ursprüngen der Bildhauerei und Malerei zu reden, und vielleicht geschah dies ausführlicher, als es an diesem Ort nötig gewesen wäre. Ich tat dies allerdings nicht so sehr aus Liebe zur Kunst als vielmehr im Gedanken an den Vorteil und Gewinn für unsere Künstler. Denn nachdem sie erkannt haben, wie diese [Kunst] es von einem bescheidenen Anfang zum höchsten Gipfel gebracht hatte und von einem solch edlen Rang wieder in den völligen Ruin hinabstürzte, und ihnen folglich die Natur dieser Kunst bewußt wird, die gleich den anderen [Künsten] wie menschliche Körper geboren wird, wächst, altert und stirbt, werden sie nun leichter das Fortschreiten ihrer Wiedergeburt und eben jene Vollkommenheit verstehen, die sie in unserer Zeit erlangt hat. Und sollte es jemals geschehen (wovor Gott uns behüte), daß durch die Fahrlässigkeit der Menschen, die Böswilligkeit der Zeiten oder gar auf Befehl des Himmels – der die Dinge hier unten scheinbar nicht lange in einem Zustand zu halten wünscht – sie [die Kunst] wiederum in dieselbe chaotische Zerstörung verfällt, so hoffe ich, sie durch diese meine wie auch immer gearteten Mühen und gesetzt den Fall, daß sie ein günstigeres Schicksal erwarten dürfen, dank der zuvor gesagten Dinge und dem, was noch zu sagen sein wird, am Leben zu erhalten oder zumindest den erhabensten Talenten Mut zu machen, ihr die bestmögliche Unterstützung zu leisten. Auf daß die Kunst dank meines guten Willens und ihrer Werke mit solchem Beistand und solchen Zierden reichlich versorgt sein werde, an denen, wenn freimütig die Wahrheit zu sagen uns erlaubt ist, es ihr bis zur heutigen Stunde gefehlt hat.[202]

Es ist nun an der Zeit, zum Leben von Giovanni Cimabue[203] zu kommen, der die neue Art zu zeichnen und zu malen begründete, weshalb es nur recht und billig ist, daß er auch den Anfang bei den Lebensbeschreibungen macht, in denen ich mich mehr bemühen werde, die Abfolge der Stile zu beachten als ein rein chronologisches Nacheinander.[204] Ich werde mich bei der Beschreibung des Aussehens und der Gesichtszüge der Künstler kurz fassen, denn ihre Porträts, die ich mit nicht weniger Ausgaben und Mühen als Sorgfalt zusammengestellt habe, werden besser als jede Beschreibung zeigen, wie die Gestalt jener Künstler beschaffen war, und wenn das Porträt des einen oder anderen fehlen sollte, so liegt die Schuld nicht bei mir, sondern es war nirgendwo eines aufzufinden. Und sollte es vielleicht jemandem so scheinen, als würden die genannten Porträts den anderen, die es [von ihnen] gab, überhaupt nicht ähnlich sein, so möchte man berücksichtigen, daß ein Porträt von einer achtzehn- oder zwan-

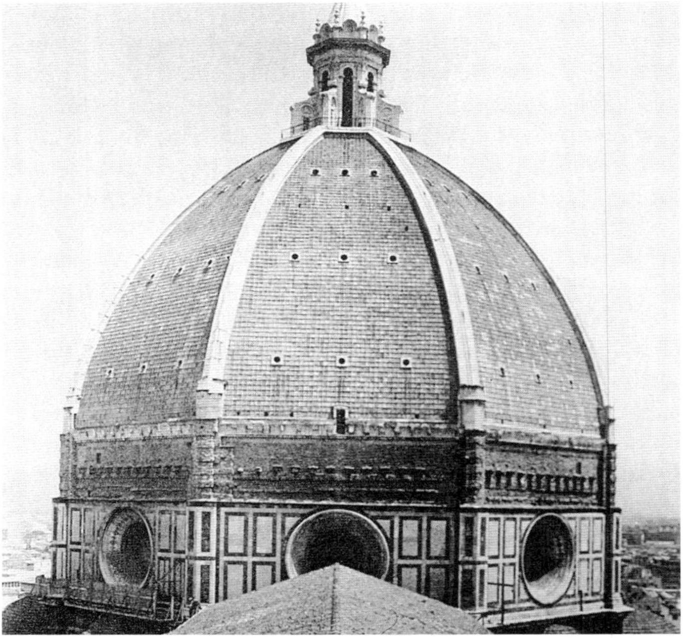

Filippo Brunelleschi. Florenz, Kuppel von Santa Maria del Fiore

zigjährigen Person nie einem fünfzehn oder zwanzig Jahre später gemachten ähneln wird. Hinzu kommt, daß die gezeichneten Porträts nie eine so treffende Ähnlichkeit erreichen wie die gemalten, abgesehen davon, daß die Holzschnitzer keinen *disegno* haben und den Figuren immer etwas [an Ähnlichkeit] nehmen, da sie gerade jene Feinheiten weder kennen noch auszuführen in der Lage sind, die ihre Qualität und Ähnlichkeit gewährleisten. Diese Vollkommenheit erreichen die in Holz geschnitzten Porträts nur ganz selten oder nie.[205] Kurz und gut, es werden diejenigen das Ausmaß meiner Mühe, Kosten und Sorgfalt ermessen können, die beim Lesen erkennen, woher ich sie, so gut ich konnte, abgezeichnet habe.

Ende der Vorrede der Lebensbeschreibungen

Einleitung zur Vorrede des zweiten Teils

Die Vorrede des zweiten Teils nimmt innerhalb der Gesamtstruktur der *Vite* eine zentrale Stellung ein, da Vasari hier die Errungenschaften der zweiten Epoche gegenüber den Vorläufern und Nachfolgern herausstellt und so sein Fortschrittsmodell der Kunstentwicklung deutlich zutage tritt. Das Ineinandergreifen von Vorrede und Biographie ist hier am anschaulichsten zu erkennen: Während sich erstere »mehr an der Qualität der Zeiten als an der der Personen« orientiert, vermittelt Vasari in der letzteren die die gesamten *Vite* übergreifenden Vorstellungen in der historischen Partikularität eines Lebenslaufs.[206]

Um den eigenen Rang dieser mittleren Epoche zu erläutern, springt Vasari ständig zwischen einem absoluten Kunsturteil, wonach die Werke der zweiten Epoche noch viel zu wünschen übriglassen, und einem zeitangemessenen Urteil, wonach sie sich deutlich von ihren Vorgängern absetzen. Das Fortschrittsmodell ist dabei, ebenso wie die biologisch-zyklische Vorstellung der drei Lebensalter, antiken Quellen entnommen, wie Vasari eingangs mit einem Einschub aus Ciceros *Brutus* unterstreicht.[207] Wenn man ein leitendes Kriterium ausmachen wollte, an dem Vasari den Fortschritt mißt, so müßte dies wohl die Lebendigkeit der Darstellung sein, die die noch »ganz blockhaften« Statuen, die »mehr von den Spuren des Steinbruchs als vom Talent der Künstler« zeugen und insofern »im wahrsten Sinne als Standbilder bezeichnet werden« können, von Donatellos Werken unterscheidet, der »seine Figuren in Bewegung« setzte und ihnen eine »lebhafte Präsenz« verlieh.[208] Quer zum einfachen Fortschrittsmodell stehen für Vasari freilich Einzelleistungen, die aus ihrer Zeit herausragen, wie Brunelleschis Laterne von Santa Maria del Fiore [siehe Seite 90], Masaccios

Brancacci-Kapelle und Donatellos Werke insgesamt, die sich gegen die Zeit behaupten und sozusagen als Anachronismen ungebrochen weiterwirken.[209]

Zu Beginn der Vorrede lehnt Vasari den Vergleich seiner *Vite* mit einfachen Inventaren, Stadtführern oder Werkverzeichnissen ab und streicht sein Urteil als Historiker heraus, was sich schon im Titel des Werks manifestiert: *Lebensbeschreibungen der herausragendsten Architekten, Maler und Bildhauer Italiens von Cimabue bis zu unserer Zeit* (1550). Für das Urteil des Historikers ist das Adjektiv »herausragend« zentral. Denn damit heben sich Vasaris *Vite* von den meist regional ausgerichteten Biographiensammlungen oder Stadtführern ab und zielen auf eine für ganz Italien gültige Auswahl. Das Übergewicht der florentinischen und toskanischen Künstler im Werk wird so zum Ausweis ihrer Überlegenheit. Die Anregung zu einer überregionalen, bis in seine eigene Zeit reichende Geschichtsdarstellung gab ihm das Vorbild seines Freundes, des Historikers Paolo Giovio, der in einem Brief auch das entscheidende Adjektiv im Titel vorschlug.[210] Diese Vorrede, in der das historiographische Vorgehen anhand der Errungenschaften der mittleren Epoche vorexerziert wird, sah Vasari offensichtlich für so gelungen an, daß er sie für die zweite Ausgabe intakt übernahm und nur einige Formulierungen veränderte.

MB

Vorrede des zweiten Teils

Proemio della seconda parte (1568)

Als ich begann, diese Lebensbeschreibungen zu verfassen, war es nicht meine Absicht, ein Verzeichnis der Künstler und sozusagen ein Inventar ihrer Werke anzulegen. Nur ihre Zahl, ihre Namen und Heimatorte herauszufinden und zu erklären, in welcher Stadt und an welchem Ort sich ihre Gemälde, Skulpturen oder Bauten heute befinden, habe ich nie als ein würdiges Ziel meiner, ich weiß nicht ob schönen, sicher aber langwierigen und mühevollen Anstrengungen erachtet. Dies hätte ich mit einer einfachen tabellarischen Aufstellung erledigen können, ohne mein Urteil irgendwo einfließen zu lassen.[211] Ich war der Ansicht, daß die Geschichtsschreiber, deren Schriften nach allgemeiner Überzeugung die beste Urteilskraft aufweisen, sich nicht damit zufriedengegeben haben, einfach die Abfolge des Geschehens nachzuerzählen, sondern mit aller Sorgfalt und größter Neugierde die Bräuche, Mittel und Wege erforschten, die tüchtige Männer bei der Durchführung ihrer Taten verfolgt haben. Dabei bemühten sie sich, die Fehler und anschließenden großen Erfolge, die Vorsichtsmaßnahmen und bisweilen klugen Entschlüsse aufzuzeigen, die diese bei der Regelung ihrer Angelegenheiten getroffen haben, kurz, alle Schritte, die von ihnen dabei mit Scharfsinn oder Nachlässigkeit, aus Umsicht, Mitleid oder Großherzigkeit unternommen worden sind. Sie erkannten, daß die Geschichte der wahre Spiegel des menschlichen Lebens ist und nicht bedeutet, die Geschicke eines Fürsten oder einer Republik trocken nachzuerzählen, sondern die Urteile, Ratschläge, Entschlüsse und Handlungen der Menschen anzuleiten, die im folgenden der Grund für den glücklichen oder unglücklichen Ausgang ihrer Taten sind. Dies ist tatsächlich die Seele der Geschichtsschreibung, welche die Menschen in der Tat Lebensart und Klugheit lehrt, und dies ist neben dem Vergnügen, Vergangenes als Gegenwart zu erfahren, ihr wahres Ziel.[212] Als ich unter Aufbietung aller meiner Kräfte damit begann, die Geschichte der vortrefflichsten Künstler zum Nutzen und zur Ehre der Künste aufzuschreiben, habe ich mich in der Nachahmung dieser tüchtigen Männer soweit wie möglich derselben Methode bedient und mich demnach nicht nur bemüht, ihre Taten zu schildern, sondern in der Darstellung außerdem zwischen Besserem und Gutem, Vortrefflichem und Allerbestem zu unterscheiden und mit einiger Sorgfalt die Arbeitsweise, das Aussehen, die Stilrichtungen, Eigenschaften und Gedanken der Maler und Bildhauer festzuhalten. Außerdem habe ich so gut wie möglich versucht, jenen, die alleine dazu nicht in der Lage sind, die Ursachen und Wurzeln der Stilrichtungen und der Verbesserung und Verschlechterung der Künste zu erklären, die zu verschiedenen Zeiten und in unterschiedlichen Personen eingetreten sind.[213] Zu Beginn dieser Lebensbeschreibungen habe ich vom Adel und dem ehrwürdigen Alter dieser Künste gesprochen, soweit der Gegenstand es verlangte. Ich habe dabei vieles, was ich von Plinius und anderen Autoren hätte verwenden können, ausgelassen, da es möglicherweise entgegen der Überzeugung vieler meine Absicht war, jedem die Freiheit zu lassen, die Gedanken anderer in ihren eigenen Quellen nachzulesen. An dieser Stelle scheint es mir nun aber angebracht auszuführen, was mir zuvor nicht gestattet war, um Langeweile und übermäßige Längen – die Todfeinde der Aufmerksamkeit – zu vermeiden, sprich, meine Gedanken und meine Absicht gründlicher offenzulegen und zu erläutern, warum ich den *corpus* der Lebensbeschreibungen in drei Abschnitte unterteilt habe.

Wohl wahr ist, daß die Meisterschaft in den Künsten bei dem einen durch Sorgfalt, bei dem anderen durch Fleiß, bei diesem durch Nachahmung und bei jenem durch Kenntnis der Wissenschaften erlangt wird. Alle diese Aspekte sind den Künsten förderlich, wobei sie sich bei manchen alle zusammen, bei anderen nur zum größeren Teil zeigen. Da ich in den einzelnen Lebensbeschreibungen ausführlich auf die Methoden der Kunst, die Stile und die Voraussetzungen für gutes, treffliches und herausragendes Arbeiten dieser Künstler eingegangen bin, werde ich dieses Thema nun allgemeiner behandeln, indem ich mehr die Merkmale der Epochen als die der Personen herausstelle. Um nicht zu sehr ins Detail zu gehen, habe ich sie von der Wiedergeburt dieser Künste bis in unser Jahrhundert in drei Teile, oder nennen wir sie Epochen, geschieden und gegliedert, aufgrund der offensichtlichen Differenz, die man zwischen jenen [Epochen] erkennen kann. In der ersten und ältesten Epoche waren diese drei Künste sehr weit von ihrer Vollkommenheit entfernt, und wenn sie auch einiges an Gutem hatte, wurde dies doch von solcher Unvollkommenheit begleitet, daß sie mit Sicherheit nicht allzu großes Lob verdient. Dessen ungeachtet stellt sie den Anfang dar und hat den Weg und die Methoden aufgezeigt, die später zu Besserem führten, und allein deshalb kann man nur Gutes von ihr sagen und ihr ein wenig mehr Ruhm zugestehen, als sie durch die Werke verdienen würde, wenn man sie nach den strengen Regeln der Kunst bewertete.[214] In der zweiten [Epoche] sieht man eine deutliche Verbesserung in der Bildfindung und eine Ausführung der Werke, die mehr *disegno*, bessere Stile und größere Sorgfalt zeigt. Damit wurde der Rost des Alters, das Plumpe und Unproportionierte beseitigt, die der Rohheit jener Epoche anhaftete. Aber wer würde zu behaupten wagen, daß sich in jener Zeit einer gefunden hätte, der in allem vollkommen war? Der die Werke hinsichtlich Bildfindung, *disegno* und Farbgebung zur heutigen Vollendung gebracht und durch das Abdunkeln der Farbe das sanfte Fluchten der Figuren beachtet hätte, so daß die Lichter sich nur noch auf dem, was plastisch hervortritt, finden? Und der auf ähnliche Weise die Durchbrechungen und gewisse außergewöhnliche Effekte bei den Marmorstatuen berücksichtigt hätte, wie dies nunmehr zu sehen ist? Dieses Lob gebührt sicherlich der dritten Epoche, von der man wohl sagen kann, daß die Kunst hier alles erreicht hat, was ihr in der Nachahmung der Natur möglich ist. So hoch ist sie gestiegen, daß man heutzutage eher ihren Niedergang befürchten muß, als die Hoffnung auf eine weitere Vervollkommnung zu hegen.[215]

Ich habe diese Dinge sorgsam abgewägt und bin zu dem Schluß gekommen, daß es sich hierbei um ein Merkmal und die eigentümliche Natur dieser Künste handelt, die sich nach einem bescheidenen Anfang allmählich verbessern und schließlich den Gipfel an Vollkommenheit erreichen. Was mich in meinem Glauben bestärkt, ist der Umstand, daß man fast dieselbe Entwicklung bei anderen [menschlichen] Tätigkeiten beobachten kann, und da zwischen allen Freien Künsten eine gewisse Verwandtschaft besteht, ist dies kein geringes Argument für den Wahrheitsgehalt dieser Annahme.[216] In der Malerei und Skulptur aber muß zu anderen Zeiten derart ähnliches vonstatten gegangen sein, daß sie die Namen untereinander austauschen könnten und die Begebenheiten trotz allem genau dieselben sein würden.[217] Man weiß (wenn man denen Glauben schenken darf, die jenen Zeiten näher waren und die Leistungen der antiken Künstler sehen und beurteilen konnten), daß die Statuen des Kanachos[218] sehr starr, ohne jede Lebendigkeit und Bewegung waren und aus diesem Grund sehr weit von der Wirklichkeit abwichen. Von denen des Kalamis[219] sagt man dasselbe, obwohl sie um einiges feiner als die vorgenannten waren. Dann kam Myron,[220] der das natürliche Vorbild keineswegs in allen Einzelheiten nachahmte und seinen Werken statt dessen soviel Gleichmaß und Anmut verlieh, daß man sie berechtigterweise schön nennen kann. Auf der dritten Stufe folgten Polyklet[221] und die anderen hochberühmten Meister, die sie [die Statuen], wie man sagt und glauben muß, in absoluter Vollendung schufen. Dieselbe Art des Fortschritts muß auch in der Malerei eingetreten sein: So sagt man – und aller Wahrscheinlichkeit nach ist es so gewesen –, daß die Werke derer, die mit nur einer Farbe malten und deswegen Monochromaten genannt wurden, keine große Vollkommenheit zeigten. Späterhin lobt man in den Werken von Zeuxis,[222] Polygnotus[223] und Timanthes[224] oder anderen, die nur vier Farben verwendeten, insgesamt die Linienführung, die Umrisse und Formen, dennoch ließen sie ohne Zweifel noch Wünsche offen. Bei Echion,[225] Nikomaches,[226] Protogenes[227] und Apelles[228] ist alles vollkommen und wunderschön, und Besseres kann man sich nicht vorstellen, da sie nicht nur die Formen und Bewegungen der Körper äußerst vortrefflich gemalt haben, sondern auch die Gefühle und Leidenschaften der Seele.

Belassen wir es hiermit bei diesen Künstlern, die einen nötigen, sich auf andere zu berufen, die in Urteil und – was noch schlimmer ist – in zeitlicher Abfolge häufig nicht übereinstimmen, auch wenn ich darin den besten Autoren gefolgt bin. Kommen wir hingegen zu unseren Zeiten, bei denen uns das Auge ein sehr viel besserer Führer und Richter sein kann als das Ohr.[229] Um einen Anfang zu machen: Ist es nicht offensichtlich, wie sehr sich die Architektur von dem griechischen [Stil] Busketus'[230] bis zu dem deutschen Arnolfos[231] und zu Giotto[232] verbessert und hinzugewonnen hat? Man betrachte die Bauwerke jener Zeiten, die Pfeiler, Säulen, Basen, Kapitelle und all die Gesimse mit ihren unförmigen Gliedern, wie es bei Santa Maria del Fiore in Florenz, der Außen-Inkrustation von San Giovanni, in San Miniato al Monte, dem Bischofspalast in Fiesole, am Mailänder Dom, bei San Vitale in Ravenna, bei Santa Maria Maggiore in Rom und am alten Dom außerhalb von Arezzo zu sehen ist, wo mit Ausnahme des wenigen, was an antiken Überresten geblieben ist, nichts eine gute Anordnung oder Machart zeigt.[233] Jene aber [Busketus, Arnolfo, Giotto] verbesserten sie zweifellos sehr, und unter ihnen gewann sie nicht wenig hinzu, da sie ihr ein besseres Maßverhältnis verliehen und ihre Bauten nicht nur stabil und widerstandsfähig errichteten, sondern sie an manchen Stellen auch mit Verzierungen versahen. Dessen ungeachtet waren ihre Ornamente wirr, sehr unvollkommen und sozusagen von geringer Zierde, da sie bei den Säulen nicht die von der Kunst geforderten Abmessungen und Proportionen beachteten und nicht genau zwischen dorischer, korinthischer, ionischer oder toskanischer Ordnung unterschieden, sondern sie als Mischwerk nach ihrer eigenen regellosen Regel sehr dick oder sehr dünn gestalteten, ganz so wie es ihnen gerade paßte. Dabei entsprangen alle Erfindungen zum Teil ihren Köpfen, zum anderen Teil beruhten sie auf den Altertümern, die sie vor Augen hatten.

Die Grundrisse schufen sie teils nach gutem Vorbild, teils durch Hinzufügung eigener Einfälle, wodurch sie nach dem Hochziehen der Mauern eine ganz andere Form zeigten. Trotzdem wird derjenige, der ihre Werke mit den vorangegangenen vergleicht, sie insgesamt verbessert sehen, wenngleich ihm auch Dinge auffallen werden, die unserer Tage in mancher Hinsicht Mißfallen erwecken, wie einige mit Stuck verzierte kleine Backsteintempel bei San Giovanni in Laterano in Rom.[234]

Dasselbe kann ich von der Skulptur berichten, die in jener ersten Phase ihrer Wiedergeburt viel Gutes zeigte, nachdem sie den plumpen griechischen [byzantinischen] Stil abgelegt hatte, der in seiner Roheit mehr von den Spuren des Steinbruchs als dem Talent der Künstler geprägt war: Ihre Statuen waren noch ganz blockhaft, zeigten nicht die geringste Gewandfalte, Pose oder Bewegung und können im wahrsten Sinne als Standbilder bezeichnet werden. Infolge der Verbesserung des *disegno* durch Giotto verfeinerten viele auch die Skulpturen aus Marmor und anderen Gesteinsarten, wie Andrea Pisano,[235] sein Sohn Nino[236] und seine anderen Schüler es taten, die ihren Vorgängern weit überlegen waren. Sie verdrehten ihre Statuen stärker und gaben ihnen sehr viel bessere Haltungen, wie die beiden Sieneser Agostino und Agnolo,[237] die das bereits erwähnte Grabmal des Bischofs Guido aus Arezzo schufen, und jene Deutschen,[238] die die Fassade [des Doms] von Orvieto realisierten. Man nimmt also in dieser Zeit eine leichte Verbesserung der Skulptur wahr, deren Figuren mit einem schöneren Faltenwurf der Gewänder, hin und wieder einem besser gestalteten Gesicht und einigen nicht mehr ganz so blockhaften Haltungen eine etwas bessere Form verliehen wurde, und man endlich damit begann, das Gute anzustreben. Trotzdem fehlten ihr noch unzählige Elemente, da der *disegno* zu jener Zeit nicht sehr vollkommen war und man nicht viele gute Werke zu sehen bekam, die man hätte nachahmen können. Die Meister dieser Epoche, die ich im ersten Teil behandelt habe, verdienen es deshalb, solches Lob zu erfahren und aufgrund ihrer Werke geschätzt zu werden, was auch für die Architekten und Maler jener Zeit gilt, die nicht auf die Hilfe ihrer Vorgänger zurückgreifen konnten und ihren Weg alleine finden mußten: Der Anfang, so gering er auch sein mag, verdient immer ein nicht zu sparsames Lob.

Kein sehr viel besseres Schicksal war der Malerei beschieden, mit dem Unterschied allerdings, daß sie damals aufgrund der Frömmigkeit der einfachen Menschen größere Verwendung fand, deshalb von einer größeren Zahl an Künstlern ausgeübt wurde und auf diese Weise einen deutlicheren Fortschritt machen konnte als die anderen zwei.[239] Der griechische Stil erlosch nun völlig, erst durch den Anfang Cimabues,[240] dann mit der Hilfe Giottos, und ein neuer entstand, den ich gerne Giottos Stil nenne, da er von ihm und seinen Schülern erfunden und dann von allen umfassend verehrt und nachgeahmt wurde. Dieser Stil zeigt sich befreit von einem Umriß, der die Figur vollständig umschloß, von den verstört blickenden Augen, den auf die Zehenspitzen hochgestellten Füßen, den spitz zulaufenden Händen, den fehlenden Schatten und anderen Ungeheuerlichkeiten jener Griechen [Byzantiner]; statt dessen verlieh man den Gesichtern eine gelungene Anmut und sorgte für ein weich abgestimmtes Kolorit. Insbesondere Giotto verbesserte die Haltungen seiner Figuren, zeigte Ansätze einer lebendigen Gestaltung der Gesichter, schuf den Faltenwurf der Gewänder auf natürlichere Weise als zuvor und entdeckte teilweise die Elemente des Fluchtens und Verkürzens der Figuren. Darüber hinaus begann er mit der Darstellung der Gefühle, um Furcht, Hoffnung, Wut und Liebe ansatzweise erkennen zu lassen, und verlieh seinem zuvor rauhen, holprigen Stil eine gewisse Weichheit. Und wenn es ihm auch nicht gelang, die Augen mit jenen lebendigen, schön gerundeten Konturen wiederzugeben, die am Ende in einem Lidwinkel zulaufen, und die Haare nicht weich, die Bärte nicht flaumig, die Hände nicht mit ihren Sehnen und Muskeln und die Nacktdarstellungen nicht wirklichkeitsgetreu gezeigt waren, dann sei er aufgrund der Schwierigkeit dieser Kunst und durch den Umstand entschuldigt, daß er keine besseren Maler zum Vorbild hatte. Jeder gewahre also innerhalb der Armut dieser künstlerischen Epoche die Qualität des Urteils in seinen Bildfindungen, die Beachtung des Ausdrucks und die Art und Weise, wie seine äußerst gewandte natürliche Begabung ihm gehorchte, so daß man sieht, wie seine Figuren sich der Darstellungsabsicht fügen. Dies beweist, daß er eine sehr gute, wenn auch nicht vollkommene Urteilskraft besaß. Dasselbe sieht man dann auch bei den anderen: Bei Taddeo Gaddi[241] äußert es sich in einer zarteren, ausdrucksvolleren Farbgebung mit schöneren Hauttönen und Gewandfarben und mehr Kühnheit in den Bewegungen seiner Figuren. Bei Simone aus Siena[242] sieht man das *decorum* in der Komposition der Szenen, während Stefano »der Affe [der Natur]«[243] und sein Sohn Tommaso zum großen Gewinn und zur Perfektionierung des *disegno* beitrugen, in der Perspektive Erfindungskraft bewiesen und die Farben weich und harmonisch abtönten, wobei sie dem Stil Giottos stets verhaftet blieben. Diesen in Erfahrung und Geschicklichkeit ähnlich waren Spinello Aretino,[244] sein Sohn Parri,[245] Jacopo del Casentino,[246] Antonio Veneziano,[247] Lippo,[248] Gherardo Starnina[249] und die anderen Maler, die in der Nachfolge Giottos arbeiteten und seinem Ausdruck, seiner Linienführung, seiner Farbgebung und seinem Stil nacheiferten. Ein wenig verbesserten sie ihn dabei, allerdings nicht so stark, als daß sie ihn neuen Zielen entgegenführen zu wollen schienen.

Wer also meiner Argumentation folgen möchte, wird sehen, daß diese drei Künste bis hierhin sozusagen nur anskizziert waren und ihnen noch viel zu jener Vollendung fehlte, die ihnen zustand. Sicherlich, wenn nichts Besseres gefolgt wäre, hätte diese Steigerung nicht viel genutzt und wäre nicht weiter beachtenswert gewesen. Auch will ich niemanden auf den Gedanken bringen, ich sei so ungenau und wenig fundiert in meinem Urteil, daß ich nicht erkennen würde, daß die Werke von Giotto, Andrea Pisano, Nino und all den anderen, die ich aufgrund ihrer stilistischen Verwandtschaft im ersten Teil zusammengefaßt habe, im Vergleich zu denen, die nach ihnen tätig waren, kein übermäßiges und nicht einmal mittelmäßiges Lob verdient haben, und daß mir dies nicht klar gewesen wäre, als ich sie lobte. Wer jedoch die Umstände jener Zeit, den Mangel an Künstlern, das

Fehlen tatkräftiger Hilfe berücksichtigt, wird sie nicht nur schön finden, wie ich es formuliert habe, sondern für ein Wunder halten und unendlich viel Gefallen daran finden, die Anfänge und jenes erste Aufblitzen des Guten zu betrachten, das in Malerei und Skulptur wiederaufzuleben begann. Der Sieg des Lucius Marcius in Spanien war sicher auch nicht so bedeutend, als daß die Römer keine größeren errungen hätten, aber in Anbetracht der Zeit, des Ortes, der Umstände, der Person und der Zahl wurde er als glänzend erachtet und noch heute der unzähligen großartigen Lobeshymnen für würdig befunden, die ihm von den Schriftstellern dargebracht wurden.[250] So schienen auch sie [die Maler der ersten Epoche] mir aus all den vorgenannten Gründen nicht nur eine sorgfältige Beschreibung zu verdienen, sondern mit jener Zuneigung und Bestimmtheit gelobt zu werden wie ich es tat. Ich denke, daß es meinen Künstlerkollegen nicht unangenehm war, ihren Lebensbeschreibungen zuzuhören. Indem ich ihren Stilen und Arbeitsweisen Beachtung schenkte, werden sie daraus vielleicht nicht wenig Gewinn ziehen, was mir äußerst lieb wäre und mir als eine gute Belohnung meiner Mühen erscheinen würde, da es mein alleiniges Ziel war, ihnen, soweit dies in meinen Kräften stand, Gewinn und Vergnügen zu verschaffen.

Nachdem wir nun diese drei Künste sozusagen aus der Wiege gehoben und sie die Kindheit haben durchleben lassen, kommen sie nun in die zweite Epoche, in der man alles unendlich verbessert sehen wird: Die Bildfindung ist reicher an Figuren und mit einer größeren Fülle an dekorativen Details versehen; der *disegno* ist fundierter, natürlicher und dem lebendigen Vorbild näher, zudem sind die Werke zwar mit wenig Erfahrung, aber doch mit einer durchdachten Sorgfalt zur Vollendung gebracht. Der Stil ist von größerem Liebreiz, die Farben sind lieblicher, so daß nur wenig zur Vollkommenheit und exakten, wahrheitsgetreuen Nachahmung der Natur fehlte. Zuerst fand die Architektur durch die Bemühungen und die Sorgfalt des großen Filippo Brunelleschi[251] zu den Abmessungen und Proportionen der Antike zurück, und zwar in den runden Säulen, den rechteckigen Pfeilern und den bossierten und glatten Ecklösungen. Nunmehr unterschied man zwischen den einzelnen Säulenordnungen und erkannte den Unterschied, der zwischen ihnen bestand. Man achtete darauf, die Werke nach Regeln zu gestalten, die Anordnung stärker zu berücksichtigen und die Einteilungen mit Maß vorzunehmen. Der *disegno* wurde kraftvoller und fundierter, man verlieh den Werken eine schöne Anmut und ließ die Vortrefflichkeit jener Kunst sichtbar werden. Man entdeckte die Schönheit und Vielfalt der Kapitelle und Gesimse wieder, so daß die Grundrisse der Kirchen und seiner anderen Bauten hervorragend geplant waren und die Bauten sich verziert, prächtig und von äußerstem Gleichmaß zeigten: Augenscheinlich wird dies an der herrlichen Gestaltung der Kuppel von Santa Maria del Fiore in Florenz [siehe Seite 90], an der Schönheit und Anmut ihrer Laterne, der geschmückten, abwechslungsreich und anmutig gestalteten Kirche Santo Spirito, am nicht minder schönen Gebäude von San Lorenzo, an der höchst ausgefallenen Konzeption des achtseitigen Tempels von Santa Maria degli Angeli, an der weitläufigen Kirchen- und Klosteranlage der Badia in Fiesole und dem prachtvollen, gewaltigen Baubeginn des Palazzo Pitti. Zu nennen sind darüber hinaus das komfortable, große Gebäude, das Francesco di Giorgio[252] mit dem Palast und der Domkirche von Urbino schuf, das wehrhafte, prächtige Kastell von Neapel und die unbezwingbare Burg in Mailand, ohne viele weitere bemerkenswerte Bauten jener Zeit zu erwähnen.[253] Wohl fehlt es ihnen noch an Feinheit und einer gewissen raffinierten Anmut vor allem in den Gesimsen, an Präzision und Liebreiz beim Anbringen von Blattornamenten und der Gestaltung feinster Details im Laubwerk und an weiteren, später erfolgten Perfektionierungen, die im dritten Teil zu sehen sein werden. Dort folgen dann jene, die die ganze Vollkommenheit in der Anmut, Ausführung, Vielfalt und Schnelligkeit [der Ausführung] erlangten, was den alten Architekten nicht gelungen war. Dessen ungeachtet sind ihre Werke gewiß als schön und gut zu bezeichnen, wobei ich nicht von Vollkommenheit spreche, da ich in dieser Kunst später Besseres gesehen habe: Es scheint mir deshalb legitim und vernünftig festzuhalten, daß ihnen noch etwas fehlte. Und doch zeigt sich vereinzelt Wunderbares, das selbst in unserer Zeit noch nicht übertroffen wurde und wahrscheinlich auch in kommenden Tagen nicht zu übertreffen ist. Dies gilt zum Beispiel für die Laterne der Kuppel von Santa Maria del Fiore und hinsichtlich der Größe der Kuppel selbst, bei der Filippo sich nicht nur erkühnte, den Wettstreit mit der Antike hinsichtlich des Baukörpers zu suchen, sondern sie auch in der Höhe der Mauern zu übertreffen. Ich spreche hier aber im allgemeinen Sinn, und man sollte nicht von der Vollkommenheit und Qualität eines einzelnen Werks die Vorzüglichkeit des Ganzen ableiten. Dasselbe gilt für Malerei und Bildhauerei, die noch heute ganz einzigartige Werke von Meistern dieser zweiten Epoche vor Augen führen: Zum Beispiel jene Masaccios[254] in der Carmine-Kirche,[255] wo dieser eine nackte Gestalt schuf, die vor Kälte zittert, und weitere Malereien voll lebendiger, beseelter Details [siehe Seite 105]. Für gewöhnlich reichen sie aber nicht an die Perfektion der dritten Epoche heran, von der zur gegebenen Zeit die Rede sein wird, da wir jetzt über die zweite Epoche zu sprechen haben. Beginnen wir mit den Bildhauern: Diese distanzierten sich deutlich vom Stil der ersten Epoche und verbesserten ihn so sehr, daß der dritten Epoche nur wenig zu tun blieb. Ihr Stil war so viel anmutiger, natürlicher und disziplinierter und zeigte so viel mehr *disegno* und Gleichmaß, daß ihre Statuen beinahe lebendigen Personen zu ähneln begannen und nicht mehr Statuen schienen wie die der ersten Epoche. Bezeugt wird dies durch die Werke, die in dieser Phase stilistischer Erneuerung geschaffen wurden, was im vorliegenden zweiten Teil zu sehen sein wird: Hier besitzen die Figuren des Sienesers Jacopo della Quercia[256] ein größeres Maß an Bewegung, Anmut, *disegno* und Sorgfalt, und jene von Filippo [Brunelleschi] zeigen eine schönere Wiedergabe der Muskeln, bessere Proportionen und mehr Urteilskraft, was auch für die ihrer Schüler gilt. Noch mehr gewann sie [die Kunst] durch Lorenzo Ghibertis[257] Werk der Türen von San Giovanni, in denen er Erfindungskraft, Ordnungsbewußtsein, Stil und *disegno* unter

Beweis stellte und den Anschein erweckte, daß seine Figuren sich bewegen können und eine Seele haben. Was Donato[258] angeht, der eigentlich ihr Zeitgenosse war, vermag ich mich nicht ganz zu entscheiden, ob ich ihn nicht unter den Künstlern der dritten Epoche einreihen soll, da seine Werke dem Vergleich mit guten Antiken standzuhalten vermögen.[259] Wohl sage ich, daß er darin den anderen die Prinzipien vorgab, da er alle Aspekte in sich vereinte, die sonst einzeln auf viele verteilt waren. Er nämlich versetzte seine Figuren in Bewegung, indem er ihnen eine derart lebhafte Präsenz verlieh, daß sie, wie ich schon sagte, modernen und antiken Werken gleichermaßen standhalten können.

Denselben Fortschritt machte zu dieser Zeit die Malerei, die der überragende Masaccio in den Gesichtern, den Gewändern, den Gebäuden, den Nacktdarstellungen, der Farbgebung und den von ihm erneuerten Verkürzungen völlig vom Stil Giottos befreite und damit jene *maniera moderna*[260] ins Leben rief, der seit jener Zeit bis heute alle unsere Künstler folgen. Von Zeit zu Zeit bereichern und verschönern sie diese mit größerer Anmut, besseren Erfindungen und mehr Ausschmückungen, wie es in den einzelnen Lebensbeschreibungen im Detail zu sehen sein wird. Man wird einen neuen Stil in der Farbgebung, den Verkürzungen, der Natürlichkeit der Haltungen erkennen und einen sehr viel stärkeren Ausdruck der Gefühlsregungen und Körpergesten, da man sich mit dem *disegno* der Wirklichkeit der natürlichen Dinge stärker anzunähern und die Gesichtszüge den Menschen so vollkommen ähnlich zu gestalten suchte, daß man die dargestellte Person erkennen würde. Dabei versuchten sie wiederzugeben, was sie am natürlichen Vorbild sahen, ohne etwas hinzuzufügen. Ihre Werke fanden auf diese Weise größere Beachtung und wurden besser verstanden, was sie dazu ermutigte, Regeln für die perspektivischen Darstellungen zu finden und die Verkürzungen exakt auszuführen, so daß sie vollplastisch in ihrer natürlichen und eigentlichen Form erscheinen würden. Sie begannen deshalb mit der Untersuchung von Schatten und Licht, von Schlagschatten und anderen komplexen Phänome-

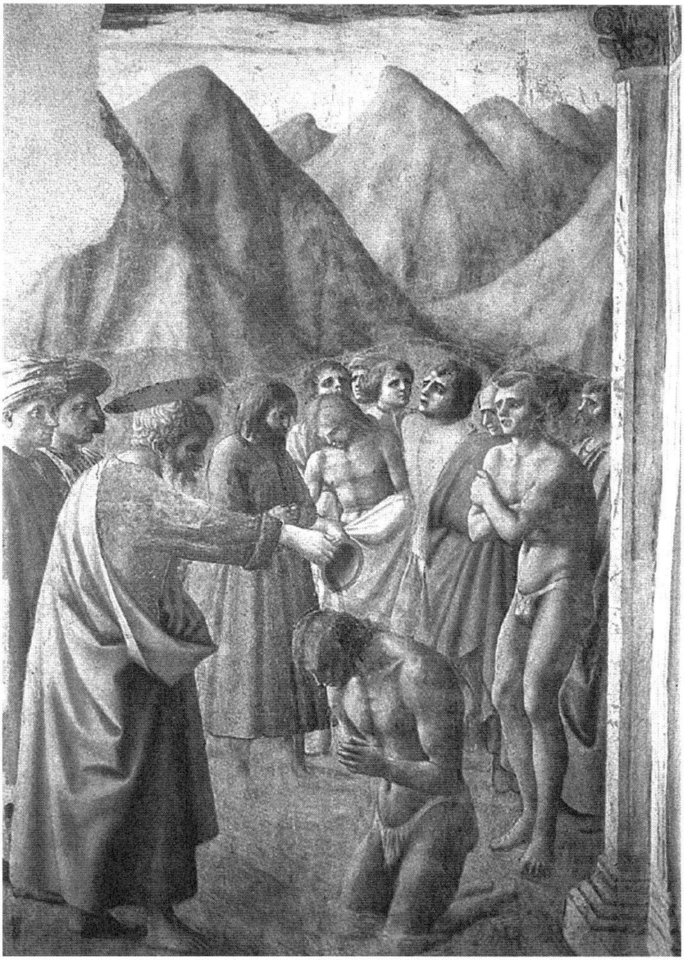

Masaccio: Die Taufe der Neubekehrten. Florenz, Santa Maria del Carmine, Brancacci-Kapelle

nen. Die Komposition der Szenen nahmen sie mit größerer Wahrheitstreue vor, sie bemühten sich, die Landschaften mit ihren Bäumen, dem Gras, den Blumen, der Luft, den Wolken und anderen Elementen der Natur stärker der Wirklichkeit anzunähern. So kann man kühn behaupten, daß diese Künste nicht nur herangewachsen, sondern in der Blüte ihrer Jugend standen und die Früchte zu erhoffen waren, die späterhin geerntet werden sollten, und daß sie in Kürze die Epoche ihrer Vollkommenheit erreichen würden.

Beginnen wir deshalb mit Gottes Hilfe die Lebensbeschreibung von Jacopo della Quercia aus Siena und im Anschluß daran die der anderen Architekten und Bildhauer, bis wir zu Masaccio gelangen, der als erster den *disegno* in der Malerei verbesserte und zeigen wird, wie viel man ihm für die neuerliche Wiedergeburt [der Malerei] schuldet. Ich habe den oben genannten Jacopo als würdigen Auftakt für diesen zweiten Teil erwählt und werde, der Entwicklung der Stile folgend, in den Lebensbeschreibungen selbst die Errungenschaften dieser so schönen, schwierigen und ehrenvollen Künste darlegen.

Ende

Einleitung zur Vorrede des dritten Teils

Die Vorrede des dritten Teils bildet das eigentliche Manifest der Kunstanschauung Giorgio Vasaris. Darin werden seine fünf zentralen Bewertungskriterien (Regel, Ordnung, Proportion, *disegno*, Stil) sowie ihre Realisierung in der dritten Epoche dargestellt. Bei der Würdigung der dritten Epoche liegt der Schwerpunkt auf der Überschreitung aller rein berechenbaren Regeln, Maße und Proportionen zu einer nur durch das subjektive Urteil des Auges verbürgten, »viel lebendigeren Schönheit«, die den Stil der zweiten Epoche »spröde, grob und schneidend« erscheinen läßt.[261]

Die fünf Kriterien, die sich die mittlere Epoche ganz zu eigen gemacht hat, werden in der dritten Epoche durch eine »gewisse Freiheit in der Regel«, die zwar außerhalb der Regel steht, aber doch ihre Stimmigkeit hat, eine Erfindungsgabe, die »die ganze Ordnung mit noch größerer Zierde« erscheinen läßt, eine jedes Maß übersteigende Grazie in den Proportionen und eine Kenntnis des *disegno*, »die mit jener anmutig-zarten Leichtigkeit zwischen dem Sichtbaren und dem Unsichtbaren hervorscheint«, überschritten und zugleich zur Vollendung gebracht. Die enorme Kunstfertigkeit der dritten Epoche zeigt sich im Gegensatz zum »übermäßigen Üben« der zweiten im Sinne von Baldassare Castigliones ›Lässigkeit‹ in einer »leicht wirkenden Schwierigkeit«.[262] Der durch diese Überschreitung gekennzeichnete Stil der dritten Epoche, den Vasari auch »schönen Stil« oder »modernen Stil« nennt, ist insofern durch eine Pluralität der Stilmodi gekennzeichnet, die sich kaum mehr auf einen Nenner zurückführen lassen. Während das Bemühen der Künstler der zweiten Epoche in der Vorrede des zweiten Teils noch als Gemeinschaftsanstrengung charakterisiert wurde und zusammenfassend gewürdigt werden konnte, werden in dieser Vorrede in einer quasi-monographischen Abfolge die Beiträge der Künstler einzeln behandelt, da das Neue des dritten Teils in der Subjektivierung der Regeln besteht. Von Leonardo da Vinci, der »seinen Figuren wahrhaft Bewegung und Atem verlieh«, zu Giorgiones *sfumato*, zu Raffaels Grazie und seinen Bildkompositionen als gemalte Poesie, zu der »flaumigen Weichheit« der Haare Correggios, den »ungemein lebendig blickenden Augen« Parmigianinos, den Fassadenmalereien Polidoros bis zum »göttlichen Michelangelo« werden die Beiträge dieser Künstler nun alle, wie in der Vorrede zum zweiten Teil jene Brunelleschis, Masaccios und Donatellos, zu Einzelleistungen, die nur insoweit miteinander vergleichbar sind, als sie alle »ihre Werke zum Leben erwecken«. In einer wichtigen Passage, die Vasari in der zweiten Ausgabe hinzufügt, wird zudem die Schnelligkeit der Ausführung gepriesen, die dank einer neuen Werkstattorganisation möglich wurde und wohl auch Vasaris eigenen Beitrag zur dritten Epoche darstellt. Das nachdrückliche Plädoyer für die Errungenschaften der dritten Epoche beschließt Vasari mit einem Aufruf an die Reichen und die Herrscher, ihrer Verantwortung durch ein großzügiges Mäzenatentum gerecht zu werden. Damit knüpft er an den Beginn der Vorrede des Gesamtwerks an, wo er davon sprach, daß »die niedere Herkunft vieler« sie nicht daran gehindert habe, »zu höchsten Gipfeln aufzusteigen«.

MB

Vorrede des dritten Teils

Proemio della terza parte (1568)

Wahrhaft große Bereicherung in den Künsten der Architektur, Malerei und Bildhauerei wurde von jenen ausgezeichneten Meistern erzielt, die wir bislang, im zweiten Teil dieser Viten, beschrieben haben. Indem sie den Errungenschaften jener der ersten Epoche Regel, Ordnung, Proportion, *disegno* und Stil hinzufügten[263] und – wenn auch nicht in allem ganz perfekt – so doch der Wirklichkeit sehr nahe kamen, vermochten die Künstler der dritten Epoche, von denen wir im folgenden berichten werden, sich dank dieses Lichts zur höchsten Vollendung zu erheben, wo wir jene modernen Werke finden, die die größte Wertschätzung erfahren und die am meisten gepriesen werden. Damit aber die den vormals genannten Künstlern verdankte Beschaffenheit dieser Verbesserung genauer verständlich wird, ist es sicher nicht unangebracht, in wenigen Worten die fünf von mir erwähnten Zufügungen zu bestimmen und in aller Kürze davon zu reden, woraus dieses wahrhaft Gute entsprungen sei, das das antike Zeitalter übertroffen hat und das moderne so glanzvoll macht.

Regel war[264] demzufolge in der Architektur die Art und Weise des Vermessens von Altertümern und das Beachten der Pläne antiker Gebäude für moderne Bauwerke. Ordnung betraf das Auseinanderhalten der verschiedenen architektonischen Gattungen, so daß jedem Körper die entsprechenden Glieder zukämen und Dorisches, Ionisches, Korinthisches und Toskanisches nicht länger untereinander vertauscht würden. Proportion war von übergeordneter Bedeutung und galt gleichermaßen für die Architektur wie für die Bildhauerei. Sie dient dazu, die Körper der Figuren aufrecht und gerade und mit ebenmäßigen Gliedmaßen zu bilden; ebenso verhält es sich in der Malerei. *Disegno* bedeutete das Nachbilden des Allerschönsten der Natur in allen Figuren, sowohl der gemeißelten wie der gemalten. Dafür bedarf es einer Hand und eines Geistes, die all das, was das Auge sieht, korrekt und punktgenau auf eine Fläche übertragen, seien es Zeichnungen auf Papier, Holz oder anderen Untergründen; dies gilt gleichermaßen für die Reliefwerke der Bildhauerei. Durch die Gewohnheit des ständigen Wiedergebens der allerschönsten Dinge – seien es nun Hände oder Köpfe, Körper oder Beine – entstand schließlich dieser schönste der Stile, wobei durch das Zusammenfügen all dieser schönen Teile die schönstmögliche Figur geschaffen wird, die dann in allen Werken und für jede Figur zu verwenden ist: Dies ist der Grund, warum man ihn den schönen Stil nennt.

Diese Fähigkeiten besaß Giotto noch nicht und ebensowenig die anderen Künstler der ersten Epoche, auch wenn sie die Prinzipien all dieser Schwierigkeiten entdeckt und sie an der Oberfläche berührt haben. So waren sie im *disegno* wahrer und naturgetreuer als alles, was zuvor existierte. Gleichermaßen verhielt es sich mit der Abstimmung der Farben, der Anordnung der Figuren in den *istorie*[265] und ebenso mit vielen anderen Dingen, von denen schon zur Genüge die Rede war. Doch obwohl die Vertreter der zweiten Epoche mit den oben genannten Dingen vieles zu den Künsten beitrugen, waren sie nicht ganz perfekt und verfehlten es folglich, die absolute Vollendung zu erreichen, da es ihnen noch an einer gewissen Freiheit in der Regel mangelte, die – obwohl außerhalb der Regeln stehend – doch von ihnen gelenkt wird und die bestehen kann, ohne die Ordnung durcheinanderzubringen oder zu beschädigen. Dafür bedurfte es einer Erfindungsgabe in allen Dingen und einer Schönheit, die jedes noch so kleine Detail durchdringt und diese ganze Ordnung mit noch größerer Zierde vorführen würde. In den Maßverhältnissen fehlte ihnen die rechte Urteilskraft, die es ermöglicht, den Figuren in ihrer jeweiligen Größe – ohne daß man sie hätte messen müssen – eine Grazie zu verleihen, die jedes Maß übersteigen würde. Auch im *disegno* erreichten sie nicht die höchste Perfektion, denn obwohl sie einen Arm rund und ein Bein gerade zu bilden verstanden, fehlte ihnen bei der Gestaltung der Muskeln die Kenntnis, die mit jener anmutig-zarten Leichtigkeit zwischen dem Sichtbaren und dem Unsichtbaren hervorscheint, wie dies dem menschlichen Körper und den lebenden Dingen überhaupt zu eigen ist. Statt dessen aber waren ihre Figuren unausgereift und wenig ausgebildet, daß es den Augen mißfiel und den Stil insgesamt hart und spröde machte. Ihrer Malweise fehlte jener gewisse Liebreiz, der es ermöglicht, alle Figuren agil und anmutig zu gestalten, vor allem jene von Frauen und Kindern, deren Glieder genauso naturgetreu wie die der Männer zu zeigen sind, allerdings umhüllt von jenen Rundungen und jener Weichheit, die sie nicht so plump wirken läßt wie in Wirklichkeit, sondern künstlerisch verfeinert durch *disegno* und Kennerschaft.[266] In ihren Werken fehlte noch die Fülle schöner Gewänder, die Vielfalt verschiedener Einfälle, die Anmut der Farben, der Reichtum an Gebäudetypen sowie die Tiefenwirkung und Mannigfaltigkeit der Landschaften. Und obwohl viele von ihnen, wie Andrea Verrocchio,[267] Antonio Pollaiuolo[268] und viele andere aus noch jüngerer Zeit, den Versuch machten, ihre Figuren durch Übung zu verbessern, damit sie mehr *disegno* zeigten und auf diese Weise die Nachbildung der Natur noch getreuer und genauer wäre, so erreichten sie dennoch nicht die Spitze, wenn auch mit allergrößter Sicherheit feststand, daß sie sich auf dem richtigen Weg befanden und ihre Werke neben den antiken durchaus bestehen würden (dies sah man, als Verrocchio Arme und Beine des Marsyas[269] aus dem Haus der Medici in Florenz aus Marmor wiederherstellte) [siehe Seite 112]. Obwohl auch ihnen [den Werken des zweiten Stils] der letzte Schliff und die absolute Perfektion in der Bildung der Füße und Hände, der Kopf- und Barthaare[270] fehlte, so befanden sich doch alle Glieder im Einklang und in einem stimmigen Maßverhältnis mit dem Antiken. Wenn jene Künstler über die Feinheiten der Oberflächenbehandlung verfügt hätten, die die Vollendung und die Blüte der Kunst darstellt, so besäßen auch ihre Werke jene entschlossene Kühnheit, gefolgt von Liebreiz, Glanz und höchster Anmut, die in der Kunst hinsichtlich

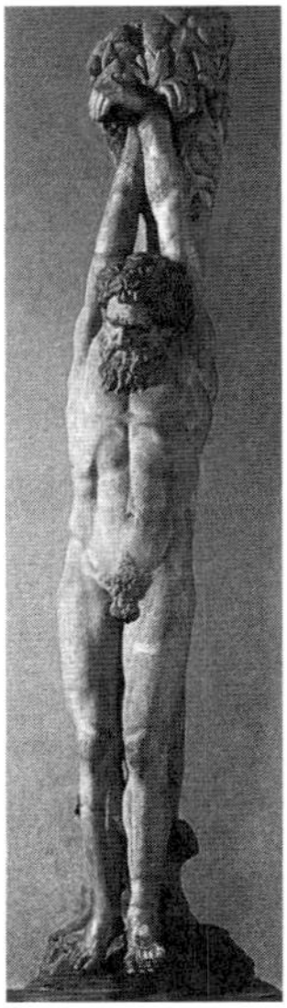

Marsyas.
Florenz, Uffizien

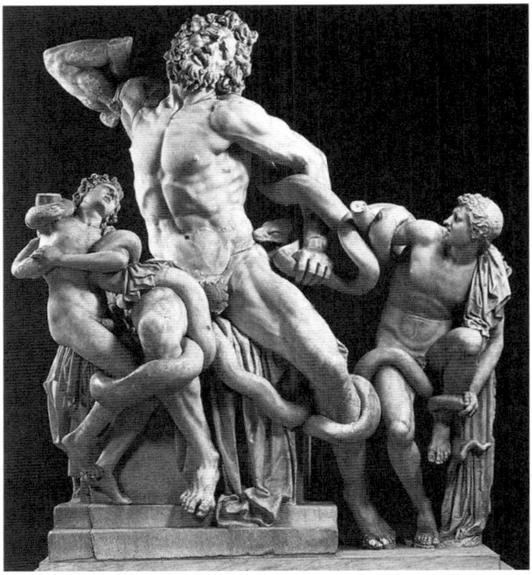

Laokoon.
Rom, Vatikanische Museen

der schönen Figuren – seien sie plastisch oder gemalt – das höchste Maß sind, ihnen aber aufgrund der immer noch sichtbaren Mühsal ihres sorgfältigen Arbeitens nicht zu eigen war. Diesen letzten Schliff und die Sicherheit, die ihnen fehlte, konnten sie nicht so schnell verwirklichen, da übermäßiges Üben den Stil spröde werden läßt, wenn die Arbeit auf diese Weise zu Ende gebracht wird. Gut erging es jenen, die ihnen nachfolgten, denn sie konnten mitansehen, wie einige der berühmtesten, von Plinius[271] beschriebenen Kunstwerke der Antike ausgegraben wurden: der Laokoon[272] [siehe oben rechts], der Herkules[273] [siehe Seite 113 links] und der große Torso von Belvedere[274] [siehe Seite 114]; ebenso die Venus[275] [siehe Seite 113 rechts], die Kleopatra[276] [siehe Seite 115], der Apollo[277] [siehe Seite 116] und unendlich viele mehr, die man nun sowohl in ihrem Liebreiz wie auch ihrer Strenge sah, mit Körpern, die den größten lebenden Schön-

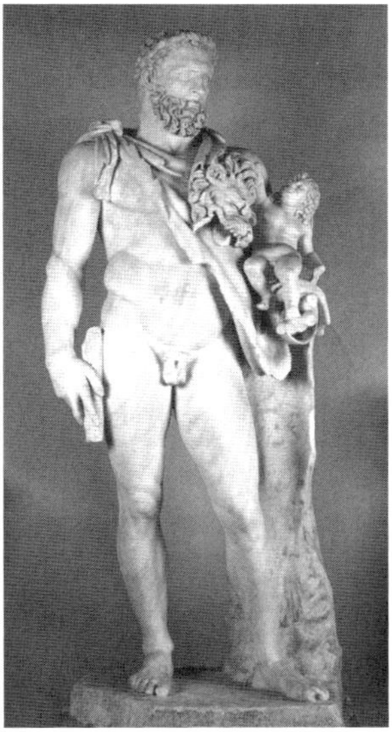

Herkules, sog. ›Kaiser Commodus‹. Rom, Vatikanische Museen

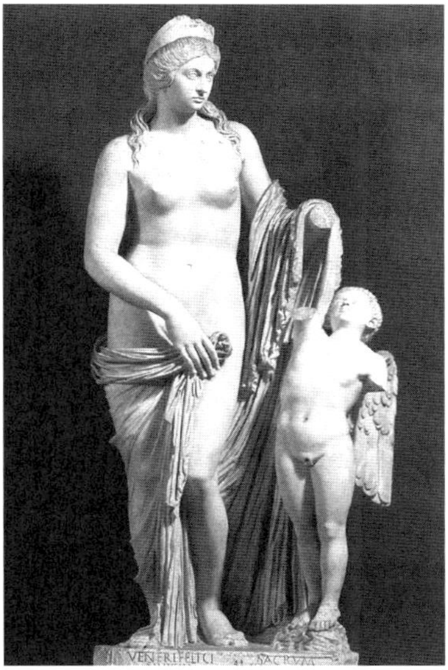

Venus Felix. Rom, Vatikanische Museen

heiten nachgebildet sind, mit Haltungen, die nicht den ganzen Körper verdrehen, sondern nur bestimmte Partien in Bewegung zeigen, und die sie in anmutigster Anmut erscheinen lassen. Diese Statuen gaben Anlaß, jenen spröden, groben und schneidenden Stil aufzugeben, wie er bedingt durch das übertriebene Studium von folgenden Malern in der Kunst hinterlassen wurde: Piero della Francesca,[278] Lazzaro Vasari,[279] Alesso Baldovinetti,[280] Andrea del Castagno,[281] Pesello,[282] Ercole Ferrarese,[283] Giovanni Bellini,[284] Cosimo Roselli,[285] dem Abt von San Clemente,[286] Domenico del Ghirlandaio,[287] Sandro Botticelli,[288] Andrea Mantegna[289] sowie von Filippo[290] und Luca Signorelli.[291] Unter Anstrengungen und Mühen versuchten diese,[292] das Unmögliche in der Kunst zu erreichen, die mit ihren extremen Verkürzungen und unerfreulichen Ansichten ebenso mühselig in der Ausführung wie unangenehm im Anblick war. Und

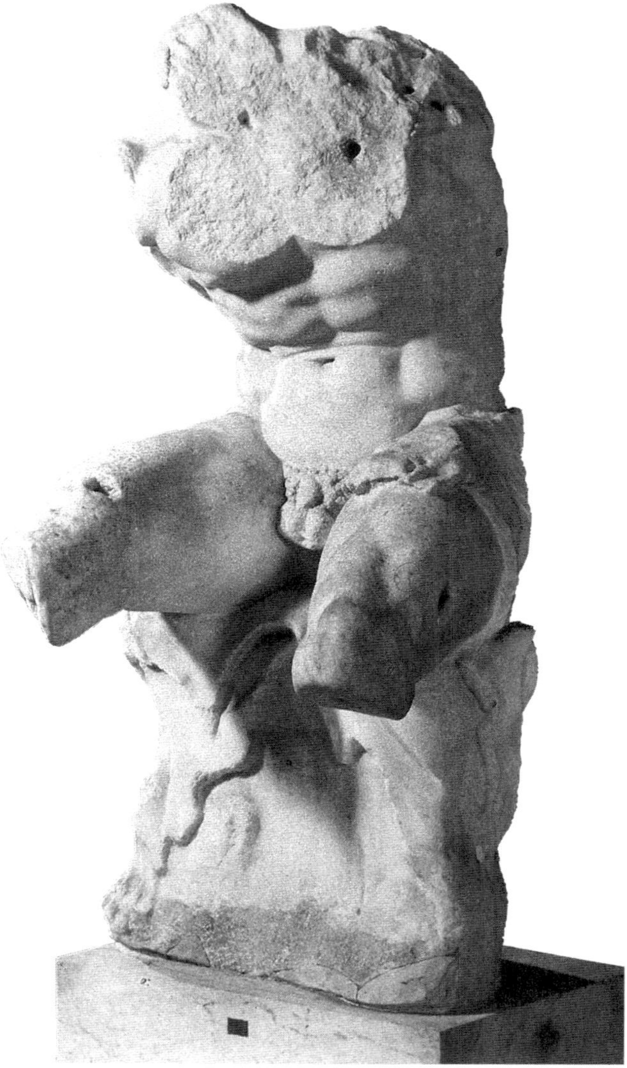

Torso del Belvedere. Rom, Vatikanische Museen

wenn auch ein großer Teil gut entworfen und ohne Fehler war, so fehlte doch eine gewisse Lebendigkeit, die man – wie auch eine harmonische Zartheit der Farben – nie bei ihnen sah und die als erste von Francia Bolognese[293] und Pietro Perugino[294] in ihren Werken vorgeführt worden sind.[295] Und wie verrückt liefen die Leute zusammen, um einen Blick auf diese neuartige, viel lebendigere Schönheit zu erhaschen, in der festen Überzeugung, daß es niemals möglich sein würde, etwas Besseres zu schaffen.

Aber ihre Fehler wurden dann ganz deutlich von den Werken Leonardo da Vincis[296] aufgezeigt, der diesem dritten Stil den Anstoß gab – den wir den modernen nennen wollen – und der über Kühnheit und Können im *disegno* und über die präzise und wirklichkeitsgetreue Wiedergabe aller Einzelheiten der Natur hinaus mit guter Regel, bester Ordnung, einwandfreier Proportion, vollendetem *disegno* und göttlicher Anmut, in überreicher Fülle und voller Kunstfertigkeit seinen Figuren wahrhaft Bewegung und Atem verlieh. Es folgte nach diesem, wenn auch etwas

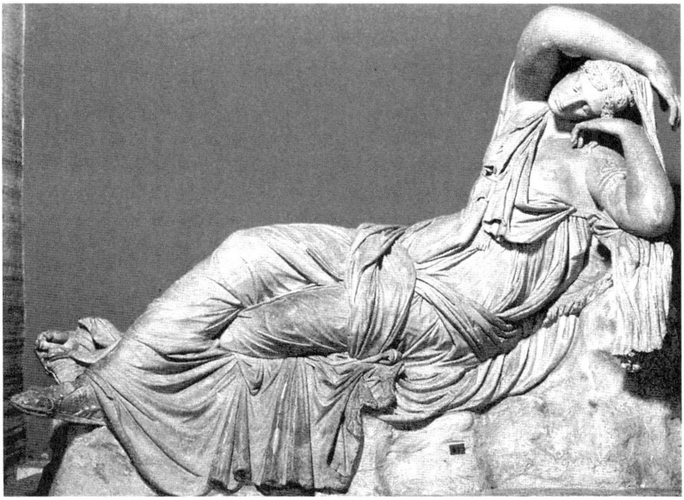

Kleopatra. Rom, Vatikanische Museen

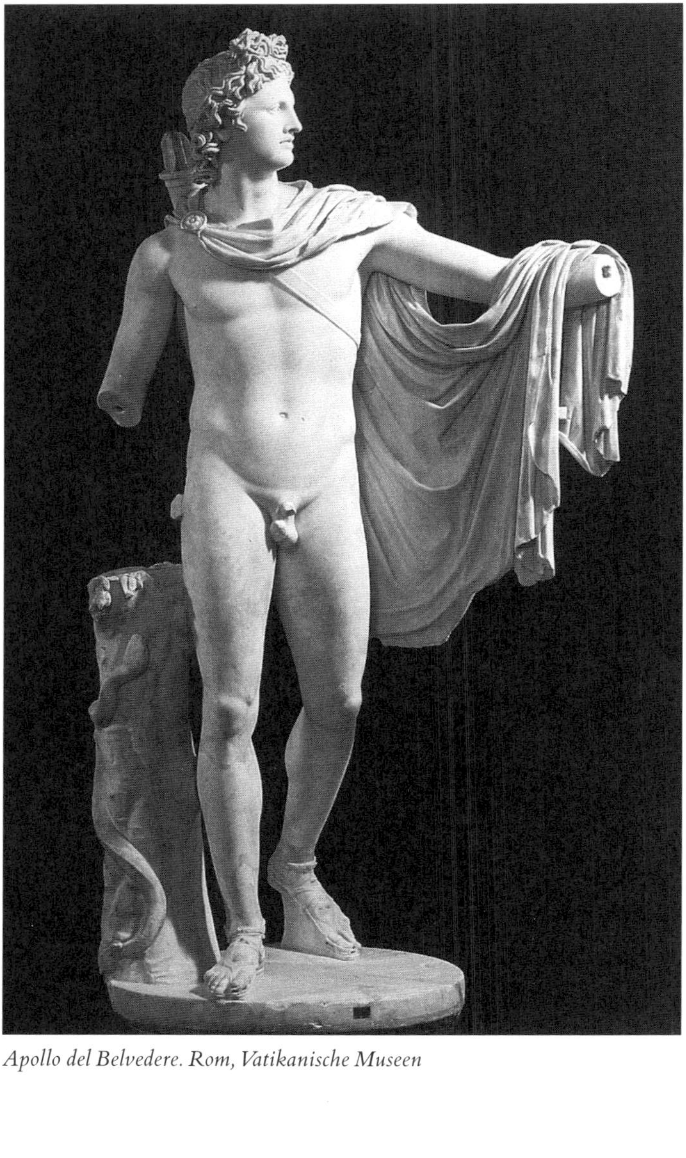

Apollo del Belvedere. Rom, Vatikanische Museen

später, Giorgione aus Castelfranco,[297] der seine Bilder mit weich ineinander übergehenden Farbtönen gestaltete und dank eines wohlbedachten Einsatzes dunkler Schatten allem eine ungeheure Bewegung gab.[298] Nicht weniger als dieser gestaltete Fra Bartolomeo von San Marco[299] seine Bilder mit Ausdruckskraft und Plastizität sowie Zartheit und Anmut in den Farben. Aber noch mehr als jeder andere vermochte dies der überaus anmutige Raffael aus Urbino,[300] der die Bemühungen sowohl der alten Meister wie der modernen studierte und von allen nur das Beste übernahm; all dies zusammenführend, bereicherte er die Kunst der Malerei um jene vollendete Perfektion, die in früheren Zeiten die Figuren des Apelles[301] und des Zeuxis[302] auszeichnete und noch um einiges mehr, wenn dies überhaupt gesagt werden kann oder es möglich wäre, ihre Werke zum Vergleich zu zeigen. Sogar die Natur wurde von seinen Farben besiegt und seine Erfindungsgabe war so ungezwungen und originell, wie wohl jeder urteilen wird, der seine gemalten *istorie* sieht. Sie gleichen Geschriebenem in der Art und Weise wie sie uns, ganz wie er es wünschte, dieselben Orte und Bauten, das Aussehen und die Kleidung unseres Volkes und derjenigen der Fremden vorführen.[303] Außer dem Geschenk der Anmut, die seine jungen, alten und weiblichen Köpfe auszeichnen, behielt er den Bescheidenen die Bescheidenheit und den Lüsternen die Lüsternheit vor; Kinder zeigte er hier mit schelmischem Blick, da mit spielerischem Gebaren. Dies gilt auch für seine Stoffe, deren Faltenwurf weder zu schlicht noch zu wirr ist, sondern so, daß sie real erscheinen. In diesem, allerdings weniger kühnen Stil folgte ihm Andrea del Sarto,[304] wenngleich mit einem noch zarteren Kolorit; er war, wie man wohl sagen kann, außergewöhnlich, weil seine Werke ohne jeden Fehler sind.[305] Gleichermaßen ist es nicht möglich, die unendlich anmutige Lebendigkeit zu beschreiben, die Antonio aus Correggio[306] seinen Werken verlieh. So malte er Haare auf eine Weise, die nichts mit jener seiner Vorgänger gemein hatte, die mühsam, schneidend und spröde wirkte. Seine hingegen waren von einer flaumigen Weichheit, die die einzelnen, mit Leichtigkeit ausgeführten

Strähnen wie aus Gold und schöner als echtes Haar erscheinen ließ, so daß dieses von den gemalten Haaren übertroffen wurde. Ähnliches schuf Francesco Mazzola aus Parma,[307] der in vielerlei Hinsicht – so in Anmut, Ausschmückung und schönem Stil – über Correggio hinausging. Dies sieht man in vielen seiner Bilder, die lachende Gesichter mit ungemein lebendig blickenden Augen zeigen und ebenso das Schlagen des Pulses erahnen lassen, ganz wie es seinem Pinsel gefiel. Wer aber die Fassadenmalereien Polidoros[308] und Maturinos[309] betrachtet, wird Figuren in Posen erblicken, die nicht einmal dem Unmöglichen möglich erscheinen, und voll Staunen darüber sein, wie man statt mit Worten – was einfach ist – mit dem Pinsel die ungeheuerlichsten Einfälle zum Ausdruck bringen kann. Diese zeigen, von ihnen mit großer Erfahrung und Geschicklichkeit ins Bild gesetzt, die Taten der Römer, wie sie sich wirklich zugetragen haben.[310] Und wie viele gab es – die nun verstorben sind –, die ihre Figuren durch Farbe zum Leben erweckten (wie Rosso Fiorentino,[311] Fra Sebastiano,[312] Giulio Romano[313] oder Perin del Vaga[314])? Denn von den Lebenden, die ohnehin schon überaus berühmt sind, soll hier nicht gesprochen werden. Was jedoch diese Kunst in ihrer Gesamtheit betrifft, ist der Umstand, daß man sie heute zu solcher Vollendung gebracht hat und sie für diejenigen, welche *disegno*, Erfindungskraft und Farbgefühl besitzen, leicht zu vollbringen ist, so daß dort, wo früher von unseren Meistern eine Tafel in sechs Jahren gefertigt wurde, heutzutage sechs in einem Jahr gestaltet werden können: Dies kann ich durch eigene Anschauung und Erfahrung zweifelsfrei bezeugen.[315] Und überdies sieht man Werke von größerer Vollendung und Perfektion als jene, die die früheren Meister von Rang hervorgebracht haben.[316]

Unter den Toten und Lebenden aber gebührt die [Sieges-] Palme dem göttlichen Michelangelo Buonarroti,[317] der alle eingeholt hat und übertrifft, so daß er nicht nur in einer dieser Künste die Vorrangstellung innehat, sondern in allen dreien gleichzeitig. Er überflügelt und besiegt nicht nur all jene, denen es gelungen war, die Natur annähernd zu bezwingen, sondern selbst jene unvergleichlich berühmten Künstler der Antike, die selbige zweifellos und auf so lobenswerte Weise übertrafen. Und so einzigartig ist er in seinem Triumph über jene [Künstler der Antike], über diese [Künstler der zweiten Epoche] und über sie [die Natur], daß es nicht einmal letzterer gelang, etwas ebenso Ausgefallenes und Diffiziles zu ersinnen, was er dank des Verdienstes seiner göttlichen Schaffenskraft und mittels Fleiß, *disegno* und Kunstfertigkeit sowie durch Urteilskraft und Anmut nicht bei weitem hätte überschreiten können. Und dies gilt nicht nur für die Malerei und die Farben – wobei diese Gattung sowohl alle Formen und Körper, die geraden und die ungeraden, ertastbare sowie untastbare, sichtbare und unsichtbare umfaßt –, sondern auch für die ausgesprochen rundplastische Bildung seiner Körper und den Hieb seines Meißels. Dank der Anstrengungen dieser so schönen und fruchtbaren Pflanze sind ihr bereits einige hochangesehene Abkömmlinge entsprungen, die abgesehen davon, daß sie die Welt in so ungewöhnlicher Form mit wohlschmeckendsten Früchten erfüllt haben, die drei edelsten Künste mit so bewundernswerter Perfektion zum Höhepunkt getragen haben, daß man wohl mit Sicherheit sagen kann, seine Statuen seien selbst in jedem noch so beliebigen Detail wesentlich schöner als die antiken. Vergleicht man die von ihm gebildeten Köpfe, Hände, Arme und Füße mit denen eines anderen, so erkennt man in jenen Michelangelos eine festere Grundlage [gemeint ist ›Erfahrung‹], eine Anmut, wie sie anmutiger nicht sein könnte, und eine mehr als vollkommene Perfektion, die in seiner Malweise mit einer gewissen, aber doch leicht wirkenden Schwierigkeit ausgeführt ist, daß es einen Besseren als ihn unmöglich geben kann. Gleiches ließe sich von seinen gemalten Werken sagen, die, wenn durch Zufall jene berühmtesten griechischen oder römischen Beispiele erhalten wären, um sie Seite an Seite miteinander zu vergleichen, auf dieselbe Weise in höherem Ansehen stünden und tiefer verehrt werden würden, wie schon seine Skulpturen sämtlichen der Antike überlegen scheinen.

Aber wenn wir jene Berühmtesten, die ihre Werke zum Leben erweckten und die mit Preisen und Glück überhäuft wurden, so sehr bewundern, um wie vieles mehr sollten wir jene außergewöhnlichen Talente feiern und in den Himmel heben, die nicht nur ohne Lohn, sondern in elendster Armut solch kostbare Früchte hervorbringen? Wenn in unserem Jahrhundert eine angemessene Entlohnung stattgefunden hätte, so darf man glauben und versichert sein, daß ohne Zweifel Größeres und weitaus Besseres geschaffen worden wäre, als man es in der Antike jemals vermocht hatte. Aber die Notwendigkeit, mehr gegen den Hunger als um den Ruhm zu kämpfen, läßt die beklagenswerten Talente in Vergessenheit geraten, anstatt sie bekannt zu machen (Schuld und Schande über jene, die sie emporbringen könnten, sich jedoch nicht darum kümmern!).[318] Und soweit sei es genug zu diesem Thema, ist es doch nun an der Zeit, zu den Viten zurückzukehren, in denen alle jene gesondert besprochen werden sollen, die rühmenswerte Werke in jenem dritten Stil geschaffen haben. Den Anfang darin machte Leonardo da Vinci, mit dem wir nun gleich beginnen wollen.

Ende der Vorrede

Anmerkungen

[1] Das *Proemio* zum dritten Teil ist bereits im Georg Olms Verlag erschienen (Nova/Feser/Lorini 2001, S. 30–44) und wurde für diesen Band leicht überarbeitet.

[2] Der Wortlaut der Widmung ist neben der Druckausgabe durch einen Brief belegt, den Vincenzo Borghini an Vasari schrieb. Deshalb ist davon auszugehen, daß Borghini die stilistische Form der Widmungen wie auch des Schlußworts an die Künstler des *disegno* maßgeblich prägte.

Bibl.: Vasari, Ed. Frey.

[3] Ippolito de' Medici (* 1511 Urbino – † 1535 Itri) war der illegitime Sohn von Giuliano de' Medici, dem Herzog von Nemours, den die Medici-Päpste Leo X. und Clemens VII. in jungen Jahren als mögliches künftiges Familienoberhaupt zusammen mit Alessandro de' Medici von Silvio Passerini erziehen ließen. Vasari lebte einige Zeit in seinem römischen Palast.

[4] Alessandro de' Medici (* 1510 Florenz – † 1537 ebenda) galt offiziell als Sohn von Lorenzo II. de' Medici, war aber ein illegitimer Sprößling von Papst Clemens VII. (Giulio de' Medici). Nach dem Sturz der Florentiner Republik im Jahr 1524 war er zusammen mit Ippolito de' Medici Regent von Florenz. Nach der erneuten Vertreibung der Medici (1527) kehrte er 1530 mit päpstlicher und kaiserlicher Hilfe wieder nach Florenz zurück, wo er seit 1532 den Titel ›Herzog der Toskana‹ führte. 1536 wurde Alessandro mit der unehelichen Tochter Kaiser Karls V., Margarethe von Österreich, verheiratet, und 1537 auf Anstiftung seines Verwandten Lorenzino ermordet. Vasari war Hofmaler von Alessandro de' Medici.

[5] Ottaviano de' Medici (* 1482 Florenz – † 1546 ebenda) gehörte einem Seitenzweig der Medici an. Bereits in jungen Jahren begann er im Bewußtsein der familiären Tradition mit dem Sammeln von Gemälden, soweit dies die bescheidenen Einkünfte seiner bei der Wollweberzunft registrierten Werkstatt zuließen, die er bis 1518 zusammen mit seinen Brüdern betrieb. Als Kardinal Giulio de' Medici nach dem Tod Lorenzos 1519 die Statthalterschaft von Florenz übernahm, wurde Ottaviano in den Kreis seiner engsten Vertrauten aufgenommen. Ab diesem Zeitpunkt oblag ihm die Aufgabe der Verwaltung und Betreuung aller wichtigen künstlerischen Aufträge der Medici. Als Mitglied der Florentiner Regierung und Vormund der beiden Medici-Knaben Ippolito und Ales-

sandro wurde er nach der Rückkehr der Medici ab 1531 zum vertrauten Ratgeber Herzog Alessandros. Nach dessen Ermordung 1537 übernahm er unter der Regierung seines Neffen Cosimo eine ähnliche Rolle, zu dessen Gunsten er laut Varchi die ihm selbst angebotene Herzogwürde ablehnte. Von vielen Künstlern und Poeten (beispielsweise Pietro Aretino) aufgrund seiner generösen Unterstützung geschätzt, war auch Vasari ihm zutiefst verbunden. Seit frühester Jugend wurde er von Ottaviano protektiert, zeitweise lebte und malte er in dessen Haus.

6 Daß die Viten mit der »Feder eines Zeichners« und nicht mit der »Feders eines Schriftstellers« geschrieben wurden, hebt Vasari ausdrücklich hervor und unterstreicht somit seine Absicht, als schreibender Maler und nicht als malender Schriftsteller angesehen zu werden. Möglicherweise dachte er auch daran, daß das Schreiben einer Biographie von Giovio mit dem Malen eines Porträts verglichen wurde (siehe Giovio, Ed. Maffei, S. 336–340).

7 Giovanni Maria del Monte (* 1487 Rom – † 1555 ebenda), späterer Papst Julius III. (1550–1555), war ein wichtiger Förderer des Aretiners. Die Erwähnung des neuen Papstes, die für eine Widmung eher unüblich ist, erklärt sich dadurch, daß Cosimo de' Medici an der Papstwahl des Kardinals del Monte erheblichen Anteil hatte. Zudem hielt sich Vasari zum Zeitpunkt des Abschlusses der Viten in Rom auf und erhoffte sich Aufträge vom frisch gekürten Stellvertreter Petri.

Bibl.: Nova 1988.

8 In dieser wichtigen Bemerkung eröffnet Vasari die Aussicht auf eine mögliche vierte Epoche der Kunst, die den drei von ihm im Buch beschriebenen folgen würde und in der er unter die besten Künstler gezählt zu werden anstrebe. Die Geschichte der Kunst als Abfolge von drei Epochen, denen sich eine vierte anschließen kann, beruht auf antiken Modellen. Lucius Annaeus Florus' *De gestis Romanorum* erschien 1546 in einer italienischen Übersetzung. Darin wird nach den drei großen Epochen Roms eine vierte Epoche ins Auge gefaßt, in der unter Trajan im Alter noch eine neue Blüte erfolgte.

Bibl.: Panofsky 1998 (1930); Burzer/Davis/Feser/Nova 2010.

9 Für die zweite Ausgabe seiner Viten verfaßte Vasari diese neue Widmung. Offensichtlich sah er durch diese zweite Widmung die Aussagekraft der ersten Zueignung nicht berührt und stellte beide Dedikationen der Neuausgabe seines Buches voran.

10 Vasari verweist hier auf die erste Ausgabe der Viten, die 1550 bei Lorenzo Torrentino erschienen war. Die früheste Nachricht, daß Vasari eine zweite Ausgabe seiner Viten plante, datiert auf das Jahr 1557.

Bibl.: Williams 1985.

[11] Die zweite Ausgabe schließt auch einige Viten noch lebender Künstler ein, die Vasari jedoch nicht als »Leben des« tituliert, sondern als »Beschreibung der Werke und des Lebens von« überschreibt, um sie von den tatsächlichen Lebensläufen zu unterscheiden.

[12] Eine große Neuerung der zweiten Ausgabe sind die Künstlerporträts, die jeder Vita hinzugefügt wurden und eine Tradition bis ins 19. Jahrhundert begründeten. Leider ist der Stecher dieser Porträts nicht sicher identifiziert. Wir wissen nur, daß die Porträts in Venedig gestochen und vermutlich von Cosimo Bartoli beaufsichtigt wurden. Es gibt auch einen sehr seltenen Sonderdruck der Viten, der lediglich die Porträts umfasst, wobei einige Fehler der zweiten Ausgabe korrigiert sind.

Bibl.: Burioni 2008, S. 57–61.

[13] Hier meint Vasari Lorenzo Ghibertis *Commentarii*, von denen sein Freund Cosimo Bartoli eine Abschrift besaß.

[14] Auf welche Unterlagen Vasari hier anspielt, ist schwer zu ermitteln. Vermutlich meint er kein literarisches Werk, sondern Werkstattunterlagen, die er durch die Vermittlung des Vittorio Ghiberti einsehen konnte.

[15] Mit den Schriften Raffaels ist wohl der berühmte *Brief an Leo X.* gemeint, den Vasari tatsächlich in der Einleitung zum Gesamtwerk verwendete (siehe Kommentar der Einleitung).

[16] Das Nachwort nannte sich in der ersten Ausgabe noch »Abschlußwort an die Künstler und Leser« und folgte auf die Biographie Michelangelos. In der zweiten Ausgabe stellte Vasari seine eigene Biographie an das Ende des Werkes (siehe Vasari, *Mein Leben*). Dieses neue Nachwort folgt direkt auf die »Beschreibung der Werke des Giorgio Vasari«. Wenn man es recht betrachtet, ist dieses Nachwort sogar Teil der Selbstbiographie, da sich die wiederkehrende Formel »Ende des Lebens von Giorgio Vasari aus Arezzo« erst nach dem Nachwort findet. Somit dient dieses Nachwort in der zweiten Ausgabe auch dazu, die finale Stellung der Biographie des Verfassers zu rechtfertigen und diese als Selbstaussage des Autors kenntlich zu machen.

[17] Interessant ist hier, daß Vasari eine mögliche Fortsetzung seines Werkes ins Auge faßt. Kunsthistoriographen des 17. Jahrhunderts wie Giovan Pietro Bellori haben tatsächlich eine solche Fortschreibung Vasaris beabsichtigt, die oftmals auch kritisch mit dem großen Vorbild umgeht.

[18] Vasari spricht hier die Abhandlung von Giovanni Battista Adriani über die antiken Künstler an, die der zweiten Ausgabe der Viten hinzugefügt wurde.

[19] Zum *paragone* siehe Mendelsohn-Martone 1998 (1978), S. 12–57; Farago 1992, S. 3–28 u. 32–46; Barocchi 2001 (1970); Pfisterer 2003; Nova 2003.

[20] Siehe Baldassare Castiglione: *Il libro del cortegiano*, I, 49–52.
[21] Vasari erwähnt in der Leonardo-Vita den Erben des Künstlers Francesco Melzi (* 1491/93 Mailand – † um 1570 Vaprio d'Adda), den er auf seiner Norditalienreise 1566 getroffen hatte, und einen Mailänder Maler, der meist mit Aurelio Luini (* um 1530 Mailand – † 1593 ebenda) identifiziert wird (Nova/Feser/Lorini 2001, S. 79 und S. 103). Es könnte sich aber auch um Giovann Paolo Lomazzo (* 1538 Mailand – † 1600) gehandelt haben. Dazu auch Bora 1991; Farago 1992, S. 3–28 und 32–46; Leonardo, Ed. Pedretti, S. 55.
[22] Dazu siehe Ketelsen 1988; Didi-Huberman 2000b (1990), S. 61–92.
[23] Unsere Vorstellung von der ›italienischen Kunst‹ hat Vasari wesentlich geprägt und geformt. In den *Vite* geschieht dies in Form einer durchgehenden Polemik gegen die »maniera tedesca«, den »deutschen Stil«, und die »maniera greca«, den »byzantinischen Stil«, zum Beispiel wenn er von den Goten sagt, sie hätten »mit diesen entsetzlichen Bauwerken ganz Italien überschwemmt« (Vasari, *Einführung in die Künste*, S. 64) oder wenn er in der Vita Pontormos schreibt, daß »[Pontormo] von dem unglücklichen Umstand dieses deutschen Stils so geschädigt wurde, daß man in all diesen Werken, so schön sie auch sein mögen, fast nichts von jener Qualität und Anmut erkennen kann, mit denen er bis dahin alle seine Figuren gestaltete« (Vasari, *Pontormo*, S. 37). Die Gründe für diese Polemik sind im Einzelfall durchaus vielschichtig, insgesamt aber stiftet Vasari die Grundlage für die Vorstellung einer zusammenhängenden, eigenständigen, quasi-nationalen ›italienischen Kunst‹ von Cimabue bis Michelangelo. Neben den Schriften von Dante, Giovanni Villani und Lorenzo Ghiberti sind die Anfänge dieses Selbstverständnisses auch in Cimabues Stadtansicht von Rom in der Oberkirche von San Francesco in Assisi zu fassen (ca. 1280–83), die sich durch eine Inschrift als »YTALIA« zu erkennen gibt.

Bibl.: Previtali 1987 (1979); Frugoni 2003.

[24] Das Andenken der Künstler der »Gefräßigkeit der Zeit« zu entreißen und ihnen somit den »zweiten Tod« zu ersparen, ist das Grundmotiv der *Vite* Vasaris. Die Rede vom »zweiten Tod« könnte dabei über Dantes *Göttliche Komödie* vermittelt sein: »Dort wirst du hören der Verzweiflung Schreie / Der Vorwelt Geister schauen, die jammernd flehen / Daß sie ein zweiter Tod von Schmerz befreie« (Dante, *Inferno*, I, 117). Entsprechend sind für Vasari Künstler, die nicht nach Ruhm streben, schon vor ihrem Tod für die Kunst gestorben: »Im Juni des Jahres 1547 wurde er [Sebastiano del Piombo] in der Kirche Santa Maria del Popolo beigesetzt. Sein Tod bedeutete keinen großen Verlust für die Kunst, da man ihn schon seit seiner Ernennung zum Siegelverwahrer zu den Ver-

lorengegangenen zählen konnte. Wohl aber schmerzte sein Tod viele Freunde und auch Künstler wegen des Verlusts seiner angenehmen Gesellschaft« (siehe Vasari, *Sebastiano del Piombo*, S. 32–33).

Bibl.: Kliemann 1985; Ketelsen 1990, S. 11–100; Didi-Huberman 2000b (1990), S. 61–92.

[25] Vasaris umfassende Recherchetätigkeit beschreibt er auch im Nachwort: »[...] unter großen Anstrengungen, Ausgaben und Mühen forschte ich zehn Jahre lang sorgfältig in ganz Italien nach der Lebensart, den Gräbern und den Werken der Künstler, von denen ich die Leben beschrieben habe, dabei begegnete ich solchen Schwierigkeiten, daß ich mehrmals aus Verzweiflung alles hätte fahren lassen, wenn mich nicht die treue und tatkräftige Hilfe der guten Freunde ermutigt und bestärkt hätte, entschlossen fortzuschreiten« (siehe Seite 31). Ein Beispiel für die »Berichte vieler alter Männer und ihrer Memoiren und Schriften [...], die ihre Erben dem Staub und den Würmern preisgegeben hatten« kann in der Lehrzeit Vasaris bei Vittorio Ghiberti im Jahr 1529 gesehen werden, wo er Gelegenheit hatte, eine der traditionsreichsten Künstlerwerkstätten von Florenz kennenzulernen. Seine Recherchetätigkeit umfaßte neben der kaum belegbaren mündlichen Tradition ausgedehnte Reisen sowie das Sammeln von Zeichnungen und Porträts. Von entscheidender Bedeutung für das Zusammentragen der Informationen, seine stilistisch literarische Schulung und ganz besonders für die Durchsicht und Korrektur der Druckfassung der *Vite* waren seine Freunde Paolo Giovio, Pietro Aretino, Cosimo Bartoli, Vincenzo Borghini, Pier Francesco Giambullari und Carlo Lenzoni, mit denen er in regem Briefverkehr stand.

Bibl.: Kallab 1908; Gombrich 1960; Alpers 1995 (1960); Waźbiński 1976; Kliemann 1991; Rubin 1995, S. 94–95, 106–148; Hope 1995; Scapecchi 1998; Frangenberg 2003.

[26] Cenni di Pepi, genannt Giovanni Cimabue (dokumentiert 1272–1303)

[27] Das Fehlen der antiken Künstler in den *Vite* verweist auf ein zentrales Charakteristikum von Vasaris Unterfangen. Seine Geschichte gründet in der Anschauung der Werke und soll deswegen auch an den Werken selbst überprüfbar sein, weswegen er fast immer den momentanen Aufstellungsort der Werke angibt. Da die antiken Werke fast alle verschollen sind, kann man an ihnen keine Stilkritik üben. Die antike Kunst ist für Vasari somit das Aufgabenfeld einer antiquarischen Gelehrsamkeit. Es ist insofern bezeichnend, daß er eine umfassende Darstellung der antiken Kunst nach den antiken Quellen für die zweite Ausgabe an einen seiner Freunde, Giovambattista Adriani, delegierte (siehe *Lettera di Giovambattista Adriani*, in: Bettarini/Barocchi, *Vite*, Bd. I, S. 177–228).

[28] Diese Passage ist bemerkenswert, da Vasari hier die Grundanliegen seines Werks zusammenfaßt, nämlich die »Geheimnisse der Künste« und die »Geschichte der Künstler« zu behandeln. Die »Geheimnisse der Künste« stellt er in den technischen Einleitungen dar (Vasari, *Einführung in die Künste*); die Formulierung »Geschichte der Künstler« verweist bereits darauf, daß Vasaris Lebensbeschreibungen in ein das Gesamtwerk überspannendes, historisch kritisches Konzept eingebunden sind.

[29] Mit dem »Streit« meint Vasari den *paragone* genannten Rangstreit zwischen Malerei und Skulptur, der im 16. Jahrhundert zu einer ausufernden Debatte wurde. Wie schon in seinem Antwortbrief (*Lettere di Artisti a Benedetto Varchi, Lettera del Vasari,* in: Barocchi, *Scritti*, Bd. I, S. 493–499) auf die Künstlerumfrage, greift er Varchis Argumente für einen höheren Rang der Skulptur an und versucht, die beiden Künste auf ein gemeinsames Prinzip zurückzuführen, den *disegno*, wodurch die Malerei eine herausgehobene Position erhält.

[30] Iacopo Pontormo hatte in seinem Brief an Benedetto Varchi die körperlichen Anstrengungen des Bildhauers gegen die geistigen Anstrengungen des Malers abgesetzt: »[In der Bildhauerei] gibt es unterschiedliche Arbeitsweisen: in Holz, in Marmor [...], und alle diese verlangen eine große Anstrengung und einen starken körperlichen Einsatz, der zwar nicht gering ist, aber den Menschen gesund hält [und] ihm eine bessere Konstitution angedeihen läßt, wogegen es beim Maler ganz anders ist, der durch seine künstlerische Anstrengung, die eher den Geist quält, als das Leben zu verlängern, körperlich schwach wird.« (*Lettere di Artisti a Benedetto Varchi, Lettera del Pontormo,* in: Barocchi, *Scritti*, Bd. I, S. 505). Die »geistigen Mühen« des Malers werden bereits in einer Passage des *Codex urbinas*, einer Kompilation nach Leonardos Manuskripten, ausführlich hervorgehoben (Leonardo, *Trattato*, § 36, Ed. Ludwig, Bd. I, S. 75); schon Alberti hatte diese Auffassung vertreten (Alberti, *De pictura*, II, 26–27, Ed. Bätschmann, S. 237 u. 243). In Vasaris Darstellung wird das Argument der körperlichen Anstrengungen der Bildhauer in der Folge durch die Argumente der Maler widerlegt. Varchi hatte dagegen die körperlichen und geistigen Mühen des Bildhauers über die des Malers gestellt, wobei er ein misogynes Argument gegen die Malerei von Francesco da Sangallo übernimmt (*Lettere di Artisti a Benedetto Varchi, Lettera di Francesco Sangallo,* in: Barocchi, *Scritti*, Bd. I, S. 516–517), wonach ein Beweis für die Schwierigkeit der Bildhauerei darin liege, daß es viele weibliche Maler, aber kaum weibliche Bildhauer gebe (Varchi, *Lezzione della maggioranza delle arti*, in: Barocchi, *Scritti*, Bd. I, S. 532).

[31] Die Auffassung, daß Gott bei der Erschaffung des Menschen als

Bildhauer agiert habe, verwendet Varchi in seinem *paragone* als Argument für die Bildhauerei (Varchi, *Lezzione della maggioranza delle arti*, in: Barocchi, *Scritti*, Bd. I, S. 539–540).

[32] Gegenüber der Aufzählung der der jeweiligen Kunst zugehörigen Techniken und Verfahren bei Varchi (Varchi, *Lezzione della maggioranza delle arti*, in: Barocchi, *Scritti*, Bd. I, S. 540–541) und Pontormo (*Lettere di Artisti a Benedetto Varchi, Lettera del Pontormo, Februar 1547*, in: Barocchi, *Scritti*, Bd. I, S. 505–506) ist Vasaris Liste ausführlicher. Eine systematische Zuordnung der künstlerischen Techniken und Verfahren zu den drei Künsten der Malerei, Skulptur und Architektur nimmt Vasari in den technischen Einleitungen vor (Vasari, *Einführung in die Künste*).

[33] Unter dem Gesichtspunkt, daß die Kunstwerke der Erhaltung und Verbreitung der *fama*, des Ruhmes der Dargestellten, dienen, war der Ewigkeitswert des Materials ein wichtiges Kriterium in der *paragone*-Debatte. Ähnlich wie bereits Varchi hält Vasari das Argument des Ewigkeitswerts für nicht schlagend, da es nur der Materie geschuldet sei und es zudem, wie Vasari später darlegt, auch dauerhafte Formen der Malerei gibt (Varchi, *Lezzione della maggioranza delle arti*, in: Barocchi, *Scritti*, Bd. I, S. 532). Eine ähnliche Argumentation findet sich bei Leonardo (Leonardo, *Trattato*, §37, Ed. Ludwig, Bd. I, S. 79), Castiglione (Castiglione, *Il libro del cortegiano*, I, 50, in: Barocchi, *Scritti*, Bd. I, S. 489) und Pontormo (*Lettere di Artisti a Benedetto Varchi, Lettera del Pontormo*, in: Barocchi, *Scritti*, Bd. I, S. 506).

[34] Vasari meint hier wohl Lucullus, von dem Plinius berichtet, daß er eine Statue für eine Million Sesterzen in Auftrag gab (Plinius, *Naturalis historiae*, XXXV, 156).

[35] Vasari spielt auf die Geschichte von Pygmalion (Ovid, *Metamorphosen*, X, 243–297) und auf die Anekdoten von Plinius über die Statue der Venus und den Cupido des Praxiteles (Plinius, *Naturalis historiae*, XXXVI, 21–22) an, die bereits bei Varchi angeführt werden (Varchi, *Lezzione della maggioranza delle arti*, in: Barocchi, *Scritti*, Bd. I, S. 538– 539).

[36] Die Geschichte eines Künstlers, der in Rom Statuen der Skulptur aus Gold und der Malerei aus Silber schuf, wird von Varchi (Varchi, *Lezzione della maggioranza delle arti*, in: Barocchi, *Scritti*, Bd. I, S. 532) und Tribolo angeführt (*Lettere di Artisti a Benedetto Varchi, Lettera del Tribolo*, in: Barocchi, *Scritti*, Bd. I, S. 519); sie konnte nicht auf eine antike Quelle zurückgeführt werden.

[37] Die Schwierigkeiten der Beschaffung und Bearbeitung des Marmors hatte Francesco da Sangallo als Argument für die Bildhauerei herausgestellt (*Lettere di Artisti a Benedetto Varchi, Lettera di Francesco Sangallo,* in: Barocchi, *Scritti*, Bd. I, S. 512–514).

[38] Die Anstrengungen, die die Bildhauerei erfordert, machen sie für Varchi zu einer künstlerischen Tätigkeit, der man sich voll und ganz widmen muß, während die Malerei auch von Dilettanten ausgeübt werden könne (Varchi, *Lezzione della maggioranza delle arti*, in: Barocchi, *Scritti*, Bd. I, S. 532 u. 537–538).

[39] Das Urteil über die größere Wirklichkeitsnähe der Skulptur gegenüber der Malerei verbindet sich bei Varchi mit einer Aufwertung des Tastsinns gegenüber dem Augensinn (Varchi, *Lezzione della maggioranza delle arti*, in: Barocchi, *Scritti*, Bd. I, S. 533), wobei er sich an dieser Stelle auf Lukrez beruft (Lukrez, *De rerum natura*, II, 434). Die Vielansichtigkeit der Skulptur wurde besonders von Benvenuto Cellini ins Feld geführt (*Lettere di Artisti a Benedetto Varchi, Lettera del Cellini*, in: Barocchi, *Scritti*, Bd. I, S. 519–520). Den Argumenten Leonardos im *Codex urbinas* ließ sich dagegen entnehmen, daß die Vielansichtigkeit lediglich dem Material geschuldet sei und sich im Grunde auf eine Vorder- und Rückansicht zurückführen lasse (Leonardo, *Trattato*, § 37, Ed. Ludwig, Bd. I, S. 81). Als gemalte Polemik gegen das Argument der Bildhauer und als visuelle Demonstration des Arguments Leonardos schuf Agnolo Bronzino eine beidseitig bemalte Leinwand mit der Darstellung des *Zwergs Morgante* in Vorder- und Rückansicht (Öl auf Leinwand, 100 x 150 cm, Florenz, Uffizien).

Bibl.: Holderbaum 1956; Larsson 1964, S. 17–23; Zeuch 2000.

[40] Tribolo hatte diese Meinung in seinem Brief an Varchi vertreten: »Und wollte ich [eine Personifikation der] Lüge darstellen, würde ich für meinen Teil einen Maler zeigen« (*Lettere di Artisti a Benedetto Varchi, Lettera del Tribolo*, in: Barocchi, *Scritti*, Bd. I, S. 518–519).

[41] Die Vorstellung von den potentiellen, im Marmor schlummernden Formen, die der Bildhauer aus dem Gesteinsblock hervorzubringen hat, entwickelt Michelangelo in seinem berühmten Sonnett »Non ha l'ottimo artista alcun concetto«, das vor allem in den Schriften von Benedetto Varchi und Benvenuto Cellini kommentiert und ausgelegt wurde.

Bibl.: Mendelsohn-Martone 1998 (1978), S. 229–238; Summers 1981, S. 97–102 u. 203–233.

[42] Die Unmöglichkeit einer Korrektur wurde von den Bildhauern stets als Argument für die Schwierigkeit ihrer Tätigkeit angeführt, so von Francesco da Sangallo (*Lettere di Artisti a Benedetto Varchi, Lettera di Francesco Sangallo*, in: Barocchi, *Scritti*, Bd. I, S. 514). Vasari hebt zum Ende dieser Passage durch den Vergleich mit der Lanze des Achilles (Ovid, *Metamorphosen*, XII, 172–173) die Vorteile des Pinsels gegenüber dem Meißel hervor und leitet damit zu den Argumenten der Maler über. Bereits Paolo Pino hatte die Vorteile der Möglichkeit der Übermalung für die

Malerei herausgestellt: »[...] da uns die freie [Tätigkeit] der Malerei die Möglichkeit des Schaffens und Umarbeitens eröffnet, haben wir mehr Grund, sie zu loben, als die Bildhauer Grund haben, die Bildhauerei zu loben« (Paolo Pino, *Dialogo di Pittura*, in: Barocchi, *Scritti*, Bd. I, S. 551).

43 Vasari greift hier auf eine Pliniusstelle zurück, in der aber nicht von Praxiteles, sondern von Pasiteles (Rom, 1. Jahrhundert v. Chr.) die Rede ist: »Er lobt auch Pasiteles, der die Plastik als die Mutter der Ziselierkunst, Bildgießerei und Bildhauerei bezeichnete und, obwohl er auf allen diesen Gebieten der größte war, niemals etwas schuf, ohne zuvor ein Modell herzustellen« (Plinius, *Naturalis historiae*, XXXV, 156; zitiert nach Plinius Ed. König/Winkler, S. 113). In den Schriften Lomazzos wird uns eine Passage aus einer verlorenen Schrift Leonardos verbürgt, die der Aussage Vasaris sehr ähnelt: »Und da die Plastik, wie die Antiken behaupten, die Schwester der Malerei, als weniger lärmende Kunst und weniger mühsam in der Bearbeitung der Steine, von der Bildhauerei zur Mutter erwählt wurde, folgt daraus, daß die Malerei die Tante der Skulptur und Schwester der Plastik ist. Und das sind größtenteils von Leonardo selbst geschriebene Worte« (Lomazzo, Ed. Ciardi, Bd. II, S. 138–140). Vasaris Aussage von der Bildhauerei als Nichte der Malerei stimmt mit Leonardo genau überein, nur daß jetzt der gemeinsame Vater von Plastik und Malerei, der *disegno*, in der Konstruktion die Schlüsselposition einnimmt.

Bibl.: Nova 2003.

44 An dieser Stelle gibt Vasari als Historiker zu bedenken, daß die Meinungen über den Ursprung der Kunst sehr weit auseinandergehen. Einen Ursprungsmythos als Argument im Rangstreit einzusetzen ist deswegen nicht stichhaltig. In der »Vorrede zu den Lebensbeschreibungen« (»Proemio delle Vite«) legt er dies ausführlicher dar.

45 *Istoria* meint hier im albertianischen Sinne eine komponierte, narrative Bildhandlung.

Bibl.: Hope 2000; Grafton 2000; Bätschmann 2001.

46 Vasari geht viel detaillierter auf die Auflistung der der Malerei zugehörigen Techniken ein als Varchi (Varchi, *Lezzione della maggioranza delle arti*, in: Barocchi, *Scritti*, Bd. I, S. 540–541) und Pontormo (*Lettere di Artisti a Benedetto Varchi, Lettera del Pontormo, Februar 1547*, in: Barocchi, *Scritti*, Bd. I, S. 505–506), wobei er hier seine systematische Zuordnung der künstlerischen Techniken und Verfahren zu den drei Künsten der Malerei, Skulptur und Architektur in den technischen Einleitungen vorwegnimmt (siehe *Introduzione alle tre arti del disegno*, in: Bettarini/Barocchi, *Vite*, Bd. I, S. 31–174).

47 Den *disegno* als Verfahren der Malerei zu kennzeichnen ist innerhalb Vasaris Argumentationszusammenhang das stärkste Argument für die

Malerei. Dabei wird *disegno* sonst nur als übergeordnetes Prinzip aufgefaßt, etwa in den Schriften von Petrarca (Francesco Petrarca, *De remediis utriusque fortunae*, I, 41, 4), Cennini (Cennino Cennini, *Libro dell'arte*, Kap. IV, Ed. Brunello/Magagnato, S. 6), Ghiberti (Ghiberti, Ed. Bartoli, S. 47) und Doni (Doni, Ed. Pepe, S. 7–8), das mit dem Zeichnen identifiziert wird, aber nicht direkt einer Kunst zugehört. An einer vorhergehenden Stelle betont Vasari noch mit Verweis auf Plinius den *disegno* als gemeinsames Entwurfsverfahren der Malerei und Skulptur, während er es hier der Malerei zuschlägt. Bei Vasari wird die schon bei Leonardo (Leonardo, *Trattato*, § 12, Ed. Ludwig, Bd. I, S. 17) angelegte, durch Doni verstärkte Vergeistigung des *disegno* aufgegriffen, zugleich wird der *disegno* aber nicht nur als abstrakte Größe aufgefaßt, sondern mit dem Zeichnen als einem zur Malerei gehörenden Verfahren identifiziert. Konsequenterweise erscheint die ausführliche Definition des *disegno* in der zweiten Ausgabe der *Vite* in der technischen Einleitung zur Malerei (Vasari, *Einführung in die Künste*, S. 98; siehe Glossarbegriff *disegno*).

Bibl.: Poirier 1970; W. Kemp 1974; Williams 1997, S. 29–73.

48 Gegen den Ewigkeitswert der Skulptur hatte bereits Leonardo als beständige Form der Malerei die bemalten Terrakotten von Luca della Robbia, aber auch Malerei auf Kupfer und Glas angeführt (Leonardo, *Trattato*, § 37–38, Ed. Ludwig, Bd. I, S. 79 u. 85). In der Vita von Sebastiano del Piombo erwähnt Vasari, daß dieser ein Verfahren erfunden hat, auf Stein zu malen: »Hierauf führte dieser Maler eine neue Methode des Malens auf Stein ein, die den Leuten sehr gefiel, weil die Gemälde durch sie ewige Haltbarkeit zu bekommen schienen und ihnen weder durch Feuer noch durch Holzwürmer Schaden zugefügt werden konnte« (Vasari, *Sebastiano del Piombo*, S. 28).

49 Den größeren Aufwand an Hilfskräften und die längere Dauer bei der Produktion von Skulpturen hatte Francesco da Sangallo im Gegensatz zu Vasari als Argument für die Bildhauerei angeführt (*Lettere di Artisti a Benedetto Varchi, Lettera di Francesco Sangallo*, in: Barocchi, *Scritti*, Bd. I, S. 513).

50 Daß der Ewigkeitswert der Skulptur lediglich dem Material geschuldet ist, hatten bereits Leonardo (Leonardo, *Trattato*, § 37, Ed. Ludwig, Bd. I, S. 79), Castiglione (Castiglione, *Il libro del cortegiano*, I, 50, in: Barocchi, *Scritti*, Bd. I, S. 489) und Pontormo (*Lettere di Artisti a Benedetto Varchi, Lettera del Pontormo*, in: Barocchi, *Scritti*, Bd. I, S. 506) behauptet.

51 Alexander der Große (*356 v. Chr. Pella – † 323 v. Chr. Babylon)

52 Apelles (2. Hälfte des 4. Jahrhunderts v. Chr.)

53 Die Geschichte von Apelles, Alexander dem Großen und Campaspe beruht auf Plinius (Plinius, *Naturalis historiae*, XXXV, 86). Vasari setzt

sie als Ausweis der höfischen Gewandtheit des Malers positiv gegen die »maßlose Lust« des Bildhauers Pygmalion ab, wobei er sich für die höfische Würdigung der antiken Episode auf Castiglione stützte: »[...] eine Freigiebigkeit, eines Alexanders würdig, der nicht nur Schätze und Ehren vergeben hat, sondern auch den Gegenstand seiner eigenen Liebe und Sehnsucht; zugleich ein Zeichen seiner hohen Verehrung des Apelles, dem zu gefallen er sich nicht gescheut hat, einer Freundin, die er aufs höchste geliebt hat, zu mißfallen, die es sehr geschmerzt haben muß, einen so großen König mit einem Maler zu vertauschen« (Castiglione, *Il libro del cortegiano*, I, 52).

54 Vasari verurteilt die »maßlose Lust« des Bildhauers Pygmalion in dieser Passage hart. Varchi hatte die Pygmalion-Geschichte mit der antiken Praxis der Götzenverehrung in Verbindung gebracht: »Es ist eine erwiesene Tatsache, daß eine plastische Figur hinsichtlich ihrer Substanz wirklicher und natürlicher als eine gemalte ist; dies wird durch die Statue Pygmalions bestätigt und dadurch, daß die antiken Götzen alle plastische [Standbilder] waren, damit sie die Menschen besser zu täuschen vermochten« (Varchi, *Lezzione della maggioranza delle arti*, in: Barocchi, *Scritti*, Bd. I, S. 539). Vasaris harsche Stellungnahme gegen die Statuenliebe ist durch die Nähe zur Götzenverehrung motiviert, sie scheint sich aber auch gegen den Topos der ›lebendigen Statue‹ zu richten, der in der künstlerischen Praxis und in den Schriften Benvenuto Cellinis eine zentrale Rolle spielt.

Bibl.: Blühm 1988, S. 34–44; Meyer/Neumann 1997; Stoichita 2003.

55 Dieser Absatz ist bemerkenswert, da Vasari hier explizit seine Beurteilungskriterien für die Behandlung der *paragone*-Debatte anführt: »die Schriften, die Erfahrung, die Qualität und die Urteilskraft«.

56 In seinem Brief an Varchi führt Vasari eine Anekdote über Michelangelo an, um die Tätigkeit des Steinmetzes von der des Bildhauers abzusetzen: »Wir haben zu unserer Zeit beim göttlichen Michelangelo gesehen, wie er einen Steinmetz [...] eine Herme am Grabmal für Papst Julius II. ausführen ließ, indem er auf einen [Marmor-]Block zeichnete und ihm sagte ›Nimm dort weg und nimm hier weg‹ [...]; als der Steinmetz die Herme vollendet sah, sagte er zu Michelangelo, daß er in seiner Schuld stehe, da er ihm eine Tugend gezeigt habe, von der er nicht wußte, sie zu besitzen« (*Lettere di Artisti a Benedetto Varchi, Lettera del Vasari*, in: Barocchi, *Scritti*, Bd. I, S. 498).

57 Die »geistigen Mühen« des Malers werden in einer Passage des *Codex urbinas* ausführlich hervorgehoben (Leonardo, *Trattato*, § 36, Ed. Ludwig, Bd. I, S. 75); schon Alberti hatte diese Auffassung vertreten (Alberti, *De pictura*, II, 26–27, Ed. Bätschmann, S. 237 u. 243). Auch Bron-

zino und Pontormo vertraten sie in ihren Briefen an Varchi (*Lettere di Artisti a Benedetto Varchi,* in: Barocchi, *Scritti*, Bd. I, S. 502 u. 505).

[58] Im *Codex urbinas* war das Argument der allumfassenden Darstellungsmöglichkeiten in der Malerei zu finden (Leonardo, *Trattato*, § 13 u. 68, Ed. Ludwig, Bd. I, S. 19 u. 127–129). Die Würdigung der Fähigkeit der Malerei, das Undarstellbare darzustellen, geht auf eine Pliniusstelle zurück: Plinus sagt von Apelles, daß er das Undarstellbare darstellen könne, und zählt Donner, Wetterleuchten und Blitze auf (Plinius, *Naturalis historiae*, XXXV, 96). Die allumfassenden Darstellungsmöglichkeiten der Malerei betonen auch Castiglione (Castiglione, *Il libro del cortegiano*, I, 52) und Pontormo (*Lettere di Artisti a Benedetto Varchi, Lettera del Pontormo*, in: Barocchi, *Scritti*, Bd. I, S. 505–506); Varchi spricht sie mit Verweis auf die oben genannte Pliniusstelle an (Varchi, *Lezzione della maggioranza delle arti*, in: Barocchi, *Scritti*, Bd. I, S. 528).

Bibl.: Fehrenbach 1997, S. 67–73.

[59] Leonardo hat sich im Rückgriff auf Alberti (Alberti, *De pictura*, II, 45, Ed. Bätschmann, S. 279–281) intensiv mit der Darstellung der Bewegung in der Malerei auseinandergesetzt (Leonardo, *Trattato*, § 148, Ed. Ludwig, Bd. I, S. 188–189). Vasari geht über Alberti und Leonardo hinaus, indem er die Darstellung des ›Atems‹ und des ›beseelten Blicks‹ hinzufügt. Die Lebendigkeit (*vivacità*) der Darstellung ist für Vasari ein zentraler Bewertungsmaßstab und ein Kennzeichen der dritten Epoche.

Bibl.: LeMollé 1988, S. 99–154; Fehrenbach 1997, S. 82–88.

[60] Daß Vasari die Fähigkeit der Malerei anspricht, vorgreifend auf künftige Ereignisse der dargestellten Geschichte zu verweisen, läßt sich auf Quintilian zurückführen (Quintilian, *Institutio oratoria*, IX, 2, 16–17).

[61] Die Physiognomie (*fisionomia*) wird von Vasari für die Malerei ins Feld geführt, was auf einer einseitiger Lesart von Leonardos Studien zur Physio- und Pathognomie beruht. Pomponius Gauricus widmet in seinem Traktat *De sculptura* der *physiognomica* auch ein ausführliches Kapitel (Gauricus, Ed. Cutolo, S. 170–201).

Bibl.: Laurenza 2002.

[62] Hier spielt Vasari auf die bei Plinius geschilderten Anekdoten von Zeuxis und Parrhasios an (Plinius, *Naturalis historiae*, XXXV, 65–66).

[63] Dem Argument der Unmöglichkeit der Korrektur bei der Marmorbildhauerei hatte bereits Leonardo entgegengesetzt, daß man in der Debatte nur von den besten Meistern ausgehen dürfe und nicht von den »Marmorzerstörern« (Leonardo, *Trattato*, § 36, Ed. Ludwig, S. 77). Dem folgt Bronzino in seinem Brief an Varchi (*Lettere di Artisti a Benedetto Varchi, Lettere del Bronzino,* in: Barocchi, *Scritti*, Bd. I, S. 502).

[64] In der Freskoarbeit erkennt Vasari ein Verfahren, das ähnlich große Herausforderungen an den Maler stellt wie die Marmorbildhauerei an den Bildhauer. Bereits Paolo Pino hatte davon gesprochen, daß auch Bilder nicht nachträglich bearbeitet werden können, ohne daß man es merkt: »[…] aber wenn die gemalte Gestalt im Gesicht oder an anderer Stelle mißrät: wer soll sie denn korrigieren können? Alle Maler und Bildhauer zusammen würden nicht ausreichen, denn die Korrektur bliebe immer sichtbar. Man kann sie sicherlich von neuem machen und sie [die Bildhauer] können sie auch neu schaffen, indem sie sie [die Gestalten und damit den Marmorblock] verkleinern« (Paolo Pino, *Dialogo di pittura*, in: Barocchi, *Scritti*, Bd. I, S. 551).

Bibl.: Borsook/Superbi Gioffredi 1986.

[65] Giorgione da Castelfranco (*1477–78 Castelfranco Veneto – † um 1510 Venedig)

[66] Dieses Gemälde, in dem Giorgione einen visuellen Beitrag zur *paragone*-Debatte liefert, wird erst in der zweiten Ausgabe der *Vite* erwähnt; es gilt als verschollen. Vasari ließ sich von einer Stelle aus Paolo Pinos 1548 erschienenem *Dialogo di pittura* anregen, in dem der Autor ein ähnliches Demonstrationsstück Giorgiones nennt: »[…] ich werde diese Verteidiger der Skulptur zum Schweigen bringen, wie sie in anderer Weise durch Giorgione da Castelfranco verwirrt wurden … Dieser malte zur vollkommenen Verwirrung der Bildhauer ein Bild eines gerüsteten Heiligen Georgs, der eine Lanze haltend auf einen Baumstumpf Wache hält und dessen Füße am äußeren Ufer eines ruhenden und klaren Quellwassers stehen, in dem sich seine ganze, fluchtende Gestalt bis zum Scheitel abzeichnete. Sodann hatte er einen an einen Baumstumpf lehnenden Spiegel dargestellt, in dem sich der Rücken und eine Seite der gesamten Figur reflektierte. Er stellte einen weiteren Spiegel auf der anderen Seite dar, in dem die gesamte andere Seite des Heiligen Georgs zu sehen war. Damit wollte er zeigen, daß der Maler die gesamte Gestalt mit einem einzigen Blick veranschaulichen kann, was der Bildhauer nicht so zu gestalten vermag« (Paolo Pino, *Dialogo di pittura*, in: Barocchi, *Trattati*, Bd. I, S. 131). Vasari wandelte Pinos literarische Vorlage in mehrfacher Hinsicht ab: Um den Bezug zu einer Statue zu verdeutlichen, spricht er erstens nicht mehr von einem Heiligenbild, sondern von einer nackten Gestalt, zweitens ist der Dargestellte im Unterschied zu Pino bei ihm in Rückenansicht gegeben, um die auf einen Blick wahrnehmbare Vieransichtigkeit zu verdeutlichen. Auch in der Vita von Giorgione wird das Bild besprochen, wobei Vasari hier zusätzlich eine Rüstung erwähnt, in der sich die nackte Gestalt spiegelt (Vasari, *Giorgione, Correggio, Palma il Vecchio und Lorenzo Lotto*, S. 25).

Neben dem verlorenen Gemälde von Giorgione ist die künstlerische Auseinandersetzung mit der *paragone*-Debatte durch mannigfache andere Werke bezeugt. Für Florenz sind hier besonders die beidseitig bemalte Leinwand mit der Darstellung des *Zwergs Morgante* in Vorder- und Rückansicht (Öl auf Leinwand, 100 x 150 cm, Uffizien) von Agnolo Bronzino und Benvenuto Cellinis *Narziß* (Marmor, Höhe 149 cm, um 1548, Museo Nazionale del Bargello) zu nennen.

Bibl.: Holderbaum 1956; Martin 1995, S. 33–38; Helke 1999; Thomas 2001; Nova 2003.

67 Bei der Aufzählung der Naturerscheinungen aller vier Elemente, die der Maler im Gegensatz zum Bildhauer darzustellen wisse, könnte Vasari auf eine Stelle bei Vitruv zurückgegriffen haben (Vitruv, *De architectura*, VII, 5). Der Topos der Darstellung von undarstellbaren Naturerscheinungen findet sich bereits bei Plinius (Plinius, *Naturalis historiae*, XXXV, 96). Für Leonardo erhob die Möglichkeit der Darstellung atmosphärischer Effekte die Malerei zu einer mit der Natur und Gott konkurrierenden Tätigkeit (Leonardo, *Trattato*, § 13, Ed. Ludwig, Bd. I, S. 19), was Vasari aufgreift, aber ohne die Gottähnlichkeit des Künstlers wegen ihrer theologischen Brisanz hier explizit anzusprechen. Vasari konzentriert sich bei dieser Aufzählung auf Erscheinungen oder Dinge, die besonders schwer darzustellen sind und dementsprechend den Vorrang der Malerei vor der Skulptur innerhalb der *paragone*-Debatte begründen können.

Bibl.: Fehrenbach 1997, S. 17–88; Nova 1998.

68 Phormion aus Ephesos, athenischer Rhetor (4. Jahrhundert n. Chr.)

69 Hannibal (*247–246 v. Chr. Karthago – † 183 v. Chr. Libyssa)

70 Mit diesem Topos von Cicero (Cicero, *De oratore*, II, 75–76) kritisiert Vasari die sich als Richter der *paragone*-Debatte aufspielenden Laien, womit er sich wohl vor allem auf Benedetto Varchi bezieht, der 1547 eine umfassende Stellungnahme zum Thema des *paragone* abgeliefert hatte, ohne selbst Künstler zu sein. In den Briefen an Varchi hatten Pontormo, Michelangelo und Vasari eine philosophische Erörterung des *paragone* kritisiert und die Theoriehaltigkeit der Bildpraxis betont (*Lettere di Artisti a Benedetto Varchi,* in: Barocchi, *Scritti*, Bd. I, S. 499, 504, 523). Durch den Vergleich der Maler mit dem Feldherrn und der Literaten mit dem attischen Rhetor Phormion werden die Künstler kaum überbietbar als entschlossene Männer der Tat aufgefaßt, während den Florentiner Literaten ihr leeres Gerede vorgehalten wird.

Bibl.: Bredekamp 1995, S. 46–54; Bredekamp 2003.

71 In seinem Antwortbrief an Varchi hatte er den *disegno* noch als »Mutter« der beiden Künste bezeichnet (*Lettere di Artisti a Benedetto Varchi, Lettera del Vasari,* in: Barocchi, *Scritti*, Bd. I, S. 493–499). Die *paragone*-De-

batte löst Vasari im höheren Prinzip des *disegno* auf, an dem Malerei und Skulptur partizipieren. Angesichts der Gemeinsamkeit der beiden Künste sei es müßig, einer den Vorrang einzuräumen; denn allein die Fähigkeit der praktizierenden Künstler verhelfe einer der beiden Disziplinen zeitweise zur größeren Bedeutung. Insofern kann das Beispiel Michelangelo, der in beiden Disziplinen hervorragend war, schließlich zur Schlichtung der Debatte beitragen (siehe auch Vasaris Brief: *Lettere di Artisti a Benedetto Varchi, Lettera del Vasari*, in: Barocchi, *Scritti*, Bd. I, S. 498). Vasari bindet den kunsttheoretischen Diskurs somit zurück an die künstlerische Praxis und leitet zugleich zu den Künstlerviten über, in denen er die jeweilige Qualität der Künstler darstellen und beurteilen will (siehe Glossarbegriff *disegno*).

72 Antonio Benci, genannt Pollaiuolo (*1431 Florenz – † 1498 Rom)

73 Leonardo da Vinci (*1452 Vinci – † 1519 Amboise bei Tours)

74 Michelangelo Buonarroti (*1475 Caprese – † 1564 Rom)

75 Schon Ariost hatte 1516 in seinem *Orlando furioso* (Ariost, *Orlando furioso*, XXXIII,2) Michelangelo mit dem unübersetzbaren Vers »Michel più che mortal Angel divino« – »Michael mehr als sterblicher, göttlicher Engel« geehrt, wobei sich aus dem italienischen ›Michel‹ und ›Angelo‹ (Engel) ›Michelangelo‹ bildet. Vasari steigert diese Aussage und nennt Michelangelo nicht nur »göttlich«, sondern fügt erläuternd hinzu: »[...] da er auf göttliche Weise die drei lobenswertesten und geistvollsten Künste, die unter Sterblichen zu finden sind, in sich vereinigt hat und uns mit ihnen, einem Gott gleich, unendlich zu nützen vermag«. Michelangelo bildet die Einheit in der Dreiheit der Künste und ist, so Vasari, gewissermaßen der dreifaltige Gott der Künstler. Diese blasphemisch wirkende Äußerung ist für Vasari vereinbar mit dem christlichen Glauben, da die Künstler seiner Meinung nach wie Prediger, Theologen und Propheten die Heilsgeschichte vergegenwärtigen und visuell evident vor Augen führen. Anton Francesco Doni spricht in einem Brief von 1546 scherzhaft davon, daß ein Prediger zur Veranschaulichung der Trinität die Errungenschaften Michelangelos in Malerei, Skulptur und *disegno* als Beispiel angeführt habe.

Bibl.: Steinmann 1930, S. 1–8; Nagel 2000, S. 188–215; Barolsky 2000.

76 Vasari verknüpft in seinen *Vite* mehrere Traditionen der Traktatliteratur: In den Vorreden wird, ähnlich wie in den antiken Traktaten der Rhetorik, die allgemeine Abfolge der Stile nachgezeichnet, in den technischen Einleitungen zu den Künsten wird die Tradition der technischen Handbücher der Antike und des Mittelalters zu einem literarisch anspruchsvollen Einblick in die Verfahren der Künste für den nicht-künstlerisch tätigen Laien umgeformt, und in den Künstlerviten

dient schließlich, vor allem unter dem Einfluß von Paolo Giovio, die humanistische Darstellung der Lebensläufe berühmter Männer als Vorbild. Dadurch unterscheiden sich Vasaris *Vite* von allen vorhergehenden kunsttheoretischen Traktaten. Seine »Einführung zu jenen drei Künsten«, die sogenannten technischen Einleitungen, unterscheidet sich darüber hinaus deutlich von den Texten Cenninis, Albertis oder auch Cellinis, insoweit als an keiner Stelle eine Technik oder ein künstlerisches Verfahren nur erklärt oder erläutert wird (Vasari, *Einführung in die Künste*). Die Verfahren und Techniken werden vielmehr diskursiv dargestellt, wobei ihr ästhetischer und künstlerischer Anteil hervorgehoben wird. Im Unterschied zur Tradition der Handbuchliteratur durchzieht Vasaris Darstellung die Überzeugung, daß zwar jedes Verfahren seine Eigenarten hat und seine besonderen Anforderungen stellt, daß aber eine künstlerische Vorstellung prinzipiell in jeder Technik umgesetzt werden kann.

Bibl.: Gombrich 1960; Alpers 1995 (1960); Gombrich 1971; Waźbiński 1976; Rubin 1995, S. 94–95 u. S. 106–148.

77 In der Darstellung der Wechselfälle des Lebens steht Vasari in der Tradition von Giovanni Boccaccios *De casibus virorum illustrium*, der allerdings die unglücklichen Schicksale seiner »berühmten Männer« in kritischer Absicht schildert, um die Herrscher vor den Folgen des Hochmuts zu warnen. Die Absicht der *Vite* charakterisiert Vasari in Übereinstimmung mit der frühneuzeitlichen Vorstellung vom Nutzen der Geschichtsschreibung als »docere et delectare«, »lehren und erfreuen« (Horaz, *De arte poetica*, 333–346). Die künstlerischen Errungenschaften und der von einigen Künstlern erlangte gesellschaftliche Status sollen die Künstler zu größeren Leistungen anfeuern, wobei Vasari seinem Leser das aus eigener Erfahrung hervorgegangene Modell des höfisch gewandten und sozial konformen Künstlers als Exemplum vor Augen stellt. Die *Vite* durchzieht eine Kritik am unhöfischen Verhalten einiger Künstler, zum Beispiel Leonardos, Pontormos und des späten Parmigianino, denen ein »kauziger«, »eigenbrötlerischer« und »zurückgezogener« Lebenswandel und allzu »experimentelle Neigungen« vorgeworfen werden.

78 Eine Fülle von Begriffen und Redensweisen aus den Werkstätten der Künstler und Handwerker in die literarische Sprache eingeführt zu haben, bleibt ein Verdienst der *Vite* Vasaris. Durch den Rückgriff auf das noch nicht literarisch stilisierte gesprochene Wort gelingt es Vasari, die Eigenheiten der künstlerischen Praxis zur Sprache zu bringen. Dabei verwendet Vasari beispielsweise zur Veranschaulichung der Farben selten die technischen Begriffe für die Farbpigmente wie noch Cenni-

no Cennini, sondern charakterisiert die Farbeffekte mit treffenden Adjektiven (»abbacinato«, »abbagliato«, »carnoso« etc.), die offensichtlich der gesprochenen Sprache seiner Zeit entstammen. Vasari entschuldigt sich für seine literarische Ungeschliffenheit und für die Verwendung der anschaulichen, volkssprachlichen Fachtermini seiner Zunft. Obwohl er seine Ausdrucksweise durch den Briefwechsel mit Literaten wie Pietro Aretino, Paolo Giovio und Annibal Caro schulte, wollte Vasari nie als reiner Schriftsteller anerkannt sein, sondern sah sich immer als schreibender Maler. Anläßlich der Drucklegung der ersten Ausgabe beschwert er sich in einem Brief an seinen engen, mit der Überwachung des Drucks beauftragten Freund Vincenzo Borghini, daß sein Name im Titelblatt an einer Stelle nicht den Zusatz »Maler« trage. Er besteht darauf, immer als »Giorgio Vasari, pittore Aretino« genannt zu werden, und fügt hinzu, daß er sich nicht schäme, ein Maler zu sein (Frey, Bd. I, S. 257 [Giorgio Vasari an Vincenzo Borghini in La Campora, Februar 1550]). In seinem Ansinnen, den in der Sprache der Künstlerwerkstätten aufgehobenen Reichtum an Anspielungen in seinen *Vite* zu erhalten, wurde Vasari von seinen literarisch gebildeten Freunden bestärkt, wie man einem Brief von Annibal Caro entnehmen kann: »Das Werk scheint mir auch in einem guten und reinen Stil mit schönen Wendungen geschrieben. Ich würde mir nur wünschen, daß einige emphatische Satzkonstruktionen und gewisse ans Ende des Satzes angefügte Verben getilgt würden, wie man sie manchmal setzt, um elegant zu wirken, was ich aber als störend empfinde. In einem solchen Werk wünschte ich mir die Schrift genau so wie das gesprochene Wort.« (Frey, Bd. I, S. 210 [Annibal Caro in Rom an Giorgio Vasari in Rimini, 15. Dezember 1547].)

Bibl.: Barocchi 1984 (1981); Bader 1990.

79 Zur Vorrede der Lebensbeschreibungen insgesamt siehe Vasari, Ed. Frey, S. 159–217; Williams 1989, S. 199–209; Frangenberg 2003.

80 Zu Vasaris Mitarbeitern bei den *Vite* siehe Kat. Vasari 1981, S. 189–243; Hope 1995; Scapecchi 1998; Frangenberg 2003.

81 Zu Albertis Theorie des Ursprungs der Künste siehe Collareta 1998; Wolf 1999; Pfisterer 2001.

82 Zum Thema des verbotenen Wissens siehe Ginzburg 1976.

83 Siehe Panofsky 1998 (1930); Niehr 2001.

84 Siehe Vasari, *Einführung in die Künste*, S. 63–34.

85 Siehe Vasari, *Michelangelo*, S. 136.

86 In der ersten Ausgabe der *Vite* schrieb Vasari noch: »Ich aber werde nichtsdestotrotz behaupten, daß *das Wesen der einen und der anderen Kunst und der disegno*, die Grundlage dieser [Künste] und mehr noch die eine

Seele, die aus sich selbst heraus alle Tätigkeiten der denkenden Wesen gebiert und nährt, beim Ursprung aller Dinge vollkommen war« (siehe *Proemio delle vite 1550*, in: Bettarini/Barocchi, *Vite*, Bd. II, S. 4 [Hervorhebung des Autors]), während er in der zweiten Ausgabe die Aussage entschiedener auf den *disegno* engführt: »[...] daß der *disegno*, die Grundlage der einen wie der anderen Kunst und mehr noch die eine Seele, die aus sich selbst heraus alle Tätigkeiten der denkenden Wesen gebiert und nährt, beim Ursprung aller Dinge vollkommen war« (siehe auch Glossarbegriff *disegno*).

87 Wenn Vasari die »allgemeine und feste Überzeugung fast aller Autoren« anspricht, so ist es vor allem Leon Battista Albertis (* 1404 Genua – † 1472 Rom) Kunsttheorie und die von ihm begründete Tradition, mit der er sich im Verlauf dieser Vorrede auseinandersetzt. Mit Cosimo Bartoli (* 1503 Florenz – † 1572 Prato), einem Alberti-Experten, der in Florenz seine italienischen Übersetzungen von Albertis *De re aedificatoria*, *De statua* und *De pictura* drucken ließ, war Vasari eng befreundet. Zu Anfang spricht Vasari zwei bekannte Theorien der Entstehung der Kunst an: Die erstere, auf Plinius beruhende (Plinius, *Naturalis historiae*, XXXV, 15–16) macht die Ägypter zu den Erfindern der Malerei und Skulptur, die andere, die sich auf die Bibel stützt (*Genesis*, 2, 19) verlegt den Ursprung derselben nach Chaldäa. Vasari hatte bereits im Verlauf seiner zusammenfassenden Darstellung der *paragone*-Debatte mehrere Ursprungstheorien zur Sprache kommen lassen (siehe *Vorrede der Lebensbeschreibungen*). Ähnlich wie Alberti vermeidet es Vasari, einen absoluten Ursprung zu benennen (Alberti, *De statua*, 1, Ed. Bätschmann, S. 143; Alberti, *De pictura*, II, 26, Ed. Bätschmann, S. 237–238; *De re aedificatoria*, VII, 16). Alberti erklärt den Ursprung der Malerei und Skulptur naturalistisch, was ihm dazu dient, durch eine keimhaft entwickelte Psychologie des Künstlers die zweckfreie Schönheit der Kunst zu begründen (Collareta 1998; Pfisterer 2001). Vasari setzt dem an einer Aristoteles-Lektüre entwickelten Erklärungsansatz Albertis die Vorstellung von Gott als erstem Künstler entgegen, die in der Platon-Rezeption Marsilio Ficinos und im stoischen Gedankengut geläufig ist (Chastel 1954; Rouchette 1959; Beierwaltes 1980). Mit der Vorstellung des schaffenden Gottes als erstem Künstler verbindet Vasari den *disegno* als Einheit stiftendes, grundlegendes Prinzip der drei Künste.

Bibl.: Chastel 1954, S. 57–64; Rouchette 1959, S. 21–26; Parronchi 1964 (1959); Janson 1961; Beierwaltes 1980; Williams 1997, S. 29–73, insb. 33–34; Collareta 1998, S. 31–52; Pfisterer 2001.

88 Vasari greift hier das von Plinius angewandte Schema einer Entwicklung vom Schattenriß über die monochrome Malerei bis zur vollen

Farbgebung auf (Plinius, *Naturalis historiae*, XXXV, 15) und führt es mit seinen eigenen Kriterien der *morbidezza* [Weichheit], *unione* [einheitliche Wirkung], *discordante armonia* [disharmonische Harmonie] weiter; dabei zieht er eine weitere Pliniusstelle heran (Plinius, *Naturalis historiae*, XXXV, 29). Die letztgenannten Kriterien werden in der *Vorrede zum dritten Teil* erläutert und stellen ein Charakteristikum der *maniera moderna* dar. Dabei werden die Stufen der Kunstentwicklung anhand der verschiedenen Phasen der Erschaffung eines Kunstwerks nach einem Modell veranschaulicht (siehe auch Glossarbegriff *Weichheit*). Eine Diskussion derselben Pliniusstelle findet sich in Vincenzo Borghinis *Selva di notizie* (siehe Barocchi 1970, S. 87–172, insb. S. 145).

[89] In der zweiten Hälfte des 16. Jahrhunderts wurde die Skulptur einer Äußerung Michelangelos folgend als eine Kunst bezeichnet, die durch das Wegnehmen der überflüssigen Materie die im Marmorblock schlummernde potentielle Form hervorbringt. Die Malerei bezeichnete man entsprechend als Kunst des Hinzufügens, da die Farbe auf die Leinwand aufgetragen wird. Dem schaffenden Gott spricht Vasari bei seiner Formfindung beide Verfahren zu, so daß er zugleich als Maler und als Bildhauer angesprochen wird. Die Rede vom »göttlichen Architekt der Zeit und der Natur« könnte auf Gedankengut der Stoiker zurückgeführt werden (Rouchette 1959).

Bibl.: Rouchette 1959, S. 21–26; Summers 1981, S. 41–55 u. S. 203–233.

[90] Im Umkreis von Belus, Sohn von Nimrod (*Genesis*, 10, 8), wurde seit Isidor von Sevilla († 636) die Erfindung der Praxis der Götzenanbetung verortet. Die mittelalterlichen Autoren halten, anders als Vasari, stets Ninus, den Sohn des Belus, für den Erfinder der Götzenanbetung. Die Geschichte wird so geschildert: Nach dem Tod seines Vaters Belus ließ Ninus ein Goldbildnis des Verstorbenen anfertigen, so daß er sich beim Anblick des Bildnisses vorstellen konnte, er würde seinen Vater anblikken. Ninus begann, das Bildnis als Gott zu verehren, und befahl seinem Volk, das Bildnis anzubeten. Hier konnte Vasari auf Giovanni Villanis *Nuova cronica* (Villani, *Nuova cronica*, I, 2) zurückgreifen; zudem hat ihm wahrscheinlich Pier Francesco Giambullari bei der Verfassung dieser Stelle geholfen, wie man an der Datierung »200 Jahre nach der Sintflut« ersehen kann (Frangenberg 2003).

Bibl.: Camille 1990 (1989), S. 50–57; Frangenberg 2003.

[91] Semiramis, Königin von Assyrien (1356–1314 v. Chr.)

[92] Diodorus Siculus (um 90–20 v. Chr.), Autor einer Universalgeschichte, der *Bibliotheca historica*. Fünf Bücher wurden von Poggio Bracciolini (* 1380 Terranuova del Valdarno Superiore – † 1459 Florenz) übersetzt und erschienen posthum 1472 in Bologna.

93 Hier stützt sich Vasari auf Diodorus Siculus (Diodorus Siculus, *Bibliotheca historica*, II, 8–9) und wiederholt die mittelalterliche Theorie von der Entstehung der Götzenbilder, die erstmals ausführlich von Isidor von Sevilla († 636) in seinen *Origines* oder *Etymologiae* dargelegt und von den beiden größten Enzyklopädisten des Spätmittelalters, Petrus Comestor († ca. 1179) und Vincent von Beauvais (ca. 1250), wiederholt wurde. Demzufolge schuf Ninus nach dem Tod seines Vaters Belus das erste Götzenbild, wodurch sich zugleich die euhemeristische Theorie begründet, nach der die heidnischen Götter einstmals Menschen waren, die erst nach ihrem Tod vergöttert wurden.

Bibl.: Camille 1990 (1989), S. 50–57; Collareta 1998.

94 Vasari verweist hier auf *Genesis*, 31, 19.

95 Diodorus Siculus beschreibt das Grab des Königs Osymandyas ausführlich (Diodorus Siculus, *Bibliotheca historica*, I, 47–49). Auch bei Alberti (*De re aedificatoria*, VII, 10, Ed. Orlandi/Portoghesi, Bd. II, S. 708–709) wird es erwähnt. Gemeint ist hier der Totentempel von Ramses II. (1279–1213 v. Chr.), das sogenannte Ramesseum.

Bibl: Arnold 1992, S.142–143.

96 Ex negativo argumentiert hier Vasari, daß die Verehrung von Statuen und Bildern bereits vor dem Goldenen Kalb gebräuchlich gewesen sein mußte, da Moses beim Auszug aus Ägypten diesen Brauch unter Verbot stellte (*Exodus*, 20, 4).

Bibl.: Freedberg 1989, S. 378–428.

97 Vasari verweist an dieser Stelle auf *Exodus*, 32, 1–29.

98 Vasari verwendet den biblischen Bericht von den beiden Kunsthandwerkern Bezaleel und Oholiab, die von Gott berufen wurden, das Zeltheiligtum auszustatten (*Exodus*, 31, 1–6), als Beweis, daß nicht die Arbeit an den Statuen, sondern lediglich ihre Verehrung eine Sünde sei; in der Bibel ist gleichwohl von vollplastischen Statuen nicht die Rede. Die biblische Stelle wird zugleich als Beleg für die göttliche Inspiration des Künstlers angeführt: »[…] liest man im Exodus, daß die Kunst des Zeichnens und der Statuen, nicht nur jene aus Marmor, sondern auch die aus allen Arten von Metall, durch den Spruch Gottes Bezaleel vom Stamm Juda und Oholiab von dem Stamm Dan mitgegeben wurde«. Daß in der Bibel von der göttlichen Inspiration des Künstlers die Rede ist, unterscheidet die jüdisch-christliche von der griechisch-römischen Tradition, für die nur Dichter und Musiker als von den Musen inspiriert galten.

Bibl.: Kristeller 1976 (1965).

99 Die Vollendung der Kunst zur Zeit Homers (9. Jahrhundert v. Chr.) sieht Vasari durch die Beschreibung des Schilds von Achill in der *Ilias* verbürgt (*Ilias*, 18, 468–617). Durch die Anführung dieser Iliasstelle,

einer der berühmtesten und ältesten Kunstbeschreibungen, bereitet Vasari den Leser auf seine eigenen zahlreichen ekphrastischen Beschreibungen im Werk vor. Besonderes Lob wird dabei der bildhauerischen Sprache Homers zuteil. Homer berücksichtigt als einziger der Vasari zugänglichen antiken Autoren in seiner Beschreibung des Schildes neben der Erzählung auch technische Aspekte der Darstellung, wogegen Philostrat und Lukian in ihren ekphrastischen Beschreibungen kaum auf technische Aspekte eingehen. In Vasaris Lob für die Schildbeschreibung des antiken Dichters, »den er uns mit aller Kunstfertigkeit eher plastisch gebildet und gemalt als mit Worten beschrieben vor Augen führt«, drückt sich die Wertschätzung für die Berücksichtigung technischer und künstlerischer Aspekte bei Homer aus.

Bibl.: Alpers 1995 (1960), insb. S. 199, Anm. 42.

100 Laktanz (ca. 250–325 n. Chr.), christlich-lateinischer Schriftsteller. Vasari spricht eine Stelle aus dessen *Divinae institutiones* an (Lactantius Firmanus, *Divinae institutiones*, II, 17).

101 Der Lydier Gyges wird im Gegensatz zu Vasaris Darstellung bei Plinius nicht als erster Künstler bezeichnet. Vasari gelangt durch eine sehr eigenwillige Plinius-Lektüre zu seinen Ergebnissen: Plinius konzediert, daß der Ursprung der Malerei offen sei und es nur Mutmaßungen gebe. Mit Sicherheit könne man nur feststellen, daß »alle [Autoren] jedoch sagen, man habe den Schatten eines Menschen mit Linien nachgezogen« (Plinius, *Naturalis historiae*, XXXV, 15; zitiert nach Plinius, Ed. König/Winkler, S. 20–21). An anderer Stelle trägt Plinius zur Erklärung des Ursprungs der Plastik die Dibutades-Geschichte vor: »Mit einem Erzeugnis des gleichen Erdmaterials begann in Korinth der Töpfer Butades [d.i. Dibutades] aus Sikyon als erster, ähnelnde Bilder aus Ton zu formen, und zwar mit Hilfe seiner Tochter, die aus Liebe zu einem jungen Mann, der in die Fremde ging, bei Lampenlicht an der Wand den Schatten seines Gesichtes mit Linien umzog; den Umriß füllte der Vater mit daraufgedrücktem Ton und machte ein Abbild […]« (Plinius, *Naturalis historiae*, XXXV, 151; zitiert nach Plinius, Ed. König/Winkler, S. 108–109). Vasari betont die bei Plinius angelegte Gemeinsamkeit, daß beide Künste mit dem Umreißen der Schatten von Körpern ihren Anfang nehmen, um sein Konzept des *disegno* als Vater der Künste zu untermauern. Für die Dibutades-Geschichte ist allerdings zentral, daß eine andere Person, die verliebte Tochter, den Schatten des Abreisenden als Erinnerung festhalten will, während bei Vasari Gyges angesichts seines Schattens seinen eigenen Umriß nachzeichnet. Vasari weicht abgesehen von der Verknüpfung von Malerei und Skulptur im *disegno* in zwei weiteren Hinsichten von der Plinius-Geschichte ab: Erstens steht am Anfang der Kunst ein Selbstpor-

trät, zweitens entsteht dieses aus einer spontanen Regung des am Kamin sitzenden Künstlers. Die Eigenliebe des Künstlers und die spontane Neigung zur künstlerischen Tätigkeit spielen bereits bei Leon Battista Alberti eine Rolle, der Narziß zum ersten Maler erklärt (Alberti, *De pictura*, II, 26, Ed. Bätschmann, S. 237–238; Alberti, *De statua*, 1, Ed. Bätschmann, S. 143). Vasari malte den Lydier Gyges und damit seine Interpretation des Ursprungs der Kunst, die eine Synthese aus Plinius und Alberti darstellt, um 1540 in der Sala del Trionfo delle Virtù in seinem Haus in Arezzo und um 1570 in der Sala delle arti e degli artisti in seinem Haus in Florenz.

Den Namen des »ersten Künstlers«, des Lydiers Gyges, entnimmt Vasari einer anderen Pliniusstelle, und das Mißverständnis des lateinischen Texts beruht wohl auf einer falschen Wortabtrennung: »Über den Ursprung der Dichtkunst herrscht große Meinungsverschiedenheit; daß sie schon vor dem Trojanischen Krieg bestanden hat, wird anerkannt [...] die Ringkunst [begründete] Pitheus, das Ballspiel der Lydier Gyges; die Malerei die Ägypter und in Griechenland Euchir, ein Verwandter des Daidalos, wie Aristoteles meint, wie Theophrastos aber, der Athener Polygnotos« (Plinius, *Naturalis historiae*, VII, 205 zitiert nach Plinius, Ed. König/Winkler, S. 144–147).

Bibl.: Kat. Vasari 1981, Kat. Nr. I.4, S. 26–29 u. II.I, S. 40–43 (Alessandro Cecchi); Schmidt-Linsenhoff 1996; Stoichita 1999 (1997), S. 11–41; Wolf 1999; Pfisterer 2001.

102 Zum Ägypter Philokles ist außer der Nennung bei Plinius (Plinius, *Naturalis historiae*, XXXV, 16) nichts bekannt.

103 Kleanthes (7. Jahrhundert v. Chr.)

104 Von Aridikes ist außer der Nennung bei Plinius (Plinius, *Naturalis historiae*, XXXV, 16) nichts bekannt.

105 Vasari folgt hier Plinius (*Naturalis historiae*, XXXV, 15–16).

106 Ekphantes (7. Jahrhundert v. Chr.) (Plinius, *Naturalis historia*, XXXV, 16)

107 Apollodoros (letztes Viertel des 5. Jahrhunderts v. Chr.). Bei Plinius heißt es: »Er [Apollodoros] war der erste, der es unternahm, die schöne Gestalt darzustellen, und er brachte zuerst mit Recht dem Pinsel Ansehen« (Plinius, *Naturalis historiae*, XXXV, 60; zitiert nach Plinius, Ed. König/Winkler, S. 53).

108 Polygnotos aus Thasos (ca. 480–440 v. Chr.)

109 Zeuxis (ca. 431–404 v. Chr.)

110 Timagoras aus Chalkis (5. Jahrhundert v. Chr.)

111 Wahrscheinlich meint Vasari den von Plinius erwähnten griechischen Bildhauer Phytias (Plinius, *Naturalis historiae*, XXXIV, 52; um 156 v. Chr.).

112 Aglaophon d. J. (um 420 v. Chr.)

113 Apelles (2. Hälfte des 4. Jahunderts v. Chr.). Die ›Verleumdung‹ des

Apelles beschreibt Lukian (*De calumniae non temere credendum*, 4/5). Bereits Alberti hatte die Lukianstelle als Beispiel für eine gelungene Darstellung der Emotionen im Kontext seiner Besprechung der Komposition zitiert (Alberti, *De pictura*, III, 53, Ed. Bätschmann, S. 295).

Bibl.: Cast 1981; Massing 1990.

114 Pacuvius, Dramendichter (220–132 v. Chr.), der Tradition nach Maler (Plinius, *Naturalis historiae*, XXXV, 19)

115 Der Malerphilosoph Metrodorus (2. Jahrhundert n. Chr.) dient Vasari als frühes Beispiel des gelehrten Künstlers. Er übernimmt diese Stelle fast wörtlich von Plinius (Plinius, *Naturalis historiae*, XXXV, 135). Bereits bei Leon Battista Alberti taucht Metrodorus in einer umfangreicheren Liste von malenden Philosophen auf (Alberti, *De pictura*, II,27, Ed. Bätschmann, S. 241).

116 Phidias (ca. 460–430 v. Chr.)

117 Praxiteles (370–320 v. Chr.)

118 Polyklet (um 420 v. Chr.)

119 Nur Pyrgoteles (4. Jahrhundert v. Chr.) war Kameenschnitzer, während Lysipp (ca. 372–306 v. Chr.) Bildhauer war.

120 Die Geschichte von Pygmalion konnte Vasari Plinius (Plinius, *Naturalis historiae*, XXXVII, 8) und Ovid (Ovid, *Metamorphosen*, X, 243) entnehmen.

Bibl.: Meyer/Neumann 1997; Blühm 1988.

121 Vasaris Darstellung des hohen Ansehens der Bildkünste in der Antike weist große Ähnlichkeit mit Leon Battista Albertis Malereitraktat auf (Alberti, *De pictura*, II, 27–29, Ed. Bätschmann, S. 239–247), das von einem engen Freund und Berater des Aretiners, Cosimo Bartoli, 1568 erstmals in einer italienischen Übersetzung im Druck erschien. Die Geschichte von Fabius ›Pictor‹ erscheint bereits bei Alberti (Alberti, *De pictura*, II, 27, Ed. Bätschmann, S. 241) und geht auf Plinius zurück (Plinius, *Naturalis historiae*, XXXV, 19).

122 Daß es in der Antike den Sklaven verboten war zu malen, belegt für Vasari, daß die Malerei eine eines freien Mannes würdige Beschäftigung sei. Alberti (Alberti, *De pictura*, II, 28, Ed. Bätschmann, S. 243) hatte die Pliniusstelle (Plinius, *Naturalis historiae*, XXXV, 19) bereits auf ähnliche Weise zur Nobilitierung der Malerei verwendet (siehe auch Glossarbegriff *disegno*).

123 Der römische Prokonsul Claudius Marcellus nahm nach einer langen Belagerung 212 v. Chr. Syrakus ein. Bei der Einnahme der Stadt wurde der griechische Mathematiker Archimedes von den Soldaten erschlagen, während er sich seinen Berechnungen widmete, was Marcellus sehr betrübte, da Archimedes auch ein großer Erfinder von

Kriegsgeräten war (Titus Livius, *Ab urbe condita*, 25, 31; Plinius, *Naturalis historiae*, VII, 125). Für die Verschonung eines Künstlers bei der Belagerung einer Stadt wird üblicherweise die Belagerung von Rhodos durch Demetrius angeführt (Plinius, *Naturalis historiae*, VII, 126 u. XXXV, 104–106). Der Tod des Archimedes wird von Titus Livius folgendermaßen geschildert: »Archimedes war gerade in Berechnungen vertieft und zeichnete dafür Figuren in den Sand, als er von einem römischen Soldaten erschlagen wurde.« Möglicherweise wollte Vasari den Mathematiker Archimedes wegen seines zeichnerischen Denkens als Künstler vereinnahmen. Aus einer solchen Überlegung heraus hat er die antiken Geschichten der Belagerung von Rhodos und Syrakus miteinander verknüpft, die im siebten Buch des Plinius direkt aufeinanderfolgen (Plinius, *Naturalis historiae*, VII, 125–126). Ascanio Condivi vergleicht in seiner 1553 erschienenen *Vita des Michelangelo* die Verschonung des Meisters durch Clemens VII. nach der Belagerung von Florenz 1529/30 mit Marcellus' Umgang mit Archimedes (Condivi, Ed. Pemsel, S. 122).

[124] Die Geschichte von Nikomedes und Praxiteles findet sich bei Plinius (Plinius, *Naturalis historiae*, VII, 127 u. XXXVI, 21).

[125] Bereits Alberti (Alberti, *De pictura*, II, 27, Ed. Bätschmann, S. 241) berichtet im Rückgriff auf Plinius (Plinius, *Naturalis historiae*, XXXV, 100) von den hohen Preisen, zu denen die Bilder des Thebaners Aristides (um 400 v. Chr.) in Rom gehandelt wurden. Auch Vasari verwendet hier eine Passage bei Plinius (Plinius, *Naturalis historiae*, XXXV, 24), geht aber über Alberti hinaus, indem er das Sujet des verkauften Gemäldes mit Hilfe einer weiteren Pliniusstelle zu identifizieren sucht, an der von einem Bild von *Bacchus und Ariadne* des Aristides im Tempel der Ceres die Rede ist (Plinius, *Naturalis historiae*, XXXV, 99).

[126] Leon Battista Alberti (* 1404 Genua – † 1472 Rom)

[127] Vasari beruft sich hier auf Leon Battista Alberti (Alberti, *De pictura*, II, 26, Ed. Bätschmann, S. 239; Alberti, *De re aedificatoria*, 7, 3; Ed. Orlandi/Portoghesi, Bd. II, S. 455–457), wobei sich sein Fortschrittsmodell der Kunstentwicklung darin zeigt, daß für ihn die etruskische Kunst mit dem Grab Porsennas in Chiusi »ihrem Höhepunkt viel näher stand als einem Anfangsstadium«.

Seit Anfang des 14. Jahrhunderts begann man in Florenz, zum Beispiel bei Giovanni Villani (* 1275 Florenz – † 1348 ebenda), die Ursprünge der Toskana auf die Etrusker zurückzuführen. Villani, der sich auf Titus Livius berufen konnte (Titus Livius, *Ab urbe condita*, 5, 23), lokalisierte bereits das Grab des Königs der Etrusker, Porsenna, in Chiusi. Die Anknüpfung an die Kultur der Etrusker, von der man aus den Schriften der antiken Autoren und durch Ausgrabungen eine Vorstellung zu bekommen begann, diente in Florenz durchweg der politischen Legitimation. Während zu Beginn des 14. Jahrhunderts die etruskische Vergangenheit der Toskana der republikanischen Propaganda diente, wird im 15. Jahrhundert als Anpassung an die Vorherrschaft der Medici der monarchische Charakter der etruskischen Gesellschaft betont, und das Interesse konzentriert sich auf den etruskischen König Porsenna. Es ist demnach nicht verwunderlich, daß sich Großherzog Cosimo I. der etruskischen Kultur zur Herrschaftslegitimation bediente. Für Vasari von besonderer Bedeutung dürfte das 1546 publizierte Werk *Il Gello, sull'origine della lingua fiorentina* von Pier Francesco Giambullari (* 1495 Florenz – † 1555) gewesen sein, worin Noah als Vater der etruskischen Sprache und damit des »volgare fiorentino«, des Toskanischen, gefeiert wird. Von Giambullari wissen wir, daß er die erste Ausgabe der *Vite* redigiert hat.

Bibl.: Garin 1976; Cipriani 1980, S. 1–36; Scapecchi 1998.

128 Die Aretiner Vasen wurden im 16. Jahrhundert hochgeschätzt. Zu ihnen zählten auch die rotfigurigen Vasen griechischer Herkunft, die in den Sammlungen als etruskische Vasen geführt wurden. Die ausführlichsten Informationen zu den Aretiner Vasen gibt Vasari in der Lebensbeschreibung seines Großvaters (*Vita di Lazzaro Vasari 1568*, in: Bettarini/Barocchi, *Vite,* Bd. III, S. 296–297) und in den technischen Einleitungen (*Introduzione alle tre arti del disegno 1568*, in: Vasari, *Einführung in die Künste,* S. 86).

Bibl.: Chastel 1959, S. 63–71.

129 Rodrigo Borgia, Papst Alexander VI. (* 1431 Jativa bei Valencia – † 1503 Rom), ab 1492 Papst

130 Unter Sixtus IV. grub der Humanist und Fälscher Giovanni Nanni (* 1432 Viterbo – † 1502 ebenda), auch Annio da Viterbo genannt, etruskische Statuen aus und fälschte antike Manuskripte. Nanni begründete am Ende des 15. Jahrhunderts den Mythos der Etrusker, wobei er ihnen andichtete, daß sie nach der Sintflut von Noah nach Italien geführt worden wären und er sie alles Wissen und jeden Ritus gelehrt habe.

Bibl.: Chastel 1959, S. 63–71; Grafton 1991 (1990).

131 Die Chimäre (Archäologisches Museum, Florenz [siehe Seite 62] wurde 1554 von Benvenuto Cellini restauriert. Die Inschrift, die Vasari in seinem neuzeitlichen Kunstverständnis bezeichnenderweise für eine Signatur oder Datierung hält, weiht das Werk dem etruskischen Gott Tin. Diese Passage fügte Vasari in der zweiten Ausgabe der *Vite* von 1568 seine Ausführungen über die Etrusker hinzu.

Bibl.: Christofani 1979.

132 Zur Untermauerung dieser Ursprungstheorie führt Vasari ein ontogenetisches Argument an, wonach sich bei Kindern ohne die Hilfe ir-

gendwelcher Lehrer und ohne das Vorbild berühmter Werke die künstlerische Begabung oft spontan äußere. Das begabte Kind ohne Lehrer befindet sich in derselben Situation wie die ersten Menschen, die nur nach dem Vorbild der göttlichen Schöpfung künstlerisch tätig werden konnten. Diesen Topos des sich spontan äußernden kindlichen Talents verwendet er in mehreren Lebensbeschreibungen, vor allem bei Giotto (*Vita di Giotto 1568*, in: Bettarini/Barocchi, *Vite*, Bd. II, S. 96).

Bibl.: Kris/Kurz 1995 (1934), S. 37–52; Barolsky 1996 (1992).

133 Vasari wiederholt und begründet seine Theorie des Ursprungs der Kunst und erläutert dabei seine historiographischen Maßstäbe. Da die auf ihn gekommenen Nachrichten über einen absoluten Ursprung oder einen Erfinder der Kunst zu unsicher sind, fühlt er sich zu der Annahme berechtigt, daß diese Künste aus der Natur und dem Vorbild des »wunderschönen Weltgebäudes« ihren Ursprung nehmen. Die künstlerische Begabung beruht auf göttlicher Inspiration, hebt den Menschen vom Tier ab und gleicht ihn Gott an. Vasari geht demnach von einer angeborenen künstlerischen Begabung des Menschen aus, die im Gegensatz zu Alberti (Alberti, *De statua*, 1, Ed. Bätschmann, S. 143; Alberti, *De pictura*, II, 26, Ed. Bätschmann, S. 237–238) nicht nur naturalistisch, sondern durch göttliche Inspiration erklärt wird. Einen Erfinder der Kunst oder ein Ursprungsland anzugeben, erübrigt sich in den Augen Vasaris, da weder die historischen Nachrichten zuverlässig genug sind, um eine der Ursprungshypothesen vorzuziehen, noch ausgeschlossen werden kann, daß die Menschen wegen ihrer angeborenen Begabung schon vor dem postulierten Anfang künstlerisch tätig waren.

Bibl.: Chastel 1954, S. 57–64; Rouchette 1959, S. 21–26; Parronchi 1964 (1959); Janson 1961; Collareta 1998.

134 Vasari ist der erste Autor des italienischen Humanismus, der den Begriff *rinascità* als Substantiv gebraucht und der die nachantike Geschichte in ein dreiteiliges Geschichtsschema nach dem Muster »Perfektion, Verfall, Wiedergeburt« einteilt. Die Rede von der Wiedergeburt könnte hier auf Paolo Giovios *Elogia veris clarorum virorum* fußen, der in der Vita Boccaccios von den »renatae literae latinae« spricht (Paolo Giovio, *Elogia veris clarorum virorum*, Venedig 1546, S. 7; siehe Frangenberg 2003. Schon Antonio di Tuccio Manetti hatte in seiner um 1480 geschriebenen *Vita des Brunelleschi* antike Perfektion, mittelalterlichen Niedergang und moderne Erneuerung der Architektur beschrieben, allerdings ohne den Begriff *rinascità* zu verwenden.

Bibl.: Buck 1969; Garin 1976; Warnke 1997 (1977); Burke 1998; Frangenberg 2003.

135 Der Tempel der Ceres, Liber und Libera wurde auf dem Aventin er-

baut und 493 v. Chr. von Spurius Cassius Vecellinus eingeweiht. Die Informationen über die Giebelstatuen des Ceres-Tempels konnte Vasari Plinius (Plinius, *Naturalis historiae*, XXXV, 154) oder Vitruv (Vitruv, *De architectura*, 3, 3, 5) entnehmen.

[136] Konstantin der Große (* ca. 275 Naissus – † 337 n. Chr. Nikomedeia), seit 306 n. Chr. römischer Kaiser, spätestens seit 324 n. Chr. Erhebung des christlichen Glaubens zur Staatsreligion. Konstantin verlegte den Sitz des römischen Reiches 324 n. Chr. nach Byzanz, das er in Konstantinopel (heute Istanbul) umbenannte.

[137] Eine zusammenhängende Schilderung des allmählichen Niedergangs der antiken Kunst seit Konstantin wurde den *Vite* erst in der zweiten Ausgabe hinzugefügt, während in der ersten Ausgabe die Spolien am Konstantinsbogen zusammen mit anderen mittelalterlichen Kunstwerken nur als Beispiele der *maniera vecchia*, der ›alten Manier‹, angeführt wurden. Die an dem Studium der antiken Ruinen gewonnene Vorstellung, daß die antike Kunst bereits seit der Zeit Konstantins des Großen im Niedergang begriffen war, hat zuerst Raffael (* 1483 Urbino – † 1520 Rom) in seinem Brief an Leo X. formuliert. Auf diesen Brief greift Vasari für die Besprechung des Konstantinsbogen zurück, insbesondere für die Identifizierung der trajanischen Spolien und für die These, daß der Verfall der Malerei und Skulptur vor den barbarischen Einfällen begonnen hatte. Neu ist Vasaris These, daß die Architektur dank der Spolien über längere Zeit ihr Niveau halten konnte. Vasari benennt die Schriften Raffaels ausdrücklich als Quelle für sein Werk (siehe Seite 32), wobei er sicherlich auch den Brief an Leo X. meint. Ein Exemplar des Briefes kam zusammen mit einem Vitruvkommentar aus der Bibliothek des Florentiner Humanisten Pier Vettori (* 1499 Florenz – † 1585 ebenda) in die Münchner Staatsbibliothek. Vasari konnte ihn daher aus der Bibliothek dieses Humanisten gekannt haben.

Bibl.: Fontana/Morachiello 1972, S. 15–19; Raffael, *Lettera a Leone X*, Ed. Bonelli, S. 459–484; Williams 1989, S. 199–209; Brandenburg 1995.

[138] Das Taufbecken der Lateransbasilika wurde unter Sixtus III. (432–440 n. Chr.) umgebaut. Vasari mag hier an Giulio Romanos Darstellung der *Taufe Konstantins* in der Sala di Costantino im Vatikan gedacht haben, worin Giulio Romano das konstantinische Aussehen des Taufbekkens zu rekonstruieren versuchte.

Bibl.: Krautheimer 1986 (1965), S. 90–92.

[139] Die Identifizierung der Gärten des Equitius mit dem Platz der Lateransbasilika, der Verweis auf Salvatorbild und Silberapostel, die schon im 16. Jahrhundert verschollen waren, konnte Vasari durch die Vermitt-

lung seines gelehrten Freundes Vincenzo Borghini (*1515 Florenz – † 1580 ebenda) dem *Liber pontificalis* entnehmen. Mit der Errichtung der Lateransbasilika wurde möglicherweise schon 313 n. Chr. unter Konstantin neben einem kaiserlichen Palast begonnen, den der Kaiser dem Bischof von Rom geschenkt hatte.

Bibl.: Krautheimer 1986 (1965), S. 46–48; Williams 1989, S. 199–209; Wolf 1990, S. 60–65; Morello/Wolf 2000, S. 39–45.

[140] Den Verfall der Malerei und Skulptur, den Vasari Raffael folgend am Gebrauch von Spolien für den Konstantinsbogen festmacht, versucht er über Raffaels Brief an Leo X. hinausgehend an anderen »konstantinischen Kirchenbauten« festzumachen. Wenn er die römischen Kirchenbauten Alt-Sankt Peter (Baubeginn ca. 313 n. Chr.), die durch Umbau eines Palastes der Kaiserin Helena entstandene Kirche Santa Croce in Gerusalemme (um 329 n. Chr.), San Lorenzo fuori le mura (579–590 n. Chr.) und das Mausoleo di Santa Costanza bei Sant'Agnese (um 350 n. Chr.) teilweise zu Recht als konstantinische Stiftungen anspricht, stützt er sich wiederum auf Informationen aus dem *Liber pontificalis*. Indem er den Porphyrsarkophag im Mausoleo di Santa Costanza als Werk einer Zeit »vor dem Verfall« begreift und das Mausoleum seiner Meinung nach deswegen später zu datieren ist, wendet er seine zuvor geäußerte These, daß die Architektur sich besser gehalten hätte als die Malerei und die Skulptur, auf ein konkretes Beispiel an.

Bibl.: Vasari, Ed. Frey, S. 159–217; Williams 1989, S. 199–209.

[141] Julianus Flavius Claudius (*331 n. Chr. Rom – † ca. 362 Arezzo)

[142] Heiliger Donatus, Bischof von Arezzo (*291 Tabatha – † 371 n. Chr. Zypern)

[143] Hilarion (331–363 n. Chr.)

[144] Den Niedergang der Kunst zeichnet Vasari sparsam mit wenigen Beispielen nach. Während der unter Sixtus III. begonnene Bau von Santa Maria Maggiore in Rom (432–440 n. Chr.) noch einiges vom guten, antiken Stil aufweise – er galt im 16. Jahrhundert als Stiftung des Papstes Liberius (352–366 n. Chr.) –, so fielen die darauffolgenden Bauten deutlich ab: Santi Giovanni e Paolo in Rom (410–420 n. Chr.), San Donato in Arezzo (Anfang des 11. Jahrhunderts), das 1561 dem Neubau der Zwingburg unter Cosimo I. zum Opfer fiel, und Santa Maria in Gradi in Arezzo (11.–12. Jahrhundert), die 1592 von Bartolomeo Ammannati umgebaut wurde. Santi Giovanni e Paolo in Rom und San Donato in Arezzo datiert Vasari 362 n. Chr.; nach dem damals angenommenen Jahr des Martyriums der Heiligen. Vasari betont den aufgewendeten Reichtum, die Fülle an vorhandenem Baumaterial und antiken Spolien beim Bau von San Donato in Arezzo, um deutlich zu machen, daß nicht

fehlende Mittel, sondern der Niedergang der Kunst für das Resultat verantwortlich gewesen sei.

Bibl.: Vasari, Ed. Frey, S. 159–217; Williams 1989, S. 199–209; Poeschke 1995.

145 Die Rede vom Schicksalsrad ist der *Philosophiae consolationis* des spätantiken Autors Boethius (*480 Rom – † um 524 Pavia) entnommen.

Zum Zeitpunkt der ersten Ausgabe der *Vite* wurden drei *volgare*-Übertragungen der spätantiken Schrift auf Geheiß Cosimos I. in Florenz gedruckt: die von Ludovico Domenici (1550), die von Cosimo Bartoli (1551) und die von Benedetto Varchi (1551), so daß die Übernahme durch Vasari nicht verwunderlich ist (siehe zum Beispiel Boezio Severino, *Della consolazione della filosofia. Tradotto di lingua latina in volgare fiorentino da Benedetto Varchi*, Florenz 1584, S. 39).

146 Indem Künstler die Erinnerung an die Taten der großen Männer wachzuhalten vermögen, haben sie zusammen mit den Schriftstellern eine entscheidende Rolle bei der Verbreitung des Ruhms einer Person. Der Anteil der Künste des *disegno* an der Verbreitung des Ruhms stellt ein Argument zur Nobilitierung derselben dar. Im Rangstreit zwischen Malerei und Skulptur wird der Ewigkeitswert des Materials als Argument für den höheren Adel der Künste angeführt (siehe »Vorrede des Gesamtwerks«). Für Vasari verbreitet das geschaffene Werk den Ruhm des Dargestellten oder Auftraggebers in dem Maße, in dem es künstlerisch den höchsten Ansprüchen genügt. Insofern kann sich Paul III. glücklich schätzen, Michelangelo das *Jüngste Gericht* in Auftrag gegeben zu haben (Vasari, *Michelangelo*, S. 129).

147 Alarich I. (ca. 370–410 n. Chr.), König der Westgoten, seit 397 oströmischer Statthalter in Illyrien, fällt 401, 403 und 408 in Italien und 410 in Rom ein.

148 Genserich († 477 n. Chr.), erster König der Vandalen von Afrika

149 Flavius Placidus Valentinianus, Valentinian III. (*419 Ravenna – † 455 n. Chr. Rom), weströmischer Kaiser seit 425

150 Schon Lorenzo Ghiberti (* um 1378 Florenz – † 1455 ebenda) hatte in seinen *Commentarii* (um 1450) eine drastische Schilderung der Zerstörung der antiken Kunst gegeben: »Die christliche Religion errang den Sieg unter Kaiser Konstantin und Papst Silvester. Die Götzenverehrung verfolgte man dermaßen streng, daß alle Statuen und alle Malereien von solchem Adel, ehrwürdigem Alter und vollkommener Würde zerstört und zerschlagen wurden. Mit den Statuen und Bildern gingen alle Bücher, Traktate, Zeichnungen und Regeln verloren, von denen man eine solche vollkommene und edle Kunst hätte erlernen können. Um jeden antiken Brauch der Götzenverehrung zu verhindern, entschied

man, daß alle Tempel weiß sein sollten. In jenen Zeiten verhängte man auf das Anfertigen jeglicher Statue oder Malerei die strengsten Strafen, so daß Bildhauerei, Malerei und jegliches Wissen über die Verfahren derselben erloschen. Nachdem die Kunst so verloren war, blieben die Tempel 600 Jahre weiß« (Ghiberti, Ed. Schlosser, Bd. I, S. 35). Vasari schildert zwar die Barbareninvasionen ausführlich, sieht aber wie Ghiberti im Ikonoklasmus der frühen Christen die entscheidende Ursache für den Niedergang der Künste.

In der ersten Ausgabe der *Vite* kritisiert er noch drastischer: »[...] wie auch für Sankt Peter Säulen, Steinblöcke und Verkleidungen von der [Basilica] Antoniana verwendet wurden und man für Santa Maria Maggiore die Thermen von Diokletian und Titus ausraubte. Dies bedeutete einen enormen Schaden für jene überaus göttlichen Bauten, die wir heute beschädigt und zerstört sehen« (*Proemio delle vite 1550*, in: Bettarini/Barocchi, *Vite*, Bd. II, S. 19). Die erste Ausgabe der *Vite* entstand am Hof Pauls III., wo die Verurteilung des frühchristlichen Ikonoklasmus gängig war. Auch in Florenz verurteilte Giambattista Gelli (*1498 Florenz – † 1563 ebenda) 1550 in seinen *Vite d'artisti* die frühchristliche Antikenzerstörung. Die Bewertung des frühchristlichen Ikonoklasmus, die von einer ganzen Generation von Humanisten verurteilt wurde, begann sich in der zweiten Hälfte des 16. Jahrhunderts wieder zu verändern. Im Zuge der Gegenreformation begannen die Päpste, den Antikenkult ihrer Vorgänger zu überdenken und den frühchristlichen Ikonoklasmus nicht mehr zu verurteilen. Vor diesem Hintergrund schien es Vasari wohl in der zweiten Ausgabe angemessen, seine Kritik abzumildern.

Bibl.: Buddensieg 1965; Herklotz 1985; Black 1995.

151 Totila, eigentlich Badiula († 552 n. Chr. Caprara), seit 541 König der Ostgoten, riß lediglich einen Teil der Aurelianischen Mauer nieder.

Bibl.: Vasari, Ed. Chastel, Bd. I, S. 236–237.

152 Die Grotesken erwähnt Vasari ausführlicher in den technischen Einleitungen der zweiten Ausgabe (Vasari, *Einführung in die Künste*, S. 123–124), in einem Zusatz über Andrea Feltrini zur Vita von Morto da Feltre (*Vita di Morto da Feltre 1568*, in: Bettarini/Barocchi, *Vite*, Bd. IV, S. 520–521) und in der Vita von Giovanni da Udine (Vasari, *Raffael-Werkstatt*, S. 91).

Bibl.: Morel 1997.

153 Die Erzählung von der Zerstörung und Plünderung durch Konstantinus II., Kaiser des Ostreiches (641–668 n. Chr.), der Rom im Jahr 663 n. Chr. betrat, findet sich in der *Historia langobardorum* (V, 11-13) von Paulus Diaconus (*720/730 Friuli – † 799 Monte Cassino). Vasari verwendete ein Transkript der *Historia langobardorum* seines Freundes Vincenzo Borg-

hini (Florenz, Biblioteca Nazionale Centrale) zur Anfertigung dieses *Proemio.*

Bibl.: Williams 1989, S. 199–209 u. S. 292–299.

154 Die Vorstellung, daß Gregor der Große (590–604 n. Chr.) die frühchristliche Antikenzerstörung veranlaßt habe, ist bereits seit dem 12. Jahrhundert weit verbreitet. Im Rahmen der bis ins 16. Jahrhundert andauernden Diskussionen, wie die frühchristliche Antikenzerstörung zu beurteilen sei, wird die Autorität Gregors des Großen von Verteidigern und Gegnern angerufen. Vasari verurteilt den frühchristlichen Ikonoklasmus neben den Zerstörungen der Barbareninvasionen deutlich.

Bibl.: Buddensieg 1965.

155 Vasari versucht, die drastische Abweichung der ihm bekannten mittelalterlichen Kunst von seinen Vollkommenheitsvorstellungen dadurch zu erklären, daß er auf die Zerstörung der antiken Vorbilder und das Fehlen von Regeln hinweist, die man den antiken Vorbildern hätte entnehmen können. Er konzediert zwar an anderer Stelle der Vorrede, daß Reste der Antike auch den Menschen des Mittelalters vor Augen standen; nur verfügten diese nicht über ein angemessenes Urteil, um das Gute vom Schlechten zu unterscheiden, weswegen in Vasaris Augen für sie die antiken Ruinen tot blieben. Mittlerweile wurde die weitgehende Kontinuität der Antikenrezeption im Mittelalter nachgewiesen und damit die Grundlage für ein besseres Verständnis der mannigfachen Arten der Antikenrezeption zwischen dem 13. und 16. Jahrhundert geschaffen. Neben der zentralen Errungenschaft, die Antike einigermaßen stabil als abgeschlossene Epoche zu betrachten und sie von daher wiederbeleben zu können, blieben die früheren, im Mittelalter etablierten Formen des Antikengebrauchs in der Frühen Neuzeit noch lange wirksam.

Bibl.: Settis 1986; Poeschke 1995; Herklotz 1998.

156 Der nachfolgende Abriß der ravennatischen und langobardischen Kunst basiert auf einem Transkript der *Historia langobardorum* von Paulus Diaconus (Florenz, Biblioteca Nazionale Centrale), das Vincenzo Borghini für Vasari anfertigte. In der ersten Edition der *Vite* begann die Diskussion des mittelalterlichen Kirchenbaus mit der Kathedrale von Pisa, so daß die größere Aufmerksamkeit für die mittelalterliche Kunst in der zweiten Ausgabe als eine vereinte Anstrengung von Borghini und Vasari anzusehen ist. Die byzantinischen Mosaiken im Vorhof von Alt-Sankt Peter, die Vasari an dieser Stelle anspricht, konnten nicht identifiziert werden.

Bibl.: Vasari, Ed. Frey, S. 159–217; Williams 1989, S. 199–209 u. S. 292–299; Scorza 1998.

157 Vasari meint hier das Mausoleum Theoderichs in Ravenna (um 526 n.

Chr.), dessen innere Dekoration infolge einer Restaurierung im 18. Jahrhundert verlorengegangen ist. Der Grund für die lebhafte Beschreibung der Kuppel des Mausoleums, die aus der teilweise uninspirierten Schilderung der ravennatischen und langobardischen Kunst heraussticht, muß man in der Reise Vasaris 1566 nach Ravenna sehen, wo er die Kuppel vermaß (Frey, Bd. II, S. 235 [Giorgio Vasari in Bologna an Vincenzo Borghini in Florenz, 30. April 1566]). Vasari war in diesen Jahren, wie er selbst berichtet, mit der Planung der dynastischen Grablege der Medici, der Capella dei Principi in San Lorenzo beschäftigt, woraus das Interesse für das Mausoleum zu erklären ist (Vasari, *Mein Leben*, S. 88).

Bibl.: Satkowski 1979, S. 40; Williams 1989, S. 199–209 u. S. 292–299.

158 Das augenfälligste Merkmal von Vasaris Darstellung der mittelalterlichen Kunst ist das Postulat einer Diskontinuität zwischen antiker und nachantiker Kunstentwicklung. Den Bruch sieht Vasari in den Wirren der Völkerwanderungszeit und setzt so den Ursprung des »gotischen Stils« äußerst früh an. Daß zum Beispiel der romanische Stil eine Kontinuität zwischen Antike und Mittelalter darstellt, verkennt Vasari, da in seinem zyklischen Entwicklungsmodell ein Stil, der der Antike ähnelt, nur als eine Degeneration des antiken Stils oder als Beginn der Wiederbelebung desselben gedeutet werden kann. Für Vasari ist der »deutsche Stil«, die Gotik, unmittelbar aus der Völkerwanderungszeit hervorgegangen, und seine »verwerfliche Plumpheit« ist in der bejammernswerten Lage begründet, die für die Künste nach der Zerstörung Roms eingetreten war. Auf die Gotik folgt bei Vasari die »maniera greca«, der »griechische Stil«, in dem er einen Schritt zu mehr Regelhaftigkeit sah. Wenn Vasari hier von einer »maniera greca«, einem »griechischen Stil«, spricht, dann meint er eine byzantinische Mal- und Bauweise und keine antike griechische Kunst.

Bibl.: Panofsky 1998 (1930); Muratova 1994; Brandis 2002; Niehr 2001.

159 Den unspezifischen Verweis auf die Paläste Theoderichs in Ravenna, Modena und Pavia entnimmt Vasari Flavio Biondos *Decades ab inclinatione imperii* (1453).

Bibl.: Williams 1989, S. 203.

160 Unter die Architekturen, die eher reich und groß als wohlerdacht seien, reiht Vasari einige Kirchenbauten in Rimini und Ravenna ein. Es ist unklar, welche Kirche Vasari mit Santo Stefano in Rimini meint, während »San Martino« eine ältere Bezeichnung für Sant'Appolinare Nuovo in Ravenna (um 490) ist. San Giovanni Evangelista (426–434 n. Chr.) und San Vitale (526–548 n. Chr.) in Ravenna werden von Vasari und Borghini zutreffend datiert. Mit der »Badia in Classe« meint er Sant' Apollinare in Classe (533–536 n. Chr.). Die hier einsetzende Textpassa-

ge stimmt fast wörtlich mit Borghinis Transkript der *Historia langobardorum* von Paulus Diaconus (Florenz, Biblioteca Nazionale Centrale) überein. Die umständliche Ausdrucksweise und mangelnde Klarheit der Passage ist darauf zurückzuführen, daß Vasari die Notizen seines Freundes, die für die Publikation in dieser Form sicherlich nicht vorgesehen waren, in seinen Text ohne weitere Überarbeitung aufnimmt.

Bibl.: Vasari, Ed. Frey, S. 159–217; Krautheimer 1986 (1965); Williams 1989, S. 199–209 u. S. 292–299.

161 Theodelinde (*570/575 ? – † 627 Monza), Königin der Langobarden seit 589

162 Vasari spricht hier, neben den unspezifizierten französischen Benediktiner-Abteien in Frankreich, Monte Cassino (1058–1071) und den Dom von Monza, San Giovanni Battista (im 4. Jahrhundert gegründet, Bau aus dem 13. Jahrhundert), an. Die Malereien werden von Vasari nach der schriftlichen Überlieferung und der eigenen Vorstellung geschildert. Sie sind nicht erhalten. Im Dom von Monza ist nur ein Theodelinde-Zyklus aus dem 15. Jahrhundert überliefert.

163 Aribert († 661), König der Langobarden seit 653

164 Rodwald († 653), König der Langobarden

165 Grimoald, König der Langobarden (662–671)

166 Gemeint sind hier die langobardischen Gründungen San Giovanni Domnarum (erhaltener Bau aus dem 11.–12. Jahrhundert), San Salvatore (erhaltener Bau 1467–1511), Sant'Ambrogio Minore (1502 verändert), das Kloster Santa Agata (673 gegründet; zerstört) und die Basilika Santa Maria Rotonda delle Pertiche (heute zerstört) in Pavia. San Giorgio di Coronate konnte nicht identifiziert werden. Vasari spricht hier die Schlacht bei Cornate d'Adda von 688 an (Paulus Diaconus, *Historia langobardorum*, V, 39).

Bibl.: Vasari, Ed. Frey, S. 159–217.

167 Liutprand († 744), König der Langobarden seit 712

168 Karl der Große (*747 ? – † 814 Aachen), seit 768 König der Franken, seit 774 König der Langobarden, seit 800 Kaiser des Heiligen Römischen Reiches Deutscher Nationen

169 Pippin III. (*714/15 Austrasia – † 768 St. Denis), seit 751 König der Franken

170 Aistulf († 756), König der Langobarden seit 749

171 Desiderius († 774), König der Langobarden seit 757

172 Es werden hier San Piero in Ciel d'Oro in Pavia (heutiger Bau 1117–1132), San Pietro al Monte in Civate (heutiger Bau 9. Jahrhundert) und das Monastero di San Salvatore, auch Santa Giulia genannt, in Brescia (9. Jahrhundert) angesprochen. Mit dem »Monasterio di San Vincenzo«

meint Vasari San Vincenzo in Prato in Mailand (heutiger Bau 9. Jahrhundert).

Bibl.: Vasari, Ed. Frey, S. 159–217.

173 Filippo Brunelleschi (* 1377 Florenz – † 1446 ebenda)

174 Die Legende von der Errichtung der Kirche Santi Apostoli (1. Hälfte des 11. Jahrhunderts) durch Karl den Großen beruht auf einer gefälschten Inschrift aus dem 15. Jahrhundert. Vasari spielt auf die Seitenschiffe von Santi Apostoli an, die mit ihren Traveen und Gurtbögen denen von San Lorenzo und Santo Spirito sehr ähnlich sind und wahrscheinlich auch aus dem 14. Jahrhundert stammen. Vasari will mit dieser Aussage die florentinischen Vorbilder der Architektur von Brunelleschi gegenüber den römisch-antiken hervorheben.

Bibl.: Vasari, Ed. Frey, S. 159–217; Onians 1982.

175 Giovanni Morosini (10. Jahrhundert), erster Abt des Benediktinerklosters von San Giorgio Maggiore

176 Justinian Particiaco, auch Partezipazi, Doge von Venedig (827–829)

177 Giovanni Particiaco, auch Partezipazi, Doge von Venedig (829–836)

178 Domenico Selvo, Doge von Venedig (1071–1084)

179 Piero Polani (*1100 – † 1148), Doge von Venedig seit 1130

180 Ursprünglich stand an der Stelle der heutigen, von Palladio erbauten Kirche San Giorgio Maggiore ein Benediktinerkloster aus dem 10. Jahrhundert. Wahrscheinlich erhielt Vasari die Nachricht über diese Kirche von einem venezianischen Informanten, der sie wiederum aus einer der zahlreichen Chroniken Venedigs aus dem 13. und 14. Jahrhundert entnommen haben könnte. Die Informationen über San Marco entstammen der Chronik des Johannis Diaconi, der auch von der zerstörerischen Feuersbrunst spricht; sie stimmen weitgehend mit der heutigen Forschung überein. Vasaris Informant könnte Cosimo Bartoli gewesen sein, der Florentiner Botschafter in Venedig war und in einem Brief an Vasari über das Thema schreibt (Frey, Bd. I, S. 743–744), oder Vincenzo Borghini, von dem ein Quellenexzerpt (Florenz, Biblioteca Nazionale Centrale) nach Sanudos Chronik von Venedig bekannt ist.

Bibl.: Vasari, Ed. Frey, S. 159–217; Williams 1989, S. 208.

181 Hugo von Tuskien (* 953/4 ? – † 1001 Pistoia). Die legendäre Gestalt des Gründers der »Sette Badie« wird seit dem 14. Jahrhundert in Florenz literarisch oft angeführt. Vasari folgt hier der Chronik von Giovanni Villani (* 1275 Florenz – † 1348 ebenda) und identifiziert den Gründer mit Markgraf Hugo von Tuskien, dessen Mutter laut Urkunde vom 31. Mai 978 die Badia von Florenz gestiftet hat. Es existiert eine Abschrift dieser Urkunde von der Hand Borghinis, die wahrscheinlich für Vasari angefertigt wurde.

Bibl.: Vasari, Ed. Frey, S. 159–217.

182 Fiesole wurde zur Zeit Vasaris für eine antik-römische Gründung gehalten; deswegen spricht er von der Zerstörung einer antiken Stadt, nach der nur noch Paläste im gotischen Stil errichtet wurden. Die geschichtlichen Theorien über das Alter der Stadt Florenz waren zur Zeit der Verfassung der zweiten Ausgabe der *Vite* politisch höchst brisant, da das Alter der Stadt und des Geschlechts ein wichtiges Argument im Streit um den höheren Rang der Este- und Medici-Herzogtümer waren.

Bibl.: Williams 1998.

183 Ildebrando, Bischof von Florenz (1008–1024)

184 Die romanischen Bauformen der Kirche von San Miniato (1018–1062, Fassade aus dem 12. Jahrhundert) und die polychrome Marmorfassade deutet Vasari nicht als Zeichen der kontinuierlichen Nachwirkung der Antike im Mittelalter, sondern als einen Beginn der Wiederbelebung der Antike. Die Datierung geht auf ein Quellenexzerpt von Borghini zurück.

Das Baptisterium von Florenz (eingeweiht 1059) galt in Florenz als ursprünglich antik-römischer Bau, als Marstempel und somit als Beleg für das ehrwürdige Alter der Stadt.

Bibl.: Vasari, Ed. Frey, S. 159–217; Straehle 2001.

185 Buschetto, auch Busketus (Pisa Anfang des 12. Jahrhundert)

186 In der ersten Ausgabe der *Vite* stellt die Kathedrale von Pisa (begonnen 1063) noch einen Triumph des barbarischen Stils dar, während Vasari in der zweiten Ausgabe die antikischen Formen des Bauwerks zu würdigen beginnt (*Proemio delle vite 1550*, in: Bettarini/Barocchi, *Vite*, Bd. II, S. 22–25). Die lateinische Inschrift lautet in Vasaris Transkription: »QUOD VIX MILLE BOUM POSSENT IUGA IUNCTA MOVERE / ET QUOD VIX POTUIT PER MARE FERRE RATIS / BUSCHETTI NISU QUOD ERAT MIRABILE VISU / DENA PUELLARUM TURBA LEVAVIT ONUS«. Sie findet sich auf einer Marmortafel über dem ca. 1130 entstandenen Sarkophag Buschettos, der in die Fassade des Pisaner Doms eingefügt wurde, und ein zweites Mal in kleineren Lettern direkt auf dem Sarkophag. Die Transkription Vasaris deckt sich bis auf ein Detail mit der heutigen Inschrift: bei Vasari heißt es statt »levabat« »levavit«.

Bibl.: Peroni 1995, Bd. III (Textband), S. 336; Settis 1986, S. 375–488, insbesondere S. 395–398; Seidel 2003.

187 Die lateinische Inschrift lautet in Vasaris Transkription: »VIII° V° DIE VI APRILIS IN RESUR[R]ECTIONE DNI KAROLUS FRANCORUM REX A ROMA REVERTENS INGRESSUS FLORENTIAM CUM MAGNO GAUDIO ET TRIPUDIO SU-

SCEPTUS CIVIUM COPIAM TORQUEIS AUREIS DECORAVIT. ECCLESIA SANCTORUM APOSTOLORUM IN ALTARI INCLUSA EST LAMINA PLUMBEA IN QUADESCRIPTA APPARET PRAEFATA FUNDATIO ET CONSECRATIO FACTA PER ARCHIEPM TURPINUM TESTIBUS ROLANDO ET ULIVERIO.« Santissimi Apostoli wurde nicht von Karl dem Großen, sondern in der ersten Hälfte des 11. Jahrhunderts erbaut. Die Inschrift ist eine Fälschung des 15. oder 16. Jahrhunderts und greift auf eine alte Florentiner Tradition zurück, die bereits in Giovanni Villanis Chronik und bei Coluccio Salutati anzutreffen ist. Bei Vasaris Transkription der Inschrift fehlt im Mittelteil folgender Text: »ET IN PENTECOSTEM FUNDAVIT [ECCLESIA SANCTORUM APOSTOLORUM]« – »AM PFINGSTTAG GRÜNDETE ER [DIE KIRCHE DER HEILIGEN APOSTEL]«.

Bibl.: Vasari, Ed. Frey, S. 159–217; Paatz/Paatz, *Kirchen von Florenz*, Bd. I, S. 226 u. 245.

188 Atto (*1070/80 – † 1153), seit 1133 Bischof von Pistoia

189 Welcher Quelle Vasari das Datum 1032 als Baubeginn von San Paolo in Pistoia (1291–1302) entnahm, ist ungeklärt. Bemerkenswert ist, wie Vasari mit der Formulierung »wie es in einem Vertrag jener Zeit nachzulesen ist« die Überprüfbarkeit seiner mit Hilfe von Freunden und Mitarbeitern durchgeführten Archivforschungen hervorhebt.

Bibl.: Vasari, Ed. Frey, S. 159–217.

190 Vasari bezieht die Datierung des Baptisteriums von Pisa (gegründet 1153) und seine anekdotischen Zutaten an dieser Stelle aus der *Cronica Pisana* des Marangone.

Bibl.: Vasari, Ed. Frey, S. 159–217.

191 Alexander II. (*? Baggio – † 1073 Rom), seit 1063 Papst

192 Die Datierung des San Martino geweihten Doms von Lucca (begonnen 1372) entnimmt Vasari einer Inschrift der Fassade, die Papst Alexander II. ehrt. Alle anderen Angaben sind weiteren Inschriften an der Domfassade zu entnehmen. Ihm entgeht die Inschrift von 1204, die Guidetto da Como als Architekten des Kirchenbaus identifiziert. Mit dem Werk Nicola Pisanos (*1220/25 – † vor 1284) meint er die *Kreuzabnahme* im Giebelfeld des Eingangsportals.

Bibl.: Vasari, Ed. Frey, S. 159–217; Williams 1989, S. 209.

193 Der Ausdruck »Feinheit der Luft« (ital. *aria*) meint hier ein bestimmtes künstlerisch-geographisches Milieu. Zum Beispiel erklärt Vasari Michelangelos Fernbleiben aus Florenz durch die »Qualität des Klimas«: »[...] nämlich daß seine langjährige Abwesenheit von Florenz keinen anderen Grund hatte als die Qualität des Klimas. Da die Erfah-

rung ihn gelehrt hatte, daß die Florentiner Luft wegen ihres rauhen und strengen Gepräges seiner körperlichen Verfassung äußerst abträglich und jene Roms viel weicher und gemäßigter war, blieb er bis zum neunzigsten Jahr bei bester Gesundheit [...]« (Vasari, *Michelangelo*, S. 129). In der Vita des Rosso wird von dem negativen Einfluß des römischen Milieus auf einige Künstler gesprochen: »Dies könnte Rosso im römischen Klima zugestoßen sein, wo er wegen der herrlichen Dinge, die er dort an Bauwerken und Skulptur, an Malerei und Statuen Michelangelos sah, vielleicht mit sich selbst nicht zurechtkam. Diese Werke ließen auch Fra Bartolomeo von San Marco und Andrea del Sarto flüchten, ohne irgendein Werk in Rom gestaltet zu haben« (Vasari, *Rosso Fiorentino*, S. 18).

Bibl.: Chastel 1978 (1973); Summers 1981, S. 56–59; Summers 1989.

194 Nero (*37 Antium – † 68 n. Chr. Rom), römischer Kaiser seit 54

195 Vespasian (*9 Reate – † 79 n. Chr. Cutilae), römischer Kaiser seit 69

196 Trajan (*53 Italica – † 117 n. Chr. Selinunt), römischer Kaiser seit 98

197 Hadrian (*76 Italica – † 138 n. Chr. Baies), römischer Kaiser seit 117

198 Antoninus (*86 Lanuvium – † 161 n. Chr. ebenda), römischer Kaiser seit 138.

199 Silvester I. († 335 Rom), Papst seit 314; der Legende nach, die in die konstantinische Schenkung einging, taufte er Konstantin den Großen und heilte ihn von Aussatz.

200 Vasari verwendet Stil (ital. *maniera*) an dieser Stelle mit adjektivischer Ergänzung (*antica* und *vecchia*) als kritisches Urteil über eine Epoche. Er erklärt seine Unterscheidung zwischen einer antiken, nachahmenswerten Manier, »maniera antica«, die er auch manchmal die »buona maniera antica«, die »gute antike Manier« nennt, um sie von bereits in der Antike ansetzenden Verfallsformen abzugrenzen, und einer alten, unmodernen Manier, »maniera vecchia«. Die Datierung des beginnenden Verfalls der antiken Kunst beruht auf der Untersuchung der kaiserlichen Medaillen und Münzen, wie sich einer unpublizierten Notiz in Vincenzo Borghinis *Selva di notizie* entnehmen läßt (Vincenzo Borghini, *Selva di notizie*, Kunsthistorisches Institut in Florenz, K 783 16, fasc. b, f. 16).

Bibl.: Sohm 2001, S. 86–114; Link-Heer 2001.

201 Vasari gibt hier einen knappen Überblick über die Malerei und Bildhauerei im ›griechischen Stil‹ in Italien, wobei er die Mängel diese Stils an der Darstellung des Menschen aufzeigt, die er als lächerlich und monströs karikiert. Dabei versteht Vasari unter ›griechischem Stil‹ eine von byzantinisch geschulten Meistern entwickelte Malweise. Er erwähnt die Mosaikkunst im Dom von Pisa, in San Marco in Venedig, in

San Miniato al Monte und Santo Spirito in Florenz sowie in San Giuliano und San Bartolomeo in Arezzo. Die Bildhauerei dieser Zeit kanzelt er ohne viel Federlesen als ›plump‹ ab, wobei er das Tiefrelief an Santi Michele e Gaetano und Reliefs in Ognisanti in Florenz (heute nicht mehr vorhanden) als Beispiele anführt. Der Florentiner Giovanni Battista Gelli kritisiert in seinen *Vite d'artisti* von 1549 den griechischen Stil mit ähnlich drastischen Worten.

Bibl.: Vasari, Ed. Frey, S. 159–217.

202 Die Vorstellungen des menschlichen Lebensalters auf die Entwicklung des Staates zu übertragen ist eine Gepflogenheit vieler antiker Historiker. Als Quelle für Vasaris biologisches Entwicklungsmodell kann mit großer Wahrscheinlichkeit Lucius Annaeus Florus' *Epitome rerum romanorum* angegeben werden, das 1546 in Florenz in einer italienischen Übersetzung erschien. Von den vier Lebensaltern (*infantia, adolescentia, maturitas, senectus*), die in der antiken Historiographie vorgeformt sind, verwendet Vasari nur die ersten drei und gibt so eine äußerst optimistische Einschätzung der Kunstentwicklung seiner Zeit. Der Niedergang oder das Altern kommt bei Vasari nur als Entwicklungsstadium der antiken Kunst vor. Auch wenn er bei der Besprechung besonders großer Vollkommenheit zuweilen die Sorge äußert, daß nach solchen Werken nur noch ein Niedergang zu erwarten sei, ist dies nicht als Ausdruck einer pessimistischen Einschätzung der eigenen Zeit zu verstehen, sondern als Lob für die besprochenen Werke. Schon Alberti hatte im 6. Buch des *De re aedificatoria* eine ähnliche, dreiteilige Geschichte der Baukunst gegeben.

Bibl.: Panofsky 1998 (1930), insb. S. 873–877; Buck 1969; Belting 1983 (1978); Didi-Huberman 2000b (1990), S. 61–92.

203 Cenni di Pepi, genannt Giovanni Cimabue (dokumentiert 1272–1303)

204 Zum Abschluß der Vorrede erläutert Vasari, daß die Künstler nicht nach der chronologischen Reihenfolge ihrer Lebensdaten, sondern nach der Abfolge der Stile behandelt werden. Gleich zu Beginn betont Vasari damit die über die einzelnen Biographien hinausreichende Ordnungsstruktur der *Vite*. Eine ausführlichere Stellungnahme zur historiographischen Konzeption des Werkes findet sich in der *Vorrede des zweiten Teils.*

205 Schon die erste Ausgabe der *Vite* sollte auf Anregung von Paolo Giovio (* 1483 Como – † 1552 Florenz) mit Künstlerporträts ausgestattet sein. Dieses Projekt wurde allerdings verschoben, da es den Druck der *Vite* unnötig verzögert hätte. Paolo Giovio schreibt 1548 an Vasari: »Ihr Brief hat mich sehr erfreut und wenn sie das Werk ohne Illustrationen drucken lassen, um keine Zeit und kein Geld zu verlieren, wird es ihnen zu Lebzeiten und nach dem Tode Ehre bereiten« (Frey, Bd. I, S. 218–219 [Paolo Giovio in Rom an Giorgio Vasari in Ravenna, 31. März 1548]).

Als Ersatz für die Künstlerporträts fügte Vasari jeder Lebensbeschreibung eine Schilderung des Aussehens des besprochenen Künstlers bei, worauf er in dieser Passage, die in der zweiten Ausgabe ergänzt wurde, hinweist. Die Künstlerporträts der zweiten Ausgabe gründen auf eine langjährige und aufwendige Sammlertätigkeit Vasaris, die er zeitgleich zur Ausmalung des Palazzo Vecchio entfaltete.

Bibl.: Rave 1959; Prinz 1966; Kat. Vasari 1981, S. 238–242 (Julian Kliemann); Hope 1985; Rubin 1995, S. 204–205.

206 Zu Vasaris historiographischem Vorgehen: Schlosser 1924, S. 165–177; Cochrane 1981, S. 366–367 u. S. 400–404; Ketelsen 1990, S. 11–100

207 Siehe Gombrich 1971.

208 Siehe LeMollé 1988, S. 99–154.

209 Siehe Didi-Huberman 2000a, S. 39–49.

210 Siehe Frey, Bd. I, S. 215 [Paolo Giovio in Rom an Giorgio Vasari in Florenz, 29. Januar 1548].

211 Vasari bezieht sich hier wahrscheinlich auf vorhergehende kunstgeschichtliche Versuche, die unpubliziert blieben: das *Libro di Antonio Billi* (1506–1530), den sogenannten *Anonimo Magliabecchiano*, auch *Gaddiano* genannt (1541–47), und die *Notizia d'opere del disegno* (1521–1543) von Marcantonio Michiel (* 1484 Venedig – † 1552 ebenda). Die beiden erstgenannten, in Florenz entstandenen Werke versammeln in knapper monographischer Form Nachrichten über Künstler, während die vom venezianischen Patrizier Marcantonio Michiel verfaßte *Notizia* die Werke nach Städten und Sammlungen bzw. Kirchen aufführt. Gegen die einfache, biographisch oder geographisch-topographisch geordnete Auflistung der Werke von Künstlern setzt Vasari eine Geschichte der Kunst, die wesentlich durch das Urteil des Verfassers geprägt wird.

Bibl.: Schlosser 1924, S. 165–177; Cochrane 1981, S. 366–367 u. S. 400–404; Ketelsen 1990, insb. S. 238, Anm. 25.

212 Der Topos der Geschichte als Lehrmeisterin des Lebens findet sich bei Cicero (*De oratore*, II, 36), wobei Vasari die Geschichte als Spiegel des menschlichen Lebens bezeichnet, was von einer Stelle bei Lukian (*Wie man Geschichte schreiben soll* [*Pos dei istorian syngraphein*], 51, Ed. Homeyer, S. 154–157) angeregt sein könnte, in der der Historiker mit einem Künstler verglichen wird.

Bibl.: Landfester 1972; Koselleck 1979; Ketelsen 1990, S. 235, Anm. 5.

213 Die differenzierte Vorstellung stilistischer Unterschiede könnte durch Vasaris Freund Paolo Giovio angeregt sein. Im *Dialogus de viris et foeminis aetate nostra florentibus* von 1527 erläutert Giovio den Unterschied der literarischen Stile durch den Vergleich mit der Kunst: »[...] wie man bei der Betrachtung eines berühmten Gemäldes sofort Pinsel und Hand

des Künstlers erkennt: Denn die höchsten Tugenden verbinden sich in den einzelnen Individuen durch natürliche Übertragung mit einigen eigenen und notwendigen Merkmalen« (Giovio, *Dialogus*, II, Ed. Maffei, S. 261–263). Diese Gedanken könnte sich Vasari während des gemeinsamen Aufenthalts am Hof Papst Pauls III. angeeignet haben.

Bibl.: Zimmermann 1995, S. 89.

214 Die Vorstellung von einem Fortschritt der gesamten Kultur und somit auch der Künste, die sich bereits im Florenz des 15. Jahrhunderts herausgebildet hatte, prägt Vasaris Entwicklungsvorstellung und durchzieht sein gesamtes Werk. Das einheitliche Ziel der Nachahmung (*imitazione*) verbindet die Künstler über Stil- und Epochengrenzen hinweg.

Vasari differenziert und verfeinert diese überkommene Entwicklungsvorstellung und versucht, die Künstler je nach Epoche angemessen zu beurteilen. Manchen Zeitgenossen irritierte Vasaris Lob für den mittlerweile übertroffenen Giotto: »Hielten Sie mich nicht für einen Mann von schlechter Urteilskraft, wenn ich, um Maler zu werden, eher Giotto als Raffael aus Urbino nachahmen würde? Immerhin wird Giotto doch auf so merkwürdige Weise von Eurem Giorgio Vasari gelobt« (Carlo Lenzoni, *In difesa della lingua fiorentina e di Dante*, Florenz 1556, S. 20). Doch Vasari unterscheidet zwischen dem Maßstab der Epoche, wonach Giotto Unerhörtes leistete, und einem absoluten Maßstab, wonach Giotto nicht mehr unübertroffen ist.

215 In der Unvorstellbarkeit einer weiteren Verbesserung der Künste und eines zu befürchtenden Niedergangs manifestiert sich Vasaris zyklisches Geschichtsbild, wonach die Kunstentwicklung in Michelangelo ihren Gipfel und Wendepunkt erreicht hat. Während die erste Ausgabe der *Vite* mit Michelangelos *Jüngstem Gericht* in einer endzeitlichen Apotheose kulminiert, stehen am Ende der zweiten Ausgabe eine Reihe lebender Künstler, die mit eigenen Schwerpunkten Michelangelos Erbe antreten und fortschreiben.

Bibl.: Belting 1983 (1978).

216 Vasaris Postulat der Verwandtschaft und des gemeinsamen Bands zwischen den Freien Künsten läßt sich auf Cicero zurückführen (Cicero, *Pro archia poeta*, I, 2).

217 Der folgende Einschub, der anhand der Entwicklung in der antiken Kunst Vasaris Fortschrittsmodell legitimieren soll, stammt fast wörtlich aus Ciceros *Brutus* (Cicero, *Brutus*, 70), wo er eine ähnliche Funktion einnimmt. Cicero polemisiert darin gegen die Verfechter eines ›attischen‹, einfachen Stils in der Rhetorik und führt zum Beleg des Fortschritts in der Rhetorik den Vergleich zur Kunstentwicklung an.

Bibl.: Gombrich 1960.

[218] Kanachos, griechischer Bildhauer aus Sikyon (Plinius, *Naturalis historiae*, XXXIV, 75)
[219] Kalamis aus Milet (5. Jahrhundert v. Chr.) (Plinius, *Naturalis historiae* XXXIV, 71)
[220] Myron aus Eleutheris, Bildhauer (5. Jahrhundert v. Chr.) (Plinius, *Naturalis historiae*, XXXIV, 57)
[221] Polyklet aus Argos, Bildhauer (5. Jahrhundert v. Chr.) (Plinius, *Naturalis historiae*, XXXIV, 55)
[222] Zeuxis, Maler (*464 – † 394 v. Chr.) (Plinius, *Naturalis historiae*, XXX, 61–66)
[223] Polygnotos aus Thasos, Maler (dokumentiert um 420 v. Chr.) (Plinius, *Naturalis historiae*, XXXV, 58)
[224] Timanthes aus Sikyon, Maler (Ende des 5. Jahrhundert v. Chr.) (Plinius, *Naturalis historiae*, XXXV, 64 u. 72f.)
[225] Echion (Plinius, *Naturalis historiae*, XXX, 78)
[226] Nikomachos aus Theben, Maler (400 v. Chr.) (Plinius, *Naturalis historiae*, XXXV, 108)
[227] Protogenes, zwischen 330 und 300 v. Chr. aktiv in Rhodos (Plinius, *Naturalis historiae*, XXXV, 80ff.)
[228] Apelles, aktiv zweite Hälfte des 4. Jahrhunderts (Plinius, *Naturalis historiae*, XXXV, 79ff.)
[229] Vasari macht die Autopsie zum Prinzip seiner Darstellung und hebt sich somit von der aus den Quellen kompilierenden Geschichtsschreibung ab. Möglicherweise beruft er sich hierbei auf Horaz' *De arte poetica:* »Die Dinge, die durch das Ohr eintreten, wirken auf den Geist in schwächerer Form als die, die den zuverlässigen Augen unterworfen sind und deren der Betrachter selbst gewärtig ist« (Horaz, *De arte poetica,* 180–182).
[230] Busketus (12. Jahrhundert), Architekt des Doms von Pisa
[231] Arnolfo di Cambio (* um 1240/45 Colle Val D'Elsa / Florenz – † 1302 / 1310 Florenz), Architekt des Florentiner Doms (*AKL*, Bd. V, S. 240–243)
[232] Giotto (* 1266/67 Colle di Vespignano – † 1337 Florenz)
[233] Die Bauten, die Vasari zur Betonung der Errungenschaften der ersten Epoche aufzählt und die seiner Meinung nach nichts Gutes haben, entstammen für uns heute weit auseinanderliegenden Epochen, waren für ihn aber alle »mittelalterlich«: Santa Maria del Fiore (begonnen 1296), das Baptisterium von San Giovanni (11./12. Jahrhundert) und San Miniato al Monte in Florenz (12. Jahrhundert), der Bischofspalast in Fiesole (11. Jahrhundert), der Mailänder Dom (begonnen 1386), San Vitale in Ravenna (526–548), Santa Maria Maggiore in Rom (432–440) und San Donato in Arezzo (Anfang des 11. Jahrhunderts).

[234] Welche mit Stuck verzierten Backsteintempel bei San Giovanni in Laterano in Rom Vasari hier meint, war nicht zu ermitteln.
[235] Andrea Pisano (*ca. 1290 Pontedera – † 1348/49 Orvieto)
[236] Nino Pisano († 1368)
[237] Agostino di Giovanni, auch Agostino da Siena († vor 1347), arbeitete 1330 gemeinsam mit Agnolo di Ventura († Siena 1349) am Grab des Bischofs Guido Tarlati im Dom von Arezzo (*AKL*, Bd. 1, S. 534).
[238] Vasari schließt aus dem ›gotischen Stil‹ der Fassade des Doms von Orvieto auf deutsche Künstler. Die eigentlichen Bildhauer waren aber Lorenzo Maitani (*ca. 1275 Siena – † 1330 Orvieto) und Andrea Pisano, der dort ab 1347 mit seinen Gehilfen tätig war.
[239] Die Malerei profitierte gemäß Vasari davon, daß ihre Verwendung in der christlichen Liturgie und Andacht viel unproblematischer war als die der Skulptur. Während die Skulptur quasi noch aus dem »Schatten des Goldenen Kalbs« treten mußte, waren Andachts- und Altarbilder längst gängig. Die religiöse Einbettung der Kunst stellt somit für Vasari kein Hindernis zur Ausbildung einer eigenlogischen künstlerischen Sphäre dar: Im Gegenteil, die Frömmigkeit war in seinen Augen ein wesentlicher und zentraler Antrieb für ›modernere‹ Konzepte in der Malerei. Schon Leonardo hatte die »unnachahmliche Wissenschaft der Malerei« gepriesen, die dazu führe, daß Bilder wie Reliquien verehrt würden und ganze Pilgerscharen anzögen (Leonardo, *Trattato*, § 8, Ed. Ludwig, Bd. I, S. 11–13).
Bibl.: Trexler 1972; Ferino-Pagden 1990; Krüger 2001, S. 153–172.
[240] Cenni di Pepi, genannt Giovanni Cimabue (dokumentiert 1272–1303)
[241] Taddeo Gaddi (*1300 Florenz– † 1366 ebenda)
[242] Simone Martini (*1284 Siena – † 1344 Avignon)
[243] Stefano Fiorentino (dokumentiert 1320 – 1347), dem Filippo Villani in seinen *De origine civitatis Florentiae et de eiusdem famosis civibus* das Epitheton »Affe der Natur« gab.
[244] Spinello di Luca Spinelli, genannt Spinello Aretino (*1350/52 Arezzo – † vor 1416)
[245] Parri Spinelli (*ca. 1387 Arezzo – † 1453 ebenda)
[246] Jacopo del Casentino (*ca. 1280 – † ca. 1349)
[247] Antonio Veneziano (dokumentiert 1369–1388)
[248] Unter dem Namen Lippo versammelt Vasari Werke von Lippo di Corso (*1357 – † um 1404) und Lippo di Benivieni (dokumentiert um 1315).
[249] Gherardo Starnina (dokumentiert 1409)
[250] Vasari spielt hier auf den Sieg des Feldherrn Lucius Marcius Septimus an, den dieser 212 v. Chr. in auswegloser Situation über Hasdrubal in Spanien errang (Titus Livius, *Ab urbe condita*, XXV, 37–39). Der Verweis auf die römische Geschichte untermauert Vasaris Darstellung in

mehrfacher Hinsicht: Wie Tacitus den scheinbar unbedeutenden Sieg des Lucius Marcius in seinem Geschichtswerk ausführlich preist und als Wendepunkt des Krieges ansieht, so ist Vasaris Lob für Giotto und seine Generation auch einem historischen Urteil geschuldet. Das Vorgehen des Autors wird durch den Vergleich mit der kanonischen antiken Historiographie legitimiert und der Rang der Künstler erhöht, indem ihre Werke als mit den Taten der Feldherren vergleichbar dargestellt werden. Durch das Exempel des tugendhaften römischen Feldherrn werden die Künstler der ersten Epoche gleichsam zu patriotischen Vorkämpfern gegen die Vorherrschaft des byzantinischen Stils in Italien.

[251] Filippo Brunelleschi (* 1377 Florenz – † 1446 ebenda)

[252] Francesco di Giorgio Martini (* 1439 Siena – † 1501 ebenda)

[253] Unter die Werke, die eine Erneuerung in der Architektur herbeiführten, zählt Vasari mit der Kuppel (1420–1436) und Laterne (ab 1446) von Santa Maria del Fiore, Santo Spirito (ab 1435), San Lorenzo (1420–1434) und Santa Maria degli Angeli (ab 1435) in Florenz Bauten Brunelleschis. Die Badia Fiesolana, ab 1456 wohl unter der Leitung von Antonio di Manetto Chiaccheri und Lorenzo di Antonio Geri umgebaut, und der Palazzo Pitti (ab 1457) in Florenz gelten heute nicht mehr als Werke Brunelleschis. Der Palazzo Ducale in Urbino wurde 1463 begonnen, ab 1466 war dort Luciano Laurana der verantwortliche Architekt. Francesco di Giorgio Martini ist dort erst 1476 tätig und war ab 1480 auch für den Dom von Urbino verantwortlich. Alfonso von Aragon ließ ab 1444 den Castel Nuovo in Neapel von Guilliermo Sagrera erweitern und umbauen, den Triumphbogen realisierten Pietro da Milano und Luciano Laurana; für Francesco di Giorgio Martini ist ab 1492 eine unspezifizierte Beratertätigkeit im Festungsbau verbürgt. Der Castello Sforzesco wurde ab 1358 in mehreren Bauphasen und unter Beteiligung von Giovanni da Milano und Filarete errichtet und erweitert.

[254] Masaccio (* 1401 San Giovanni Valdarno bei Arezzo – † 1428 Rom)

[255] Vasari meint hier den Freskenzyklus der Cappella Brancacci in Santa Maria del Carmine in Florenz, den Masaccio zusammen mit Masolino da Panicale (* 1383 Panicale – † 1447 Florenz) 1424–1427 ausmalte.

[256] Jacopo della Quercia (*1371/74 Quercia Grossa – † 1438 Siena)

[257] Vasari spricht hier Lorenzo Ghibertis (*um 1378 Florenz – † 1455) Bronzetüren des Baptisteriums von Florenz an.

[258] Donatello (* 1386? Florenz – † 1466 ebenda)

[259] Bei der Einordnung Donatellos in sein dreiteiliges Geschichtsschema äußert Vasari offen seine Zweifel, ob er sich über die Chronologie hinwegsetzen soll und Donatello angesichts der ungebrochenen Gültigkeit seiner Werke der dritten Epoche zuordnen oder ob er ihn in der

zweiten Epoche belassen soll. Wie Brunelleschis Laterne und Kuppel von Santa Maria del Fiore ragen Donatellos Werke gewissermaßen aus ihrer Zeit und lassen sich nicht auf eine historische Distanz bringen. Dieses Dilemma greift Vincenzo Borghini, ein enger Freund Vasaris und der wichtigste Berater für die zweite Ausgabe der *Vite,* in einem Zusatz am Ende der Donatello-Vita auf, wo er Donatellos Antizipation von Michelangelos Werken reflektiert (*Vita di Donatello 1568,* in: Bettarini/Barocchi, *Vite*, Bd. III, S. 228).

Bibl.: Collareta 2000; Didi-Huberman 2000a, S. 39–49.

260 Der dreiteilige Aufbau des Werks korrespondiert mit Vasaris Begriffen des antiken (*maniera antica*), alten (*maniera vecchia*) und modernen Stils (*maniera moderna*), die die drei Epochenstile oder -manieren bezeichnen (siehe Glossarbegriff *Stil*).

Bibl.: Sohm 2001, S. 86–114; Link-Heer 2001.

261 Siehe LeMollé 1988, S. 99–154; Sohm 2001, S. 86–114.

262 Siehe Castiglione, *Il libro del cortegiano*, I, 26 (siehe auch den Glossarbegriff *Lässigkeit*)

263 Die fünf Qualitäten (Regel, Ordnung, Proportion, *disegno*, Stil) können als Anlehnung an die fünf Kanones der antiken Rhetorik (*inventio, dispositio, elocutio, memoria* und *pronuntiatio*) verstanden werden.

Bibl.: Goldstein 1993.

264 Die Verwendung der Vergangenheitsform in der folgenden Definition der fünf Qualitäten ist nicht im Sinne eines abgeschlossenen, zurückliegenden Ereignisses zu verstehen, da diese Errungenschaften von den Vertretern der zweiten Epoche bis in Vasaris Gegenwart fortwirken, obwohl sie weitere Konnotationen annehmen.

265 »Geschichten« im Sinne der albertianischen *istoria*, also als komponierte, narrative Bildhandlung.

Bibl.: Hope 2000; Grafton 2000; Bätschmann 2001.

266 Eine zentrale Stelle des Vorworts, denn hier offenbart sich, daß die Natur im modernen Stil (*maniera moderna)* keinen absoluten Maßstab darstellt, sondern durch Kunstfertigkeit und Kennerschaft im Sinne von Erfahrung verbessert werden kann und muß.

267 Andrea del Verrocchio (* 1435 Florenz – † 1488 Venedig)

268 Antonio Pollaiuolo, eigentlich Antonio di Jacopo d'Antonio Benci del Pollaiuolo (* 1432 Florenz – † 1498 Rom)

269 Bei dem Marsyas, den Andrea Verrocchio restauriert haben soll, handelt es sich um den sogenannten ›roten Typus‹, wobei sich die Terminologie auf die Farbe des Marmors bezieht. Der durch Muskelkontraktion angespannte und aufgeblähte Thorax sowie das zu einer grinsenden Grimasse verzogene Gesicht des Marsyas bringen die rebellischen Züge

dieser Figur zum Ausdruck, die gegen das apollinische Urteil ankämpft. Dieser Marsyas unterscheidet sich deshalb in hohem Maße von jenem Skulpturentypus, in welchem die Resignation des Satyrs durch einen herabhängenden Kopf und schlaffe Muskulatur dargestellt ist.

Bibl.: Caglioti 1993; Osano 1996.

[270] Die »Kopf- und Barthaare« werden in diese Passage erst in der zweiten Ausgabe der *Vite* eingefügt. Die Weichheit der Haare darzustellen war für Vasari eine wichtige Errungenschaft der dritten Epoche, die durch Correggio eingeführt wurde (siehe auch Glossarbegriff *Weichheit*).

[271] Gemeint ist die naturwissenschaftliche Enzyklopädie *Naturalis historiae*, die von Plinius dem Älteren um 77 n. Chr. in 37 Büchern verfaßt, später von seinem Neffen (Plinius dem Jüngeren) erweitert wurde. Von besonderem Interesse sind die Bücher 33–37, in denen Plinius die Mineralogie und Metallurgie sowie deren Nutzung für die bildende Kunst beschreibt. Indem der Autor fast 200 in Rom befindliche Statuen und Gemälde aufführt, entwirft er zudem eine Abfolge der antiken Kunstgeschichte, die später vorbildhaften Charakter für die Kunstgeschichtsschreibung des Renaissancehumanismus (zum Beispiel Lorenzo Ghibertis *I commentarii*, um 1450) haben sollte.

[272] *Der Laokoon* (Rom, Vatikanische Museen), eine römische Kopie eines pergamenischen Werkes, wurde am 14. Januar 1506 auf dem Grundstück von Felice de' Freddi in der Nähe der Kirche Santa Maria Maggiore entdeckt und an Papst Julius II. verkauft, der diese Skulpturengruppe in einer Nische des Belvedere-Hofes aufstellen ließ. Der Bewegungsreichtum ließ dieses schon von Plinius gefeierte Marmorwerk innerhalb kürzester Zeit ebenso berühmt werden wie den bereits bekannten Herkulestorso. Zahlreiche Künstler und Poeten ließen sich von der realitätsnahen Darstellung der Physiognomie sowie vom variationsreichen Ausdruck körperlichen Schmerzes inspirieren. 1510, also nur wenige Jahre nach der Entdeckung der Laokoongruppe, wurden auf Anregung Bramantes von den vier führenden Bildhauern Roms Wachsmodelle danach angefertigt. Ziel war es, das für am besten erachtete Werk in Bronze gießen zu lassen. Von Bramante zum Gutachter berufen, entschied sich der junge Raffael für Jacopo Sansovinos Modell, das daraufhin im Auftrag von Kardinal Grimani in Bronze gegossen wurde. Um 1523 meißelte Baccio Bandinelli für Papst Leo X. die erste Marmorkopie in Originalgröße, die möglicherweise ursprünglich als Geschenk für Franz I. gedacht war oder – wie andere Quellen berichten – als Ersatz für das Original dienen sollte, nachdem der französische König dem Papst das Original abverlangt hatte. Bandinellis Kopie gelangte wahrscheinlich an den Florentiner Hof und von dort in die Uffizien,

wo sie sich bis in die Gegenwart erhalten hat. Franz I. ließ sich 1540 für seine Sammlung in Schloß Fontainebleau von seinem Hofskulpteur Primaticcio einen Bronzeabguß anfertigen. Auch Isabella d'Este besaß zwei bronzene Miniaturrepliken der Laokoongruppe, die sie in ihrer ›grotta‹ zur Schau stellte. Die anhaltende Berühmtheit dieser Skulpturengruppe, die dem Repräsentationsbedürfnis von Herrschern dienlich war, veranlaßte selbst Napoleon nach seinem Sieg von 1797/98, das Belvedere-Werk in die französische Hauptstadt überführen zu lassen, von wo es schließlich 1815 in den Vatikan zurückkehrte.

Bibl.: Haskell/Penny 1988, S. 243–247; Andreae 1998; Settis 1998; Settis 1999.

273 Die 2,12 m hohe Marmorstatue des *Herkules* (Rom, Vatikanische Museen, Galleria Chiaramonti) wurde am 15. Mai 1507 im Garten eines Hauses am Campo dei Fiori in Rom aufgefunden und einen Tag später von Papst Julius II. für seine Sammlung antiker Skulpturen erworben. 1536 ist die Statue erstmals in einer Nische des Belvedere-Palastes dokumentiert. Obwohl man in ihr einen Herkules mit den Porträtzügen des Kaisers Commodus erkannte, zog man aufgrund der mythischen Genealogie Roms eine Deutung als Aeneas vor, der das brennende Troja mit seinem Sohn Ascanius und seinem Vater Anchises verlassen hatte, um nach Italien zu segeln. Vor kurzem wurde der Vorschlag unterbreitet, daß es sich bei dieser Statue um ein hellenistisches Original handeln könnte.

Bibl.: Haskell/Penny 1988, S. 188–189; Kat. Vatikan 1998, Bd. I, S. 509.

274 Aus dem 1. Jahrhundert v. Chr. stammend, ist der sogenannte *Belvedere-Torso* (Rom, Vatikanische Museen) seit dem frühen Quattrocento im Haus der Familie Colonna auf dem Quirinal (auch ›Monte Cavallo‹ bezeichnet) bekannt. Wie der Herkules-Torso letztendlich in den Belvedere gelangte, läßt sich nicht mit Sicherheit sagen. Möglicherweise hatte der Bildhauer und Antikensammler Andrea Bregno, der ebenfalls im Gebiet des Monte Cavallo wohnte, den Torso von den Colonna erworben. Nach seinem Tod 1506 könnte er von Bregnos Witwe oder einem anderen unbekannten Sammler gekauft worden sein. Spätestens für 1532/35 ist der Torso durch eine Zeichnung im Hof des Belvedere-Palasts dokumentiert. Ursprünglich noch flach auf dem Boden liegend, war er wenig später in sitzender Position auf einem Sockel zu bestaunen. Das Bewegungsmotiv des Belvedere-Torsos, welches die Muskeln in höchst anschaulicher Weise hervortreten läßt, wurde zu einem vielbewunderten und oft kopierten Gegenstand des künstlerischen Schaffens im 16. Jahrhundert. Der nachhaltige Einfluß ist besonders in Michelangelos Werken zu sehen, dessen *ignudi* in der Sixtinischen Kapelle teilweise die Pose des Belvedere-Torsos widerspiegeln.

Unzählige Zeichnungen – besonders solche aus dem Umkreis Michelangelos – zeigen diverse Ansichten des Belvedere-Torsos und sind häufig als Skizzen zu restauratorischen Maßnahmen interpretiert worden. Eine aus den 1530er Jahren stammende kleinformatige Kopie sowie eine etwas später zu datierende, feingearbeitete Terrakottaversion zählen zu den frühesten Repliken. Auch wenn Kaiser Rudolf II. in Prag wahrscheinlich eine weitere Kopie besaß, waren Repliken dieses Skulpturfragments weniger als Sammelobjekte in fürstlichen Häusern beliebt als vielmehr in Akademien zu finden (zum Beispiel der französischen Akademie in Rom und der königlichen Akademie in London), wo sie als künstlerische Studienobjekte dienten.

Bibl.: Haskell/Penny 1988, S. 311–314; Bober/Rubinstein 1986, S. 166–168.

275 Der Fundort und das Jahr der Auffindung der 2,14 m hohen *Venus Felix* (Rom, Vatikanische Museen) aus Marmor ist unbekannt. Die im 16. Jahrhundert vielbewunderte Figur der *Venus mit Amor* ist jedoch seit 1509 für die päpstliche Sammlung im Belvedere bezeugt. Möglicherweise handelt es sich um ein kaiserliches Frauenporträt aus dem 2. Jahrhundert n. Chr. (Faustina die Jüngere).

Bibl.: Haskell/Penny 1988, S. 323–325.

276 Die liegende Marmorfigur der *Kleopatra* (Rom, Vatikanische Museen) wird erstmals 1512 als Statue erwähnt, die Papst Julius II. von Angelo Maffei erworben hatte, um sie im Belvedere aufstellen zu lassen. Noch im selben Jahr auf einem antiken Sarkophag situiert, diente sie als Brunnenfigur in einer Nische des Statuenhofes, die in den 1530er Jahren zu einer Grotte modifiziert wurde. Auf Vasaris Vorschlag wurde sie in den 50er Jahren des 16. Jahrhunderts in einen anliegenden Raum des Belvedere-Hofes transferiert (später als Stanza della Cleopatra bekannt), wo sie am Ende eines langen Korridors als Blickfang diente. Seit ihrer Entdeckung war die Figur der Kleopatra ein von Schriftstellern, Künstlern und Kennern vielbewundertes Werk, was sich unter anderem in zahlreichen Gedichten (darunter eines von Baldassare Castiglione) und unzähligen Repliken widerspiegelt. So besaß beispielsweise Isabella d'Este eine kleine Marmorkopie in ihrer *grotta.* Franz I. von Frankreich ließ sich von seinem Hofbildhauer Primaticcio ein leicht abgewandeltes Bronzemodell für seine Sammlung in Fontainebleau gestalten.

Bibl.: Haskell/Penny 1988, S. 184–187.

277 Vasari meint hier den *Apollo del Belvedere* (Rom, Vatikanische Museen). Die wohl zu den berühmtesten Bildwerken des Cortile del Belvedere zählende 2,24 m hohe Marmorstatue des Apollo ist die römische Kopie einer verlorenen hellenistischen Bronzeplastik. Der Fundort ist

unbekannt, jedoch ist die Skulptur seit 1490 im Besitz des Kardinals Giuliano della Rovere bezeugt, der diese zunächst in seinem Garten von San Pietro in Vincoli nach seiner Wahl zum Papst (seit 1503 Papst Julius II.) im Belvedere-Hof aufstellen ließ (dort seit 1511 bezeugt). Ähnlich wie viele der anderen Statuen dort erlangte auch diese Skulptur eine Berühmtheit, die weit über die Landesgrenzen hinausging: Die früheste bekannte und relativ frei ausgeführte Kopie ist vermutlich die heute im Ca d'Oro in Venedig aufbewahrte Bronzestatuette, die nach einem Modell gefertigt wurde, mit welchem der Bildhauer Antico seit 1498 beschäftigt war. Für Franz I. von Frankreich wurden 1540 Gipsabgüsse genommen, nach denen wenig später eine bronzene Replik für die Sammlung in Schloß Fontainebleau gegossen wurde.

Bibl.: Haskell/Penny 1988, S. 148–151; Himmelmann 1998.

278 Piero della Francesca (*um 1420 Borgo San Sepolcro – † 1492 ebenda)

279 Lazzaro Taldi, genannt Lazzaro Vasari, Ur-Großvater von Giorgio Vasari (*1399 Arezzo – † 1452? ebenda)

280 Alesso Baldovinetti (* 1425 Florenz – † 1499 ebenda)

281 Andrea del Castagno (* vor 1419 Castagno – † 1457 Florenz)

282 Giuliano d'Arrigo, genannt Pesello (* 1367 Florenz – † 1446 ebenda)

283 Ercole de' Roberti (* 1455/6 Ferrara – † 1496 ebenda)

284 Giovanni Bellini (* 1431/6 Venedig – † 1516 ebenda)

285 Cosimo di Lorenzo Rosselli (* 1440 Florenz – † 1507 ebenda)

286 Pietro di Antonio Dei, genannt Bartolomeo della Gatta (* 1448 Florenz – † 1502 ebenda)

287 Domenico Ghirlandaio (* 1448/9 Florenz – † 1494 ebenda)

288 Alessandro Filipepi, genannt Sandro Botticelli (* 1444/48 Florenz – † 1510 ebenda)

289 Andrea Mantegna (* 1430/1 Isola di Carturo – † 1506 Mantua)

290 Fra Filippo Lippi (* 1406 Florenz – † 1469 Spoleto)

291 Luca Signorelli (* 1450 Cortona – † 1523 ebenda)

292 In der Liste der Quattrocento-Meister mit sprödem, grobem und schneidendem Stil fehlt bezeichnenderweise der Florentiner Maler Masaccio (* 1401 San Giovanni Valdarno bei Arezzo – † 1428 Rom), der – wenn Vasari sich an die Reihenfolge der Viten halten würde – als erster genannt werden müßte. Vasari klammert Masaccio, als Begründer des modernen Stils (*maniera moderna*), mit Bedacht aus dieser pejorativen Liste aus, da er noch für das 16. Jahrhundert als beispielhaft gelten konnte, wie Vasari in der Vita von Perino del Vaga berichtet (Vasari, *Perino del Vaga*, S. 32).

293 Francesco Raibollini, Francesco Francia (* 1450 Bologna – † 1517 ebenda)

[294] Pietro Vannucci, Pietro Perugino (* 1450 Città della Pieve – † 1523 Fontignano)

[295] Es ist bemerkenswert, daß Vasari an dieser Stelle keine toskanischen Künstler für die Entwicklung des Kolorits anführt, sondern statt dessen den emilianischen Maler Francia Bolognese und den Umbrier Perugino als Vorreiter einer harmonischen Farbgebung nennt.

Bibl.: Sohm 1995.

[296] Leonardo da Vinci (* 1452 Vinci – † 1519 Amboise bei Tours)

[297] Giorgione, auch Zorzi da Castelfranco (*um 1477/8 Castelfranco – † 1510 Venedig)

[298] In der ersten Ausgabe der *Vite* wurde Giorgione sogar noch mehr gelobt: »[...] Giorgione aus Castelfranco, der seine Bilder mit weich ineinander übergehenden Farbtönen gestaltete und dank eines wohlbedachten Einsatzes dunkler Schatten allem eine ungeheure Bewegung gab, wie in einer Szene in der Scuola von San Marco in Venedig, wo ein Unwetter dargestellt ist, das das Gemälde donnern und erzittern, die Figuren sich bewegen und aus der Tafel heraustreten läßt« (*Vita di Giorgione 1550*, in: Nova/Feser/Lorini 2001, S. 25–26). Das angesprochene Gemälde ist der *Seesturm* von Jacopo Palma il Vecchio (Venedig, Gallerie dell' Accademia). Vasari schreibt es in der zweiten Ausgabe Palma zu und streicht die Stelle dementsprechend aus dem Vorwort (Vasari, *Giorgione, Correggio, Palma il Vecchio und Lorenzo Lotto*, S. 60–61).

[299] Baccio della Porta, genannt Fra Bartolomeo (* 1472 Florenz – † 1517 Pian' di Mugnone)

[300] Raffaello Sanzio (* 1483 Urbino – † 1520 Rom)

[301] Apelles (*um 380/370 v. Chr.) galt als berühmtester Maler des Altertums, von dem heute kein Werk im Original erhalten ist. Plinius (*Naturalis historiae*, XXXV, 79) gibt seine Blütezeit mit 332–329 v. Chr. an.

[302] Zeuxis, griechischer Maler und Tonbildner, der wahrscheinlich zwischen 435/25 und 390 v. Chr. wirkte. Er gilt neben Apelles und Polygnotos als berühmtester Maler der Antike. Keines seiner Werke hat sich im Original erhalten.

[303] Die Vorstellung, daß Malerei und Poesie, die häufig auch als ›Schwesternkünste‹ bezeichnet werden, hinsichtlich Ziel und Inhalt grundsätzlich identisch, von der Art der nachahmenden Darstellung (Mimesis) jedoch verschieden seien, läßt sich bereits in antiken Schriftquellen finden. Wie Plutarch berichtet, soll Simonidis (zwischen 556 und 467 v. Chr.) die Erkenntnis geäußert haben, daß Malerei stumme Poesie und Dichtung sprechende Malerei sei (Plutarch, *De gloria Atheniensium*, III, f.– 347c). Vor allem aber die *Poetik* des Aristoteles und die *De arte poetica* des Horaz waren jene einflußreichen Schriften, die Analogien zwischen

beiden Künsten aufzeigten, diese aber nicht – wie es später die Kunsttheoretiker der Renaissance und des Barock zu tun pflegten – identifizierten. Für das Konzept der *ut pictura poesis* stand vor allem eine Textstelle aus der *De arte poetica* Pate, in der Horaz zwischen verschiedenen Typen von Malerei und Dichtkunst differenziert: »Eine Dichtung ist wie ein Gemälde: es gibt solche, die dich, wenn du näher stehst, mehr fesseln, und solche, wenn du weiter entfernt stehst; diese liebt das Dunkel, dies will bei Licht beschaut sein und fürchtet nicht den Scharfsinn des Richters; dieses hat einmal gefallen, doch dieses wird, noch zehnmal betrachtet, gefallen.« (Horaz, *De arte poetica*, 361–365; übersetzt v. E. Schäfer, Stuttgart 1984). Ebenso hatte eine weitere Textstelle von Horaz großen Einfluß auf die Kunsttheorie der Renaissance, weil sie einen Weg zeigte, das aristotelische Nachahmungspostulat durch phantasievolle Erfindungen zu modifizieren: »Wollte zum Kopf eines Menschen ein Maler den Hals eines Pferdes fügen und Gliedmaßen, von überall her zusammengelesen, mit buntem Gefieder bekleiden, so daß als Fisch von häßlicher Schwärze endet das oben so reizende Weib: Könntet ihr da wohl, sobald man euch zur Besichtigung zuließ, euch das Lachen verbeißen, Freunde? Glaubt mir, Pisonen, solchem Gemälde wäre ein Buch ganz ähnlich, so nichtig wie Träume von Kranken, erdichtet, so daß nicht Fuß und nicht Kopf derselben Gestalt zugehören. ›Und doch hatten Maler und Dichter seit je gleiche Freiheit, zu wagen, was sie nur wollen‹.« (Horaz, *De arte poetica*, 1–10; übersetzt v. E. Schäfer, Stuttgart 1984).

Ähnlich wie Cicero (*De oratore*, I, 34; 158) einem Redner empfahl, Kenntnisse von poetischen Schriften zu erwerben, ohne die eine *inventio* nicht möglich sei, so sahen die Autoren des 15. Jahrhunderts – hier ist besonders Albertis *Della pittura* zu nennen – in der literarischen Bildung des Künstlers eine unabdingbare Voraussetzung für die Erfindung von narrativen Bildwerken. Während man anfangs von seiten der Maler noch um eine Gleichstellung von Dichtkunst und Malerei bemüht war, weil der bildende Künstler den sozialen Status des Dichters anstrebte, so wurde gegen Ende des 15. Jahrhunderts die Betonung zunehmend auf die Unterschiede beider Künste gelenkt. Der anhaltende Vergleich (wie auch die Gegenüberstellung der einzelnen Kunstgattungen) führte zwangsläufig zu der Frage, welche als höherrangig zu erachten sei. In Leonardos *paragone* ist die Malerei der Dichtkunst insofern überlegen, als diese in einem einzigen Augenblick mittels des optischen Wahrnehmungsvermögens zu erfassen ist, während die Poesie nur sukzessive erfaßt werden kann. In der Diskussion um die Rangfolge der Künste (*maggioranza delle arti*) erklärte Benedetto Varchi 1546 vor der Florentiner Akademie, daß es zwischen beiden Künsten nicht nur

Unterschiede in den Mitteln der Nachahmung gebe (während die Dichtkunst sich der Worte bediene, seien die Farben das Ausdrucksmittel der Malerei), sondern – was wesentlich gravierender ist – auch im Gegenstand der Nachahmung: Dieser unterscheide sich in ähnlicher Weise, wie sich die Seele vom Körper differenziere (siehe zum Beispiel Varchi, *Lezzione della maggioranza delle arti*, in: Barocchi, *Trattati*, Bd. I, S. 55). Während nämlich das Innere des Menschen, sein Seelenleben, von den Dichtern dargestellt werde, so würde es die Malerei verstehen, das Äußere, die Form und das Sein der Dinge abzubilden.

Vor dem politischen Hintergrund der Gegenreformation wurde das Horaz'sche Konzept der *ut pictura poesis* in der zweiten Hälfte des 16. Jahrhunderts erneut zum Gegenstand heftiger Debatten. Gerade in der künstlerischen Freiheit des Malers, ein in der Heiligen Schrift geschildertes Ereignis nach eigenen Vorstellungen in Szene zu setzen, sah man eine Verletzung der historischen Wahrheit. Theologie und Poesie – so die Meinung des Klerikers Gilio da Fabriano, der 1564 an Michelangelos Darstellung des Jüngsten Gerichts in der Sixtina kritisierte, daß die Haare der Figuren vom Wind zerzaust seien, obwohl dies aus den schriftlichen Quellen nicht hervorgehe – seien scharf voneinander abzutrennen. Er plädiert deshalb für eine Differenzierung von Malern in drei Kategorien: erstens solche, die Historien entsprechend dem Text darstellen, zweitens diejenigen, die einen poetischen Inhalt abbilden, und drittens solche Maler, die die beiden zuvor genannten Kategorien miteinander mischen. Diese strikte Dreiteilung findet im 17. Jahrhundert insbesondere an der französischen Akademie insofern eine Fortsetzung, als dort die bildliche Darstellung von Historien zum Gegenstand größter Wertschätzung wurde.

Bibl.: Lee 1940; Markiewicz 1987; Pfisterer 1996; Rosen 2000.

304 Andrea del Sarto (* 1486 Florenz – † 1530 ebenda)

305 Der Ausdruck ›fehlerloser Maler‹ hat in der Kunstgeschichte einen fast sprichwörtlichen Charakter angenommen. Andrea del Sarto kommt als einzigem Künstler der *Vite* diese Auszeichnung zu – ein subtiler Kunstgriff, der Vasari selbst zum Schüler eines fehlerlosen Lehrers macht.

Bibl.: Padovani 1986.

306 Antonio Allegri, genannt Correggio (* um 1489 Correggio – † 1534 ebenda). Die Aufzählung jener Künstler der dritten Epoche folgt im Vorwort einer anderen Anordnung als jener, nach der die eigentlichen Biographien organisiert sind. Danach erscheint die Vita Correggios nämlich bereits nach jener von Giorgione.

307 Girolamo Francesco Maria Mazzola, genannt Parmigianino (* 1503 Parma – † 1540 Casalmaggiore)

[308] Polidoro Caldara (* um 1499 Caravaggio bei Bergamo – † um 1543 Messina)

[309] Matturino (* 1490 Florenz oder Rom – † 1527/28 bei Rom)
Bibl.: Gnann 1997.

[310] Fassaden von Stadtpalästen mit monochromen Malereien oder in *sgraffito*-Technik (von ital. *sgraffiare* [kratzen]) zu schmücken war zu Beginn des 16. Jahrhunderts eine beliebte Form, dem Repräsentationsbedürfnis reicher Bürger Ausdruck zu verleihen. Literarischen Quellen (hauptsächlich Vasari) zufolge war es Baldassarre Peruzzi, der dieser antiken Tradition zu neuem Leben verhalf. Zwischen dem zweiten und dritten Jahrzehnt des Cinquecento war Polidoro da Caravaggio in Rom tätig, wo er bis zu fünfzig solcher Fassadenmalereien ausgeführt haben soll. Von diesen zahlreichen Werken, die vor allem Motive aus der römischen Geschichte (nach Titus Livius) oder der griechisch-römischen Mythologie abbildeten, hat sich bis in unsere Gegenwart so gut wie nichts erhalten. Außer jene des Palazzo Ricci und des Palazzo Milesi, die nur aufgrund zahlreicher Übermalungen noch in situ existent sind, leben die meisten dieser Fassadendekorationen nur noch in Kopien oder Derivationen fort.
Bibl.: Uhle-Wettler 1994; Gnann 1997; Vasari, *Raffael-Werkstatt*, S. 57–84 und S. 187–222.

[311] Giovanni Battista di Iacopo Rosso, genannt Rosso Fiorentino (* 1494 Florenz – † 1540 Fontainebleau)

[312] Sebastiano Luciani, genannt Sebastiano del Piombo (* 1485/86 Venedig – † 1547 Rom)

[313] Giulio Pippi, genannt Giulio Romano (*1492/99 Rom – † 1546 Mantua)

[314] Pietro Buonaccorsi, genannt Perino del Vaga (* 1501 Carmignano oder Florenz – † 1547 Rom)

[315] Die Rhetorik dieser Formulierung, die erst in der zweiten Ausgabe der *Vite* eingefügt wurde, läßt Vasaris Aussage leicht unglaubwürdig erscheinen. Tatsächlich aber war mit der schnellen Ausführung eines Werks ein zeitgenössisches ästhetisches Ideal verbunden, das die Künstler zu ökonomischen, zeitsparenden Verfahrenstechniken anspornte. Diese wurden so in die Lage versetzt, ganze Säle innerhalb eines nur kurzen Zeitraums mit vollständigen Dekorationssystemen auszustatten, wie es aufgrund der vorher üblichen Praxis nicht möglich gewesen wäre. Wieviel Zeit die Gestaltung einer großen Altartafel im Quattrocento tatsächlich in Anspruch nahm, bezeugt ein Brief des Malers Domenico Veneziano an Piero di Cosimo vom 1. April 1431, in dem er Fra Filippo Lippis Auftrag für die Kirche Santo Spirito erwähnt. Veneziano zufolge könnte Lippi dieses Werk auch in fünf Jah-

ren nicht vollenden, selbst wenn er Tage und Nächte daran arbeiten würde (Gilbert 1980, S. 5). Im Cinquecento wurde der Entstehungsprozeß eines Bildes oder ganzer Dekorationssysteme um ein Vielfaches beschleunigt durch eine straffe, unternehmerhaft geführte Organisation der Malerwerkstätten, die über ein bis dato unvergleichlich hohes Aufgebot von kompetenten Mitarbeitern und Spezialisten für bestimmte Arbeitsbereiche verfügten, die den leitenden Meister entlasteten. Vasari selbst weiß von solchen Erfahrungen zu berichten, denn als er mit der Dekoration des Palazzo Vecchio betraut war, standen ihm viele talentierte Assistenten zur Verfügung. Darüber hinaus beruhte Vasaris zeitsparende Arbeitsweise, aber auch jene seines Freundes Francesco Salviati, auf der wiederholten Einbringung von standardisierten, zum Repertoire des Künstlers gehörenden Figuren in einen wechselnden Bildkontext. Auf diese Weise konnte die einmal entworfene Figur, mit neuen Kleidern und Attributen versehen, unterschiedliche Rollen in verschiedenen gemalten *istorie* ausfüllen, ohne daß sie als uniformes Muster verstanden wurde. Im Gegenteil diente diese Methode dazu, komplexe inhaltliche Innovationen im Rahmen einer ökonomischen Praxis zu entwickeln.

Bibl.: Wackernagel 1938; Nova 1992.

316 Die Vorstellung von einer zielgerichteten Progression der Künste im Sinne einer technischen Perfektionierung spiegelt sich bereits in einer Aussage des florentinischen Patriziers Giovanni Rucellai wider, der 1457 die Meinung vertrat, daß sowohl Giotto als auch Cimabue – würden sie in seinem Zeitalter leben – nicht besser wären als die Assistenten von Meistern seiner Gegenwart (Chastel/Klein 1995, S. 29).

Bibl.: Gombrich 1971.

317 Michelangelo Buonarroti (* 1475 Caprese – † 1564 Rom)

318 Die Loslösung vom mittelalterlichen Zunftwesen eröffnete den Künstlern neue Perspektiven: Mit der neu erworbenen Wertschätzung ihrer Fähigkeiten war ihnen die Möglichkeit an die Hand gegeben, einen höheren gesellschaftlichen Status zu erlangen. Doch die wirtschaftlich-finanzielle Situation des einzelnen, der nun nicht länger von den Zünften sozial aufgefangen wurde, war damit in hohem Maß von zahlungswilligen Auftraggebern abhängig. Vasari appelliert deshalb an die kunstinteressierte Leserschaft seiner *Vite,* durch finanzielle Unterstützung den Künstlern eine angemessene Existenz zu ermöglichen, damit diese – von den täglichen Sorgen um ihren Lebensunterhalt befreit – sich ausschließlich ihrem Talent und ihrer Kreativität widmen können.

Bibl.: Rubin 1994; Conti 1998 (1979).

Bibliographie

AKL

Allgemeines Künstlerlexikon: Die bildenden Künstler aller Zeiten und Völker, begründet und mithg. v. Günter Meißner, München 1992–2003, 37 Bde.

Barocchi, *Scritti*

Barocchi, Paola (Hg.): *Scritti d'arte del Cinquecento,* Mailand 1971– 1977, 3 Bde.

Barocchi, *Trattati*

Barocchi, Paola (Hg.): *Trattati d'arte del Cinquecento fra Manierismo e Controriforma,* Bari 1960–62, 3 Bde.

Bettarini/Barocchi, *Vite*

Bettarini, Rosanna/Barocchi, Paola (Hgg.): *G. Vasari. Le Vite degli più eccellenti pittori, scultori e architettori nelle redazioni del 1550 e 1568,* Florenz 1966–87, 6 Bde.

Borghini, *Selva di notizie*

Borghini, Vincenzo: *Selva di notizie*, Florenz, Kunsthistorisches Institut, ms. K 783.16

DBI

Dizionario Biografico degli Italiani, hg. v. Istituto della Enciclopedia Italiana, Rom 1960–2009, 73 Bde.

Frey

Frey, Karl u. Hermann-Walther: *Der literarische Nachlaß Giorgio Vasaris (1923–30),* Hildesheim 1982, 2 Bde.

Varchi, *Due lezzioni*

Varchi, Benedetto: ›Lezzione nella quale si disputa della maggioranza delle arti e qual sia più nobile, la scoltura o la pittura‹, in: Paola Barocchi (Hg.): *Trattati d'arte del Cinquecento fra Manierismo e Controriforma*, Bd. I, Bari 1960, S. 3–82.

Vasari, Ed. Chastel

Giorgio Vasari. Les vies des meilleurs peintres, sculpteurs et architectes, hg. v. André Chastel, 12 Bde.

Vasari, Ed. Frey

Le vite degli più eccellenti pittori, scultori e architettori. Scritte da M. Giorgio Vasari. Pittore e architetto Aretino. Mit kritischem Apparate herausgegeben von Dr. Karl Frey. Parte Prima, München 1911.

Vasari, *Einführung in die Künste*
Giorgio Vasari. *Einführung in die Künste der Architektur, Bildhauerei und Malerei*, kommentiert und hg. v. Matteo Burioni, Berlin 2006.
Vasari, *Giorgione, Correggio, Palma il Vecchio und Lorenzo Lotto*
Giorgio Vasari. *Das Leben des Giorgione, Correggio, Palma il Vecchio und Lorenzo Lotto*, hg. und kommentiert v. Sabine Feser und Hana Gründler, Berlin 2008.
Vasari, *Leonardo*
Giorgio Vasari. *Das Leben des Leonardo da Vinci*, hg. und kommentiert v. Sabine Feser, Berlin 2006.
Vasari, *Mein Leben*
Giorgio Vasari. *Mein Leben*, hg. und kommentiert v. Sabine Feser, Berlin 2005.
Vasari, *Michelangelo*
Giorgio Vasari. *Das Leben des Michelangelo*, hg. und kommentiert v. Caroline Gabbert, Berlin 2009.
Vasari, *Perino del Vaga*
Giorgio Vasari. *Das Leben des Perino del Vaga*, hg. und kommentiert v. Christina Irlenbusch, Berlin 2008.
Vasari, *Piero di Cosimo, Fra Bartolomeo und Mariotto Albertinelli*
Giorgio Vasari. *Das Leben des Piero di Cosimo, Fra Bartolomeo und Mariotto Albertinelli*, hg. und kommentiert v. Christina Irlenbusch und Katja Lemelsen, Berlin 2008.
Vasari, *Pontormo*
Giorgio Vasari. *Das Leben des Pontormo*, hg. und kommentiert v. Katja Burzer, Berlin 2004.
Vasari, *Raffael-Werkstatt*
Giorgio Vasari. *Die Künstler der Raffael-Werkstatt*, hg. und kommentiert v. Sabine Feser, Hana Gründler, Christina Irlenbusch und Anja Zeller, Berlin 2007.
Vasari, *Rosso Fiorentino*
Giorgio Vasari. *Das Leben des Rosso Fiorentino,* hg. und kommentiert v. Sabine Feser, Berlin 2004.
Vasari, *Sebastiano del Piombo*
Giorgio Vasari. *Das Leben des Sebastiano del Piombo,* hg. und kommentiert v. Christina Irlenbusch, Berlin 2004.
Vasari, *Tizian*
Giorgio Vasari. *Das Leben des Tizian*, hg. und kommentiert v. Christina Irlenbusch, Berlin 2005.

Aikema 2007
Aikema, Bernard: ›Fleckenmalerei: Tizian zwischen Venedig und Europa‹, in: Sylvia Ferino-Pagden (Hg.): *Der späte Tizian und die Sinnlichkeit der Malerei,* Ausst.-Kat. Wien/Venedig 2007/2008, Wien 2007, S. 89–99.
Alberti, Ed. Bätschmann
Alberti, Leon Battista: *Das Standbild, die Malkunst, Grundlagen der Malerei,* hg. v. Oskar Bätschmann und Christoph Schäublin, Darmstadt 2000.
Alberti, Ed. Orlandi/Portoghesi
Alberti, Leon Battista: *L'architettura,* hg. v. Giovanni Orlandi und Paolo Portoghesi, Mailand 1966, 2 Bde.
Alpers 1995 (1960)
Alpers, Svetlana: ›Ekphrasis und Kunstanschauung in Vasaris Viten‹ (1960), in: Gottfried Boehm/Helmut Pfotenhauer (Hgg.): *Beschreibungskunst – Kunstbeschreibung. Ekphrasis von der Antike bis zur Gegenwart,* München 1995, S. 218–275.
Ames-Lewis/Rogers 1998
Ames-Lewis, Francis/Rogers, Mary (Hgg.): *Concepts of Beauty in Renaissance Art,* Aldershot 1998.
Andreae 1998
Andreae, Bernard: ›Das Laookon-Problem‹, in: Matthias Winner/Bernard Andreae/Carlo Pietrangeli (Hgg.): *Il Cortile delle Statue. Der Statuenhof des Belvedere im Vatikan,* Akten des internationalen Kongresses zu Ehren von Richard Krautheimer, Rom 21.– 23. Oktober 1992, Mainz 1998, S. 161–163.
Arasse/Tönnesmann 1997
Arasse, Daniel/Tönnesmann, Andreas: *Der europäische Manierismus 1520–1610,* München 1997.
Aristoteles, *Poetik*
Aristoteles: *Poetik,* hg. u. übers. v. Manfred Fuhrmann, Stuttgart 1982.
Arnold 1992,
Arnold, Dieter: *Die Tempel Ägyptens: Götterwohnungen, Kultstätten, Baudenkmäler,* Zürich 1992.
Bader 1990
Bader, Eugen: ›Celare artem: Kontext und Bedeutung der stilistischen Anweisung *Schreibe wie du redest* im 16. und 17. Jahrhundert (Italien, Spanien, Frankreich)‹, in: Wolfgang Raible (Hg.): *Erscheinungsformen kultureller Prozesse. Jahrbuch 1988 des Sonderforschungsbereichs Übergänge und Spannungsfelder zwischen Mündlichkeit und Schriftlichkeit,* Tübingen 1990, S. 197–217.

Bätschmann 1997
Bätschmann, Oskar: ›Leon Battista Alberti über inventum und inventio‹, in: Gerhart Schröder (Hg.): *Anamorphosen der Rhetorik: Die Wahrheitsspiele der Renaissance,* München 1997, S. 231–248.

Bätschmann 2001
Bätschmann, Oskar: ›Albertis historia‹, in: Hannah Baader (Hg.): *Ars et scriptura,* Berlin 2001, S. 107–124.

Bambach 1999
Bambach, Carmen C.: *Drawing and Painting in the Italian Renaissance Workshop: Theory and Practice 1300–1600,* Cambridge 1999.

Barbieri 2000
Barbieri, Giuseppe: *L'inventore della pittura: Leon Battista Alberti e il mito di Narciso,* Vicenza 2000.

Barocchi 1970
Barocchi, Paola: ›Una 'Selva di notizie' di Vincenzo Borghini‹, in: *Un Augurio a Raffaele Mattioli,* Florenz 1970, S. 87–172.

Barocchi 1984 (1981)
Barocchi, Paola: ›Storiografia artistica: lessico tecnico et lessico artistico‹ (1981), in: Paola Barocchi: *Studi Vasariani,* Turin 1984, S. 135–156.

Barocchi 2001 (1970)
Barocchi, Paola: ›Der Wettstreit zwischen Malerei und Skulptur. Benedetto Varchi und Vincenzio Borghini‹ (1970), in: Hannah Baader et al. (Hgg.): *Ars et scriptura. Festschrift für Rudolf Preimesberger zum 65. Geburtstag,* Berlin 2001, S. 93–106.

Barolsky 1993
Barolsky, Paul: ›Cellini, Vasari and 'Maraviglie'‹, in: *The Sixteenth-Century Journal,* 1993, Bd. XXIV, S. 41–45.

Barolsky 1995
Barolsky, Paul: ›Play, Pleasure and Fantasy in Italian Renaissance Art‹, in: *Gazette des Beaux-Arts,* 1995, Bd. CXXVI, S. 13–26.

Barolsky 1996 (1992)
Barolsky, Paul: *Giottos Vater: Vasaris Familiengeschichten* (1992), Berlin 1996.

Barolsky 2000
Barolsky, Paul: ›The Theology of Vasari‹, in: *Source,* 2000, Bd. XIX, H. 3, S. 1–6.

Baxandall 1971
Baxandall, Michael: *Giotto and the Orators: Humanist Observers of Painting in Italy and the Discovery of Pictorial Composition, 1350-1450,* Oxford 1971.

Baxandall 1977 (1972)
Baxandall, Michael: *Die Wirklichkeit der Bilder. Malerei und Erfahrung im Italien des 15. Jahrhunderts* (1972), Frankfurt am Main 1977.
Beierwaltes 1980
Beierwaltes, Werner: ›Marsilio Ficinos Theorie des Schönen im Kontext des Neoplatonismus‹, in: *Sitzungsberichte der Heidelberger Akademie der Wissenschaften,* Philologisch-Historische Klasse, Bd. XI, Heidelberg 1980.
Bellori, *Vite*
Bellori, Giovan Pietro: *Le vite degli pittori, scultori e architetti moderni,* hg. v. Evelina Borea, Turin 1976.
Belting 1983 (1978)
Belting, Hans: ›Vasari und die Folgen. Die Geschichte der Kunst als Prozeß?‹ (1978), in: Hans Belting: *Das Ende der Kunstgeschichte?,* München 1983, S. 63–91.
Belting 2001
Belting, Hans: ›Über Phantasie und Kunst‹, in: Gottfried Boehm (Hg.): *Homo pictor,* München 2001, S. 143–155.
Biedermann 1993
Biedermann, Gottfried: ›Der Begriff der 'macchia' in der Barockmalerei‹, in: Götz Pochat/Brigitte Wagner (Hgg.): *Barock: regional – international,* Graz et al. 1993, S. 35–48.
Black 1995
Black, Robert: ›The Donation of Constantine: A New Source for the Concept of the Renaissance‹, in: Alison Brown (Hg.): *Language and Images of Renaissance Italy,* Oxford 1995, S. 51–86.
Blühm 1988
Blühm, Andreas: *Pygmalion. Die Ikonographie eines Künstlermythos zwischen 1500 und 1900,* Frankfurt am Main 1988.
Bober/Rubinstein 1986
Bober, Phyllis Pray/Rubinstein, Ruth: *Renaissance Artists and Antique Sculpture. A Handbook of Sources,* New York 1986.
Boccaccio, *Commento alla Divina Commedia*
Boccaccio, Giovanni: *Commento alla Divina Commedia e gli altri scritti intorno a Dante,* hg. v. Domenico Guerri, Bari 1918, 3 Bde.
Boccaccio, *Decamerone*
Boccaccio, Giovanni: *Decamerone,* hg. v. Mario Marti (1950), Mailand 1996, 2 Bde.
Böhm 1985
Böhm, Gottfried: *Bildnis und Individuum. Über den Ursprung der Porträtmalerei in der Renaissance,* München 1985.

Böhme 2002
Böhme, Hartmut: ›Natürlich/Natur‹, in: Karlheinz Barck (Hg.): *Ästhetische Grundbegriffe: Historisches Wörterbuch in sieben Bänden,* Bd. IV, Stuttgart/Weimar 2002, Sp. 432–498.
Bora 1991
Bora, Giulio: ›I disegni leonardeschi e il collezionismo milanese: consistenza, fortuna, dispersione‹, in: Maria T. Fiorio/Pietro C. Marani (Hgg.): *I leonardeschi a Milano: fortuna e collezione,* Mailand 1991, S. 206–217.
Borsook/Superbi Gioffredi 1986
Borsook, Eve/Superbi Gioffredi, Fiorella (Hgg.): *Tecnica e stile: esempi di pittura murale del Rinascimento italiano,* Kongreßakten Villa i Tatti 1983, Mailand 1986, 2 Bde.
Brandenburg 1995
Brandenburg, Hugo: ›Die Verwendung von Spolien und originalen Werkstücken in der spätantiken Architektur‹, in: Joachim Poeschke (Hg.): *Antike Spolien in der Architektur des Mittelalters und der Renaissance,* München 1995, S. 11–48.
Brandis 2002
Brandis, Markus: *La maniera tedesca: eine Studie zum historischen Verständnis der Gotik im Italien der Renaissance in Geschichtsschreibung, Kunsttheorie und Baupraxis,* Weimar 2002.
Bredekamp 1995
Bredekamp, Horst: *Repräsentation und Bildmagie der Renaissance als Formproblem,* München 1995.
Bredekamp 2003
Bredekamp, Horst: ›Cellinis Kunst des perfekten Verbrechens. Drei Fälle‹, in: Alessandro Nova/Anna Schreurs (Hgg.): *Benvenuto Cellini: Kunst und Kunsttheorie im 16. Jahrhundert,* Köln 2003, S. 337–348.
Brown 2001
Brown, Beverly Louise: ›The Black Wings of Envy: Competition, Rivalry and Paragone‹, in: Beverly Louise Brown (Hg.): *The Genius of Rome, 1592-1623,* Ausst.-Kat. London, London 2001, S. 248–273.
Buck 1969
Buck, August: ›Zu Begriff und Problem der Renaissance‹, in: August Buck (Hg.): *Zu Begriff und Problem der Renaissance,* Darmstadt 1969, S. 1–36.
Buddensieg 1965
Buddensieg, Tilmann: ›Gregory the Great, the Destroyer of Pagan Idols. The History of a Medieval Legend concerning the Decline of

Ancient Art and Literature‹, in: *Journal of the Warburg and Courtauld Institutes,* 1965, Bd. XXVIII, S. 44–65.
Burioni 2008
Burioni, Matteo: *Die Renaissance der Architekten. Souveranität und Professionalität des Baukünstlers in Giorgio Vasaris Viten,* Berlin 2008.
Burioni 2010
Burioni, Matteo: ›Vasari's Rinascita: History, Anthropology or Art Criticism?‹, in: Alexander Lee/Pit Péporté/Harry Schnitker (Hgg.): *Renaissance? Perceptions of Continuity and Discontinuity in Europe, c. 1300–c. 1550,* Leiden 2010, S. 115–127.
Burke 1998
Burke, Peter: ›The Renaissance Sense of Anachronism‹, in: Enno Rudolph (Hg.): *Die Renaissance und ihr Bild von der Geschichte,* Tübingen 1998, S. 17–36.
Burzer/Davis/Feser/Nova 2010
Burzer, Katja/Davis, Charles/Feser, Sabine/Nova, Alessandro (Hgg.): *Le Vite di Vasari. Genesi, topoi, ricezione – Die Vite Vasaris. Genesis, Topoi, Rezeption,* Venedig 2010 (im Druck).
Caglioti 1993
Caglioti, Francesco: ›Due 'restauratori' per le antichità dei primi Medici: Mino da Fiesole, Andrea del Verrocchio e il 'Marsia rosso' degli Uffizi‹, in: *Prospettiva,* 1993, Bd. LXXII, S. 17–42.
Camille 1990 (1989)
Camille, Michael: *The Gothic Idol. Ideology and Image-making in Medieval Art* (1989), 2. Auflage, Cambridge (Mass.)/New York 1990.
Carruthers 1998
Carruthers, Mary: *The Craft of Thought: Meditation, Rhetoric and the Making of Images, 400–1200,* Cambridge 1998.
Cast 1981
Cast, David: *The Calumny of Apelles. A Study in the Humanistic Tradition,* New Haven/London 1981.
Cast 1998
Cast, David: ›Vasari on the Practical‹, in: Philip Jacks (Hg.): *Vasari's Florence. Artists and Literati at the Medicean Court,* Cambridge 1998, S. 70–80.
Castiglione, *Libro del cortegiano*
Castiglione, Baldassare: *Il libro del cortegiano,* hg. v. Ettore Bonora, Mailand 1972.
Cellini, *Vita*
Cellini, Benvenuto: *Mein Leben. Die Autobiographie eines Künstlers aus der Renaissance,* übers. v. Jacques Laager, Zürich 2000.

Cencillo-Ramirez 2000
Cencillo-Ramirez, Marta: *Das Helldunkel in der italienischen Kunsttheorie des 15. und 16. Jahrhunderts und seine Darstellungsmöglichkeiten im Notturno,* Münster 2000.
Cennini, Ed. Brunello/Magagnato
Cennini, Cennino: *Il libro dell'arte,* hg. v. Franco Brunello und Licisco Magagnato, Vicenza 1971.
Cennini, Ed. Thompson
Cennini, Cennino: *Il libro dell'arte,* hg. v. Daniel V. Thompson, New Haven 1932.
Chastel 1954
Chastel, André: *Marsile Ficin et l'art,* Paris 1954.
Chastel 1959
Chastel, André: *Art et Humanisme à Florence au Temps de Laurent le Magnifique. Études sur la Renaissance et l'Humanisme Platonicien,* Paris 1959.
Chastel 1978 (1973)
Chastel, André: ›L'aria: théorie du milieu à la Renaissance‹ (1973), in: André Chastel: *Fables, Formes, Figures*, Paris 1978, Bd. I, S. 393–407.
Chastel/Klein 1995
Chastel, André/Klein, Robert: *L'Humanisme: l'Europe de la Renaissance,* Genf 1995.
Christofani 1979
Christofani, Manno: ›Per una storia del collezionismo archeologico nella Toscana granducale I‹, in: *Prospettiva,* 1979, Bd. XVII, S. 4–15.
Cicero, *De oratore*
Cicero, Marcus Tullius: *De oratore/Über den Redner,* hg. v. Harald Merklin, Stuttgart 1997.
Cipriani 1980
Cipriani, Giovanni: *Il mito etrusco nel rinascimento fiorentino,* Florenz 1980.
Cochrane 1981
Cochrane, Eric: *Historians and Historiography in the Italian Renaissance,* Chicago /London 1981.
Collareta 1998
Collareta, Marco: ›La figura e lo spazio. Una lettura del 'De statua'‹, in: Leon Battista Alberti: *De statua,* hg. v. Marco Collareta, Livorno 1998, S. 31–52.
Collareta 2000
Collareta, Marco: ›Vincenzio Borghini su Donatello e Michelangelo‹, in: *Fontes,* 1999 (2000), Bd. II, S. 117–120.

Condivi, Ed. Pemsel
Condivi, Ascanio: *Leben des Michelangelo*, hg. v. Hermann Pemsel, München 1898.
Conti 1998 (1979)
Conti, Alessandro: *Der Weg des Künstlers. Vom Handwerker zum Virtuosen,* Berlin 1998 (ital. Originalausgabe 1979).
Cooper/Leino 2007
Cooper, Donal/Leino, Marika (Hgg.): *Depth of Field. Relief Sculpture in Renaissance Italy,* Oxford 2007.
Cropper 1976
Cropper, Elizabeth: ›On Beautiful Women, Parmigianino, Petrarchismo, and the Vernacular Style‹, in: *Art Bulletin,* 1976, Bd. LVIII, S. 374–394.
Cropper 1995
Cropper, Elizabeth: ›The Place of Beauty in the High Renaissance and its Displacement in the History of Art‹, in: Alvin Vos (Hg.): *Place and Displacement in the Renaissance,* Binghamton 1995, S. 159–205.
Dante, *Divina Commedia*
Alighieri, Dante: *Divina Commedia,* hg. v. Erwin Laaths u. übers. v. Karl Federn, Augsburg 1994.
Dante, *Vita nuova*
Alighieri, Dante: *Vita nuova,* hg. v. Erwin Laaths u. übers. v. Karl Federn, Augsburg 1994.
De Girolamo Cheney 2005
De Girolamo Cheney, Liana: ›Giorgio Vasari's studio, diligenza ed amorevole fatica‹, in: Anne B. Barriault/Andrew Laddis (Hgg.): *Reading Vasari*, London 2005, S. 259–275.
De Vecchi 2002
De Vecchi, Pierluigi: ›La 'perfezzione dell'arte': Raffaello e Michelangelo‹, in: Valerio Terracoli (Hg.): *Lezioni di Storia dell'Arte,* Bd. II: *Dall'Umanesimo all'età barocca,* Mailand 2002, S. 219–239.
Dewender/Welt 2003
Dewender, Thomas/Welt, Thomas (Hgg.): *Imagination – Fiktion – Kreation. Das kulturschaffende Vermögen der Phantasie,* München 2003.
Didi-Huberman 2000a
Didi-Huberman, Georges: *Devant le temps. Histoire de l'art et anachronisme des images,* Paris 2000.
Didi-Huberman 2000b (1990)
Didi-Huberman, Georges: *Vor einem Bild* (1990), Wien 2000.

Doni, Ed. Pepe
Doni, Anton: *Disegno*, hg. v. Mario Pepe (Venedig 1549), Nachdruck Mailand 1970.

Emison 1991
Emison, Patricia: ›Grazia‹, in: *Renaissance Studies,* 1991, Bd. V, S. 427–460.

Farago 1992
Farago, Claire J.: *Leonardo da Vinci's ›Paragone‹. A Critical Interpretation with a New Edition of the Text in the ›Codex Urbinas‹,* Leiden 1992.

Fattori/Bianchi 1988
Fattori, Marta/ Bianchi, M. (Hgg.): *Fantasia – imaginatio,* Rom 1988.

Fehrenbach 1997
Fehrenbach, Frank: *Licht und Wasser. Zur Dynamik naturphilosophischer Leitbilder im Werk Leonardo da Vincis,* Tübingen 1997.

Fehrenbach 2003
Fehrenbach, Frank: ›Calor nativus – color vitale. Prolegomena zu einer Ästhetik des 'Lebendigen Bildes' in der frühen Neuzeit‹, in: Ulrich Pfisterer/Max Seidel (Hgg.): *Visuelle Topoi,* München/Berlin 2003, S. 151–170.

Fehrenbach 2005
Fehrenbach, Frank: ›Kohäsion und Transgression‹, in: Ulrich Pfisterer/Anja Zimmermann (Hgg.): *Animationen/Transgressionen. Das Kunstwerk als Lebewesen*, Berlin 2005, S. 1–40.

Ferino-Pagden 1990
Ferino-Pagden, Sylvia: ›From Cult Images to the Cult of Images: The Case of Raphael's Altarpieces‹, in: Peter Humfrey/Martin Kemp (Hgg.): The Altarpiece in the Renaissance, Cambridge 1990, S. 165–189.

Ferraris 1996
Ferraris, Maurizio: *L'immaginazione,* Bologna 1996.

Feser 2010
Feser, Sabine: ›Geschmiedete Kunst – Vasaris selbsternanntes Erstlingswerk 'Venus mit den drei Grazien' im Kontext seiner Autobiographie‹, in: Katja Burzer/Charles Davis/Sabine Feser/Alessandro Nova (Hgg.): *Le vite di Vasari. Genesi, Topoi, Ricezione – Die Vite Vasaris. Entstehung, Topoi, Rezeption*, Venedig 2010, S. 55–68 (im Druck).

Firenzuola, *Dialogo delle bellezze delle donne*
Firenzuola, Agnolo: *Dialogo delle bellezze delle donne,* hg. v. Delmo Maestri, Turin 1977.

Firenzuola, *Opere*
Firenzuola, Agnolo, *Opere,* hg. v. Adriano Seroni, Florenz 1958.
Flemming 2003
Flemming, Victoria von: ›Gezähmte Phantasie: Cellinis Entwürfe für das Akademie-Siegel‹, in: Alessandro Nova/Anna Schreurs (Hgg.): *Benvenuto Cellini. Kunst und Kunsttheorie im 16. Jahrhundert,* Köln 2003, S. 59–98.
Fontana/Morachiello 1972
Fontana, Vincenzo/Morachiello, Paolo (Hgg.): *Vitruvio e Raffaello. Il 'De architectura' di Vitruvio nella traduzione inedita di Fabio Calvo Ravennate,* Rom 1972.
Frangenberg 2003
Frangenberg, Thomas: ›Bartoli, Giambullari and the Prefaces to Vasari's 'Lives'(1550)‹, in: *Journal of the Warburg and Courtauld Institutes,* 2002 (2003), Bd. LX, S. 244–258.
Freedberg 1989
Freedberg, David: *The Power of Images. Studies in the History and Theory of Response,* Chicago / London 1989.
Freedman 1989
Freedman, Luba: ›'Rilievo' as an Artistic Term in Renaissance Art Theory‹, in: *Rinascimento,* 1989, Bd. XXIX, S. 217–47.
Friedländer 1925
Friedländer, Walter: ›Die Entstehung des antiklassischen Stils in der italienischen Malerei um 1529‹, in: *Repertorium für Kunstwissenschaft,* 1925, S. 49–86.
Frugoni 2003
Frugoni, Chiara: ›L'Italia di Cimabue nella basilica superiore di Assisi: uno sguardo dal transetto alla navata‹, in: Francesco Bocchi (Hg.): *Imago urbis: l'immagine della città nella storia d'Italia,* Rom 2003, S. 33–98.
Fuhrmann 1995
Fuhrmann, Manfred: *Die antike Rhetorik,* Zürich 1995.
Gage 1997
Gage, John: *Kulturgeschichte der Farbe,* Ravensburg 1997 (engl. Originalausgabe: *Colour and Culture,* London 1993)
Gage 2006
Gage, John: *Colour in Art,* London 2006.
Gampp 2000
Gampp, Axel C.: ›'Sprezzatura': Pontormos Portraits und das höfische Ideal des Manierismus‹, in: Wolfgang Braungart (Hg.): *Manier und Manierismus,* Tübingen 2000, S. 221–250.

Garin 1976

Garin, Eugenio: ›Giorgio Vasari e il tema della 'rinascita'‹, in: Mario Salmi (Hg.): *Il Vasari. Storiografo e artista. Atti del congresso internazionale nel IV centenario della morte.* Arezzo und Florenz, 2.–8. September 1974, Florenz 1976, S. 259–266.

Gauricus, Ed. Cutolo

Gauricus, Pomponius: *De sculptura,* hg. v. Paolo Cutolo, Neapel 1999.

Gentili/Morel/Cieri Via 1989-1993

Gentili, Augusto/Morel, Philippe/Cieri Via, Claudia (Hgg.): *Il ritratto e la memoria,* Rom 1989–1993, 3 Bde.

Ghiberti, Ed. Bartoli

Ghiberti, Lorenzo: *I commentarii,* hg. v. Lorenzo Bartoli, Florenz 1998.

Ghiberti, Ed. Schlosser

Ghiberti, Lorenzo: *I commentarii,* hg. v. Julius von Schlosser, Wien 1912.

Gilbert 1980

Gilbert, Creighton: *Italian Art 1400–1500,* New Jersey 1980.

Ginzburg 1976

Ginzburg, Carlo: ›High and Low: The Theme of Forbidden Knowledge in the Sixteenth and Seventeenth Century‹, in: *Past & Present,* 1976, Bd. LXXIII, S. 28–42.

Giovio, Ed. Maffei

Giovio, Paolo: *Scritti d'arte. Lessico ed ecfrasi,* hg. v. Sonia Maffei, Pisa 1999.

Gnann 1997

Gnann, Achim: *Polidoro da Caravaggio (um 1499–1543). Die römischen Innendekorationen,* München 1997.

Goldstein 1993

Goldstein, Carl: ›Rhetoric and Art History in the Italian Renaissance and Baroque‹, in: *Art Bulletin,* 1993, Bd. LXXIII, S. 641–652.

Gombrich 1960

Gombrich, Ernst: ›Vasari's 'Lives' and Cicero's 'Brutus'‹, in: *Journal of the Warburg and Courtauld Institutes,* 1960, Bd. XXIII, S. 309–311.

Gombrich 1971

Gombrich, Ernst: ›The Renaissance Conception of Artistic Progress and its Consequences‹, in: Ernst Gombrich (Hg.): *Norm and Form. Studies in the Art of Renaissance,* London/New York 1971, S. 1–10 u. S. 137–140.

Grafton 1991 (1990)

Grafton, Anthony: *Fälscher und Kritiker. Der Betrug in der Wissenschaft,* Berlin 1991 (1990).

Grafton 2000
Grafton, Anthony: ›Historia and Istoria: Alberti's Terminology in Context‹, in: *I Tatti Studies*, 1999 (2000), Bd. VIII, S. 37–68.
Gründler 2010
Gründler, Hana: ›Die Wege des Saturn. Vasari und die Melancholie‹, in: Katja Burzer/Charles Davis/Sabine Feser/Alessandro Nova (Hgg.): *Le vite di Vasari. Genesi, Topoi, Ricezione – Die Vite Vasaris. Entstehung, Topoi, Rezeption*, Venedig 2010, S. 73–80 (im Druck).
Gumbrecht 2001
Gumbrecht, Hans U.: ›Maß‹, in: Karlheinz Barck (Hg.): *Ästhetische Grundbegriffe: Historisches Wörterbuch in sieben Bänden*, Bd. III, Stuttgart/Weimar 2001, Sp. 846–866.
Hall 1992
Hall, Marcia B.: *Colour and Meaning. Practice and Theory in Renaissance Painting*, Cambridge 1992.
Härb 1997
Härb, Florian: ›Theorie und Praxis der Zeichnung bei Giorgio Vasari‹, in: Ernst-Gerhard Güse/Alexander Perrig (Hgg.): *Zeichnungen aus der Toskana. Das Zeitalter Michelangelos*, Ausst.-Kat. Saarbrücken / Saarland Museum 1997, München/New York 1997, S. 54–63.
Hartmann 1973
Hartmann, Lucrezia: *›Capriccio‹ – Bild und Begriff*, Diss. Zürich 1970, Nürnberg 1973.
Haskell/Penny 1988
Haskell, Francis/Penny, Nicolas: *Taste and the Antique*, New Haven/London 1988.
Heininger 2001
Heininger, Jörg: ›Erhaben‹, in: Karlheinz Barck (Hg.): *Ästhetische Grundbegriffe: Historisches Wörterbuch in sieben Bänden*, Bd. II, Stuttgart/Weimar 2001, Sp. 275–310.
Helke 1999
Helke, Gabriele: ›Giorgione als Maler des Paragone‹, in: *Jahrbuch des Kunsthistorischen Museums Wien*, 1999, Bd. I, S. 11–79.
Herklotz 1985
Herklotz, Ingo: ›'Historia sacra' und mittelalterliche Kunst während der zweiten Hälfte des 16. Jahrhunderts in Rom‹, in: Romeo de Maio et al. (Hgg.): *Baronio e l'arte*, Sora 1985, S. 21–74.
Herklotz 1998
Herklotz, Ingo: ›Rezension von: L. de Lachenal: *Spolia: uso e reim-*

piego dell'antico dal III al XIV secolo, Milano 1995/N. Gramaccini: *Mirabilia: Das Nachleben antiker Statuen vor der Renaissance*, Mainz 1996/H. Brandenburg: *Antike Spolien in der Architektur des Mittelalters und der Renaissance*, München 1996‹, in: *Journal für Kunstgeschichte*, 1998, Bd. II, S. 105–116.

Himmelmann 1998
Himmelmann, Nikolaus: ›Apoll vom Belvedere‹, in: Matthias Winner/Bernard Andreae/Carlo Pietrangeli (Hgg.): *Il Cortile delle Statue. Der Statuenhof des Belvedere im Vatikan*, Akten des internationalen Kongresses zu Ehren von Richard Krautheimer, Mainz 1998, S. 211– 225.

Hochmann/Kliemann 2008
Hochmann, Michel/Kliemann, Julian (Hgg.): *Programme et invention dans l'art de la Renaissance*, Paris 2008.

Hohl 1992
Hohl, Anna (Hg.): *Saturn, Melancholie, Genie,* Ausst.-Kat. Hamburg/ Hamburger Kunsthalle, Stuttgart 1992.

Holderbaum 1956
Holderbaum, James: ›A Bronze by Giovanni Bologna and a Painting by Bronzino‹, in: *Burlington Magazine,* 1956, Bd. XCVIII, S. 439–445.

Hope 1985
Hope, Charles: ›Historical Potraits in the 'Lives' and in the Frescoes of Giorgio Vasari‹, in: Gian Carlo Garfagnini (Hg.): *Giorgio Vasari. Tra decorazione ambientale e storiografia artistica.* Convegno di studi Arezzo 1981, Florenz 1985, S. 321–338.

Hope 1995
Hope, Charles: ›Can you trust Vasari?‹, in: *The New York Review of Books,* 1995, Bd. XLII, Nr. 15, S. 10–13.

Hope 2000
Hope, Charles: ›'Composition' from Cennini and Alberti to Vasari‹, in: Paul Taylor (Hg.): *Pictorial Composition from Medieval to Modern Art,* London 2000, S. 27–44.

Hope Goodchild 1999
Hope Goodchild, Karen: *Towards an Italian Renaissance Theory of Landscape,* Diss. University of Virginia, Ann Arbor 1999.

Horn 2000
Horn, András: *Das Schöpferische in der Literatur: Theorien der dichterischen Phantasie,* Würzburg 2000.

Huber 2004
Huber, Hans D.: ›Bildhafte Vorstellungen: eine Begriffskartographie

der Phantasie‹, in: Hans D. Huber/Bettina Lockemann/Michael Scheibel (Hgg.): Visuelle Netze. Wissensräume in der Kunst, Ostfildern-Ruit 2004, S. 165–216.

Janson 1961
Janson, Horst W.: ›The 'Image Made by Chance' in Renaissance Thought‹, in: Millard Meiss (Hg.): *De Artibus Opuscula. Essays in Honour of Erwin Panofsky,* New York 1961, S. 254–266.

Joost-Gaugier 1985
Joost-Gaugier, Christiane L.: ›Poggio and Visual Tradition: Uomini Famosi in Classical Literary Tradition‹, in: *artibus et historiae,* 1985, Bd. XII, S. 57–74.

Kallab 1908
Kallab, Wolfgang: *Vasaristudien,* hg. v. Julius von Schlosser, Wien/Leipzig 1908.

Kanz 2000
Kanz, Roland: ›Der Capriccio-Begriff bei Vasari und Gilio in der Kontroverse um Michelangelos Jüngstes Gericht‹, in: Hartmut Laufhütte (Hg.): *Künste und Natur in Diskursen der Frühen Neuzeit,* Wiesbaden 2000, S. 497–513.

Kanz 2002
Kanz, Roland: *Die Kunst des Capriccio: kreativer Eigensinn in Renaissance und Barock,* München 2002.

Kat. Disegno 2007
Disegno. Der Zeichner im Bild der Frühen Neuzeit, hg. v. Heinrich-Thomas Schulze Altcappenburg/Michael Thimann, Ausst.-Kat. Kupferstichkabinett Staatliche Museen zu Berlin, Berlin 2007.

Kat. Vasari 1981
Corti, Laura/Daly Davis, Margaret/Davis, Charles/Kliemann, Julian (Hgg.): *Giorgio Vasari. Principi, letterati e artisti nelle carte di Giorgio Vasari,* Ausst.-Kat. Arezzo, Florenz 1981.

Kat. Vatikan 1998
Hochrenaissance im Vatikan. Kunst und Kultur im Rom der Päpste 1503–1534. Ausst.-Kat. Bonn, Kunst- und Ausstellungshalle der Bundesrepublik Deutschland 1998/99, Bonn 1998, 2 Bde.

M. Kemp 1977
Kemp, Martin: ›From 'Mimesis' to 'Fantasia': The Quattrocento Vocabulary of Creation, Inspiration and Genius in the Visual Arts‹, in: *Viator. Medieval and Renaissance Studies,* 1977, Bd. VIII, S. 347–398.

M. Kemp 1997
Kemp, Martin: *Der Blick hinter die Bilder. Text und Kunst in der italienischen Renaissance,* Köln 1997.

W. Kemp 1974
Kemp, Wolfgang: ›'Disegno': Beiträge zur Geschichte des Begriffs zwischen 1547 und 1607‹, in: *Marburger Jahrbuch für Kunstwissenschaft,* 1974, Bd. XIX, S. 219–240.
Ketelsen 1988
Ketelsen, Thomas: ›'Kunstgeschichte' und 'Künstlergeschichten': Schlosser liest Vasari‹, in: *kritische berichte,* 1988, Bd. XVI, S. 10–15.
Ketelsen 1990
Ketelsen, Thomas: *Künstlerviten, Inventare, Kataloge. Drei Studien zur Geschichte der kunsthistorischen Praxis,* Ammersbek bei Hamburg 1990.
Klein 1970 (1961)
Klein, Robert: ›'Giudizio' et 'gusto' dans la théorie de l'art en Cinquecento‹ (1961), in: Robert Klein: *La forme et l'intelligible,* Paris 1970, S. 342–352.
Kleiner 2000
Kleiner, Gerd: ›Anmut/Grazie‹, in: Karlheinz Barck (Hg.): *Ästhetische Grundbegriffe: Historisches Wörterbuch in sieben Bänden,* Bd. I, Stuttgart/Weimar 2000, Sp. 193–208.
Klibansky/Panofsky/Saxl 1990 (1964)
Klibansky, Raimund/ Panofsky, Erwin/Saxl, Fritz: *Saturn und Melancholie* (1964), Frankfurt am Main 1990.
Kliemann 1985
Kliemann, Julian: ›Su alcuni concetti umanistici del pensiero e del mondo figurativo vasariano‹, in: Gian Carlo Garfagnini (Hg.): *Giorgio Vasari. Tra decorazione ambientale e storiografia artistica.* Convegno di studi Arezzo 1981, Florenz 1985, S. 73–82.
Kliemann 1991
Kliemann, Julian: ›Giorgio Vasari: Kunstgeschichtliche Perspektiven‹, in: Peter Ganz (Hg.): *Kunst und Kunsttheorie 1400–1900,* Wiesbaden 1991, S. 29–74.
Kowalski 1996–1997
Kowalski, Klaus: *Plastische Bilder. Zur Geschichte der Reliefgestaltung,* Bielefeld 1996–1997, 2 Bde.
Koselleck 1979
Koselleck, Reinhart: ›Historia Magistra Vitae. Über die Auflösung des Topos im Horizont neuzeitlich bewegter Geschichte‹, in: Reinhart Koselleck: *Vergangene Zukunft. Zur Semantik geschichtlicher Zeiten,* Frankfurt am Main 1979, S. 38–66.
Krautheimer 1986 (1965)
Krautheimer, Richard: *Early Christian and Byzantine Architecture* (1965), 4. Auflage, London 1986.

Krieger 2006
Krieger, Verena: ›Die Farbe als 'Seele' der Malerei: Transformation eines Topos vom 16. Jahrhundert zur Moderne‹, in: *Marburger Jahrbuch für Kunstwissenschaft*, 2006, Bd. XXXIII, S. 91–112.
Kris/Kurz 1995 (1934)
Kris, Ernst/Kurz, Otto: *Die Legende vom Künstler. Ein geschichtlicher Versuch* (1934), Frankfurt am Main 1995.
Kristeller 1976 (1965)
Kristeller, Paul O.: ›Das moderne System der Künste‹ (1965), in: Paul Oskar Kristeller: *Humanismus und Renaissance II. Philosophie, Bildung und Kunst,* hg. v. Eckhard Keßler, München 1976, S. 163–227.
Krüger 2001
Krüger, Klaus: *Das Bild als Schleier des Unsichtbaren. Ästhetische Illusion in der Kunst der frühen Neuzeit,* München 2001.
Krüger/Nova 2000
Krüger, Klaus/Nova, Alessandro: *Imagination und Wirklichkeit: zum Verhältnis von mentalen und realen Bildern in der Kunst der Frühen Neuzeit,* Mainz 2000.
Kusch-Arnhold 2006
Kusch-Arnhold, Britta: ›Zur Bedeutung der Praxis für die künstlerische Virtus‹, in: Joachim Poeschke/Thomas Weigel/Britta Kusch-Arnhold (Hgg.): *Die Virtus des Künstlers in der italienischen Renaissance*, Münster 2006, S. 173–195.
Landfester 1972
Landfester, Rüdiger: *Historia magistra vitae. Untersuchungen zur humanistischen Geschichtstheorie des 14. bis 16. Jahrhunderts,* Genf 1972.
Larsson 1964
Larsson, Lars O.: *Von allen Seiten gleich schön. Studien zum Begriff der Vielansichtigkeit in der europäischen Plastik von der Renaissance zum Klassizismus,* Stockholm 1964.
Laurenza 2002
Laurenza, Domenico: ›Corpus Mobile: Ansätze einer Pathognomik bei Leonardo‹, in: Frank Fehrenbach (Hg.): *Leonardo da Vinci: Natur im Übergang. Beiträge zu Wissenschaft, Kunst und Technik,* München 2002, S. 257–301.
Lee 1940
Lee, Rensselaer W.: ›'Ut pictura poesis': The Humanistic Theory of Painting‹, in: *Art Bulletin,* 1940, Bd. XXII, S. 97–269.
Lehmann 2002
Lehmann, Ann-Sophie: ›Hautfarben: zur Maltechnik des Inkarnats und der Illusion des lebendigen Körpers in der europäischen

Malerei der Neuzeit‹, in: Christoph Geissmar-Brandi, Irmela Hijiya-Kirschnereit (Hgg.): *Gesichter der Haut*, Frankfurt am Main 2002, S.93–128.

LeMollé 1988
LeMollé, Roland: *Georges Vasari et le vocabulaire de la critique d'art dans les 'Vite'*, Grenoble 1988.

Leonardo, Ed. Ludwig
Leonardo da Vinci: *Das Buch von der Malerei*, hg. v. Heinrich Ludwig, Wien 1882, 3 Bde.

Leonardo, Ed. Pedretti
Leonardo da Vinci: *Libro di pittura. Edizione in facsimile del Codice Urbinate lat. 1270 nella Biblioteca Apostolica Vaticana*, hg. v. Carlo Pedretti, Florenz 1995.

Leonardo, Ed. Richter
Richter, Jean Paul (Hg.): *The Literary Works of Leonardo da Vinci* (1883), Oxford 1977, 2 Bde.

Libro di Antonio Billi, Ed. Benedettucci
Benedettucci, Fabio (Hg.): *Il Libro di Antonio Billi*, Rom 1991.

Link-Heer 2001
Link-Heer, Ursula: ›Manier/manieristisch/Manierismus‹, in: Karlheinz Barck (Hg.): *Ästhetische Grundbegriffe: Historisches Wörterbuch in sieben Bänden*, Bd. III, Stuttgart/Weimar 2001, Sp. 790–846.

Lomazzo, Ed. Ciardi
Lomazzo, Giovan Paolo: *Scritti d'arte*, hg. v. Roberto Paolo Ciardi, Florenz 1973, 2 Bde.

Louden 1968
Louden, Lynn M.: ›'Sprezzatura' in Raphael and Castiglione‹, in: *The Art Journal*, Bd. XXXVIII, 1968, S. 43–49.

Lüthe/Fontius 2001
Lüthe, Rudolf/Fontius, Martin: ›Geschmack/Geschmacksurteil‹, in: Karlheinz Barck (Hg.): *Ästhetische Grundbegriffe: Historisches Wörterbuch in sieben Bänden*, Bd. II, Stuttgart/Weimar 2001, Sp. 792–819.

Lukian, Ed. Homeyer
Lukian: *Wie man Geschichte schreiben soll*, hg. v. Helene Homeyer, München 1965.

Mai 1996
Mai, Ekkehard (Hg.): *Das Capriccio als Kunstprinzip. Zur Vorgeschichte der Moderne von Arcimboldo und Callot bis Tiepolo und Goya*, Ausst.-Kat. Köln/Wallraf-Richartz-Museum 1996/97, Mailand 1996.

Mai/Rees 1998
Mai, Ekkehard/Rees, Joachim (Hgg.): *Kunstform Capriccio: von der Groteske zur Spieltheorie der Moderne,* Köln 1998.
Manetti, *Vita di Filippo Brunelleschi*
Manetti, Antonio : *Vita di Filippo Brunelleschi: preceduta dalla Novella del Grasso,* hg. v. Domenico de Robertis u. Giuliano Tanturli, Mailand 1976.
Markiewicz 1987
Markiewicz, Henryk: ›Ut pictura poesis… A History of the Topos and the Problem‹, in: *New Literary History*, 1987, Bd. XVIII, S. 535–558.
Martin 1995
Martin, Andrew J.: *Savoldos sogenanntes Bildnis des ›Gaston de Foix‹. Zum Problem des Paragone in der Kunst und Kunsttheorie der italienischen Renaissance,* Sigmaringen 1995.
Martin 2008
Martin, Frank: ›'Disegno' versus 'pratica': Cennino Cenninis Kapitel über die Glasmalerei im kunsttheoretischen Kontext‹, in: *Le vitrail et les traités du Moyen âge à nos jours,* Akten des 23. internationalen Kolloquiums des Corpus Vetrearum, Tours 3.–7. Juli 2006, Bern et al. 2008, S. 45–60.
Massing 1990
Massing, Jean-Michel: *Du texte à l'image. La Calomnie d'Apelle et son iconographie,* Straßburg 1990.
Mendelsohn 1982
Mendelsohn, Leatrice: *Paragoni. Benedetto Varchi's 'Due lezzioni' and Cinquecento Art Theory*, Ann Arbor 1982.
Mendelsohn-Martone 1998 (1978)
Mendelsohn-Martone, Leatrice: *Benedetto Varchi's ›Due lezzioni‹: Paragoni and Cinquecento Art Theory,* Ph. D. New York University 1978, Ann Arbor 1998.
Meyer/Neumann 1997
Meyer, Mathias/Neumann, Gerhard (Hgg.): *Pygmalion: Geschichte des Mythos in der abendländischen Kultur,* Freiburg 1997.
Michelangelo, *Carteggio*
Barocchi, Paola/Ristori, Renzo: *Il carteggio di Michelangelo,* Florenz 1965–83, 5 Bde.
Morel 1997
Morel, Philippe: *Les Grotesques. Les figures de l'imaginaire dans la peinture italienne de la fin de la Renaissance,* Paris 1997.
Morello/Wolf 2000
Morello, Giovanni/Wolf, Gerhard (Hgg.): *Il volto di Cristo,* Ausst.-

Kat. Biblioteca Apostolica Vaticana – Palazzo delle Esposizioni, Mailand 2000.

Muller 1985

Muller, Jeffrey M.: ›'Con diligenza', 'con studio' and 'con amore': Terms of Quality in the Seventeenth Century‹, in: *Rubens and his World*, Antwerpen 1985, S. 273–278.

Muratova 1994

Muratova, Xenia: ›'Questa maniera fu trovata da i Goti ...'‹, in: Valentino Pace (Hg.): *Il Gotico europeo in Italia*, Neapel 1994, S. 23–56.

Nagel 1993

Nagel, Alexander: ›Leonardo and Sfumato‹, in: *Res*, 1993, Bd. XXIV, S. 7–20.

Nagel 2000

Nagel, Alexander: *Michelangelo and the Reform of Art*, Cambridge 2000.

Niehaus 1998

Niehaus, Andrea: *Florentiner Reliefkunst von Brunelleschi bis Michelangelo*, München 1998.

Niehr 2001

Niehr, Klaus: ›Gotisch‹, in: Karlheinz Barck (Hg.): *Ästhetische Grundbegriffe: Historisches Wörterbuch in sieben Bänden*, Bd. II, Stuttgart / Weimar 2001, Sp. 862–875.

Niehr 2003

Niehr, Klaus: ›'ad vivum – al vif': Begriffs- und kunstgeschichtliche Anmerkungen zur Auseinandersetzung mit der Natur in Mittelalter und früher Neuzeit‹, in: Peter Dilg (Hg.): *Natur im Mittelalter: Konzeptionen – Erfahrungen – Wirkungen*, Berlin 2003, S. 472–487.

Nova 1988

Nova, Alessandro: *The Artistic Patronage of Pope Julius III. (1550–1555). Profane Imagery and Buildings for the De Monte Family in Rome*, Ph. D. University of London (1982), New York und London 1988.

Nova 1992

Nova, Alessandro: ›Vasari and the Reuse of Drawings in Their Working Practice‹, in: *Master Drawings*, 1992, Bd. XXX, S. 83–108.

Nova 1998

Nova, Alessandro: ›Giorgione's Inferno with Aeneas and Anchises for Taddeo Contarini‹, in: Luisa Ciammitti / Steven F. Ostrow / Salvatore Settis (Hgg.): *Dosso's Fate. Painting and Court Culture in Renaissance Italy*, Los Angeles 1998, S. 41–62.

Nova 2003
Nova, Alessandro: ›Die Paragone-Debatte und gemalte Theorie in der Zeit Cellinis‹, in: Alessandro Nova/Anna Schreurs (Hgg.): *Benvenuto Cellini: Kunst und Kunsttheorie im 16. Jahrhundert,* Köln 2003, S. 183–202.
Nova/Feser/Lorini 2001
Nova, Alessandro/Feser, Sabine/Lorini, Victoria (Hgg.): *Die Anfänge der Maniera Moderna. Giorgio Vasaris Viten: Proemio, Leonardo, Giorgione, Correggio,* Hildesheim 2001.
Onians 1982
Onians, John: ›Brunelleschi: Humanist or Nationalist?‹, in: *Art History,* 1982, Bd. III, S. 259–272.
Osano 1996
Osano, Shigetoshi: ›Due 'Marsia' nel giardino di Via Larga: la ricezione del decor dell'antichità romana nella collezione medicea di sculture antiche‹, in: *Artibus et historiae,* 1996, Bd. XVII, S. 95–120.
Ossola 1971
Ossola, Carlo: *Autunno del Rinascimento. 'Idea del Tempio' dell'arte nell' ultimo Cinquento,* Florenz 1971.
Paatz/Paatz, *Kirchen von Florenz*
Paatz, Walter/Paatz, Elisabeth (Hgg.): *Die Kirchen von Florenz. Ein kunstgeschichtliches Handbuch,* Frankfurt am Main 1940–54, 6 Bde.
Padovani 1986
Padovani, Serena: ›'Il pittore senza errori'. Storia di un luogo comune‹, in: *Andrea del Sarto 1486–1530. Dipinti e disegni a Firenze,* Ausst.-Kat. Palazzo Pitti Florenz, Mailand 1986, S. 59–68.
Panofsky 1960 (1924)
Panofsky, Erwin: *Idea. Ein Beitrag zur Begriffsgeschichte der älteren Kunsttheorie* (1924), 2. Auflage, Berlin 1960.
Panofsky 1998 (1930)
Panofsky, Erwin: ›Das erste Blatt aus dem 'Libro' Giorgio Vasaris: eine Studie über die Berurteilung der Gotik in der italienischen Renaissance mit einem Excursus über zwei Fassadenprojecte Domenico Beccafumis‹ (1930), in: Erwin Panofsky: *Deutschsprachige Aufsätze II,* hg. v, Karen Michels und Martin Warnke, Bd. II, Berlin 1998, S. 827–891.
Pardo 1991
Pardo, Mary: ›Memory, Imagination, Figuration: Leonardo da Vinci and the Painter's Mind‹, in: Susanne Küchler/Walter Melion (Hgg.): *Images of Memory,* Washington/London 1991, S. 47–73.

Parronchi 1964 (1959)
Parronchi, Alessandro: ›Sul ‘Della statua’ albertiano‹ (1959), in: Alessandro Parronchi: *Studi sulla dolce prospettiva*, Mailand 1964, S. 380–414.
Patz 2007
Patz, Kristine: ›Im Agon der Künste‹, in: Hannah Baader, Ulrike Müller-Hofstede, Kristine Patz, Nicola Suthor (Hgg.): *Im Agon der Künste: paragonales Denken, ästhetische Praxis und die Diversität der Sinne,* München 2007, S. 9–18.
Pedretti 2004
Pedretti, Carlo: *Le macchie di Leonardo: ‘perché dalle cose confuse l’ingegno si desta a nove invenzioni’ (Libro di pittura, f. 35V, cap. 66)*, XLIV lettura vinciana 17. April 2004, Città di Vinci, Florenz 2004.
Peroni 1995
Peroni, Adriano (Hg.): *Il Duomo di Pisa,* Modena 1995, 3 Bde.
Pevsner 1925
Pevsner, Nikolaus: ›Gegenreformation und Manierismus‹, in: *Repertorium für Kunstwissenschaft,* 1925, S. 249–262.
Pfisterer 1996
Pfisterer, Ulrich: ›Künstlerische potestas audendi und licentia im Quattrocento. Benozzo Gozzoli, Andrea Mantegna, Bertoldo di Giovanni‹, in: *Römisches Jahrbuch der Bibliotheca Hertziana,* 1996, Bd. XXXI, S. 109–118.
Pfisterer 2001
Pfisterer, Ulrich: ›Künstlerliebe. Der Narcissus-Mythos bei Leon Battista Alberti und die Aristoteles-Lektüre der Frührenaissance‹, in: *Zeitschrift für Kunstgeschichte,* 2001, Bd. LXIV, S. 305–330.
Pfisterer 2002
Pfisterer, Ulrich: ›Ingenium und Invention bei Filarete‹, in: Bruno Klein/Harald Wolter-von dem Knesebeck (Hgg.): *Nobilis arte manus,* Festschrift zum 70. Geburtstag von Antje Middeldorf-Kosegarten, Dresden 2002, S. 265–289.
Pfisterer 2003
Pfisterer, Ulrich: ›Paragone‹, in: *Historisches Wörterbuch der Rhetorik,* Bd. VI, Tübingen 2003, Sp. 528–546.
Pierguidi 2007
Pierguidi, Stefano: ›Sulla fortuna della ‘Giustizia’ e della ‘Pazienza’ di Vasari‹, in: *Mitteilungen des Kunsthistorischen Institutes in Florenz,* 2007 (2009), Bd. LI, S. 576–592.
Plinius, Ed. König/Winkler
Plinius Secundus d.Ä.: *Buch XXXV, Naturalis historiae,* hg. v. Roderich König/Gerhard Winkler, München 1978.

Poeschke 1995
Poeschke, Joachim (Hg.): *Antike Spolien in der Architektur des Mittelalters und der Renaissance,* München 1995.
Poeschke 2002
Poeschke, Joachim: ›Motus und modestia in der Kunst, Kunsttheorie und Tugendlehre der Florentiner Frührenaissance‹, in: Joachim Poeschke/Thomas Weigel (Hgg.): *Tugenden und Affekte in der Philosophie, Literatur und Kunst der Renaissance,* Münster 2002, S. 173–193.
Poirier 1970
Poirier, Maurice: ›The Role and Concept of Disegno in Mid-Sixteenth Century Florence‹, in: *The Age of Vasari,* Ausst.-Kat. Art Gallery University of Notre Dame Indiana – University Art Gallery State University of New York at Binghampton, New York 1970, S. 53–68.
Poirier 1976
Poirier, Maurice: *Studies on the Concept of ›disegno‹, ›invenzione‹ and ›colore‹ in Sixteenth- and Seventeenth-Century Italian Art and Theory,* Diss. New York 1976.
Ponte 1998
Ponte, Giovanni: ›Armonia e dismisura nelle figure di Leon Battista Alberti‹, in: Luisa Secchi Tarugi (Hg.): *Disarmonia, bruttezza e bizzaria nel Rinascimento,* Florenz 1998, S. 91–102.
Previtali 1987 (1979)
Previtali, Giovanni: ›Die Periodisierung der italienischen Kunstgeschichte‹ (1979), in: Luciano Bellosi et al. (Hgg.): *Italienische Kunst. Eine neue Sicht auf ihre Geschichte,* Berlin 1987, S. 107–196.
Prinz 1966
Prinz, Wolfram: ›Vasaris Sammlung von Künstlerbildnissen. Mit einem kritischen Verzeichnis der 144 Vitenbildnisse in der zweiten Ausgabe der Lebensbeschreibungen von 1568‹, Florenz 1966 (Beiheft zu Band XII der Mitteilungen des Kunsthistorischen Instituts in Florenz).
Puttfarken 1991
Puttfarken, Thomas: ›The Dispute about Disegno and Colorito in Venice: Paolo Pino, Lodovico Dolce and Titian‹, in: Peter Ganz (Hg.): *Kunst und Kunsttheorie 1400–1900,* Wolfenbütteler Forschungen 1991, S. 75–100.
Ränsch-Trill 1996
Ränsch-Trill, Barbara: *Phantasie: Welterkenntnis und Welterschaffung. Zur philosophischen Theorie der Einbildungskraft,* Bonn 1996.

Raffael, *Lettera a Leone X*, Ed. Bonelli
Bonelli, Renato (Hg.): ›Lettera a Leone X‹, in: Arnaldo Bruschi et al. (Hgg.): *Scritti Rinascimentali di Architettura,* Mailand 1978, S. 459–484.
Rave 1959
Rave, Paul O.: ›Paolo Giovio und die Bildnisvitenbücher des Humanismus‹, in: *Jahrbuch der Berliner Museen,* 1959, Bd. I, S. 119–154.
Richter 1977 (1883)
Richter, Jean P. (Hg.): *The Literary Works of Leonardo da Vinci* (1883), Oxford 1977, 2 Bde.
Roggenkamp 1996
Roggenkamp, Bernd: *Die Töchter des Disegno: zur Kanonisierung der drei Bildenden Künste durch Giorgio Vasari,* Münster 1996.
Rosen 2000
Rosen, Valeska von: ›Die Enargeia des Gemäldes. Zu einem vergessenen Inhalt des Ut-pictura-poesis und seiner Relevanz für das cinquecenteske Bildkonzept‹, in: *Marburger Jahrbuch für Kunstwissenschaft,* 2000, Bd. XXVII, S. 171–208.
Rouchette 1959
Rouchette, Jean: *La Renaissance que nous a léguée Vasari,* Paris 1959.
Rougé 1998
Rougé, Bertrand (Hg.): *La Surprise,* Pau 1998.
Rubin 1994
Rubin, Patricia: ›Vasari, Lorenzo and the Myth of Magnificence‹, in: Gian Carlo Garfagnini (Hg.): *Lorenzo il Magnifico e il suo mondo,* Florenz 1994, S. 427–442.
Rubin 1995
Rubin, Patricia: *Giorgio Vasari. Art and History,* New Haven/London 1995.
Satkowksi 1979
Satkowski, Leon: *Studies on Vasari's Architecture,* London 1979.
Scapecchi 1998
Scapecchi, Piero: ›Una carta dell'esemplare riminese delle Vite del Vasari con correzioni di Giambullari. Nuove indicazioni e proposte per la torrentiniana‹, in: *Mitteilungen des Kunsthistorischen Institutes in Florenz,* 1998, Bd. XLII, S. 101–114.
Schleiner 1991
Schleiner, Winfried: *Melancholy, Genius and Utopia in the Renaissance,* Wiesbaden 1991.
Schlitt 2001
Schlitt, Melinda: ›Study, Labour and Facility in Vasari's Life of Sal-

viati‹, in: *Francesco Salviati et la bella maniera,* Akten des Kongresses in Rom und Paris 1998, Rom 2001, S. 91–105.

Schlosser 1924
Schlosser, Julius von: *Die Kunstliteratur. Ein Handbuch zur Quellenkunde der neueren Kunstgeschichte,* Wien 1924.

Schmidt-Linsenhoff 1996
Schmidt-Linsenhoff, Viktoria: ›Dibutadis. Die weibliche Kindheit der Zeichenkunst‹, in: *kritische berichte,* 1996, Bd. XXIV, H. 4, S. 7–20.

Scholz 2002
Scholz, Gunter: ›Erfindungsgeist und Bildlichkeit in der neuzeitlichen Wissenschaft‹, in: Rudolf Behrens (Hg.): *Ordnungen des Imaginären,* Sonderheft der Zeitschrift für Ästhetik und allgemeine Kunstwissenschaft, 2002, S. 69–88.

Schulte 1996
Schulte, Brigitte: *Melancholie. Von der Entstehung des Begriffs bis Dürers Melencolia I,* Würzburg 1996.

Schulte-Sasse 2001
Schulte-Sasse, Jochen: ›Einbildungskraft/Imagination‹, in: Karlheinz Barck (Hg.): *Ästhetische Grundbegriffe: Historisches Wörterbuch in sieben Bänden,* Bd. II, Stuttgart/Weimar 2001, Sp. 88–120.

Schulte-Sasse 2002
Schulte-Sasse, Jochen: ›Phantasie‹, in: Karlheinz Barck (Hg.): *Ästhetische Grundbegriffe: Historisches Wörterbuch in sieben Bänden,* Bd. IV, Stuttgart/Weimar 2002, Sp. 778–798.

Scorza 1998
Scorza, Rick: ›Vasari's Painting of the 'Terzo Cerchio' in the Palazzo Vecchio: A Reconstruction of Medieval Florence‹, in: Philip Jacks (Hg.): *Vasari's Florence. Artists and Literati at the Medicean Court,* Cambridge 1998, S. 182–205.

Schweitzer 1934
Schweitzer, Bernhard: ›Mimesis und Phantasia‹, in: *Philologus,* 1934, Bd. LXXXIX, S. 286–300.

Seidel 2003
Seidel, Max: ›Costruire una cattedrale al tempo dei Crociati: sull' iconografia del complesso architettonico della Primaziale di Pisa‹, in: Max Seidel: *Arte italiana del Medioevo e del Rinascimento,* Bd. II, Venedig 2003, S. 49–70.

Settis 1986
Settis, Salvatore: ›Continuità, distanza, conoscenza. Tre usi dell'antico‹, in: Salvatore Settis (Hg.): *La memoria dell'antico nell'arte italiana,* Bd. III, Turin 1986, S. 375–488.

Settis 1998
Settis, Salvatore: ›Laocoonte di bronzo, Laocoonte di marmo‹, in: Matthias Winner/Bernard Andreae/Carlo Pietrangeli (Hgg.): *Il Cortile delle Statue. Der Statuenhof des Belvedere im Vatikan,* Akten des internationalen Kongresses zu Ehren von Richard Krautheimer, Rom 21.– 23. Oktober 1992, Mainz 1998, S. 129–160.
Settis 1999
Settis, Salvatore: *Laocoonte: fama e stile,* Rom 1999.
Shearman 1962
Shearman, John: ›Leonardo's Colour and Chiaroscuro‹, in: *Zeitschrift für Kunstgeschichte,* 1962, Bd. XXV, S. 13–47.
Shearman 1963
Shearman, John: ›Maniera as an Aesthetic Ideal‹, in: *Studies in Western Art,* 1963, Bd. II, S. 200–221.
Shearman 1988 (1967)
Shearman, John: *Manierismus. Das Künstliche in der Kunst,* Frankfurt am Main 1988 (engl. Originalausgabe 1967).
Siegmund 2001
Siegmund, Gerald: ›Gedächtnis/Erinnerung‹, in: Karlheinz Barck (Hg.): *Ästhetische Grundbegriffe: Historisches Wörterbuch in sieben Bänden,* Bd. II, Stuttgart/Weimar 2001, Sp. 609–629.
Sillem 2001
Sillem, Peter: *Saturns Spuren: Aspekte des Wechselspiels von Melancholie und Volkskultur in der Frühen Neuzeit,* Frankfurt am Main 2001.
Sohm 1985
Sohm, Philip: ›Affection and 'sprezzatura' in 16th- and Early 17th-Century Italian Painting, Prosody and Music‹, in: Hermann Fillitz/ Martina Pippal (Hgg.): *Akten des 25. Internationalen Kongresses für Kunstgeschichte 1983,* Wien 1985, S. 23–40.
Sohm 1991
Sohm, Philip: *Pittoresco: Marco Boschini, His Critics and Their Critiques of Painterly Brushwork in Seventeenth- and Eighteenth-Century Italy,* Cambridge 1991.
Sohm 1995
Sohm, Philip: ›Gendered Style in Italian Art Criticism from Michelangelo to Malvasia‹, in: *Renaissance Quarterly,* 1995, Bd. XLVIII, S. 759–808.
Sohm 2001
Sohm, Philip: *Style in the Art Theory of Early Modern Italy,* Cambridge 2001.
Spagnolo 2004
Spagnolo, Maddalena: ›Vasari e le 'difficultà dell'arte'‹, in:

Maddalena Spagnolo/Paolo Torriti (Hgg.): *Percorsi Vasariani tra le arti e le lettere*, atti del convegno di studi Arezzo 7-8 maggio 2003, Montepulciano 2004, S. 89–108.

Steinmann 1930
Steinmann, Ernst: *Michelangelo im Spiegel seiner Zeit*, Leipzig 1930.

Stoichita 1999 (1997)
Stoichita, Victor: *Eine kurze Geschichte des Schattens* (1997), München 1999.

Stoichita 2003
Stoichita, Victor: ›Helena von Troia und ihre Doppelgängerin‹, in: Alessandro Nova/Anna Schreurs (Hgg.): *Benvenuto Cellini: Kunst und Kunsttheorie*, Köln 2003, S. 349–378.

Straehle 2001
Straehle, Gerhard: *Die Marstempelthese: Dante, Villani, Boccaccio, Vasari, Borghini; die Geschichte vom Ursprung der Florentiner Taufkirche in der Literatur des 13. bis 20. Jahrhunderts*, München 2001.

Summers 1981
Summers, David: *Michelangelo and the Language of Art*, Princeton 1981.

Summers 1989
Summers, David: ›Aria II: The Union of Image and the Artist as an Aesthetic Ideal in Renaissance Art‹, in: *artibus et historiae*, 1989, Bd. XX, S. 15–31.

Tasso, *Dialoghi*
Tasso, Torquato: *Dialoghi*, hg. v. Ezio Raimondi, Florenz 1958.

Theisen 2000
Theisen, Bianca: ›Chaos – Ordnung‹, in: Karlheinz Barck (Hg.), *Ästhetische Grundbegriffe: Historisches Wörterbuch in sieben Bänden*, Bd. I, Stuttgart/Weimar 2000, Sp. 751–771.

Thoenes/Günther 1985
Thoenes, Christof/Günther, Hubertus: ›Gli ordini architettonici: rinascità o invenzione?‹, in: Marcello Fagiolo (Hg.): *Roma e l'Antico nell' arte e nella cultura del Cinquecento*, Rom 1985, S. 261–310.

Thomas 2001
Thomas, Ben: ›'The lantern of painting': Michelangelo, Daniele da Volterra and the 'paragone'‹, in: *Apollo*, 2001, Bd. CLIV, H. 474, S. 36–46.

Trexler 1972
Trexler, Richard C.: ›Florentine Religious Experience: The Sacred Image‹, in: *Studies in the Renaissance*, 1972, Bd. XIX, S. 7–41.

Uhle-Wettler 1994
Uhle-Wettler, Sigrid: *Kunsttheorie und Fassadenmalerei (1450–1750)*, Alfter 1994.

Vignau-Wilberg 2001
Vignau-Wilberg, Thea: ›Patientia: humanistische Überlebensstrategie im 16. Jahrhundert‹, in: Peter M. Daly (Hg.): *Emblems from Alciato to the Tattoo,* Turnhout 2001, S. 137–161.
Wackernagel 1938
Wackernagel, Martin: *Der Lebensraum des Künstlers in der florentinischen Renaissance. Aufgaben und Auftraggeber, Werkstatt und Kunstmarkt,* Leipzig 1938.
Wagner 2001
Wagner, Christoph: ›Kolorit‹, in: Karlheinz Barck (Hg.): *Ästhetische Grundbegriffe: Historisches Wörterbuch in sieben Bänden,* Bd. III, Stuttgart/Weimar 2001, Sp. 305–332.
Walker Bynum 1997
Walker Bynum, Caroline: ›Wonder‹, in: *The American Historical Review,* 1997, Bd. CII, S. 1–26.
Warnke 1995
Warnke, Martin: ›Liberalitas principis‹, in: Arnold Esch/Christoph L. Frommel (Hgg.): *Arte, committenza e economia a Roma e nelle corti del Rinascimento (1420–1530)*, Turin 1995, S. 83–92.
Warnke 1996 (1985)
Warnke, Martin: *Hofkünstler. Zur Vorgeschichte des modernen Künstlers* (1985), Köln 1996.
Warnke 1997 (1977)
Warnke, Martin: ›Die erste Seite aus den 'Viten' Giorgio Vasaris. Der politische Gehalt seiner Renaissancevorstellungen‹ (1977), in: Martin Warnke: *Nah und Fern zum Bilde. Beiträge zur Kunst und Kunsttheorie*, hg. v. Michael Diers, Köln 1997, S. 121–145.
Waźbiński 1976
Waźbiński, Zygmunt: ›L'idée de l'histoire dans la première et la seconde édition des 'Vies' de Vasari‹, in: Istituto Nazionale di Studi sul Rinascimento (Hg.): *Il Vasari. Storiografo e artista. Atti del congresso internazionale nel IV centenario della morte.* Arezzo und Florenz, 2.-8. September 1974, Florenz 1976, S. 1–25.
Wels 2005
Wels, Volkhard: ›Zur Vorgeschichte der 'kreativen Phantasie'‹, in: *Zeitschrift für Ästhetik und allgemeine Kunstwissenschaft*, 2005, Bd. L, S.199–226.
Williams 1985
Williams, Robert: ›Notes by Vincenzio Borghini on Works of Art in San Gimignano and Volterra:a Source for Vasari's 'Lives'‹, in: *Burlington Magazine,* 1985, Bd. CXXVII, S. 17–21.

Williams 1989
Williams, Robert: *Vincenzo Borghini and Vasari's 'Lives',* Ph. D. Princeton University 1988, Ann Arbor 1989.
Williams 1994
Williams, Robert: *Absolute Art: Esthetic Experience Culture and the Subject in Sixteenth-Century Italy,* Ms. s.l. 1994.
Williams 1997
Williams, Robert: *Art, Theory, and Culture in Sixteenth Century Italy. From Techne to Metatechne,* Cambridge 1997.
Williams 1998
Williams, Robert: ›The Sala Grande in the Palazzo Vecchio and the Precedence Controversy between Florence and Ferrara‹, in: Philip Jacks (Hg.): *Vasari's Florence. Artists and Literati at the Medicean Court,* Cambridge 1998, S. 163–181.
Wolf 1990
Wolf, Gerhard: *Salus populi romani. Die Geschichte römischer Kultbilder im Mittelalter,* Weinheim 1990.
Wolf 1999
Wolf, Gerhard: ›The Origins of Painting‹, in: *RES,* 1999, Bd. XXXVI, S.60–78.
Wolf 2003
Wolf, Gerhard: ›Der Splitter im Auge: 'Cellini' zwischen Narziß und Medusa‹, in: Alessandro Nova/Anna Schreurs (Hgg.): *Benvenuto Cellini: Kunst und Kunsttheorie im 16. Jahrhundert,* Köln 2003, S. 315– 336.
Woods-Marsden 1998
Woods-Marsden, Joanna: *Renaissance Self Portraiture. The Visual Construction of Identity and the Social Status of the Artist,* New Haven/London 1998.
Yates 1966
Yates, Frances A.: *The Art of Memory,* London 1966.
Zerner 1972
Zerner, Henri: *The Meaning of Mannerism,* Hannover/New Hampshire 1972.
Zeuch 2000
Zeuch, Ulrike: *Umkehr der Sinneshierarchie,* Tübingen 2000.
Zimmermann 1995
Zimmermann, Thomas C. Price: *Paolo Giovio. The Historian and the Crisis of Sixteenth-Century Italy,* Princeton 1995.

Glossar

Die Glossartexte wurden verfaßt von Sabine Feser (SF) und Victoria Lorini (VL).

Erläuterte Begriffe:

Adel	205	Maß	259
Anmut	206	Melancholie	260
Bescheidenheit	208	Natur	263
Chiaroscuro	210	Naturtreue	266
Denken	212	Neid	267
Disegno	213	Ordnung	269
Dunkelheit	217	Perfektion	270
Einfall	218	Phantasie	272
Einheit	219	Plastizität	276
Erfahrung	225	Regel	278
Erfindung	227	Ruhm	279
Erhabenheit	230	Schnelligkeit	281
Erscheinung	231	Schönheit	282
[Farb-]Fleck	233	Schwierigkeit	284
Freigebigkeit	236	Sorgfalt	286
Freiheit	237	Stärke	288
Gedächtnis	239	Stil	288
Geduld	243	Talent	293
Göttlich	245	Tugend	295
Idee	246	Urteilskraft	296
Kolorit	250	Verstand	300
Lässigkeit	252	Vorstellung	302
Lebendigkeit	253	Weichheit	304
Leichtigkeit	255	Wunder	305
Liebreiz	256	Zartheit	307

Italienische Begriffe:

Aria 231
Bellezza 282
Capriccio 218
Chiaroscuro 210
Colore, Colorito 250
Concetto 302
Difficoltà 284
Diligenza 286
Disegno 213
Divino 245
Dolcezza 307
Facilità 255
Fama 279
Fantasia 272
Forza 288
Giudizio 296
Grazia 206
Idea 246
Ingegno 293
Intelletto 300
Invenzione 227
Invidia 267
Leggiadria 256
Liberalità 236
Licenz[i]a 237
Macchia 233
Maestà 230
Malinconia 260
Maniera 288
Memoria 239
Meraviglia 305
Misura 259
Modestia 208
Morbidezza 304
Natura 263
Naturalità 266
Nobiltà 205
Ordine 269
Oscurità 217
Pazienza 243
Pensiero 212
Perfez[z]ione 270
Pratica 225
Prontezza 281
Regola 278
Rilievo 276
Sprezzatura 252
Unione 219
Vaghezza 256
Virtù 295
Vivacità, Vivezza 253

ADEL auch: VORTREFFLICHKEIT

Ital.: **nobiltà**

Verwandte Begriffe: →RUHM, →TUGEND

Vasari verwendet den Begriff (auch in seiner adjektivischen Form) häufig zur Beschreibung der Qualität eines Kunstwerks. Er entlehnte ihn der zeitgenössischen Diskussion um die Rolle des Geburtsadels (z.B. in Baldassare Castigliones *Il libro del cortegiano*, I,14–16), der zugunsten einer leistungsorientierten Beurteilung der individuellen Fähigkeiten (→TUGEND) abgewertet werden sollte. Für einige im höfischen Ambiente tätige Künstler, die für eine Intellektualisierung ihrer Profession eintraten, war diese Frage von besonderem Interesse, da von ihr auch der Zugang zu den höchsten gesellschaftlichen Kreisen abhängig war. Tatsächlich gab es an den Höfen Italiens seit dem späten 15. Jahrhundert vereinzelt Nobilitierungen angesehener Künstler, womit für einige faktisch Realität wurde, worum sie sich in dieser Zeit verstärkt bemühten: Ihr Metier aus den Beschränkungen des Zunftwesens zu befreien und es in die höheren Weihen der *artes liberales* aufsteigen zu sehen. Vasari, dem an einer solchen Aufwertung der Künstlerperson äußerst gelegen war, kreierte seinerseits Legenden, die eine Nobilitierung suggerieren sollten, wie im Fall Leonardos, den er »in den Armen des Königs« sterben läßt. Nobilität als formale Qualität der bildenden Kunst ist Zeichen dieser Entwicklung und ein typisch höfisches und daher elitäres Produkt. In ihr fließen alle konstituierenden Eigenschaften höfischen Selbstverständnisses ein: →ANMUT, →SCHÖNHEIT, →TUGEND, →LEICHTIGKEIT.

Der Begriff der **nobiltà** war zudem für die Diskussion des *paragone* zentral, jener Vorrangfrage zwischen Malerei und Skulptur. Von Bedeutung war in diesem Zusammenhang vor allem der Vortrag Benedetto Varchis mit dem Titel *Lezzione nella quale si disputa della maggioranza delle arti* (1547). Die Frage ›Welche ist von höherem Adel, die Skulptur oder die Malerei?‹ löst er abschließend in einem paritätischen Urteil auf: »Folglich sage ich, philosophisch fortfahrend, [...] daß die Skulptur und die Malerei im Grunde eine alleinige Kunst sind und deshalb die eine den gleichen ADEL besitzt wie die andere.« (Barocchi, *Scritti,* Bd. I, S. 525 u. 535.)

Auch Vasari geht in seiner Vorrede ausführlich auf dieses Thema ein, als Ergebnis gemäß dem Vorbild Varchis einen eleganten Mittelweg präsentierend, der beiden Gattungen den gleichen Grad an Nobilität zugesteht: »Und so sage ich, daß Skulptur und Malerei in Wahrheit Schwestern sind, die von einem Vater – dem *disegno* – abstammen und aus einer Geburt zugleich hervorgangen sind; demnach übertreffen sie sich nicht gegenseitig, wenn nicht durch die Fähigkeit und Kraft der in ihnen tätigen Künstler der eine den anderen hinter sich läßt, keinesfalls aber aufgrund eines Unterschieds oder dem Grad an ADEL, der sich tatsächlich in beiden findet.« (Siehe Vorrede des Gesamtwerks, S. 55.) *VL*

Bibl.: Warnke 1996 (1985).

ANMUT auch: GRAZIE
Ital.: **grazia**
Lat.: *gratiosus*
Verwandte Begriffe: →ERFINDUNG, →[KÜNSTLERISCHE] FREIHEIT, →LÄSSIGKEIT, →LIEBREIZ, →PERFEKTION, →SCHÖNHEIT

Der Begriff geht weit über die heutige Bedeutung von ANMUT hinaus, denn ähnlich wie →SCHÖNHEIT (*bellezza*) ist **grazia** unter dem Einfluß des Florentiner Neuplatonismus im 15. Jahrhundert mit einer positiven, ins Göttliche reichenden Konnotation belegt. Selbst durch anhaltendes Üben kann diese Eigenschaft von einem Individuum nicht erworben werden; sie ist deshalb naturgegeben und kann sich in jeder menschlichen Tätigkeit manifestieren. Den Vorstellungen Baldassare Castigliones gemäß zeichnet sie den idealen Hofmann aus und ist im Gegensatz zur Eleganz als eine natürliche, unverfälschte Wesensart zu verstehen: »Schon des öfteren habe ich mir überlegt, woraus diese ANMUT eigentlich entspringt, und habe – ausgenommen jene, die sie durch die Gunst der Sterne besitzen – eine allgemeingültige Regel gefunden [...]; so pflege man, um vielleicht ein neues Wort zu verwenden, in allem eine gewisse Lässigkeit, die die Kunstfertigkeit verbirgt und zeigt, daß man alles, was man tut oder sagt, ohne Mühe und gleichsam ohne nachzudenken hervorbringt. Besonders daher leitet sich, wie ich glaube, die ANMUT ab.« (Castiglione, *Libro del cortegiano*, I, 26.)

Castigliones Ausführungen lassen erkennen, daß er größten Wert auf eine gefällige Gesamterscheinung legt, wodurch der Begriff der Bedeutung des lateinischen Terminus *gratiosus* sehr nahe kommt.

Grazia und *bellezza* werden in den *Vite* Vasaris sehr häufig als analoge Begriffe im Sinne Varchis verwendet, der in seinem 1543 publizierten *Libro della beltà e grazia* eine ›bellezza corporale‹ (körperliche Schönheit) von einer ›bellezza spirituale‹ (Schönheit der Seele), also **grazia** unterscheidet. Nach den Vorstellungen Varchis ist diese primär als eine individuelle Tugend zu verstehen. An einigen Stellen komplettiert Vasari sein Konzept von ANMUT und →SCHÖNHEIT durch die Hinzufügung des Begriffs →TUGEND zu einer Trias.

In der Kunsttheorie des 16. Jahrhunderts zählt der Begriff zu den bedeutendsten Konzepten künstlerischen Schaffens. In seinem *Trattato della pittura* forderte Leonardo von einem Maler, daß die Glieder seiner Figuren mit ANMUT zu gestalten seien, um sie nicht wie ein Stück Holz wirken zu lassen, sondern geschmeidig weich und dem Auge gefällig (Leonardo, Ed. Richter, Bd. I, S. 344). Der hier angesprochene Aspekt von Weichheit ohne scharfe Konturen ist mit jenem stilistischen Effekt identisch, den man mit dem Begriff *sfumato* zu bezeichnen pflegt. So heißt es in einer weiteren, an die Maler gerichteten Anweisung Leonardos zum Verhältnis von Farben: »[…] so sollen die Farben wechselseitig zueinander passen, und zwar so, daß die eine der anderen ANMUT verleiht.« (Leonardo, Ed. Richter, Bd. I, S. 192.)

Der Begriff ist zudem eng mit Vasaris Definition der *maniera moderna* verknüpft, deren künstlerische Vertreter im dritten Teil seiner *Vite* erörtert werden. Charakteristisch für sein Konzept von ANMUT ist die damit verbundene Vorstellung von einer die Natur übertreffenden →PERFEKTION, die eine gewisse →SCHNELLIGKEIT (*prontezza*) in der Ausführung eines Werks voraussetzt. Aus diesem Grund, so erklärt Vasari in der Vorrede des dritten Teils der *Vite* [siehe oben, Seite 110] sei es den Vertretern der zweiten Periode nicht gelungen, zur höchsten Perfektion zu gelangen: »Doch obwohl die Vertreter der zweiten Epoche mit den oben genannten Dingen vieles zu den Künsten beitrugen, waren sie nicht ganz perfekt und verfehlten es folglich, die absolute Vollendung zu erreichen, da es ihnen noch an einer gewissen Freiheit in der Regel mangelte, die – obwohl außerhalb der Regel stehend – doch von ihnen gelenkt wird und die bestehen kann, ohne die Ordnung durcheinanderzubringen oder zu beschädigen. Dafür bedurfte es einer Erfindungsgabe in allen Dingen [...]«. Anstelle von **grazia** verwendet Vasari hier den Ausdruck *licenzia* (→[KÜNSTLERISCHE] FREIHEIT), der der Castiglioneschen Wortschöpfung *sprezzatura* (→LÄSSIGKEIT) sehr nahe kommt. Erst der künstlerische Freiraum durch die Loslösung von obligaten Regeln und die Möglichkeit, der eigenen →PHANTASIE Form und Gestalt zu geben, erfüllt die Werke eines Künstlers mit ANMUT und läßt sie deshalb vollkommen erscheinen. *SF*

Bibl.: Baxandall 1977 (1972); Emison 1991; Sohm 1995; Kleiner 2000; Feser 2010.

BESCHEIDENHEIT auch: ZURÜCKHALTUNG
Ital.: **modestia**
Verwandte Begriffe: →ANMUT, →SCHÖNHEIT

Im Kontext des Armutsideals der Bettelorden primär Schlichtheit und Anspruchslosigkeit bedeutend, fand der Begriff im 15. Jahrhundert durch Alberti Eingang in die Kunsttheorie. Auf die ethischen Maßstäbe antiker Autoren (Cicero, Quintilian) rekurrierend, taucht **modestia** in seinem Malereitraktat erstmals im Zusammenhang mit der Erörterung angemessener Darstellungen von Figuren (*decorum*) auf: »Eine solche ZURÜCKHALTUNG, solchen Takt gilt es, meine ich, bei einem Vorgang (*istoria*) insgesamt zu beachten: Häßliches soll entweder nicht wiedergegeben oder gemildert werden. Schließlich halte ich, wie gesagt, dafür, daß in der Regel keine Gestalt denselben Gestus oder dieselbe Stellung zur Anschauung bringt.« (Alberti, Ed. Bätschmann, S. 269.) Eine extreme Affektbetonung in den Figuren, die er auf einen fiebrigen und furiosen Künstlergeist zurückführte, lehnte Alberti ab und forderte deshalb von den Künstlern, die Gemütsbewegungen durch **modestia** zu zügeln.

Bei Vasari wird **modestia** weniger unter kunstästhetischen Prinzipien als vielmehr unter moralischen Aspekten betrachtet, wurden doch unter dem Eindruck der Gegenreformation in der zweiten Hälfte des Cinquecento zunehmend kritische Stimmen laut, die unmoralische und unwürdige Darstellungen von Heiligen verurteilten. In seinem Haus in Arezzo (Camera di Abramo, 1548) stellte Vasari eine Personifikation der BESCHEIDENHEIT als Frau mittleren Alters dar, durch die er seine eigenen moralischen Qualitäten unter Beweis zu stellen gedachte [siehe Seite 30]. Auf dem Boden sitzend, die Haare vollkommen mit einem Tuch bedeckt, hat diese Figur den Kopf leicht nach vorne geneigt und die Augenlider gesenkt. Sie hält dem Betrachter ein aufgeschlagenes Buch mit einer Inschrift entgegen, die einem Brief des Apostel Paulus an die Philipper (4,5) entnommen ist: »**Modestia** vestra nota sit omnibus hominibus« – »Eure BESCHEIDENHEIT soll allen Menschen zur Kenntnis gelangen.« (Siehe Kat. Vasari 1981, S. 25.)

Im Vokabular der höfisch-elitären Kultur des 16. Jahrhunderts war mit **modestia** eine besondere Form des gesellschaftlichen Umgangs gemeint, bei der die vollkommene Beherrschung aller Leidenschaften, also ein in Gestik, Mimik und Sprache sicht- und hörbar distanziertes und maßvolles Benehmen gefordert war. Von einem solchen Idealtypus liefert Baldassare Castiglione in seinem *Libro del cortegiano* ein aufschlußreiches Beispiel: »Jene BESCHEIDENHEIT und Erhabenheit, die aus der Summe der Haltungen, Worte und Gesten der scherzenden und lachenden Herzogin resultierten, waren der Grund, daß diese als höchst vornehme Dame bekannt wurde.« (Castiglione, *Libro del cortegiano*,

I,4.) Der Begriff gehört zudem zum Kanon der Eigenschaften, die Firenzuola in seinem *Dialogo delle bellezze delle donne* zur Charakterisierung weiblicher Schönheit anführt: »Grazie ist nichts anderes als [...] die Befolgung eines stillschweigenden Gesetzes, das von der Natur erlassen und euch Frauen gegeben wurde, um sich diesem in Bewegung und Benehmen sowie der ganzen Person mit ihren einzelnen Gliedern derart mit Anmut, BESCHEIDENHEIT, Höflichkeit, mit Maß und Anstand zu bedienen, daß nicht eine einzige Bewegung oder Handlung ohne Regel, Methode, Maß oder Plan sei.« (Firenzuola, *Dialogo delle bellezze delle donne,* Ed. Maestri, S. 753.) *SF*

Bibl.: Poeschke 2002.

CHIAROSCURO auch: GRISAILLEMALEREI
Ital.: **chiaroscuro**
Verwandte Begriffe: →PLASTIZITÄT, →WEICHHEIT, →ZARTHEIT

Zusammengesetzt aus den komplementären Adjektiven ›hell‹ und ›dunkel‹, definiert sich der Begriff des CHIAROSCURO über das Verhältnis von Licht, Schatten und Farbe in der Malerei. Die verschiedenen Bedeutungen des Begriffs lassen sich unter folgenden Punkten zusammentragen:

1. In der rein chromatischen Malerei vor Leonardo (in der Schwarz und Weiß Teil der Farbpalette sind) die Bezeichnung der Technik, mit der über verschiedene Farbwerte Plastizität erzeugt wurde.

2. Zur Bezeichnung monochromer Malerei, sprich der Grisailletechnik.

3. Ebenfalls im Sinne achromatischer Darstellung als Attribut der Zeichnung.

4. Die neue Definition des Begriffs durch Leonardo in seinen Notizbüchern und die malerische Umsetzung der von ihm entwickelten Technik, in der die Modellierung der Form über die tonalen Variationsreihen zwischen Weiß und Schwarz erreicht wird.

Bis Anfang des 17. Jahrhunderts verwendete man noch nicht die gebundene Form des Wortes, sondern sprach von ›chiaro scuro‹ oder ›chiaro e scuro‹. Der Begriff taucht bereits Ende des 14. Jahrhunderts in seiner disjunkten Form in Cennino Cenninis *Libro dell'arte* (Kap. IX) auf, wo er jedoch zwei separate Entitäten zur Schaffung von Plastizität bezeichnet. (Siehe auch: Alberti, Ed. Bätschmann, S. 211.) Hell und dunkel beziehen sich dabei auf den Sättigungsgrad eines Farbtons (Verhältnis von Pigmentierung und Lösungsmittel), wobei zudem zwischen hell- und dunkelwertigen Farben unterschieden wird (zum Beispiel gelb = hell, blau = dunkel). Die plastische Modellierung der Körper erfolgt hierbei durch den Einsatz verschiedener Farbwerte und durch die Variationen auf der Hell-Dunkel-Skala der Farbtöne. Diese Methode charakterisiert die Malerei seit Masaccio und erfährt erst durch die neue Malweise Leonardos eine grundlegende Veränderung, in der der Begriff des CHIAROSCURO innovative Bedeutung erlangt. Bereits in den frühen 70er Jahren des 15. Jahrhunderts experimentierte er mit einer Technik, in der die malerische Formbildung nicht mehr chromatisch, sondern durch Beimischung von Schwarz und Weiß (die nun nicht mehr als eigenständige Farben galten) erlangt wurde. Durch Hinzufügung von Schwarz zur Objektfarbe erreichte er eine naturnahe Wiedergabe von Schatten, in denen der Tonwert der Farbe an sich erhalten blieb, aber gleichzeitig abgedunkelt wurde; dasselbe gilt für ihre Aufhellung im Licht mittels Beimischung von Weiß. Durch diese differenzierte Methode war es Leonardo möglich, Licht, Schatten, Farbe und Form so aufeinander abzustimmen, daß sich die Wirkung des Gemäldes an die natürliche Beschaffenheit der dargestellten Dinge annäherte: Deren formgebendes Element war nun nicht mehr die Farbe, sondern der durch Zufügung von Schwarz und Weiß suggerierte variable Lichteinfall. »Schwarz, Weiß: [...], das heißt Wegnahme und Hinzufügung [...] sind das Wesentliche in der Malerei, da diese aus Schatten und Lichtern zusammengefügt ist, also aus hell und aus dunkel.« (Leonardo, *Trattato,* §213, Ed. Ludwig, Bd. 1, S. 246.) Auch Leonardo trennt begrifflich noch in CHIARO und SCU-

RO, doch definiert er sie als ineinanderwirkendes Phänomen der Licht- und Schattengestaltung. In dem definierten Halbwert von Hell und Dunkel kommt ein Charakteristikum der leonardesken Malerei zur Sprache, für den man den Begriff des *sfumato* prägte.

Vasari erklärt in der Einleitung seiner *Vite* den unter Malern verbreiteten Usus, den Terminus CHIAROSCURO für die monochrome Malerei (Grisaille) anzuwenden: »Den Malern zufolge ist der CHIARO SCURO eine Form der Malerei, die mehr zum *disegno* tendiert als zum Kolorit, da er durch die Nachahmung von Statuen aus Marmor, Bronze und anderem Steinmaterial entstanden ist.« (Vasari, *Einführung in die Künste*, S. 120.) In der Vita Leonardos wendet er den Begriff im Zusammenhang mit einer Zeichnung des Künstlers an, womit er der alten achromatischen Konnotation des CHIAROSCURO-Begriffs Rechnung trägt. *VL*

Bibl.: Shearman 1962; Nagel 1993; Cencillo-Ramirez 2000.

DENKEN auch: GEDANKE, MEINUNG, ANSICHT, SINN, zuweilen auch ENTWURF

Ital.: **pensiero**

Verwandte Begriffe: →TALENT, →VERSTAND

Pensiero, das DENKEN, ist die menschliche Fähigkeit, mit Hilfe des bewußten →VERSTANDES, das heißt der Vernunft, und gestützt auf die sinnliche Wahrnehmung, auf Wissen, Erinnerung und Erfahrung, die umgebende Welt und ihre Zusammenhänge zu erkennen und zu interpretieren. In diesem Sinn schreibt Dante: »Das DENKEN ist die der Vernunft eigene Tätigkeit, und aus diesem Grund können die Tiere, die dieses nicht besitzen, nicht denken.« (Dante Alighieri, *Convivio*, II–VII, 4.)

Im kunsttheoretischen Kontext verbindet sich mit dem Konzept von **pensiero** neben dieser Grundbedeutung die Vorstellung von Individualität und Originalität des geistigen Entwurfs eines Künstlers und kann in diesem Fall als Synonym von ›Skizze‹ bzw. ›Entwurf‹ Verwendung finden. So bemerkt Vasari hinsichtlich der zahllosen zeichnerisch festgehaltenen Erfindungen und naturwissenschaftlichen Beobachtungen Leonardos: »[…] viele Zeichnungen, die man in unserer Kunst[landschaft] verstreut findet, zeugen von diesen ENTWÜRFEN und Bemühungen« (Vasari, *Leonardo*, S. 219.) Die konnotative Gleichsetzung von **pensiero** mit der Bezeichnung des charakteristischen Stils eines Künstlers wird dann im 17. und 18. Jahrhundert in den Schriften zur Kunst zu einem geläufigen Sprachgebrauch. *VL*

DISEGNO auch: ZEICHNUNG, ENTWURF
Ital.: **disegno**
Verwandte Begriffe: →IDEE, →KOLORIT (Antonym), →URTEILSKRAFT, →VORSTELLUNG

Die verschiedenen Bedeutungsebenen von DISEGNO lassen sich nur sehr unzureichend mit dem deutschen Begriff ZEICHNUNG erklären, so daß es durchaus angemessen ist, den Begriff zumindest teilweise als Terminus technicus zu übernehmen, zumal diesem eine tragende Rolle in der Florentiner Kunsttheorie des Cinquecento zukommt.

Als ein formales Kriterium umfaßt DISEGNO alle bildlichen Komponenten und zeichnet sich im Unterschied zum →KOLORIT durch den Einsatz von Linien und Konturen aus. Begriffe wie *circumscriptio* (Umschreibung), *lineamenti* (Umriß) oder *contorni* (Kontur) finden sich deshalb häufig als Synonyme für DISEGNO, wie beispielsweise in den Traktaten von Alberti und Leonardo: »Umschreibung heißt der Vorgang, der darauf abzielt, den Verlauf der Säume in einem Bild mit Linien festzulegen.« (Alberti, Ed. Bätschmann, S. 247) bzw. »Der erste [Teil der Perspektive], der sich nur auf Umrisse und äußere Aspekte beschränkt, wird ZEICHNUNG genannt, das heißt die figürliche Abbildung eines beliebigen Körpers.« (Leonardo, Ed. Richter, Bd. 1, S. 33.) Und noch Vasari verwendet in der 1550er Ausgabe seiner *Vite* den bildhafteren Ausdruck *lineamento* als Umschreibung für die formale Gestaltung eines Kunstwerks, wenn er behauptet, daß Cimabue sowohl hinsichtlich der Umrisse wie auch der Farbgebung nach einem langen Dunkel erstmals Licht in die Malerei gebracht habe (»prima luce della pittura« – Vasari in der 1550er Edition der Vita Cimabues: Bettarini/Barocchi, *Vite*, Bd. II, S. 43).

Der Begriff läßt sich bis auf Vitruv zurückverfolgen, der in seinem Architekturtraktat Konturen und Skizzen (lat. *lineamenta*) als Basis architektonischer Theorie und Praxis postuliert hatte. Die Pläne und ZEICHNUNGEN des Architekten waren das augenfällige und durch praktische Umsetzung in die Außenwelt gelangte Substrat dessen, was dieser zuvor im Geist konzipiert hatte. So spricht auch Cennini in seinem *Libro dell'arte* von einem »**disegno** entro la testa« (Kap. XIII), von einem geistigen ENTWURF im Kopf, in dem er die Basis jeder künstlerischen Tätigkeit erkennt. Diese zweite und im Verlauf des Cinquecento an Bedeutung gewinnende Komponente des Begriffs DISEGNO war für das Selbstverständnis der Künstler, als Individuen von schöpferischem Potential, von ungeheurer Tragweite. Analog zur Arbeit eines Architekten, die darin bestand, Formen, Strukturen und deren räumliche Zuordnung zu erfinden und diese durch das Medium der ZEICHNUNG zu veranschaulichen, die eigentliche praktische Ausführung aber das Metier von Maurern und Handwerkern war, so wurde dem geistigen ENTWURF nun auch der Primat in Malerei und Bildhauerei zuerkannt. Der DISEGNO wurde damit zum Grundprinzip aller bildenden Künste, was Vasari in seiner berühmten Einleitung zur Malerei mit folgenden Worten ausdrückte: »DISEGNO ist der Vater unserer drei Künste Architektur, Bildhauerei und Malerei, der aus dem Geist hervorgeht und aus vielen Dingen ein Allgemeinurteil schöpft, gleich einer Form oder Idee aller Dinge der Natur, die in ihren Maßen einzigartig ist. So kommt es, daß DISEGNO nicht nur in menschlichen und tierischen Körpern, sondern auch in Pflanzen, Gebäuden, Skulpturen und Gemälden das Maßverhältnis des Ganzen zu den Teilen, der Teile zueinander und der Teile zum Ganzen erkennt. Und da aus dieser Erkenntnis eine gewisse Vorstellung und ein Urteil entspringt, das im Geist die später von Hand gestaltete und dann

Zeichnung genannte Sache formt, so darf man schließen, daß DISEGNO nichts anderes sei als eine anschauliche Gestaltung und Darlegung jener Vorstellung, die man im Sinn hat, von der man sich im Geist ein Bild macht und sie in der Idee hervorbringt.« (Vasari, *Einführung in die Künste*, S. 98.) In diesen Ausführungen wird nicht nur die enge Beziehung des Begriffs zu den Bedeutungsfeldern von →VORSTELLUNG und →IDEE deutlich, sondern auch die Rolle der aktiven Vermittlung, die DISEGNO zwischen der Natur und der Kunst ausübt. Aus diesem Grund gehört DISEGNO neben den Begriffen von →REGEL, →ORDNUNG, →MASS und →STIL zum Kanon jener fünf Kriterien, nach denen Vasari die Errungenschaften seiner drei Epochen beurteilt. Wie er im Vorwort zum dritten Teil seiner *Vite* bemerkt, wären erst die Künstler seiner Gegenwart in der Lage gewesen, eine solche Perfektion zu erreichen, wie sie nicht einmal die Natur, sondern nur die Kunst hervorzubringen vermag, indem sie nämlich die natürlichen Dinge mittels DISEGNO und Kennerschaft künstlerisch veredle (»artefiziate dal **disegno** e dal giudizio« – Bettarini/Barocchi, *Vite*, Bd. IV, S. 5).

Vor allem in der zweiten Edition entwickelt Vasari die Konzepte von DISEGNO und →ERFINDUNG (*invenzione*) als voneinander abhängige Konterparte. DISEGNO verkörpert hierbei insbesondere den Entwurf der menschlichen Gestalt und deren Visualisierung im Bild, weshalb der Begriff eng mit den technischen Fähigkeiten des Künstlers verknüpft ist (im Gegensatz zur *invenzione*, die das phantasievolle Einbringen der Figur in einen erzählerischen Zusammenhang meint). In diesem technischen Sinn ist DISEGNO für Vasari das wichtigste Element in der Entwicklung der Künste, die er von Cimabue bis Michelangelo (in der Edition von 1550) bzw. von Cimabue bis zu seiner Autobiographie (Edition von 1568) darstellen möchte. Ein Zuwachs an Wissen und Fähigkeiten auf dem Gebiet des DISEGNO birgt den Fortschritt in sich, das heißt eine Annäherung an eine immer getreuere Abbildung der Natur. In der Person Michelangelos erreicht diese rein unter florentinischer Perspektive betrachtete Entwicklung ihren Höhepunkt: Dieser hat all jene

Fähigkeiten parat, die einen vollendeten DISEGNO ausmachen, was exemplarisch an den Fresken der Sixtinischen Kapelle vor Augen geführt wird.

Neben der zentralen Rolle des DISEGNO in der Florentiner Kunsttheorie des Cinquecento soll hier nur kurz auf die ebenfalls bemerkenswerte Bedeutung von Zeichnungen in der künstlerischen Praxis eingegangen werden. Der hohe Stellenwert dieses Mediums läßt sich schon allein daran ablesen, daß Vasari in der Einleitung zur Malerei eigens ein Kapitel einfügt, in dem er verschiedene Kategorien von Zeichnungen unterscheidet (Kapitel II). Auch sein immer wieder erwähntes *Libro de' disegni*, in dem Vasari die Zeichnungen von anderen Künstlern mit den eigenen zu verwahren pflegte, um sie nicht nur als Modell-Repertoire zu nutzen, sondern vor allem auch den Künstler selbst zum Kenner und Sammler zu erziehen, bezeugt das große Interesse an solchen zeichnerischen Entwürfen. Diese versetzten wie kein anderes Medium ihrer Art den wahren Kenner von Kunst in die Lage, über Talent und Befähigung eines Künstlers zu urteilen (siehe auch →URTEILSKRAFT). Als Dokument eines mentalen Vorgangs und als Spiegel der Persönlichkeit eines Künstlers sollten sie gemäß Vasaris Forderung nicht in die Hände von Laien gelangen.

Die künstlerische Ausbildung zu institutionalisieren und zu systematisieren war das erklärte Ziel einer Körperschaft, die 1563 unter Mitwirkung Vasaris in Florenz gegründet wurde: die Accademia del Disegno, eine der ersten Künstlerakademien in Europa. In dem Bestreben, dem mittelalterlichen Zunftwesen eine neue, eigene Organisation entgegenzustellen, waren ihre Mitglieder um eine soziale Aufwertung des Künstlerberufs bemüht, denn schließlich hatte schon Plinius davon gesprochen, daß das Zeichnen in Griechenland zum Unterricht der freigeborenen Kinder gehörte und Sklaven eine Ausbildung in diesem Fach untersagt war (Plinius, *Naturalis historiae,* XXXV, 77). In diesem Kontext ist es folglich wenig verwunderlich, wenn sich der hochrangigste Patron dieser Institution und Adressat der *Vite*, Großherzog Cosimo I. de' Medici, in einem von Vasari entworfenen Deckengemälde im

Palazzo Vecchio als planender und projektierender Fürst mit Stift und Zirkel in der Hand darstellen ließ – ein bildlicher Aphorismus für DISEGNO schlechthin [siehe Seite 42]. *SF*

Bibl.: Poirier 1970, S. 53–60; W. Kemp 1974; Poirier 1976; Williams 1994, S. 37–97; Roggenkamp 1996; Williams 1997, S. 29–73; Härb 1997; Bambach 1999; Flemming 2003; Kat. Disegno 2007.

DUNKELHEIT

Ital.: **oscurità**

Verwandte Begriffe: →CHIAROSCURO, →MELANCHOLIE

Hierbei handelt es sich um eine neue formale Qualität der Malerei, die aus der Menge des beigemischten Schwarz resultiert und die Hell-Dunkel-Skala eines Gemäldes durch unendlich viele Abstufungen zwischen den beiden Extremen von größter Helligkeit und tiefschwarzer Finsternis bereichert. Diese kontrastarme, nicht scharf konturierte Malweise, die zwischen verschiedenen Schattenintensitäten zu differenzieren vermag, läßt Gegenstände undeutlich erscheinen und birgt implizit die Möglichkeit, ein ›Nachtstück‹ zu schaffen.

Der Begriff enthält zudem eine Komponente, die aus der Literaturtheorie übernommen wurde. Darin wird mit **oscurità** eine Ausdrucks- oder Argumentationsweise bezeichnet, die nicht der üblichen soziologischen oder linguistischen Kommunikationsebene entspricht und deshalb rätselhaft und schwierig zu verstehen ist. Als Resultat eines erhabenen Stils wie jener der antiken Autoren ist dies durchaus mit positiver Konnotation belegt. So sagt Boccaccio in seinem Kommentar zu Dantes *Divina Commedia* über Heraklit: »[...] die von ihm verfaßten Bücher waren mit Wörtern und Sätzen von einer solchen DUNKELHEIT geschrieben, daß nur wenige aus seinen Schriften Nutzen ziehen konnten; aus diesem Grund erhielt er den Beinamen ›der Düstere‹« (Boccaccio, *Commento alla Divina Commedia,* Ed. Guerri, Bd. III, S. 73). Die Bezeichnung ›tenebroso‹ verweist auf die hippokratische Lehre von den Körpersäften, wonach die schwarze Galle dem Temperament der →MELANCHOLIE zugeordnet wurde, das unter dem neuplatonischen Einfluß Ficinos und Landinos im 15. Jahrhundert eine Aufwertung gegenüber den anderen Temperamenttypen erfuhr, indem man diesem die Fähigkeit zu außergewöhnlichen mentalen Leistungen zuerkannte. Die mit dem Terminus **oscurità** umschriebene diffizile Form der Verständigung erfordert aus diesem Grund einen eigens gebildeten Leser- oder Betrachterkreis, eine geistige Elite mit dem dazu notwendigen Verständnis. *SF*

EINFALL auch: CAPRICCIO
Ital.: **capriccio**
Verwandte Begriffe: →ERFINDUNG, →PHANTASIE, →URTEILSKRAFT

Der Begriff taucht in der italienischen Kunsttheorie erstmals bei Vasari auf, wo er – ähnlich wie der ihm nahestehende Terminus *ghiribizzo* (›schrullig‹) – den eigenwilligen, oft verrückten EINFALL des Künstlers, die Originalität und den spielerischen Umgang mit der Phantasie beschreibt. Folglich steht er in engem Zusammenhang mit den Begriffen →PHANTASIE und →ERFINDUNG, mit deren Bedeutungsspektren er sich zum Teil überlagert.

Als ästhetische Kritik kommt dem Begriff in den *Vite* Vasaris eine eher ambivalente Bedeutung zu. Die häufige Verwendung von Ausdrücken wie ›cose **capricciose**‹, ›**capricciose** misture‹ und ähnliches zeugen einerseits von Vasaris Interesse für die Erfindungskraft des Künstlers, durch die das alte Nachahmungspostulat an Bedeutung verlor. Phantasiereiche, extravagante Bildgedanken, die möglichst viele Assoziationen zuließen, waren in der höfischen Kultur des 16. Jahrhunderts überaus beliebt und geschätzt. Andererseits steht Vasari der zufallsbedingten Realisierung von spontanen Eingebungen ablehnend gegenüber, solange diese nicht an ein rationales Prinzip (→URTEILSKRAFT), an die allgemeingültigen Regeln der Kunsttheorie gekoppelt sind. Die Abweichung von der Norm, der Regelverstoß wird nur innerhalb gewisser, allerdings höchst unscharfer Grenzen toleriert. Der Begriff kann so, mit einem negativen Vorzeichen versehen, auch als Künstlertadel verstanden werden, beispielsweise wenn Vasari in der Vita von Battista Franco auf Tintorettos Malweise zu sprechen kommt. Diese scheint ihm nämlich jeglicher Grundlage im →DISEGNO zu entbehren und sich nur auf die »neuen und ausgefallenen Erfindungen und die eigenwilligen Schrullen seines Geistes« zu gründen (Bettarini/Barocchi, *Vite*, Bd. V, S. 468). *SF*

Bibl.: Hartmann 1973; Mai 1996; Mai/Rees 1998; Hope Goodchild 1999, S. 101–104; Kanz 2000; Kanz 2002.

EINHEIT [FARBLICHE]
auch: [HARMONISCHE] ABSTIMMUNG, VEREINIGUNG, VERBINDUNG, HOMOGENITÄT, HARMONIE
Ital.: **unione**
Verwandte Begriffe: →WEICHHEIT, →ZARTHEIT, →LIEBREIZ, →KOLORIT, →CHIAROSCURO

Als Ausdruck der auch im übertragenen Sinne erfolgten Verbindung zweier oder mehrerer Elemente findet sich der italienische Begriff **unione** nur sehr vereinzelt im Kontext der frühen Kunstliteratur, bis Vasari ihn in seinen *Vite* im Kreis der kunsttheoretischen Begriffe installiert. Paolo Pino verwendet **unione** bzw. **unire** nur wenige Male, wie in dem Fall, als er den schwierigen Aspekt der Farbverteilung zu umschreiben versucht: »Das Malen mit Farben besteht aus drei Teilen, [...] vor allem darin, alles zu VERBINDEN und die Verschiedenheit der Töne in einem einzigen Körper zu vereinen, auf daß er wie im Leben erscheint und sie nicht noch einmal übermalt werden müssen, noch der eine vom anderen getrennt oder abgeschnitten ist.« (Paolo Pino, *Dialogo della Pittura* (1548), p. 17r. vgl. auch p. 15v., in: Barocchi, *Trattati*, Bd. I, S. 116–117.) Lodovico Dolce macht ebenfalls nur verhalten Gebrauch von dem Konzept FARBLICHER EINHEIT, auch wenn er den Begriff (sicherlich unter dem Einfluß der *Vite* Vasaris) bewußter einsetzt als sein venezianischer Vorgänger: »Der wichtigste Teil bei der Farbgebung ist der Wettstreit, den das Licht mit dem Schatten führt: Diesen beiden gibt man eine Mitte, die den einen Gegensatz mit dem anderen VEREINT und die Figuren rund[plastisch] und (dem Bedarf entsprechend) mehr oder weniger weit entfernt erscheinen läßt […]« (Lodovico Dolce, *Dialogo della pittura intitolato l'Aretino* (1558), in: Barocchi, *Trattati*, Bd. I, S. 183.) An anderer Stelle bemerkt Dolce: »Es ist nun notwendig, daß die Mischung der Farben in einer Weise weich schattiert und VERBUNDEN ist, daß sie das Natürliche wiedergibt und nichts zurückbleibt, das die Augen beleidigen könnte.« (Lodovico Dolce, *Dialogo della pittura intitolato l'Aretino* (1558), in: Barocchi, *Trattati*, Bd. I, S. 184). **Unione** tritt hier bereits im Bannkreis der Konzepte von →KOLORIT, →LEBENDIGKEIT und *sfumato* auf, doch bleibt der Begriff in seiner Verwendung zu singulär und undifferenziert, als daß sich daran ästhetische Theorien knüpfen lassen könnten. Dies ist vor allem deshalb verwunderlich, da der enge Zusammenhang und die gegenseitige Ergänzung mit dem Konzept von →KOLORIT, die Vasari ausarbeiten wird, eher bei den venezianischen Theoretikern und ihrem dominanten *colore*-Begriff zu vermuten gewesen wäre. Doch wie im folgenden aufzuzeigen ist, ist dies erst bei Vasari der Fall, der den Begriff vor allem in seiner Einleitung zur Malerei auf dem Niveau der Konzepte von →DISEGNO und →KOLORIT verhandelt und ihn damit als zentralen Aspekt seiner ästhetischen Konzeption erkennen läßt.

Zunächst ist festzustellen, daß Vasari **unione** und seine grammatikalischen Ableger auf zwei verschiedenen Ebenen einsetzt: Auf der einen fällt die Verwendung des Begriffs mit den technischen Aspekten des Kunstschaffens zusammen und ist relativ präzise umrissen; hier umschreibt **unione** vor allem das homogene Ineinanderfügen verschiedener oder auch gleicher Elemente, die als Resultuat eine neue, zumeist flächige Einheit bilden, wie zum Beispiel beim Mischen der Farben, beim Gestalten von Mosaiken, beim Vorbereiten der Malgründe: »Vorher sollte man aber eine Grundierung aus Farben mit hohem Trocknungsvermögen herstellen […]. Ist der Leim trocken, streicht man diese Mischung auf die Tafel und schlägt solange mit der Handfläche darauf, bis sie eine gleichmäßig verteilte [*disteso*], einheitliche [**unito**] Fläche bildet.« (Vasari, *Einführung in die Künste*, S. 115–116.) Ebenfalls auf diese technische Dimension bezieht sich folgender Hinweis zur Vorbereitung einer Wand für die Malerei *a secco*: »Mit einer glühend heißen Maurerkelle fährt man nun darüber, womit man die Löcher im Putz schließt und eine EINHEITLICHE Wandoberfläche erhält.« (Vasari, *Einführung in die Künste*, S. 117.) Tritt **unione** in einem solchen technischen Kontext auf, ist seine Bedeutung klar umrissen (bereitet also auch bei der Übersetzung kaum Probleme) und steht insbesondere in der Malerei für eine ebene, intakte Oberfläche bzw. die homogene Verbindung mehrerer materieller Komponenten.

So unkompliziert **unione** sich auf dieser technischen Ebene darstellt, so komplex erscheint ihre Struktur dort, wo der Begriff zur qualitativen Bewertung des Kunstwerks und der Malweise eines Künstlers herangezogen wird, sprich dem Kunstverständigen als ästhetisches Kriterium dient. **Unione** tritt in diesem Zusammenhang oft in den für Vasari typischen Reihen mit anderen theoretischen Begriffen auf, wobei **unione** mehr als andere durch die Bedeutung der ihr zur Seite stehenden Termini beeinflußt und im Wortsinn verändert wird. Die Ursache hierfür ist wohl nicht zuletzt in seinem ›verbindenden‹ Charakter zu suchen, der an sich nur einen vagen Aussagewert besitzt und erst durch sein semantisches Umfeld in eine bestimmte Richtung interpretiert werden kann. So entzieht sich der Begriff auf dieser Ebene fast immer einer direkten Übersetzung und verlangt seiner schillernden Bedeutung entsprechend ein breites Spektrum an Übertragungsvarianten. Zu dem genannten semantischen Umfeld von **unione** zählen insbesondere die Konzepte von →WEICHHEIT, →ZARTHEIT, →LIEBREIZ, →ANMUT und *sfumato*, wobei sich der Begriff selbst zwischen den zentralen Polen von →DISEGNO und →KOLORIT bewegt.

Innerhalb des einführenden Vorworts der *Vite* ist das Kapitel 18 im Abschnitt über die Malerei eines der dichtesten und theoretisch anspruchsvollsten, nicht zuletzt wegen der Verhandlung des **unione**-Begriffs, den Vasari hier im wesentlichen definiert und ihm innerhalb seines theoretischen Vokabulars seinen Platz zuweist. Wie die Überschrift des Kapitels ankündigt, ist das Konzept von **unione** vor allem an jenes von →KOLORIT gebunden: »Über die harmonische ABSTIMMUNG der Farben in der Öl-, Fresko- oder Temperamalerei; wie man die Fleischtöne, Stoffe und alles, was sonst zu malen ist, im Werk in einen [FARBLICHEN] ZUSAMMENKLANG bringt [...]« (Vasari, *Einführung in die Künste*, S. 109.) Und sogleich hebt Vasari mit einer Definition von EINHEIT in der Malerei an: »EINHEIT bedeutet in der Malerei eine Dissonanz verschiedener Farben, die miteinander in Einklang gebracht werden [...]« (Vasari, *Einführung in die Künste*, S. 109.) Bezeichnend ist die Verwendung von EINHEIT als technischer Terminus in der Überschrift, während im Gegensatz dazu im einleitenden Satz gleich auf eine höhere Ebene verwiesen wird, nämlich die nun anschließende, sehr detaillierte Diskussion von KOLORIT, in der das Konzept von EINHEIT eine zentrale Rolle spielt: »So sollte man in der Malerei die Farben mit großer HARMONIE [**unione**] einsetzen, keinen dunklen und keinen hellen Ton so unangenehm schattieren oder aufhellen, daß ein Mißklang und eine unerfreuliche Uneinigkeit erzeugt wird [...] Wenn sie [die Schlagschatten der Figuren] vorkommen, wollen auch diese mit Zartheit und HARMONISCHER ABSTIMMUNG [**unitamente**] gemalt sein, denn wer sie ohne eine Ordnung setzt, wird erreichen, daß das Bild sehr bald mehr wie ein bunter Teppich oder eine Ansammlung von Spielkarten aussieht, statt wie eine GLEICHMÄSSIGE [**unita**] Hautoberfläche, weiche Stoffe oder andere flaumig-feine, zarte Dinge. Denn so, wie die Ohren von einer Musik beleidigt werden, die lärmend, dissonant und hartklingend ist, [...] so kränken grelle und schroffe Farben die Augen. Genauso beleidigt ein übermäßiges Leuchten [der Farben] den *disegno*, und das Blendende, Stumpfe, Grelle und zu Liebliche erscheint matt, alt und verrußt. HARMONISCH ABGESTIMMTES [**unito**] hingegen, das zwischen dem Grellen und dem Mattierten die Balance hält, ist vollendet und erfreut das Auge, so wie eine HARMONISCHE [**unita**] und feinsinnige Musik das Ohr ergötzt.« (Vasari, *Einführung in die Künste*, S. 110–111.)

Für eine weitere Eingrenzung der Bedeutung des Konzepts von EINHEIT ist, wie bereits gesagt, das semantische Umfeld desselben erhellend: Satellitenartig bewegen sich um EINHEIT die Konzepte von →WEICHHEIT, →ZARTHEIT und →LIEBREIZ und verknüpfen den Begriff insofern indirekt mit der Technik des →CHIAROSCURO und des *sfumato*, sprich der subtilen Abstufung von Licht und Schatten und dem Verwischen und Aufweichen der Umrißlinie. Eine Reihe von Beispielen, die sich in dieser Weise durch das gesamte Werk der *Vite* ziehen, soll dieses Abhängigkeitsverhältnis offenlegen: »ein weicheres, zarteres und feineres Kolorit von EINHEITLICHER und abgetönter Malweise« (»il colorito più morbido, più dolce e dilicato e di **unione** e sfumata maniera«), »Zartheit und HARMONISCHE ABSTIMMUNG« (»dolcezza et **unione**«), »er malte mit einem guten Verständnis für HARMONISCHE ABSTIMMUNG und Weichheit« (»dipinse [...] con buona **unione** e morbidezza«), »die Figuren auf eine Weise abtönen, daß sie der Kunst eine herrliche HARMONISCHE ABSTIMMUNG hinzufügen und infolgedessen plastisch und lebendig erscheinen« (»fummeggiar le figure in modo che all'arte aggiungono **unione** maravigliosa talmente che paiono di rilievo e vive«), »ein höchst anmutiges und HARMONISCH ABGESTIMMTES Ölgemälde« (»una vaghissima et **unitissima** pittura a olio«). Hieraus wird einmal mehr deutlich, daß **unione** in erster Linie im Kontext der Malerei zu finden ist (vereinzelt gibt es aber auch Bezüge zu Architektur und Skulptur) und daß außerdem das semantische Umfeld von **unione** daraufhin angelegt ist, diese als Bestandteil der (technischen) Herstellung einer optischen Wirkung erkennen zu lassen, die eine der zentralen Errungenschaften der *maniera moderna* ist, das heißt das einheitliche und harmonische Ineinanderwirken der konstitutiven Bestandteile eines Gemäldes, nämlich →DISEGNO und →KOLORIT. **Unione** nimmt dabei so etwas wie eine Vermittlerrolle zwischen diesen beiden ein, da sie eben nicht erst bei den Farben zum Einsatz kommen muß, sondern bereits in der *chiaroscuro*-Technik angelegt ist, die selbst als Teil des *disegno* wirkt. So heißt es in der Einleitung der

Vite im Kapitel 15 unter der Überschrift »Was der *disegno* sei [...]«: »Der urteilsfähige Maler wird die so gestaltete Fläche in der Mitte hell halten, die Ränder und Hintergründe hingegen dunkel, ergänzt durch einen mittleren Tonwert zwischen dem Hell und dem Dunkel, der in der VERBINDUNG dieser drei Farbgründe alles, was sich zwischen einer Umgrenzungslinie und der nächsten befindet, rundplastisch wirken und hervortreten läßt.« (Vasari, *Einführung in die Künste,* S. 101.) So kommt der FARBLICHEN EINHEIT in Vasaris ästhetischer Konzeption im Gefolge von *chiaroscuro* die zentrale Rolle als Vermittler zwischen den Polen des zeichnerischen Entwurfs auf der einen und der farblichen Gestaltung auf der anderen Seite zu, wobei **unione** vor allem dazu dient, den aktiven Vorgang zu umschreiben, in dessen Verlauf die auseinanderstrebenden Kräfte harmonisiert und zusammengefügt werden. Nicht umsonst fügt Vasari in Kontexten, in denen **unione** zur Anwendung kommt, Vergleiche mit der Musik ein (vgl. Zitat oben). **Unione** wirkt wie ein Akkord, in dem die verschiedenen Bereiche eines Kunstwerks harmonisch zusammenklingen. Daher ist es auch angemessen, wenn sich die Übersetzung solcher Wendungen bedient, die aus dem musikalischen Bereich stammen, und zum Beispiel bei ›**unione** di colori‹ von einem ›ZUSAMMENKLANG‹ der Farben oder einer ›FARBHARMONIE‹ zu sprechen.

Abschließend bleibt zu erwähnen, daß **unione**, in dieser Weise von Vasari als kunsttheoretischer Terminus installiert, auch zur Beschreibung eines bestimmten Stils herangezogen werden kann: »[...] man erkennt in diesen glücklichen Geistern einen ungemein zarten und sehr HARMONISCHEN Stil und es erscheint fast unmöglich, daß er zu jenen Zeiten von Stefano [Fiorentino] angewandt worden ist, und doch tat er es [...]« (Bettarini/Barocchi, *Vite,* Bd. II, S. 136). Diese ›maniera **unita**‹, die ja, wie gezeigt wurde, eine ›maniera morbida‹, ›vaga‹ und ›sfumata‹ ist, ist nichts anderes als eine Variante der sogenannten ›maniera moderna‹, sprich jenes neuen Stils, den Vasari im dritten Teil seines Buches mit denselben Adjektiven beschreiben wird und den er hier mit Verwunderung bei einem Künstler der ersten Stilepoche prämanifestiert sieht. *VL*

Bibl.: LeMollé 1988, S. 19–42; Wagner 2001.

ERFAHRUNG auch: ÜBUNG, PRAXIS, ROUTINE
Ital.: **pratica**
Verwandte Begriffe: →LEICHTIGKEIT

Der Begriff war bereits in den kunsttheoretischen Schriften des Quattrocento von großer Bedeutung, ging es doch in erster Linie um die Emanzipation der bildenden Künste von den *artes mechanicae* und der damit verbundenen Differenzierung des mittelalterlichen vom frühneuzeitlichen Künstler. Man berief sich vor allem auf die durch Cicero und Quintilian geprägte, später von Vitruv adaptierte Wertehierarchie *natura – ars – exercitatio* bzw. *ingenium – disciplina – usus*, wonach der jeweils unterste Rang jeder schöpferischen Leistung der ›Praxis‹ der manuellen Ausführung zufiel, während *ars* und *disciplina* weitestgehend mit kognitiven Fähigkeiten, insbesondere dem der Ratio zugeordneten Terminus →DISEGNO assoziiert wurden. Der physische Akt des Malens, der im Grunde nichts anderes als das Auftragen der Farbpigmente auf eine Tafel oder Leinwand bedeutete, wurde deshalb nur allzu häufig mit der auf Erfahrung und Übung beruhenden Arbeit eines Handwerkers verglichen: »[…] und allgemein besitzen jene arbeitenden Meister mehr Erfahrung als *disegno*.« (Cennini, *Libro dell'arte*, CLXXI.) Diesen Worten Cenninis ist die Polarisierung zwischen den Begriffen →DISEGNO auf der einen und PRAXIS auf der anderen Seite deutlich abzulesen. Allerdings werden die beiden opponierenden Pole als komplementär verstanden, denn selbst das beste geistige Konzept wäre wertlos, wenn es nicht durch entsprechende manuelle Fertigkeiten zur Ausführung gebracht werden könnte. Diese sollten – so Cennini in seinem Traktat – von Kindheit an durch tägliche Übung geschult und kultiviert werden, damit sich jene Routine einstelle, die den Künstler letztendlich dazu befähige, Gesehenes mit →LEICHTIGKEIT zu imitieren: »Zuerst übe man sich noch im Kindesalter ein Jahr lang im Zeichnen auf der Tafel; daraufhin trete man in die Werkstatt eines Meisters ein [...]; dann sammle man für weitere sechs Jahre ERFAHRUNG in der Farbgestaltung, in der Anwendung von Fixiersalzen, im Wiedergeben von golddurchwirkten Stoffen, in der Arbeit auf Maueruntergründen, dabei ohne Unterlaß zeichnend und weder feiertags noch werktags davon ablassend. Auf diese Weise wird sich die Natur durch stete Übung in gute PRAXIS verwandeln.« (Cennini, *Libro dell'arte*, CIV.)

Ein solcher Maler, dessen Arbeit einzig und allein auf langjähriger ERFAHRUNG und dem entsprechend geschulten Augenmaß beruht, doch keinerlei Theorien kennt, ist laut Leonardo wie ein Spiegel, der sein Gegenüber ohne Verstand und Erkenntnis reflektiert und imitiert. Deshalb, so lautet seine Forderung, sollte jede praktische Arbeit eines Künstlers von einer wohlfundierten und auf der Perspektive aufbauenden Theorie ausgehen: »PRAXIS sollte sich immer auf eine gute Theorie gründen, deren Leitfaden und Zugang die Perspektive ist, denn ohne sie läßt sich in der Malerei nichts gut gestalten.« (Leonardo, Ed. Richter, Bd. I, S. 119.)

Vasari übernimmt in seinen *Vite* die negative Assoziation mit dem Begriff **pratica** als Reduktion auf den gestalterischen Akt. Dieser wird im Gegensatz zu den mit →SCHWIERIGKEIT verbundenen mentalen Fähigkeiten eines Künstlers als minderwertig erachtet und dürfe, so Vasaris Meinung, in einem vollendeten Kunstwerk niemals sichtbar sein. Pinselstriche auf der Leinwand, wie er sie in Tintorettos Werken als offensichtlich erkennbare Zeichen von Malpraxis kritisiert, ließen deshalb nur den mühevollen Arbeitsprozeß und die mangelnde →SORGFALT des Malers für das Publikum ersichtlich werden: »Jener [Tintoretto] hat bisweilen Skizzen anstelle von fertigen Werken abgegeben, so mühsam grob gestaltet, daß man die Pinselstriche erkennt, die mehr zufällig und mit Hochmut ausgeführt waren als mit *disegno* und Sachverstand [...] Und obwohl er in seiner Jugend in einigen schönen Werken große Urteilskraft bewies, hätte er, wenn er das große, ihm von der Natur mitgegebene Prinzip erkannt und durch Übung und Urteilskraft unterstützt hätte – so wie es jene taten, die dem größten der schönen Stile nacheiferten –, zu einem der größten Maler werden können, die Venedig jemals hervorgebracht hat, wenn er nicht von der PRAXIS abgelassen hätte, wie es jedoch der Fall war.« (Vasari über Tintoretto in der Vita von Battista Franco, in: Bettarini/Barocchi, *Vite*, Bd.V, S. 469.) Nur die vollkommene Beherrschung und Kontrolle über den Pinsel erlaube dem Maler , die Spuren des Entstehungsprozesses scheinbar gänzlich hinter der Bildoberfläche verschwinden zu lassen und damit ein vollendetes Werk zu erschaffen. Für Vasari und die Künstler der Accademia del Disegno ist vor allem das Zusammenwirken von konzeptioneller und manueller Tätigkeit von Bedeutung, hatte doch schon Benedetto Varchi in seinen theoretischen Abhandlungen *Due lezzioni* sich dahingehend geäußert, daß nur derjenige ein wahrer Meister sei, der mit seinen Händen ins Werk setze, was er im Geist vollkommen konzipiert habe (Varchi, *Due lezzioni*, S. 17–18). Auch Vasaris enger Vertrauter Vincenzo Borghini vertrat die Auffassung, daß ein Künstler nur durch die Materialisierung und Sichtbarmachung dessen, was zuvor im Geiste konzipiert wurde, vor die Öffentlichkeit treten und Reputation erlangen könne. Was hingegen in der Luft und abstrakt bleibe, sei irrelevant (Borghini, *Selva di notizie*, S. 28–29). *SF*

Bibl.: Cast 1998; Schlitt 2001; Kusch-Arnhold 2006; Martin 2008; Feser 2010.

ERFINDUNG auch: ERFINDUNGSGABE, ERFINDUNGSKRAFT, EINFALL, BILDFINDUNG

Ital.: **invenzione**

Lat.: *inventio*

Verwandte Begriffe: →EINFALL, →IDEE, →PHANTASIE, →TALENT, →VERSTAND, →VORSTELLUNG

Der italienische Begriff *invenzione* bezeichnet in der künstlerisch-kreativen Terminologie die Fähigkeit zur BILD(ER)FINDUNG im Sinne des erzählerischen Themas. Dies kann sowohl auf den Akt des Ersinnens und Planens als auch auf das bildnerische Resultat bezogen sein; letzteres wird zumeist mit einem wertenden Adjektiv ergänzt: »**Invenzione** bella« (»schöne BILDFINDUNG«), »**invenzioni** terribili e capricciose« (»ungeheure und eigenwillige ERFINDUNGEN«), »**invenzione** difficile e capricciosa« (»schwierige und eigenwillige BILDFINDUNG«) (Vasari, *Vite*).

Der Terminus **invenzione** zählt mit jenem des →DISEGNO zu den zentralen Begriffen der italienischen Kunsttheorie, vor allem durch den Einfluß der Schriften Albertis. Die Ursprünge seiner theoretischen Bedeutung hinsichtlich des kreativen Schaffens reichen allerdings bis in die Antike zurück, wo *inventio* einen wesentlichen Bestandteil der Rhetorik ausmachte. So bestimmte Cicero in seinen Werken *De inventione* und *De oratore* mit *inventio* die erste Instanz des schöpferischen Prozesses, die den ureigenen und neuartigen Wert der Kreation ausmacht (siehe die fünf Kanones der Rhetorik nach Cicero: *inventio*, *collocatio*, *elocutio*, *memoria* und *actio*).

Alberti rät den Künstlern, die Gesellschaft von Dichtern und Rhetorikern zu suchen, denn »diese teilen viele ihrer Zierstücke mit dem Maler. In der Tat, die Schriftsteller, die über einen reichen Schatz an Kenntnissen vieler Dinge verfügen, können durchaus Hilfe leisten, wenn es darum geht, die Komposition eines Vorgangs schön zu planen: dessen lobenswertes Gelingen hängt ja zumal von der ERFINDUNG ab. Ja, so wesentlich ist der Beitrag der ERFINDUNG, daß sie sogar für sich allein zu erfreuen vermag, das heißt auch dann, wenn die malerische Umsetzung fehlt.« (Alberti, Ed. Bätschmann, S. 295.) Alberti beruft sich auf den rhetorischen Hintergrund des **invenzione**-Begriffs und stellt ihn überdies in die alte Tradition von *ut pictura poesis*, der Schwesterkünste Malerei und Dichtung und der Ekphrasis (Alberti paraphrasiert im Anschluß an die zitierten Zeilen Lukians Bildbeschreibung des Verleumdungsgemäldes von Apelles). Zentral ist überdies die Verbindung der albertianischen *istoria* und der **invenzione** im Sinne der erzählerischen Qualität eines Bildes.

Vasaris Verwendung des **invenzione**-Begriffs orientiert sich an jener Albertis, wenn er ihn in Bezug auf die *istoria* als das Zusammenbringen von Figuren und Geschichte definiert (Vasari in dem Kapitel »Über die Malerei«, Vasari, *Einführung in die Künste*, S. 101). Seine eigentliche Bedeutung im Kontext der *Vite* erlangt der Terminus allerdings in seiner Gegenüberstellung mit dem des →DISEGNO. Ist jener der Vater der Künste, so hat man in **invenzione** ihre Mutter zu erkennen: »Immer hat man die ERFINDUNG als die wahre Mutter von Architektur, Malerei und Poesie angesehen und so wird es immer sein.« (Bettarini/Barocchi, *Vite*, Bd. II, S. 297.) Umfaßt →DISEGNO die technischen Qualitäten des Künstlers im Hinblick auf die Nachahmung der Natur und dient Vasari überdies als Maßstab der historischen Entwicklung der Kunst, so umschreibt **invenzione** namentlich dessen intellektuelle Fähigkeiten im Ersinnen der alle Elemente des Bildes vereinenden *istoria* (**invenzione** steht damit in Bezug zu →TALENT, →VERSTAND, →PHANTASIE, →EINFALL). Dies bezieht sich weniger auf die Komposition als auf die angemessene Darstellung der Handlung, im besonderen des emotionalen Ausdrucks der Figuren. Hierin erkennt Vasari einen unbegrenzten Bereich der Möglichkeiten (im Sinne der *varietas*), in dem im Gegensatz zum →DISEGNO keine ultimative Vervollkommnung zu erreichen ist. Besonders in der zweiten Edition der *Vite* (1568) verknüpft sich mit dem **invenzione**-Begriff Vasaris Vorstellung von einer positiven zukünftigen Entwicklung der Kunst, womit er das traditionelle Zyklusmodell eines organischen Geschichtsverlaufs aufbricht und **invenzione** zur Basis unbegrenzter Perfektibilität erklärt.

Diese Gedanken sind vor allem in der Vita Raffaels entwikkelt, der auf diese Weise zum direkten Gegenpol Michelangelos avanciert, dem Vertreter des vollkommenen →DISEGNO (Vasari, *Raffael*, S. 80–81.) Wie schon bei Alberti deutlich wurde, ist die Qualität der ERFINDUNG vom Bildungsbegriff abhängig. Nur jener Künstler vermag originelle Erfindungen zu kreieren, der aus einem reichen Wissensfundus schöpfen kann. Dieser ermöglicht ihm, neuartige Allegorien und ikonographische Typen zu entwickeln und Variationen altbekannter Mythologien und christlicher Schemata zu ersinnen. In bestimmten Kreisen findet sich seit der Mitte des 15. Jahrhunderts aufgrund eines Interessenwandels seitens einiger Auftraggeber und im Zuge dieses neuen Selbstverständnisses der Künstler eine Verschiebung der Bildthemen zu überwiegend profanen, ikonographisch diffizilen Inhalten, denen ein ausgeklügeltes Programm zugrunde lag. Diese **invenzioni** wurden zumeist nicht mehr nur den Künstlern überlassen, sondern im wesentlichen von Humanisten und Auftraggebern ausgearbeitet. Diese Entwicklung ist eng mit der italienischen Hofkultur verwoben und mit den in ihrem Einfluß stehenden Künstlern. Sie erlangte einen ersten Höhepunkt am Mantuaner Hof, wo Isabella d'Este für ihr Studiolo einzigartige **invenzioni** ersann und von ausgewählten Malern ins Bild setzen ließ. *VL*

Bibl.: W. Kemp 1974; Bätschmann 1997; Barbieri 2000; Scholz 2002; Hochmann/Kliemann 2008.

ERHABENHEIT auch: GROSSARTIGKEIT, WÜRDE, MAJESTÄT

Ital.: **maestà**

Verwandte Begriffe: →ADEL, →ANMUT, →SCHÖNHEIT

Im kunsttheoretischen Kontext seit dem 16. Jahrhundert in Gebrauch, umschreibt **maestà** die Großartigkeit eines Stils, des künstlerischen Könnens oder auch die eines Werks und einzelner Figuren darin. So schreibt Varchi in seiner *Lezzione della maggioranza delle arti*: »Und ich für meinen Teil bezweifle in keiner Weise, daß Michelangelo in seinen Werken Dante in gleicher Weise nachahmte, wie er ihn in seinen Gedichten nachgeahmt hat, indem er ihnen nicht nur jene Größe und ERHABENHEIT gab, die man in den Worten Dantes erkennt, sondern sich überdies bemühte, mit Marmor und Farbe dasselbe zu tun, was dieser mit seinen Worten und Sinnsprüchen vermocht hatte.« (Benedetto Varchi, in: Barocchi, *Trattati*, Bd. 1, S. 57.)

Formal verbindet sich das Konzept von **maestà** in der bildenden Kunst mit einer durch unterschiedliche Mittel – wie Größe des Formats und der Figuren, Reichtum an Details, Kühnheit der Positionen – erreichten grandiosen Wirkung des vollendeten Werks. Häufig findet sich eine Verknüpfung mit dem Begriff der →SCHÖNHEIT, deren idealisierte Formen ebenfalls den Eindruck einer gewissen Unerreichbarkeit und ERHABENHEIT suggerieren können. In diesem Sinne berichtet Vasari, daß Leonardo es vermocht habe, den Köpfen der Apostel im *Letzten Abendmahl* die ihnen gebührende »WÜRDE und Schönheit« (Vasari, *Leonardo*, S. 29) zu verleihen. Raffael hingegen änderte eines seiner Werke um, nachdem er Michelangelos Arbeiten gesehen hatte, und verbesserte und steigerte die Wirkung seines Stils und verlieh ihm größere ERHABENHEIT (Vasari, *Raffael*, S. 42). Die Wirkung von **maestà** kann in der Malerei auch an eine bestimmte Farbigkeit gebunden sein, wie Lomazzo im folgenden ausführt: »[...] man hat gesehen, daß die Farbabstufungen der zweiten und der dritten Ordnung, da gemessen und voller ERHABENHEIT, von Raffael verwendet wurden, der das dunkle Rosarot mit einem Ton, der zum Schwarz hin tendiert [*morello*], zu verschatten pflegte.« (Lomazzo, *Trattato dell'arte de la pittura* (1584), III, 10.) *VL*

Bibl.: Heininger 2001.

ERSCHEINUNG auch: ANSCHEIN, AUSSEHEN, ÄHNLICHKEIT
Ital.: **aria**
Verwandte Begriffe: →ANMUT, →SCHÖNHEIT

Die substanzlos-atmosphärische Beschaffenheit des italienischen Begriffs **aria** erhält bei Petrarca erstmals eine sichtbare Qualität: So taucht der Terminus nicht nur im Zusammenhang mit der Physiognomie einer Person auf, sondern wird als eine Art persönliche Ausstrahlung verstanden, die die gesamte Person wie ein profaner Nimbus umgibt. In dieser Bedeutung steht der Begriff dem Wort *anima* (Seele) insofern nahe, als dieses das unsichtbare Innenleben bezeichnet, während **aria** das nach außen gekehrte, mit den Augen wahrnehmbare Äquivalent meint, das sich in der jeweiligen ERSCHEINUNG eines Menschen manifestiert. Boccaccio und später Firenzuola folgen diesem Bedeutungsaspekt, wenn sie die schöne oder schlechte ERSCHEINUNG eines Menschen wie im folgenden Beispiel hervorheben: »Eine bestimmte Miene und, wie man umgangssprachlich sagt, eine schlechte ERSCHEINUNG, verweisen auf die Krankheit der Seele.« (Firenzuola, *Opere*, S. 596.) In dieser Bedeutung, als der sichtbaren Entsprechung des Inneren, überlagert sich der Begriff mit den Inhaltsspektren von →SCHÖNHEIT und →ANMUT, so daß Lodovico Dolce später in seinem *Dialogo della pittura* (1557) bemerkt, Raffael hätte seinen Figuren ein zartes und gefälliges AUSSEHEN verliehen, das bezaubere und entflammen lasse (Lodovico Dolce, *Dialogo della pittura intitolato l'Aretino*, in: Barocchi, *Scritti*, Bd. 1, S. 821).

In den kunsttheoretischen Schriften, so bereits in Cenninis *Libro dell'arte*, erscheint der Begriff als Synonym für den persönlichen Stil und Ausdruck eines Künstlers. Doch während Cennini noch dafür plädiert, sich diesen Stil durch Nachahmung und ständiges Üben mit der Zeit selbst anzueignen und so zur technischen Perfektion zu gelangen, läßt Vasari in seiner Vorrede der *Lebensbeschreibungen* keinen Zweifel daran, daß diese Methode allenfalls zur Übung taugt, da das Innovative wie bei den Nachfolgern Giottos sonst zu kurz käme. Erst wenn ein Maler mit Hilfe seiner →PHANTASIE in der Lage sei, einen eigenen persönlichen Stil zu entwickeln, vermag er seinen Figuren auch eine eigenständige, charakteristische ERSCHEINUNG zu verleihen. Insofern ist **aria** keine erlernbare ästhetische Qualität, weil sie von der Individualität des Künstlers und seinen geistigen Fähigkeiten abhängig ist.

In einer erweiterten Dimension, die bereits Plinius formuliert hatte und von Petrarca übernommen wurde, bezeichnet **aria** eine Form von familiärer ÄHNLICHKEIT, wie sie zwischen Vater und Sohn zu beobachten ist: »In diesem Fall, selbst wenn häufig große Unähnlichkeit in den individuellen Gesichtszügen bestehen mag, existiert dort eine Art von Schatten, was die Maler jetzt als **aria** bezeichnen und was man besonders im Gesicht und in den Augen sieht, und dieses [Phänomen] bewirkt eine ÄHNLICHKEIT, die uns an den Vater erinnert, sobald wir den

Sohn sehen […]« (Francesco Petrarca, *Le familiari*, zitiert nach Baxandall 1971, S. 33). Aus dem an der Genealogie orientierten Postulat, daß zwischen Bild und Maler ein ähnliches Verhältnis bestehe wie zwischen Sohn und Vater, ein Kunstwerk also seinem Schöpfer ähnlich sehe, resultiert die Vorstellung, in den ERSCHEINUNGEN der von ihm geschaffenen Figuren werde die unsichtbare Seele des Malers anschaulich. Von Vasari als ästhetische Kritik sowohl in Bezug auf den Gesichtsausdruck einer Figur wie auf die differenzierte Gestaltung im albertianischen Sinn von *decorum* verwendet, bezeichnet der Begriff **aria** in erster Linie die idealisierte Einheit zwischen dem Maler und seinem Produkt. *SF*

Bibl.: Summers 1981, S. 56–59; Summers 1989.

[FARB-]FLECK auch: FARBTUPFEN, SKIZZE, ENTWURF
Ital.: **macchia**
Verwandte Begriffe: →KOLORIT

Bevor der italienische Terminus **macchia** in die kunsttheoretischen Schriften Eingang fand, hatte er in seiner ursprünglichen Bedeutung als ›FLECK‹ eine negative Konnotation. Den Makel oder die Unvollkommenheit einer Oberfläche bezeichnend, ist **macchia** ein Phänomen, das aus dem Zufall entsteht und deshalb eine unregelmäßige Form besitzt. Dieser dem Begriff immanente Aspekt der Unvollkommenheit ist in der Kunsttheorie des späten Quattrocento und des Cinquecento von zentraler Bedeutung, wird jedoch von den zeitgenössischen Autoren mit ambivalenten Konnotationen versehen.

In seinem *Trattato della pittura* beschreibt Leonardo die stimulierende Wirkung von **macchia** auf die Phantasie eines Künstlers: Indem dieser die irreguläre Form von FLECKEN betrachte und diese vor seinem geistigen Auge zu einem Bild ergänze, entstünde der skizzenhafte Entwurf zu einer bildlichen Darstellung. »Ich werde jedoch nicht davon abgehen, diesen Regeln eine neue Entdeckung des Erforschens hinzuzufügen, die, obwohl sie klein und fast eines Lächelns würdig erscheint, nichtsdestoweniger von großer Nützlichkeit ist, um den Geist zu unterschiedlichen Erfindungen anzuregen. Und dies ergibt sich, wenn du wiederholt einige Mauern betrachtest, die mit verschiedenen FLECKEN beschmutzt oder aus unterschiedlichen Steinen zusammengesetzt sind. Wenn du nämlich irgendeine Gegend zu erfinden hättest, könntest du dort Vorbilder für verschiedenartige Landschaften erkennen; auch könntest du dort mancherlei Schlachten und lebhafte Gesten von Figuren sehen, ebenso wie eigentümliche Erscheinungen von Gesichtern, Kleidungsstücken und unendlich vielen Dingen, die du in eine vollständige und gute Form verwandeln könntest.« (Leonardo, Ed. Richter, Bd. 1, S. 311–312.) **Macchie** sind deshalb insofern positiv zu bewerten, als sie auf die Imaginationsfähigkeit eines Künstlers wirken. Dessen Aufgabe besteht darin, die zuvor herrschende Unordnung durch geistige Konzeption in eine vollkommene → ORDNUNG zu verwandeln.

In der Bedeutung eines skizzenhaften Entwurfs übernimmt Vasari den Terminus in seiner Einführung zur Malerei: »Skizzen [...] nennen wir eine Form von Zeichnungen, die man anfertigt, um die Art und Weise der Haltungen und die erste Komposition des Werks zu finden; sie sind in Form eines FLECKS gestaltet und von uns nur angedeutet in einem einzigen skizzenhaften Gesamtentwurf.« (Vasari, *Einführung in die Künste*, S. 104.) Anders als bei Leonardo, der von einem geistig entworfenen skizzenhaften Konzept spricht, transformiert Vasari die Bedeutung von **macchia** in eine manuelle Ausführung, in eine skizzenhafte Vorstudie, die sich gegenüber dem endgültig ausgeführten Werk durch Unvollkommenheit auszeichnet.

Die ursprünglich negative Assoziation von **macchia** kommt bei Vasari dann zum Tragen, wenn er von Werken spricht, die in einer fleckigen Malweise ausgeführt sind und denen aus diesem Grund der Makel der Unvollkommenheit anhaftet. Nach Vasaris Vorstellungen sind **macchie** einzig und allein in der Privatsphäre des Künstlers nur zum Studium zulässig und sollten deshalb niemals in einem vollendeten Werk sichtbar sein, weil sie die Unzulänglichkeiten des Künstlers – seien sie aus Mangel an geistiger Konzeption oder aufgrund technischen Unvermögens

– offenbarten. Hinter einer solchen Vorstellung verbirgt sich die von Plinius überlieferte Geschichte des Malers Protogenes, der aus Frustration über seine eigene Unfähigkeit einen Schwamm auf das von ihm gemalte Bild eines Hundes warf und feststellen mußte, daß die dabei zufällig entstandenen FLECKEN an der Schnauze des Hundes den Speichel so naturgetreu wiedergaben, wie er es niemals hätte darstellen können.

Die Ambivalenz des Begriffs in Vasaris *Vite* zeichnet sich besonders deutlich in seinen Ausführungen über venezianische Gemälde ab. Mit **macchia** bezeichnet er eine typisch venezianische Technik der Farbgebung, die sich aus einzelnen, schnell ausgeführten FARBTUPFEN zusammensetzt und aus diesem Grund eine Betrachtung aus der Ferne erfordert: »Die schönste Figur dort ist eine Frau, die einen Knaben stillt und ein gelbes Kleidungsstück trägt; sie ist in einer Technik gestaltet, die man in Venedig benutzt – mit FARBTUPFEN oder SKIZZEN –, ohne dabei vollständig ausgeführt zu sein.« (Vasari in der Vita von Battista Franco, in: Bettarini/Barocchi, *Vite*, Bd. V, S. 473.) Besonders das Spätwerk Tizians sei durch diese Malweise mit groben Pinselstrichen und FLECKEN gekennzeichnet (Vasari, *Tizian*, S. 45) und könne deshalb nur aus einer gewissen Distanz betrachtet werden. Die an sich negative Konnotation von **macchie** im Sinne von Unvollkommenheit eines endgültig ausgeführten Werkes wird von Vasari ins Gegenteil verkehrt, wenn er die Gemälde Tizians für Philipp II. (die sogenannte *Poesie*) als besonders lobenswert herausstellt. Diese würden zwar aufgrund ihrer Malweise bei vielen Betrachtern den Eindruck erwecken, als seien sie ohne Mühen ausgeführt worden. In Wahrheit aber würden gerade diese Werke seine herausragenden Fähigkeiten bezeugen, weil die mit der Ausführung verbundenen Anstrengungen auf so meisterhafte Weise verdeckt seien (Vasari, *Tizian*, S. 45). Vasari bedient sich hier erneut des altbekannten Topos von Castigliones höfischer Manier der → LÄSSIGKEIT. Deshalb ist es keinem Laien, sondern nur einem Fachmann und Kenner wie Vasari möglich, in den mit Schnelligkeit ausgeführten **macchie** im Spätwerk Tizians nicht den degenerierten Altersstil des Malers, sondern im Gegenteil dessen große künstlerische Leistung zu erkennen. *SF*

Bibl.: Sohm 1991; Biedermann 1993; Pedretti 2004; Aikema 2007.

FREIGEBIGKEIT auch: GROSSZÜGIGKEIT, GENEROSITÄT, HOCHHERZIGKEIT
Ital.: **liberalità**
Lat.: *liberalitas*
Verwandte Begriffe: →TUGEND

Vor allem mit dem christlichen, aber auch höfischen Kontext verwoben, gehört der Begriff eigentlich nicht zum Vokabular der Kunsttheorie. In der römischen Antike zählte *liberalitas* zu den vornehmsten Herrschertugenden, und viele römische Kaiser dokumentierten ihre FREIGEBIGKEIT in propagandistischer Absicht auf steinernen Monumenten, die die Zeit überdauern sollten. In der christlichen Bedeutung von Caritas verwendet Vasari den Begriff **liberalità**, um die moralischen Qualitäten von Künstlern und Auftraggebern entsprechend zu würdigen. So nahm beispielsweise Leonardo – obwohl er nie über die Mittel verfügte, um einem aristokratischen Lebenswandel zu frönen – stets Freunde bei sich auf: »In seiner GROSSZÜGIGKEIT nahm er jeden Freund, ob arm oder reich, bei sich auf und nährte ihn, wenn er nur geistreich und tugendhaft war.« (Vasari, *Leonardo*, S. 46.) Diese Textpassage ist in zweierlei Hinsicht aufschlußreich, denn einerseits wird Leonardo als Ebenbild eines *cortegiano* gezeichnet, andererseits ist sie zugleich als Kritik an all jenen zu verstehen, die jener GROSSZÜGIGKEIT ermangeln, die zugleich von moralischer wie materieller Qualität ist. In der geschickt eingeflochtenen Anekdote von Piero Soderini, der Leonardo angeblich in Pfennigen auszuzahlen gedachte, entwirft Vasari das moralische Gegenbild von FREIGEBIGKEIT und appelliert damit implizit an seine Leser, die Leistungen der Künstler angemessen zu honorieren. Damit verweist er wiederholt auf sein Anliegen, das bereits in der Vorrede des dritten Teils zur Sprache kommt, nämlich Kunstliebhaber als großzügige Mäzene zu gewinnen: »Wenn in unserem Jahrhundert eine angemessene Entlohnung stattgefunden hätte, so darf man glauben und versichert sein, daß ohne Zweifel Größeres und weitaus Besseres geschaffen worden wäre, als man es in der Antike jemals vermocht hatte.« (Siehe Vorrede des dritten Teils, S. 120.)

Mit der Personifikation der **liberalità**, die Vasari in seinem Haus in Arezzo zusammen mit den Tugenden *industria, abbondanza, giustizia, onore, concordia, sapienza* und *carità* in der Sala del trionfo della virtù darstellte, beabsichtigte er, seine eigenen moralischen Qualitäten ins rechte Licht zu setzen [siehe Seite 22]. Ganz im Sinne einer finanziellen Unterstützung hält diese weibliche Figur zwei prall gefüllte Beutel in Händen, von denen einer noch zugeschnürt ist, während aus dem anderen unzählige Goldstücke zu Boden fallen. *SF*

Bibl.: Warnke 1995.

FREIHEIT [KÜNSTLERISCHE] auch: ERLAUBNIS, BEWILLIGUNG

Ital.: **licenz[i]a**
Verwandte Begriffe: → LÄSSIGKEIT, → LEICHTIGKEIT, → REGEL

Das Konzept der **licenzia** ist ein zentraler Markstein auf dem Weg der Transformation vom mittelalterlichen zum frühneuzeitlichen Künstler und somit zur modernen Definition des Metiers. Die Frage nach der KÜNSTLERISCHEN FREIHEIT trat erstmals in der Renaissance auf und bezog sich zunächst auf die Freiheit bei der Umsetzung eines Themas. Seinen Auftrag zur Anfertigung der sogenannten ›Paradiestür‹ für das Baptisterium in Florenz kommentierte Lorenzo Ghiberti in neuem Selbstbewußtsein: »[…] man gab mir die [KÜNSTLERISCHE] FREIHEIT, sie auf die Weise auszuführen, die mir als die vollkommenste, schmückendste und reichste erscheinen würde.« (Ghiberti, Ed. Schlosser, Bd. 1, S. 48.) Demonstrationen einer zunehmenden KÜNSTLERISCHEN FREIHEIT findet man auch in den Protesten eines Malers wie Giovanni Bellini gegen die Einschränkungen zu eng definierter Bildthemen seitens seiner Auftraggeberin Isabella d'Este und in der berühmten Manifestation Michelangelos, Papst Julius II. habe ihm hinsichtlich der Ausmalung der Sixtinischen Kapelle die Erlaubnis erteilt, »[...] das zu machen, was ich wünschte und was mir gefallen würde.« (Michelangelo, *Carteggio*, Bd. III, S. 8.)

Eine weitere Spielart der **licenzia** zeichnet sich in Vasaris Benennung der Errungenschaften des ›modernen Stils‹ ab, was bezeichnenderweise auf eine Definition des **licenzia**-Begriffs hinausläuft. Abgesehen von den Konzepten von → REGEL, → ORDNUNG, → MASS, → DISEGNO und → STIL, die die Vertreter der zweiten Epoche bereits umsetzen konnten, mangelte »[...] es ihnen noch an einer gewissen Freiheit in der Regel, die – obwohl außerhalb der Regeln stehend – doch von ihnen gelenkt wird und die bestehen kann, ohne die Ordnung durcheinanderzubringen oder zu beschädigen.« (Siehe Vorrede des dritten Teils, S. 110.) Ruft man sich in Erinnerung, daß die Regeln im wesentlichen durch den klassischen Schönheitsbegriff der Antike definiert waren, wird deutlich, daß im Wechselspiel von → REGEL und KÜNSTLERISCHER FREIHEIT die Wurzeln des Manierismus liegen. Die Freiheit in der Handhabung der Mittel ermöglicht dem Künstler, das, was eigentlich größter Anstrengung und Mühen bedarf, mit sichtbarer → LEICHTIGKEIT (*facilità*) auszuführen. Das Erlangen dieser Freiheit ist für Vasari der eigentliche, durch die Vertreter der *maniera moderna* erzielte Fortschritt. Seine Definition des **licenzia**-Begriffs kommt überdies in seiner Grundbedeutung Castigliones → LÄSSIGKEIT nahe, jener vorrangigsten Qualität des vollendeten Hofmanns: »[...] so pflege man in allem eine gewisse Lässigkeit, die die Kunstfertigkeit verbirgt und zeigt, daß man alles, was man tut oder sagt, ohne Mühe und gleichsam ohne nachzudenken hervorbringt.« (Castiglione, *Libro del cortegiano*, I, 26.) *VL*

GEDÄCHTNIS auch: ERINNERUNG, ERINNERUNGS-VERMÖGEN, ANDENKEN

Ital.: **memoria**

Verwandte Begriffe: →DENKEN, →ERFINDUNG, →PHANTASIE, →RUHM

Analog zur klassischen Rhetorik, wo **memoria** nach *inventio* (Stoffauffindung), *collocatio* (Anordnung/Gliederung), *elocutio* (Ausdruck/Stil) und *actio* (Vortrag bzw. Ausführung) zu den fünf Kanones in der Ausbildung zum Redner gehörte, wurde im 15. und 16. Jahrhundert das ERINNERUNGSVERMÖGEN eines Malers als ein wesentliches Instrument seiner Kunst betrachtet, das es zu aktivieren und zu schulen galt. Insbesondere Leonardo gab in seinem *Trattato della pittura* Malern Ratschläge zum problemlosen Einprägen von Formen, die die künstlerische Praxis erleichtern sollten: »Auch habe ich die Erfahrung gemacht, daß es von nicht geringem Nutzen ist, wenn du bei Dunkelheit im Bett liegend in deiner Vorstellung alle Umrißlinien derjenigen Formen, die du zuvor studiert hast, oder andere beachtenswerte Dinge, die feinsinnigen Überlegungen entspringen, wiederholst: Auf diese Weise prägen sich die im GEDÄCHTNIS gesammelten Dinge ein.« (Leonardo, Ed. Richter, Bd. I, S. 307.) Neben dieser visuellen Memoriertechnik, die wohl als Äquivalent zu einer Wort-für-Wort-Einprägung interpretiert werden kann und den Maler mit statischen Bildern versorgen sollte, die ihm bei späteren Ausführungen als Norm dienen konnten, erfand Leonardo ein zeichnerisches Stenographieverfahren, das auf der Strichmännchenformel beruht und komplexe Bewegungsabläufe durch Skizzierung spezifischer Posen im GEDÄCHTNIS verankert.

Leonardos Anatomiestudien geben einen weiteren Einblick in die Bedeutungsdimension von **memoria**. Sein Bemühen, den Sitz des ERINNERUNGSVERMÖGENS im Schädel zeichnerisch zu lokalisieren und ihm somit eine sichtbare Form zu verleihen (Zeichnungen in der Royal Library von Windsor Castle, Inv. Nr. 12603^{r} und 12626^{r}), zeugt von der Auseinandersetzung mit antiken Schriften wie Aristoteles' *De anima*, aber auch mit medizinischen Traktaten der antiken und der arabischen Welt, wobei letztere dem Westen Europas durch die Schriften Avicennas (980–1037) vermittelt worden waren. Danach existierten im Gehirn drei zusammenhängende Kammern (Ventrikel), denen unterschiedliche Funktionen zugeordnet waren: Der vordere und mittlere Ventrikel galt als Ort aller sinnlichen Eindrücke sowie als Sitz von *fantasia* und *imaginatio*. **Memoria** dagegen hatte ihren Platz in der dritten Kammer, die nach Leonardos Zeichnungen am weitesten von den im vorderen Ventrikel plazierten und von ihm als vorrangig unter den Sinnen eingestuften optischen Eindrücken entfernt ist, während die zentrale Stelle der sogenannte ›sensus communis‹ als Sitz des Urteilsvermögens einnimmt. Hieran wird unter anderem deutlich, welchen Stellenwert Leonardo dem ERINNERUNGSVERMÖGEN beimißt, das im Gegensatz zum unmittelbaren Sinneseindruck wesentlich stärker von der additiven Perzeption des ›sensus communis‹ abhängig ist.

Angesichts dieser intensiven Auseinandersetzung Leonardos mit dem Phänomen **memoria** als einem bedeutenden Rüstzeug des Malers kann es nicht verwundern, daß Vasari in der Vita des Künstlers dessen ungeheures ERINNERUNGSVERMÖGEN in Zusammenhang mit seinem →VERSTAND und seiner →VORSTELLUNGSKRAFT hervorhebt: »Gott erfüllte jenen Geist mit soviel Anmut und ungeheurer Ausdruckskraft, und begleitet von seinem willigen Verstand und ERINNERUNGSVERMÖGEN verstand er es außerdem so gut, seine Idee in der Zeichnung auszudrücken, daß er jeden noch so kühnen Geist mit seinen Darlegungen bezwang und mit seinen Argumenten verwirrte.« (Vasari, *Leonardo*, S. 20–21.) Der Begriff dient Vasari dabei als ein positives Bewertungskriterium, das er auch auf Michelangelo, sein Vollkommenheitsideal hinsichtlich des →DISEGNO, in der folgenden Anekdote anwendet: »Michelangelo besaß ein ausgezeichnetes und umfassendes GEDÄCHTNIS, und es genügte ihm, die Werke anderer nur einmal anzusehen, um sie perfekt im GEDÄCHTNIS zu behalten und sie sich bei Gelegenheit in einer Weise zunutze zu machen, daß es kaum jemandem auffiel. Dabei hat er sich niemals in seinen Werken wiederholt, weil er sich an alles erinnerte, was er je geschaffen hat. Einmal wetteten sie in seiner Jugend bei einem Abendessen im Kreis seiner Malerfreunde, wer eine Figur darstellen könne, die keinen *disegno* hätte und so plump wäre wie die Hampelmänner jener Dilettanten, welche die Mauern beschmieren. Er verließ sich dafür auf sein GEDÄCHTNIS, weil er sich erinnerte, eine dieser plumpen Darstellungen auf einer Mauer gesehen zu haben, und schuf sie so, als stünde sie ihm noch genau vor Augen. Damit übertraf er all jene anderen Maler, was keine leichte Aufgabe für einen Mann war, der so vom *disegno* durchdrungen und an ausgewählte Dinge gewöhnt war wie er, der sie in ihrer Reinheit hervorzubringen trachtete.« (Vasari, *Michelangelo*, S. 205–207.) In diesen Ausführungen Vasaris wird zweierlei deutlich: Zum einen, daß die im GEDÄCHTNIS des Künstlers gespeicherten Bilder letztendlich als Selektions- und Kombinationsreservoir fungieren, wobei dem Urteilsvermögen die Aufgabe zufällt, jeweils angemessene Partien so auszuwählen, daß ein Werk mit →DISEGNO entstehen kann. Andererseits wird das ganz aus der **memoria** geschaffene Werk Michelangelos hier zu einem Bravourstück in Sachen Stil, das die große Kunstfertigkeit von Vasaris künstlerischem Vorbild unter Beweis stellen soll. Aufgrund seiner umfassenden Kenntnisse wäre es Michelangelo leichtgefallen, eine vollkommene Figur zu gestalten; indem er aber unter Anstrengung und im Widerspruch zu seinem eigentlichen Wissen und zu seiner Gewohnheit ein authentisches, völlig stilloses Bild reproduziert habe, sei er über seine eigenen Grenzen hinausgegangen.

Eine ganz andere Dimension erhält der Begriff **memoria** in seiner spezifischen Bedeutung als ›ANDENKEN‹ an Personen oder Taten, die für erinnerungswürdig erachtet werden. Dies geschieht zum einen durch die Vermittlung von Literatur wie Castigliones *Libro del cortegiano*, in dem der Autor in der vorangestellten Widmung seine Intention offen darlegt: »Da der Duft der Tugenden des Herzogs Guido und die Zufriedenheit, die ich in jenen Jahren in der liebenswerten Gesellschaft solch hervorragender, damals am Hof von Urbino versammelter Leute erfahren habe, in meinem Geist noch so gegenwärtig waren, wurde ich von dieser ERINNERUNG dazu angeregt, die Bücher des Cortegiano zu schreiben.« (Castiglione, *Libro del cortegiano*, Widmung an Don Michel de Silva, I.) Bemerkenswert ist in diesem Zusammenhang der nur wenig später folgende Vergleich Castigliones zwischen seinem literarischen Werk und einem gemalten Bildnis, der die Funktion beider Gattungen hinsichtlich ihrer **memoria** deutlich hervortreten läßt: »Und weil Ihr weder die Frau Herzogin noch die anderen, die nunmehr verstorben sind [...] zu ihren Lebzeiten kanntet [...], schicke ich Euch dieses Buch wie ein gemaltes Porträt vom Hof Urbinos.« (Castiglione, *Libro del cortegiano*, Widmung an Don Michel de Silva, I.) Indem Castiglione den Protagonisten seiner fiktiven Hofgespräche ein literarisches Denkmal setzt (und im übrigen auch sich selbst), nobilitiert er diese gleichsam zu erinnerungswürdigen Personen, deren →RUHM auch künftigen Generationen gegenwärtig bleiben soll. In diesem Sinne sind auch Vasaris *Vite* als eine Form von **memoria** zu verstehen.

Des weiteren sind Werke der bildenden Kunst, Grabmonumente und vor allem Bildnisse, besonders geeignet, Abwesendes zu vergegenwärtigen, sprich **memoria** zu transportieren. Welchen hohen Stellenwert die Porträtkunst hinsichtlich eines Memento einnimmt, läßt sich schon an den Worten Albertis ablesen, der am Ende seines Malereitraktats die Bitte formuliert, sein Bildnis – quasi als Dank für die von ihm erbrachten Anstrengungen beim Abfassen dieser Schrift – in die zu malenden *istorie* aufzunehmen: »Das ist es, was ich über die Malerei in dieser Abhandlung vorbringen wollte. Sollte es in seiner Art den Malern Hilfe und Nutzen verschaffen, so fordere ich als Lohn für meine Mühen in erster Linie, sie möchten mein Antlitz in ihren Vorgängen [*istoriae*] wiedergeben, um so der Nachwelt kundzutun, daß sie sich meiner Wohltat bewußt und dafür dankbar sind und daß ich ein wahrer Diener der Kunst gewesen bin.« (Alberti, Ed. Bätschmann, S. 313.) Auch Vasari ist sich des hohen Stellenwerts von Bildnissen bewußt, ist er doch in der zweiten Ausgabe seiner *Vite* von 1568 darum bemüht, das Porträt eines jeden Künstlers der jeweiligen Vita als Holzschnitt voranzustellen, so daß der Leser nicht nur durch die Schrift, sondern auch visuell mit der Persönlichkeit seiner Protagonisten konfrontiert wird. So muß er sich in der Vita Correggios dafür entschuldigen, daß es ihm nicht gelungen sei, ein Bildnis des Künstlers aufzutreiben (Vasari, *Giorgione, Correggio, Palma il Vecchio und Lorenzo Lotto*, S. 44).

Ähnlich wie die Werke von Dichtern selbst zum Memento ihrer geistigen Erzeuger werden, fungieren Gebäude, Skulpturen und Gemälde als ›Erinnerungsstücke‹ an ihre Schöpfer. Diesem Verständnis von **memoria** verleiht auch Vasari Ausdruck, wenn er in der Vita des Groteskenmalers Morto da Feltre erwähnt, daß dieser aufgrund seines Bestrebens, sich einen Namen im Soldatenwesen zu machen, Verpflichtungen als Condottiere einging, obwohl er von diesem Beruf eigentlich nichts verstand. Vasari bemerkt, daß Morto ohne den gewünschten militärischen Erfolg im Alter von 45 Jahren verstarb: »[...] im Ruhm aber wird er niemals tot sein, denn diejenigen, die in den handwerklichen Künsten Werke von Ewigkeit erschaffen und durch diese eine ERINNERUNG nach dem Tod hinterlassen haben, werden niemals den Untergang ihrer Mühen erleben.« (Bettarini/Barocchi, *Vite*, Bd. IV, S. 520.) Auch in der Vita Leonardos kommt dieses Verständnis von **memoria** zum Tragen, wenn Vasari von dem angeblichen Verlangen der Sammler und der Stadt Florenz berichtet, ein Werk des berühmten Künstlers als ERINNERUNGSSTÜCK zu erhalten (Vasari, *Leonardo*, S. 40–41). *SF*

Bibl.: Prinz 1966; Yates 1966; M. Kemp 1977; Böhm 1985; Gentili/Morel/Cieri Via 1989–1993; Pardo 1991; Fuhrmann 1995; Carruthers 1998; Woods-Marsden 1998, S. 149–154; Siegmund 2001; Pfisterer 2002.

GEDULD auch: SORGFALT

Ital.: **pazienza**

Verwandte Begriffe: →SORGFALT, →TUGEND

Dieser Begriff, der nicht unbedingt zum kunsttheoretischen Vokabular gehört, vielmehr einer moralisierenden Terminologie entstammt, wird in den Schriften des 15. und 16. Jahrhunderts gelegentlich im Zusammenhang mit dem Zeitfaktor der praktischen Ausführung von Kunstwerken genannt. So kritisiert Alberti all jene Maler, die sich aus Bequemlichkeit lieber der Nachahmung von Werken anderer Meister hingeben, als lebendige Dinge abzubilden, und legt diesen aus didaktischen Gründen nahe, sich doch wenigstens ein dreidimensionales Werk zum Vorbild zu nehmen: »Fühlt sich trotzdem jemand dazu eingeladen, die Werke anderer nachzuahmen (weil Kunstwerke sich GEDULDIGER als lebende Wesen dem Blick darböten), so lautet meine Empfehlung folgendermaßen: Man möge sich eher eine mittelmäßige Skulptur als etwas hervorragend Gemaltes als Modell nehmen.« (Alberti, Ed. Bätschmann, S. 303.)

In den *Vite* ist der Begriff **pazienza** häufig ambivalent zu verstehen, denn einerseits ist GEDULD eine moralische Tugend, andererseits aber widerspricht die sorgfältig detaillierte Ausführung eines Werks – wofür natürlich Zeit und GEDULD die unabdingbaren Voraussetzungen sind – der von den Zeitgenossen Vasaris so geschätzten →SCHNELLIGKEIT (*prontezza*), der zügigen, mit einer gewissen Spontaneität verbundenen Arbeitsweise. So ist es denn eher als Kritik zu verstehen, wenn Vasari Leonardos aufwendige Malweise mit den folgenden Worten kommentiert: »[...] daß einem der Kopf bei dem Gedanken schwirrt, wie ein Mensch solche GEDULD [beim Malen] aufbringen kann.« (Vasari, *Leonardo*, S. 23.) In dieser Art von Kritik spielt aber auch unterschwellig eine gewisse insgeheim empfundene Bewunderung für Leonardo und seine unbeirrbare Ausdauer mit, die scheinbar keine zeitlichen Grenzen kennt. (→ SORGFALT)

Diese zwiespältige Beurteilung von **pazienza** schlägt sich auch in den von Vasari gestalteten Personifikationen nieder. Jenes 1552 entstandene Gemälde für Bischof Bernardetto Minerbetti (Florenz, Galleria Palatina) zeigt **Pazienza** in einem schmucklosen leichten Gewand, weder Armut noch Reichtum zur Schau stellend. Wie aus den Auftragsdokumenten Minerbettis hervorgeht, ist **Pazienza** an eine Sanduhr gekettet, wodurch die gegenseitige Abhängigkeit von GEDULD und Zeit auf höchst anschauliche Weise verdeutlicht wird. In einer früheren Version der Personifikation, die Vasari als Deckenfresko für das Refektorium des Klosters Monteoliveto in Neapel malte (1544–45), ist **Pazienza** als sitzende Frau dargestellt, auf deren Schultern ein schweres Joch lastet – Sinnbild für das geduldige Ertragen aller physischen und psychischen Qualen. Dieses Motiv findet sich später auch in Ripas Illustration der **Pazienza** wieder. (Cesare Ripa, *Iconologia,* 1603). *SF*

Bibl.: Kat. Vasari 1981, S. 131–133; Rubin 1995; Vignau-Wilberg 2001; Pierguidi 2007.

GÖTTLICH

Ital.: **divino**

Verwandte Begriffe: → ANMUT, → PERFEKTION

In der Literatur bereiteten Dante und Petrarca mit der Glorifizierung ihrer weiblichen Protagonistinnen Beatrice und Laura die Idee einer Vergöttlichung zeitgenössischer Personen vor. Im 16. Jahrhundert begann man, herausragende Vertreter einer kreativen Elite – vor allem Dichter, Musiker und bildende Künstler – mit dem Attribut des Göttlichen zu versehen. Implizit ist die Auszeichnung GÖTTLICH also Teil des Geniebegriffs, der als solcher zwar erst im 18. Jahrhundert im Zuge der Romantik voll ausgebildet wird, in der höfischen Kultur der Renaissance mit ihrer angestrebten Vervollkommnung aller Lebensbereiche allerdings in einigen Aspekten bereits vorgeprägt wird.

Vasari bezeichnet mit dem Begriffsfeld um **divino** das Herausstechen weniger Persönlichkeiten aus der breiten Masse der Menschen, die durch ihre Erhebung Gott näher zu stehen scheinen als andere. Hiermit wird der Vorstellung Ausdruck verliehen, daß zwar alle Menschen von Gott abstammen, aber lediglich unzureichende Abbilder desselben darstellen. Die Zuteilung außergewöhnlicher Gaben wird dementsprechend als Bevorzugung einzelner Geschöpfe gewertet. Eng verbunden mit diesem Konzept von göttlichem Menschentum ist die Vollkommenheit bestimmter Aspekte: vollendete körperliche oder seelische →

SCHÖNHEIT, der Besitz einer begnadeten Singstimme oder auch die künstlerische Perfektion. Die Aufnahme der bildenden Künstler in den Reigen der Gottbegnadeten ist im wesentlichen das Verdienst der Kunstgeschichtsschreibung der Renaissance. Erstmals verlieh Ariost in seinem *Orlando furioso* (nur in der dritten Ausgabe von 1532; erste Ausgabe 1516) mit Michelangelo einem Künstler das Attribut GÖTTLICH, wobei dessen Name solche Assoziationen bereits nahelegte: Michel*angelo*. Vasari setzt den Begriff in Leonardos Vita bereits achtmal ein, wobei er ihn auch auf das Kunstwerk selbst ausdehnt (Vasari, *Leonardo*, S. 17–48). Diese gezielte Verklärung einer Künstlerpersönlichkeit geschieht im Hinblick auf eine angestrebte neue Wahrnehmungsweise ihres Status. Die Bezeichnung eines Künstlers als GÖTTLICH kann bei Vasari als Teil einer aktiven Mythenbildung verstanden werden, die den entsprechenden Künstler bereits zu Lebzeiten auf das Niveau enggefaßter elitärer Kreise hebt. Zudem sind sie in seinem fortschrittsorientierten Geschichtsbild die Repräsentanten der höchsten Stufe künstlerischer Perfektion und dementsprechend verehrungswürdig. *VL*

Bibl.: Kris/Kurz 1995 (1934).

IDEE auch: VORSTELLUNG, VORSTELLUNGSKRAFT

Ital.: **idea**

Verwandte Begriffe: → PERFEKTION, → VERSTAND, → VORSTELLUNG

Im Griechischen ursprünglich ›Erscheinung‹ bedeutend, geht der Begriff auf die Philosophie Platons und dessen Vorstellung von einer der Natur übergeordneten Ideenwelt zurück. Die IDEEN gelten ihm als unveränderliche Urbilder, die im Gegensatz zur irdischen ›Erscheinungswelt‹ vollkommen sind (→ PERFEKTION), wobei der menschliche Geist dank seiner Fähigkeit zu Reflektion und Vorstellung in der Lage ist, diese absoluten Modelle zu erkennen. Eine Verbindung zum kreativen Prozeß künstlerischen Schaffens liegt nahe, da sich auch der Künstler im Spannungsfeld von detailgetreuer Naturnachahmung und ›idealer‹ bzw. aus seiner Vorstellung heraus gestalteter Werke bewegt. Allerdings spielt der Künstler in der platonischen Philosophie keine Rolle, da diese im eigentlichen Sinn kunstfremd ist und im Kunstprodukt ebenfalls nur ein unzureichendes Abbild der IDEEN erkennt.

Bedeutend für die Kunsttheorie ist vor allem die Konzeption des Platon-Schülers Aristoteles, der das dualistische System von IDEEN- und Erscheinungswelt durch das Wechselverhältnis von ›Form‹ und ›Materie‹ bzw. ›Akt‹ und ›Potenz‹ ersetzt. Ein Werk der Natur oder der Kunst entsteht demnach nicht durch das Nachbilden einer IDEE, sondern durch das Eingehen einer Form (›Akt‹) in einen Stoff (›Materie‹), wobei die Materie jede in ihr angelegte potentielle Form anzunehmen vermag (›Potenz‹). Die besondere Rolle des Künstlers sieht Aristoteles in dessen Fähigkeit, eine bestimmte Form zu ersinnen, bevor er sie aktiv aus der Materie herausgestaltet; so ist beispielsweise die Statue zuerst im Geist des Bildhauers, bevor sie aus dem Steinblock herausgelöst wird.

Seit Alberti läßt sich der Einfluß dieser philosophischen Grundgedanken auf die italienische Kunsttheorie beobachten, doch gestaltet sich dieser Einfluß verhalten. Die Hauptproblematik bestand auf der einen Seite in dem Wunsch nach einer theoretischen Untermauerung der Künste, die sich im Hinblick auf eine Neubewertung der Hierarchie von künstlerischer Praxis (→ ERFAHRUNG) und den intellektuellen Anforderungen des Kunstschaffens mit den Bedingungen der geistigen Konzeption auseinanderzusetzen hatte, von wo der Schritt zu philosophischen Vorstellungen nahelag. Auf der anderen Seite konkurrierte mit dieser ›Intellektualisierung‹ der Künste die weiterhin starke Verhaftung des Künstlers mit dem Naturbild (auch bei Vasari noch von höchstem Stellenwert), das er detailgetreu abzubilden trachtete. Der IDEE-Begriff, der in seiner ursprünglichen Bedeutung etwas von der Natur Abgelöstes meinte, geht daher nur mit Verzögerung in den Sprachgebrauch der Künstler und Kunsttheoretiker ein. Ein frühes und bezeichnendes Beispiel bietet Alberti, der jene Maler scharf verurteilt, die glauben, ohne ein sorgfältiges Naturstudium auskommen zu können: »In der Tat, sie lernen nicht richtig zu malen, sondern gewöhnen sich an Irrtümer. In ihrer Unkenntnis verfehlen sie nämlich jene IDEE der Schönheit, welche selbst die Kenntnisreichsten kaum deutlich zu unterscheiden vermögen.« (Alberti, Ed. Bätschmann, S. 301.) Ein inhärenter Widerspruch tut sich auf, wenn Alberti mit platonischer Terminologie (»**idea** delle bellezze«), die ja etwas über der Wirklichkeit Angeordnetes bezeichnet, den Künstler zu größerem Naturstudium anhält. Der Schritt, sich von »der Wirklichkeit zu emanzipieren« (Panofsky 1960 (1924), S. 32), wird dem Künstler hier noch nicht zugestanden. Während bei Leonardo der Begriff nicht vorkommt, verwendet Raffael ihn ein einziges Mal in seinem aus diesem Grund so wichtigen Brief an Baldassare Castiglione: »Um eine schöne Frau zu malen, müßte ich mehrere schöne Frauen sehen [...], aber da es so wenig schöne Frauen und gültige Richter gibt, so bediene ich mich einer gewissen IDEE, die mir in den Sinn kommt.« (Zitiert nach Panofsky 1960 (1924), S. 32.) Der Maler gibt hier der Überzeugung Ausdruck, daß vollkommene (weibliche) Schönheit nur in der Vorstellung möglich ist und deshalb nicht als Abbild der Realität gestaltet werden kann.

Auch Michelangelo mied die Bezeichnung **idea** in seinen Gedichten und prosaischen Schriften und verwendete statt dessen das inhaltlich sehr nahestehende *concetto* (→VORSTELLUNG). Die Eröffnungsverse seines berühmten Gedichts »Non ha l'ottimo artista alcun concetto / c'un marmo solo in sè non circonscriva / col suo superchio« – »Es hat der beste Künstler keine Konzeption, die ein Marmorblock allein mit seinem Überschuß nicht schon in sich schließt« sprechen den künstlerischen Schaffensprozeß explizit im Sinne des aristotelischen Formprinzips an (siehe dazu: Benedetto Varchi, *Lezzione sopra un sonetto di Michelangelo* (1547), in: Barocchi, *Scritti*, Bd. II, S. 1322 ff.). Andere Äußerungen Michelangelos lassen dagegen ganz deutlich auf ein philosophisches Verständnis im Sinne des Neuplatonismus schließen, der im ausgehenden Quattrocento und frühen Cinquecento ein wesentliches Element der italienischen Kultur darstellte. Eine derartige Verquickung der platonischen IDEE im

Sinne eines Idealbildes mit dem aristotelischen Formprinzip ist offenbar typisch für die komplexe Diskussion um das Verhältnis von geistiger Konzeption und Realisierung des (Kunst-)Werks. So nennt auch der Florentiner Gelehrte Benedetto Varchi in seinem berühmten Vortrag über besagtes Gedicht die Begriffe **idea**, ›forma‹ und ›concetto‹ in einem Atemzug, als er eine Definition des geistigen Schöpfungsaktes eines Kunstwerks versucht: »Und der erste Anfang, oder wollen wir sagen: die bewirkende Ursache aller Dinge, die gesagt und gemacht werden, ist somit jene Art oder Form oder Bildvorstellung oder Aussehen oder IDEE oder Muster oder Vorlage oder Ebenbild oder Vorhaben oder Konzeption oder Modell oder – wie man auf andere Weise sagen könnte oder müßte – wie das Bild oder Phantasiebild wäre, das in der Phantasiefähigkeit, oder wollen wir sagen, in der imaginierenden Macht dessen liegt, der sie [die Phantasiebilder] entweder machen oder sagen will.« (Benedetto Varchi, *Lezzione sopra un sonetto di Michelangelo* (1547), in: Barocchi, *Scritti*, Bd. II, S. 1330.)

Bei Vasari findet sich eine Kopplung des **Idea**-Begriffs mit jenem des → DISEGNO, der vor allem ein intellektuelles Konzept umschreibt: »*Disegno* ist der Vater unserer drei Künste Architektur, Bildhauerei und Malerei, der aus dem Geist hervorgeht und aus vielen Dingen ein Allgemeinurteil schöpft, gleich einer Form oder IDEE aller Dinge der Natur, die in ihren Maßen einzigartig ist. So kommt es, daß *disegno* nicht nur in den menschlichen und tierischen Körpern, sondern auch in Pflanzen, Gebäuden, Skulpturen und Gemälden das Maßverhältnis des Ganzen zu den Teilen, der Teile zueinander und der Teile zum Ganzen erkennt. Und da aus dieser Erkenntnis eine gewisse Vorstellung und ein Urteil entsteht, das im Geist die später mit der Hand gestaltete und dann Zeichnung genannte Sache formt, so darf man schließen, daß *disegno* nichts anderes sei als eine anschauliche Gestaltung und Darlegung jener Vorstellung, die man im Sinn hat, von der man sich im Geist ein Bild macht und sie in der Idee hervorbringt.« (Vasari, *Einführung in die Künste*, S. 98.) Vasari erkennt in der IDEE oder Form offenbar nicht mehr etwas Transzendentes bzw. dem Künstler Eingegebenes, sondern vielmehr ein Produkt seiner Vorstellungs- und Urteilskraft. Die IDEE ist hier eng verbunden mit der Beobachtung der Wirklichkeit, durch die sie geformt wird, allerdings aus jener auswählend und die ausgewählten Teile zu einem neuen, idealisierten Ganzen zusammensetzend. Mit dieser Umdeutung des Ideenbegriffs geht auch eine neue Art der Wortverwendung einher: **Idea** bezeichnet nicht mehr allein den künstlerischen Vorstellungsinhalt, sondern meint nun auch das künstlerische Vorstellungsvermögen an sich. *VL*

Bibl.: Panofsky 1960 (1924); M. Kemp 1997; Flemming 2003.

KOLORIT auch: FARBGEBUNG, FARBE

Ital.: **colorito, colore**

Verwandte Begriffe: → DISEGNO (Antonym), → [FARB-]FLECK

Für eine Darstellung von größtmöglicher Plastizität und Naturtreue ist das KOLORIT, das Zusammenspiel der Farben, von ausschlaggebender Bedeutung. Dessen war sich schon Leon Battista Alberti bewußt, als er 1436 in seinem Malereitraktat neben dem Entwurf und der Komposition die FARBGEBUNG als eine wesentliche Komponente der Malerei definierte: »Meine Forderung lautet demnach: Eine Komposition hat gut gezeichnet und bezüglich der FARBGEBUNG hervorragend ausgeführt zu sein.« (Alberti, Ed. Bätschmann, S. 283.) Durch die Reihenfolge dieser Aufzählung, die den künstlerischen Prozeß des Malens widerspiegelt, legte Alberti implizit eine Rangfolge fest, die Vasari später für seine Zwecke adaptierte. So schreibt er der FARBGEBUNG insofern eine inferiore Rolle zu, als diese letztlich nur dazu dient, den als höherwertig erachteten geistigen Entwurf (→ DISEGNO) mit Vollendung zu krönen. In seiner Einführung zur Malerei gibt Vasari ein sprechendes Beispiel davon, wie ein völlig unangemessenes KOLORIT in seinen Augen selbst den besten Entwurf verderben kann: Wenn nämlich die Farben so grell und bunt aufgetragen werden, daß Figuren eher mit der Farbe als mit dem Pinsel gemalt zu sein scheinen, insbesondere weil dieser sie mittels Aufhellung und Verschattung plastisch und natürlich erscheinen läßt (Vasari, *Einführung in die Künste*, S. 110). Die Vorstellung von einer Konkurrenz zwischen den beiden Polen →DISEGNO und KOLORIT mündet in die Erkenntnis, daß vollkommene Kunstwerke in letzter Konsequenz nur dann entstehen, wenn beide sich wechselseitig ergänzen und somit zu einer harmonischen Einheit verschmelzen.

Doch weiß Vasari auch, daß Begabungen von Künstlern gegensätzlicher Art sein können und bei einem Maler nur selten beides zu gleichen Teilen ausgeprägt ist, sprich daß es Künstler gibt, die über einen wundervollen →DISEGNO verfügen, aber in der Farbgebung Mängel aufweisen oder umgekehrt. Diese Diskrepanz resultiere aus den unterschiedlichen Geschmacksvorstellungen (siehe auch →URTEILSKRAFT), die – so Vasaris Erkenntnis – von einer Region zur anderen differieren können. Hatte Vasari in Bezug auf die Kulturlandschaft der Toskana den →DISEGNO als ›Vater der drei Künste‹ für den künstlerischen Schaffensprozeß als maßgebend postuliert, so galt ihm die FARBGEBUNG als bedeutendste Komponente der venezianischen Malerei: »Dieses Werk führte Girolamo da Treviso in FARBE und nicht in *chiaroscuro* aus, weil man in Venedig die Technik der FARBGEBUNG mehr als alles andere schätzt.« (Vasari, *Vita di Girolamo da Treviso,* Bettarini/Barocchi, *Vite,* Bd. IV, S. 448.)

Die Ambiguität des Begriffs KOLORIT als einer Notwendigkeit für Malerei in höchster Perfektion tritt dann offen zutage, wenn es um die Wertigkeit jenes Konzepts geht. Da → DISEGNO einer mentalen Disposition gleichkam und deshalb mit ›Ratio‹ und mit Männlichkeit assoziiert wurde, galt in der tosko-römischen Kunsttheorie der bloße Einsatz von FARBEN ohne zeichnerischen Entwurf als eine künstlerische Technik, die auf eine hohe sensuelle Wirkung bedacht war. Nicht selten verknüpfte man mit dem Auftrag der Farbpigmente sogar die Vorstellung von einer trügerischen Schminke und von bloßer Scheinhaftigkeit. FARBE, die als weiblich und lasziv angesehen wurde, nahm deshalb gegenüber dem →DISEGNO einen untergeordneten Rang ein. Diese Einschätzung läßt sich im Rahmen der zeitgenössischen *ut pictura poesis*-Diskussion unter anderem möglicherweise aus einer Textstelle in der *Poetik* des Aristoteles ableiten. Die verschiedenen Formen von Mimesis diskutierend, räumt dieser der Nachahmung von Handlung eine Vorrangstellung gegenüber der Nachahmung von Charakteren ein, worin er eine Analogie zur Kunst der Malerei sieht: »Das Fundament und gewissermaßen die Seele der Tragödie ist also der Mythos [das heißt die Nachahmung von Handlung]. An zweiter Stelle stehen die Charaktere. Ähnlich verhält es sich ja auch bei der Malerei. Denn wenn jemand blindlings FARBEN aufträgt, und seien sie noch so schön, dann vermag er nicht ebenso zu gefallen, wie wenn er eine klare Umrißzeichnung [das heißt DISEGNO] herstellt.« (Aristoteles, *Poetik*, hg. von Manfred Fuhrmann, S. 23.) *SF*

Bibl.: Poirier 1976; Puttfarken 1991; Hall 1992; Gage 1997; Wagner 2001; Gage 2006; Krieger 2006.

LÄSSIGKEIT

Ital.: **sprezzatura**

Verwandte Begriffe: →ANMUT, →[KÜNSTLERISCHE] FREIHEIT, →LEICHTIGKEIT, →LIEBREIZ

Abgeleitet von dem negativ konnotierten Verb *sprezzare* (verachten, vernachlässigen), handelt es sich bei der substantivierten Form **sprezzatura** um einen Neologismus Baldassare Castigliones, den dieser in seinem *Libro del cortegiano* (gedruckt 1528) prägte und der eine scheinbare elegante LÄSSIGKEIT bezeichnet, die alle Mühe und Anstrengung des Handelns verbirgt. (Besser trifft den Wortsinn das französische *nonchalance*.) LÄSSIGKEIT ist laut Castiglione die »regula universalissima«, die es ermöglicht, die vorrangigste Qualität des vollendeten Hofmanns zu erlangen, nämlich →ANMUT: »Schon des öfteren habe ich mir überlegt, woraus diese Anmut eigentlich entspringt und habe – ausgenommen jene, die sie durch die Gunst der Sterne besitzen – eine allgemeingültige Regel gefunden [...]; so pflege man, um vielleicht ein neues Wort zu verwenden, in allem eine gewisse LÄSSIGKEIT, die die Kunstfertigkeit verbirgt und zeigt, daß man alles, was man tut oder sagt, ohne Mühe und gleichsam ohne nachzudenken hervorbringt. Besonders daher leitet sich, wie ich glaube, die Anmut ab.« (Castiglione, *Libro del cortegiano*, I, 26.) Offensichtlich formuliert Castiglione bei der Definition des Begriffs ein Paradox: LÄSSIGKEIT ist die Technik, den Anschein hervorzurufen, daß etwas, das in Wahrheit höchster Anstrengung und mühsamer Vorbereitung bedarf, ohne Anstrengung und Anzeichen von Mühe ausgeführt wird. Vasari nimmt die Bedeutung von **sprezzatura** in seine *Vite* auf, ohne den Ausdruck selbst zu verwenden: Er lebt weiter in dem häufig eingesetzten diametralen Begriffspaar → LEICHTIGKEIT versus → SCHWIERIGKEIT und in seinem Konzept der → [KÜNSTLERISCHEN] FREIHEIT, die es den Künstlern der *maniera moderna* erlaubt, ihren Werken den Anschein von Mühelosigkeit und damit Anmut zu verleihen. *VL*

Bibl.: Louden 1968; Sohm 1985; Gampp 2000.

LEBENDIGKEIT
Ital.: **vivacità, vivezza**
Verwandte Begriffe: → NATURTREUE

Gemeinsam mit der adjektivischen Form *vivo*, aber auch *vero* und *il vero* (das Wahre, Wirkliche) gehören **vivezza** und **vivacità** zum Standardvokabular der Kunsttheorie der Renaissance. Vorbereitet durch Plinius und seine Berichte von augentäuschender Malerei (*Naturalis historiae*, XXXV, 23–79) gilt auch in der Renaissance die vollkommene Darstellung der Natur bis hin zur perfekten Illusion als das absolute Ziel der Kunst und damit die Bewertung eines Werks als ›lebendig‹, ›wirklich‹, ›wie im Leben‹ als höchste Auszeichnung: »[...] dieser Holzschnitt [Dürers] stellt mit einer unvergleichlichen Liebe zum Detail das Wahre und LEBENDIGE der Natur in einer Weise dar, daß seine Werke nicht gezeichnet, sondern gemalt scheinen; und nicht nur gemalt als vielmehr LEBENDIG.« (Lodovico Dolce, *Trattato della pittura*, in: Barocchi, *Trattati*, Bd. I, S. 166.) Häufig werden **viva-**

cità und die verwandten Termini mit technischen Neuerungen in Verbindung gebracht, die eine realistischere Darstellung ermöglichen (zum Beispiel in den Bereichen Farbe, Licht- und Schattenspiel, Mimik oder Wiedergabe des menschlichen Körpers). Vasari macht gemäß seiner Vorstellung von einer Entwicklung der Künste vor allem in Bezug auf die Vertreter der *maniera moderna* häufig Gebrauch von diesem Begriffskanon, den er oftmals metaphorisch verstärkt: »[...] den er so LEBHAFT und in einer Weise farbig ausführte, daß er aus Fleisch und Blut zu sein scheint« (Vasari, *Giorgione, Correggio, Palma il Vecchio und Lorenzo Lotto*, S. 19); oder: »Und wer genau auf die Grube an ihrem Hals achtete, der konnte den Puls schlagen sehen.« (Vasari, *Leonardo*, S. 37.) Bezeichnend für das Selbstverständnis Vasaris ist die Feststellung, daß die Kunst sogar LEBENDIGER als die Natur zu wirken vermag: »[...] so daß dies alles lebendiger schien als im Leben« (Vasari, *Leonardo*, S. 25.)

Ebenfalls zur Verwendung kommt das Wortfeld um **vivacità** in der Frage nach der Wertigkeit von Malerei und Skulptur (*paragone*) und ihrem jeweiligen Potential in der Naturdarstellung: »Es scheint mir richtig, daß sowohl die eine wie die andere [Malerei und Skulptur] eine kunstfertige Imitation der Natur sei. Aber ich weiß nicht, wie ihr sagen könnt, daß das Wahre und das der Natur eigene nicht besser durch eine Marmor- oder Bronzefigur nachgebildet wird, an der man – wie auch *in natura* – rund gebildete Gliedmaßen hat, als in einem Tafelbild, auf dem man nichts anderes als die Oberfläche sieht und Farben, die die Augen täuschen [...] Und sei es, daß die Statuen genauso gerundet sind wie im Leben und man die Malerei nur als Oberfläche betrachtet, so fehlt den Statuen doch vieles, woran der Malerei nicht mangelt, vor allem die Lichter und die Schatten.« (Castiglione, *Libro del cortegiano*, I,50/51.) *VL*

Bibl.: LeMollé 1988, S. 99–154; Lehmann 2002; Fehrenbach 2003; Fehrenbach 2005.

LEICHTIGKEIT
Ital.: **facilità**
Verwandte Begriffe: →ANMUT, →[KÜNSTLERISCHE] FREIHEIT, →LÄSSIGKEIT, →PRAXIS, →SCHNELLIGKEIT, →SCHWIERIGKEIT (Antonym)

In der Literatur, wo der Begriff als formales Merkmal eingeführt wurde, ist LEICHTIGKEIT Kennzeichen eines sicheren, flüssigen Stils. Im Bereich der Kunst gilt er als Topos für die schöpferische Spontaneität in Konzeption und Ausführung eines Kunstwerks, den Vasari in zahlreichen Viten anführt. Diese im Sinne von Mühelosigkeit zu verstehende LEICHTIGKEIT ist im fertiggestellten Werk formal an einer handwerklichen Umsetzung (→PRAXIS) abzulesen, die keine sichtbaren Spuren des Arbeitsprozesses hinterläßt und damit ein Beleg für die Befähigung des Künstlers ist, selbst schwierigste Kompositionen ohne Anstrengung zu bewältigen. Sie wird als Gabe der Natur verstanden, die nicht erlernbar ist und dem Konzept von →ANMUT nahesteht. Vasari spricht erst den Vertretern der *maniera moderna* – die von ihm postulierte höchste Stufe künstlerischer Vollendung – die Befähigung zur **facilità** (siehe auch →[KÜNSTLERISCHE] FREIHEIT) zu, die demnach Teil seiner stilistischen Entwicklungstheorie ist. Ergänzend führt Vasari den Begriff der →SCHNELLIGKEIT bzw. SPONTANEITÄT (*prontezza*) ein, die es den Künstlern der *maniera moderna* erlaubt, Werke, für die ihre Vorgänger Jahre benötigten, in kürzester Zeit fertigzustellen: »... daß man sie [die Malerei] heute zu solcher Vollendung gebracht hat und sie für diejenigen, welche *disegno*, Erfindungskraft und Farbgefühl besitzen, leicht zu vollbringen ist, so daß dort, wo früher von unseren Meistern eine Tafel in sechs Jahren gefertigt wurde, heutzutage sechs in einem Jahr gestaltet werden können.« (Siehe Vorrede des dritten Teils, siehe S. 118.)

Charakteristisch für das Konzept der künstlerischen Mühelosigkeit ist die antithetische Gegenüberstellung der Begriffe LEICHTIGKEIT und →SCHWIERIGKEIT (*difficoltà*), was zum einen eine stilistische Verstärkung, vor allem aber eine Hervorhebung der besonderen Kunstfertigkeit bewirkt, die eine schnelle und mühelose Ausführung ermöglicht: »So zeigte und lehrte er

[Correggio] uns seine Art, Haare zu malen, die er trotz der Schwierigkeit ihrer Wiedergabe mit großer LEICHTIGKEIT ausführte.« (Vasari, *Giorgione, Correggio, Palma il Vecchio und Lorenzo Lotto*, S. 47–48.) Die Verknüpfung der Begriffe →SCHWIERIGKEIT (*difficoltà*) und LEICHTIGKEIT findet sich auch bei Dolce, der sie als diametrale Konzepte mit den emblematischen Künstlerfiguren Michelangelo und Raffael gleichsetzt: »Und so wie Michelangelo in allen seinen Werken immer die Schwierigkeit gesucht hat, folgte Raffael dahingegen der LEICHTIGKEIT nach, die, wie ich schon sagte, schwierig zu erlangen ist. Und er hat sich diese auf eine Weise angeeignet, daß seine Werke ohne große Überlegung gemacht scheinen und, zum Zeichen größter Vollendung, weder ermüdend noch mühevoll errungen wirken.« (Ludovico Dolce, *Dialogo della pittura intitolato l'Aretino* (1557), in: Barocchi, *Scritti*, Bd. I, S. 830.) Dolce verwendet hier den Begriff der LEICHTIGKEIT in Anlehnung an Castigliones Konzept der →LÄSSIGKEIT. *VL*

Bibl.: Baxandall 1977 (1972), S. 151; Summers 1981, S. 177ff.

LIEBREIZ auch: ANMUT, LIEBLICHKEIT
Ital.: **leggiadria** bzw. **vaghezza**
Verwandte Begriffe: →ANMUT, →SCHÖNHEIT, →WEICHHEIT

In der Kunsttheorie werden die beiden italienischen Begriffe **leggiadria** und **vaghezza** seit dem 15. bzw. 16. Jahrhundert eingesetzt, wobei sie mit jenem der →ANMUT (*grazia*) eng verwandt bzw. synonym sind. Beide entstammen zudem einem Begriffsfeld zur Bezeichnung weiblicher Schönheit, das in Agnolo Firenzuolas *Dialogo delle bellezze delle donne* von 1542 (geschrieben am Hof Clemens VII.) erstmals theoretisch fixiert wird. Zu diesem Idealtypus einer Frau gehören die nicht klar faßbaren Qualitäten von *grazia*, **vaghezza** und **leggiadria**, für die die deutsche Sprache keine entsprechenden Übersetzungsvarianten parat hält.

Bezogen auf die Sphäre weiblicher Erscheinungsformen bemängelt Vasari in seiner Einleitung zur *maniera moderna*, daß der *maniera vecchia* jener gewisse LIEBREIZ fehle, »der es ermöglicht, alle Figuren agil und anmutig zu gestalten, vor allem jene von Frauen und Kindern, deren Glieder genauso naturgetreu wie die der Männer zu zeigen sind, allerdings umhüllt von jenen Rundungen und jener Weichheit, die sie nicht so plump wirken läßt wie in Wirklichkeit, sondern künstlerisch verfeinert durch *disegno* und Kennerschaft.« (Siehe Vorrede des dritten Teils, S. 111.) **Leggiadria** gilt hier als formale Qualität. Dieser Passus Vasaris ist jenem Leonardos sehr ähnlich, in dem er über die »grazia delle membra« schreibt: »Wenn du möchtest, daß eine Figur LIEBREIZ zeigt, mußt du ihre Glieder zart und entspannt gestalten, und auf die Angabe zu vieler Muskeln verzichtend, mache jene, die du dort zeigst, weich, mit wenig Hervorhebungen, ohne dunkle Schatten und – vor allem bei den Armen – mit lockeren Gliedmaßen.« (Leonardo, Ed. Richter, Bd. I, S. 344.) **Leggiadria** erscheint hier als Umschreibung eines stilistischen Effekts, den Leonardo mit seiner *sfumato*-Technik erreicht, in der alle Formen weich und ohne scharfe Konturen erscheinen.

Ebenso gehört der Begriff **vaghezza** im 16. Jahrhundert zum Konzept von weiblicher Schönheit; er ist jedoch häufig stärker mit den Adjektiven ›ungewöhnlich schön‹ und ›sehenswert‹ konnotiert. Im *Dialogo delle bellezze delle donne* leitet Firenzuola den Begriff etymologisch von dem Verb *vagare* ab, das ›umherziehen‹ oder ›wandern‹ bedeutet. So vagabundiere der menschliche Geist auf der Suche nach idealer Schönheit umher. Dieser Aspekt läßt sich auf die aristotelische Tradition zurückführen, wonach Frauen in Abgrenzung von dem als männlich definierten Verstand mit den Eigenschaften von Instabilität, Wankelmut und Unbeständigkeit assoziiert wurden. Diese noch in der Renaissance vertretene Auffassung vom typisch weiblichen Ungenügen transfomiert Firenzuola in eine lobenswerte positive Qualität: »LIEBREIZ ist also eine anziehende Schönheit, die aus sich heraus den Wunsch erzeugt, sie zu betrachten und zu genießen.« (Firenzuola, *Opere*, S. 384.) Als physische Attraktivität in hohem Maße auf die Sinne einwirkend, ist sie mit dem Verstand nicht zu fassen, weshalb **vaghezza** als

Gegenpol zu der vom männlichen Geschlecht beanspruchten ›Ratio‹ fungiert.

Und so wie ein beigefügtes Gewürz den Geschmack einer Speise zu intensivieren vermag, veredelt **vaghezza** das Werk eines Künstlers: »LIEBREIZ ist die Würze unserer Werke« (Paolo Pino, *Dialogo di pittura*, in: Barocchi, *Trattati,* Bd. I, S. 118). Dolce behauptet sogar in seinem Kommentar zu den Gemälden Parmigianinos, daß sich jeder, der diese betrachte, in sie verlieben würde, weil sie mit LIEBREIZ gestaltet seien (Lodovico Dolce, *Dialogo della pittura*, in: Barocchi, *Trattati*, Bd. I, S. 199). Alle diese Aussagen reflektieren gleichermaßen die hohe sensuelle Wirkung, die sowohl mit dem Material als auch mit der malerischen Erscheinung des Kunstwerks assoziiert wird. **Vaghezza** läßt sich nicht in Proportionen messen noch in Regeln zwängen, sondern ist dem zeitgenössischen Verständnis zufolge als ebenso irrational einzustufen wie das weibliche Geschlecht. Während ›Verstand‹ im wesentlichen mit →DISEGNO identifiziert wurde, weil Kenntnisse der Anatomie und der Proportionslehre als ebenso unentbehrlich galten wie eine bestimmte mentale Disposition für schöpferische Tätigkeit, implizierte **vaghezza**, im Unterschied zu →DISEGNO, die Vorstellung von Weiblichkeit, Instinkt und farbgestalterischen Qualitäten.

Vaghezza, aber auch andere Begriffe des feminin-sinnlichen Bereichs wie beispielsweise →WEICHHEIT (*morbidezza*) finden in den *Vite* Vasaris primär zur Charakterisierung von Werken der norditalienischen Kunstlandschaft Verwendung. Darüber hinaus werden auch Florentiner Künstler, die sich nach Vasaris Auffassung um eine besondere farbliche Malweise verdient gemacht haben (zum Beispiel Leonardo da Vinci), mit eben diesen Attributen versehen. Michelangelo, in dessen Person Vasaris Kunstgeschichtsschreibung gipfelt, bildet in dieser Hinsicht eine Ausnahme, weil er das männliche Prinzip schlechthin verkörpert: →DISEGNO und ›Ratio‹ werden ihm in höchstem Maß zuerkannt, so daß Begriffe wie LIEBREIZ oder →WEICHHEIT nicht zum Typisierungskanon seiner Person oder seiner Werke gehören. *SF*

Bibl.: Cropper 1976; Sohm 1995; Hope Goodchild 1999, S. 97–101 u. S. 104–108.

MASS auch: MASSVERHÄLTNIS, PROPORTION
Ital.: **misura**
Verwandte Begriffe: →ORDNUNG, →REGEL,
→URTEILSKRAFT

Misura bezeichnet als übergeordneter Begriff aller Mengeneinheiten den absoluten Bezugspunkt bei der Messung von Quantität. Im Sinne von PROPORTION bezeichnete man in der antiken Baulehre mit **mensura** das Verhältnis der Teile zum Ganzen: »Dennoch bedarf es neben der Ordnung einer Übereinstimmung der MASSVERHÄLTNISSE untereinander und ihrer Angleichung an das Ganze, so daß wir, zeigt man uns das MASS eines einzelnen Teils, auf die anderen rückschließen können.« (Vitruv, *De architectura*, I, 2., ital. Ed. von D. Barbaro, 1556) Wie einige andere zentrale Begriffe der italienischen Kunsttheorie (zum Beispiel *maniera* und *aria*) scheint auch **misura** (*mesura*) durch die Quattrocento-Terminologie für angemessenes Tanzen beeinflußt zu sein. Domenico da Piacenza, der um 1440/50 die früheste erhaltene Abhandlung über den Tanz verfaßte, unterscheidet ähnlich der fünf Kategorien der Rhetorik fünf Teile des Tanzes: ›**mesura**‹, ›memoria‹ (→GEDÄCHTNIS), ›maniera‹ (→STIL), ›**mesura** di terreno‹, ›aere‹ (→ERSCHEINUNG). **Misura** gilt ihm als die wichtigste und bezeichnet die rhythmische Qualität. Diese Terminologie des höfischen Tanzes überträgt Agnolo Galli, Sekretär Federigo da Montefeltros, in einem Sonett auf die Malerei des Hofmalers Pisanello: »Kunstfertigkeit, Maß, Grazie und *disegno*, Stil, Perspektive und Naturnähe gab ihm der Himmel als wunderbares Geschenk.« (Nach Baxandall 1971, S. 11. Siehe auch →STIL.)

Als formaler Bestandteil des Kunstwerks bezeichnet **misura** das stimmige Verhältnis der verschiedenen Elemente untereinander, seien dies Farben, Formen oder auch verschiedene Ebenen im Bild. In diesem Bedeutungsfeld ist der Terminus eng verwandt mit jenem der PROPORTION, so daß beide oft synomym eingesetzt werden (siehe →ORDNUNG als ästhetisches Ideal). So auch Vasari in seiner Definition von **misura**: »PROPORTION war von übergeordneter Bedeutung und galt gleichermaßen für die Architektur wie für die Bildhauerei. Sie dient dazu, die Körper der Figuren aufrecht und gerade und mit ebenmäßigen Gliedmaßen zu bilden; ebenso verhält es sich in der Malerei.« (Siehe Vorrede des dritten Teils, S. 109.) Das Abweichen von der mathematischen Norm birgt im Kanon von MASS, →REGEL und →ORDNUNG für Vasari die Möglichkeit zur Erreichung »der absoluten Vollendung« (Siehe Vorrede des dritten Teils, S. 110) Diese beruht im Fall von **misura** nicht im akkuraten Vermessen der Bildfiguren, sondern vielmehr im Augenmaß, das durch die rechte →URTEILSKRAFT bedingt wird: »In den Maßverhältnissen fehlte ihnen die rechte Urteilskraft, die es ermöglicht, den Figuren in ihrer jeweiligen Größe – ohne daß man sie hätte messen müssen – eine Grazie zu verleihen, die jedes MASS übersteigen würde.« (Siehe Vorrede des dritten Teils, S. 110.) Nichts anderes als ›giudizio dell'occhio‹, das Augenmaß, ist hier gemeint, das die (künstlerische) Freiheit von der rechnerischen Norm impliziert und für Vasari untrennbar mit der emblematischen Figur Michelangelos verbunden ist. In einem seiner Briefe zitiert er den florentinischen Künstler selbst: »Weshalb der große Michelangelo sagte, daß man die Zirkel in den Augen und nicht in der Hand haben müsse, sprich die Urteilskraft.« (Brief Vasaris an M. Bassi, 1570, in: Frey, Bd. II, S. 520.) *VL*

Bibl.: Gumbrecht 2001.

MELANCHOLIE auch: SCHWERMÜTIGKEIT

Ital.: **malinconia**

Verwandte Begriffe: →DUNKELHEIT

Von der Vorstellung ausgehend, daß die menschliche Gesundheit auf einer ausgewogenen Mischung der Körpersäfte basiert, formulierte die antike Medizin – Hippokrates und daran anschließend Galen – eine Temperamentenlehre, wonach die ›schwarze Galle‹ (*Melaina Chole*), die man mit einem warmen und trockenen Medium identifizierte, verantwortlich für die Ausbildung eines schwermütigen, antriebsschwachen Charakters war. Neben dem Typus des Sanguinikers (Blut), des Phlegmatikers (Schleim) und des Cholerikers (gelbe Galle) repräsentierte der Melancholiker einen der vier aus dem Gleichgewicht geratenen, zum Extrem und damit zum Pathologischen neigenden *humores.*

Die Einteilung in diese vier psychologischen Grundtypen wurde von der mittelalterlichen Physiologie übernommen. Während der Typus des Sanguinikers als das edelste Temperament galt, kam dem Melancholiker eine äußerst ambivalente Rolle zu: Einerseits galt die nach innen gerichtete Geistesverfassung im christlichen Kontext als die Entsprechung der mönchisch-asketischen Haltung. Die äußerliche Inaktivität des Melancholikers wurde jedoch im selben Maße mit negativer Wertigkeit besetzt, als sie mit der Vorstellung von Faulheit und Trägheit (lat. *acedia*) einherging.

Erst im 15. Jahrhundert, hauptsächlich unter dem Einfluß Cristoforo Landinos (*Camaldulensium disputationes libri quattuor*) und Marsilio Ficinos (*De vita triplici*), wurde der Melancholiebegriff allmählich nobilitiert. Die Aufwertung der *vita passiva* gegenüber der *vita activa* und das Bekenntnis zu Saturn als Schutzgott der Kontemplation, als Herrscher über die MELANCHOLIE (C. Landino, *Commento … sopra la commedia di Dante Alighieri*, Venedig 1520, S. 398), sowie die Berufung auf die aristotelische Feststellung, daß alle großen Männer der Philosophie, der Staatskunst und der Dichtung von klarem Verstand Melancholiker gewesen seien, ermöglichte ein positives Verständnis des Melancholiebegriffs: »Die MELANCHOLIKER, wie Aristoteles bestätigt, waren im Studium der Philosophie, im Regieren des Staates sowie im Dichten von Versen von klarem Geist; und Empedokles, Sokrates und Platon waren MELANCHOLIKER.« (Tasso, *Dialoghi*, Ed. Raimondi, Bd. II, S. 266.)

Unter einer bestimmten planetarischen Konstellation – dem Einfluß von Saturn, dem ›trockenen‹ und ›kalten‹ Planeten – erscheint die reine, unvermischte ›schwarze Galle‹ als notwendige Voraussetzung für außergewöhnliche geistige Leistungen, als Vorbedingung der Genialität. Diese besondere und in hohem Maße erstrebenswerte Art der MELANCHOLIE wird von Ficino ›candida bilis‹ (›weiße Galle‹) genannt – eine Bezeichnung, die etymologisch einer Form von Anomalie nahesteht. Die Ambiguität des Melancholiebegriffs – zwischen geistig überragenden Fähigkeiten eines göttlich inspirierten Individuums und einem manisch-depressiven Charakter mit einem Verhaltensspektrum, das von der Torheit als geringster Stufe der MELANCHOLIE über den Wahnsinn bis zur suizidalen Absicht reicht – wird besonders deutlich in folgenden Worten Ficinos: »In dem Maße, wie die schwarze oder vielmehr weiße Galle dieser Art erstrebt und gepflegt werden sollte, weil sie äußerst gut ist, sollte man jene dagegen meiden, weil sie, wie gesagt, ausgesprochen schädlich ist.« (Marsilio Ficino, *De vita triplici*, I, 6.)

So opportun das melancholische Temperament in seiner Ausprägung als Typus der *candida bilis* für Philosophen, Staatsmänner und Künstler erscheint, so wenig erstrebenswert ist die nach außen getragene SCHWERMÜTIGKEIT für einen Höfling, dessen vorrangige Aufgabe es ist, einen Fürsten zu beraten und zu unterhalten. Castigliones Mißbilligung gilt deshalb all jenen, die ihre und die Sorgen anderer zur Schau tragen und somit offensichtlich dem idealisierten Anspruch auf →ANMUT (*grazia*) und →LÄSSIGKEIT zuwiderhandeln: »Für einen Höfling schickt es sich nicht, in Anwesenheit des Fürsten widerwillig, MELANCHOLISCH oder so schweigsam wie viele derjenigen zu sein, die aussehen, als würden sie im Streit mit ihren Herren liegen, was eine wirklich abscheuliche Sache ist.« (Castiglione, *Libro del cortegiano*, II, 18.) Auf diese negative Einschätzung der MELANCHOLIE und auf die ebenfalls im 16. Jahrhundert weit verbreitete Vorstellung, der Melancholiker neige per se dazu, schrullige, bizarre Hirngespinste zu entwickeln, rekurriert Vasari sehr häufig, wenn er auf das melancholische Temperament eines Künstlers zu sprechen kommt. Um einer melancholischen Stimmung entgegenzuwirken, empfahlen bereits Platon und Aristoteles Musik als Therapie, die der Seele Harmonie und Rhythmus, dem Körper Anmut und Gesundheit verleihe. Es ist deshalb nicht verwunderlich, wenn Vasari in der Vita Leonardos vom Einsatz der Musik und des Gesangs in der Porträtkunst berichtet, mit dem der Künstler den melancholischen Ausdruck im

Angesicht der Dargestellten zu vertreiben suchte, der sich beim häufig stundenlangen Porträtsitzen einzustellen drohte (Vasari, *Leonardo*, S. 40). *SF*

Bibl.: Klibansky/Panofsky/Saxl 1990 (1964); Schleiner 1991; Hohl 1992; Schulte 1996; Sillem 2001; Gründler 2010.

NATUR

Ital.: **natura**

Verwandte Begriffe: →LEBENDIGKEIT, →NATURTREUE

Das Konzept von NATUR, das heißt der den Menschen sichtbar umgebenden Welt, ist seit jeher zentral für die Definition der Künste. Bereits in der Antike stellte man die Frage nach dem Verhältnis von Kunst und NATUR und dem Vorrang der einen vor der anderen. Der entscheidende und vielfach diskutierte Punkt in ihrer Beziehung ist die Nachahmung (gr. *mimesis,* lat. *imitatio*) als elementares Grundprinzip der Kunst, die in der Formulierung der ›ars simia **naturae**‹ prägnant gefaßt wurde. Mit dieser Gleichsetzung der nachahmenden Verhaltensweise des Affen mit den imitativen Fähigkeiten des Künstlers honorierten antike Autoren die Schöpfung perfekter Illusionen. Die sich selbst erschaffende NATUR (›**natura** naturans‹), die überdies auch das künstlerische *ingenium* (→VERSTAND) hervorbringt, wurde allerdings über die *ars*, die technische Befähigung zur Naturnachahmung, gestellt. Die damit verbundene Abwertung der in ihrem Grundverständnis imitativen Künste wurde am deutlichsten von Platon proklamiert, der in den Kunstprodukten (wie auch in allen anderen Elementen der sich dem Menschen visuell erschließenden Welt) nur unzureichende Abbilder der wahren und unveränderlichen, begrifflich als ›Ideen‹ (→IDEE) gefaßten Prototypen sah (zum Stellenwert der Malerei bei Platon siehe *Der Staat*, 595 A ff., in: Platon, *Sämtliche Dialoge*, Ed. Apelt, Bd. V, S. 388).

Im Mittelalter erfuhr das Konzept der ›ars simia **naturae**‹ eine negative Prägung, da das Kunstprodukt nun im platonischen Sinne ebenfalls nur als untergeordnetes Abbild des nachzuahmenden Objekts verstanden wurde. Diese pejorative Tendenz in der Bewertung der Künste schlug in Italien mit der Entdeckung der neuen malerischen Qualitäten Giottos in ihr Gegenteil um, so daß Filippo Villani in seiner *Florentinischen Geschichte* Giottos Schüler Stefano als »simia **naturae**« bezeichnen konnte und damit seiner Fähigkeit zu außergewöhnlich naturgetreuer Darstellung des menschlichen Körpers das höchste Lob aussprach (*Liber de origine civitatis Florentiae et eiusdem famosis civibus* [1381/2], zitiert nach: Baxandall 1971, S. 74). Bereits bei Alberti findet sich dann die Vorstellung des die NATUR vervollkommnenden Künstlers, der nach dem antiken Vorbild des Zeuxis (→ IDEE) von allem nur das Schönste auswählend ein Idealbild kreiert, das die NATUR selbst nicht hervorzubringen vermag: »Vielmehr war er [Zeuxis] der Meinung, daß er nicht imstande sei, alles, was er zur Darstellung des Liebreizes benötige, aus eigener Kraft sich vorzustellen – ja, daß das Gesuchte sich nicht einmal, mit Blick auf die NATUR, an einem einzigen Körper finden lasse.« (Alberti, Ed. Bätschmann, S. 301.) Andererseits stellt die NATUR für den Künstler und sein Werk einen unerschöpflichen Fundus und ein durch Talent und Erfahrung nicht zu ersetzendes Vorbild dar: »Damit freilich der Eifer nicht sinnlos und vergeblich sei, muß man sich vor jener Vorgehensweise hüten, die sich einige angeeignet haben. Diese wollen Ruhm und Erfolg, wie ihn die Malkunst verheißt, allein aus sich selbst erringen, ohne daß ihre Augen und ihr Sinn unmittelbar durch das natürliche Aussehen der betreffenden Sache geleitet würden.« (Alberti, Ed. Bätschmann, S. 301.) Benedetto Varchi löste die Frage nach Rang und Verhältnis von NATUR und Kunst bzw. NATUR und Künstler in einer paritätischen Abhängigkeit auf: »Man fragt sich, wem ein guter Künstler mehr verpflichtet sei: der NATUR oder der Kunst. Es scheint, daß Horaz diese Frage in seiner *Poetik* kurz und knapp gelöst hat, und zwar in dem Sinne, daß die eine ohne die andere nicht hervorragend sein kann und der ausgezeichnete Künstler deshalb auch beider bedarf.« (*Lezzione nella quale si disputa della maggioranza delle arti* … (1547), in: Barocchi, *Trattati*, Bd. 1, S. 30.)

Bei Vasari ist die Rolle der NATUR als Lehrmeisterin und Vorbild untrennbar mit seinem Konzept des →DISEGNO verbunden. Die von ihm propagierte Entwicklung der Kunst, die er im Sinne des antiken Topos der ›ars simia **naturae**‹ als ›Nachahmerin der Natur‹ bezeichnet, offenbart sich als eine Stilentwicklung, die mit dem Maßstab der qualitativen und stetig vorangetriebenen Annäherung an einen naturnahen *disegno* gemessen wird. Seine Definition des *disegno* in der Vorrede des dritten Teils der *Vite* liest sich folglich als Appell an die Naturtreue, allerdings mit dem Vorbehalt, daß der Künstler nach dem Auswahlprinzip und gemäß seinem Urteil nur das Schönste aus der NATUR zum Vorbild nimmt: »*Disegno* bedeutete das Nachbilden des Allerschönsten der NATUR in allen Figuren, sowohl der gemeißelten wie der gemalten. Dafür bedarf es einer Hand und eines Geistes, die all das, was das Auge sieht, korrekt und punktgenau auf eine Fläche übertragen [...]; dies gilt gleichermaßen für die Reliefwerke der Bildhauerei.« (Siehe Vorrede des dritten Teils, S. 109/110.) Das Auswahlprinzip verleiht den technisch vollkommenen Künstlern der *maniera moderna* schließlich auch die Macht, die ihnen eigentlich übergeordnete NATUR und ihre Schöpfungen mit idealisierten Werken zu übertreffen und eine nicht existente Perfektion (→PERFEKTION) derselben sichtbar zu machen: »Sogar die NATUR wurde von seinen [Raffaels] Farben besiegt [...]« (siehe Vorrede des dritten Teils, S. 117). Vasari setzte das Spannungsverhältnis von Kunst und NATUR auch malerisch in einem Fresko seines Hauses in Florenz um, das ganz im Dienst seiner künstlerischen Selbstdarstellung steht [siehe Seite 38, Detail]. In einem zweigeteilten Raum zeigt sich linkerhand der die *ars* repräsentierende Maler (Zeuxis), begleitet von drei Modellen bei der Arbeit an einem Gemälde, das eine weibliche Gestalt zeigt. Auf der anderen Seite ist die ebenfalls von mehreren Frauen umgebene Statue der vielbrüstigen Herme Diana Ephesia zu erkennen, die in der Antike als Göttin **Natura** verehrt wurde. Die NATUR präsentiert auch hier die Vielfalt an Vorbildern, die dem Künstler zur Verfügung steht und aus der er nach dem Prinzip der Elektion nur die schönsten Teile zur Bildung eines vollkommenen Ganzen auswählt. Als Vermittler zwischen beiden fungiert auch hier der *disegno*, der in Gestalt einer nackten Jünglingsstatue in der Mitte des Freskos plaziert ist. *VL*

Bibl.: Ossola 1971, S. 237 ff.; Baxandall 1977 (1972), S. 148; Böhme 2002; Niehr 2003.

NATURTREUE auch: NATÜRLICHKEIT
Ital.: **naturalità**
Verwandte Begriffe: → NATUR

Bereits Ende des 14. Jahrhunderts hatte Cennino Cennini in seinem *Libro dell'arte* das Malen und Zeichnen nach der Natur, die naturgetreue Wiedergabe der Dinge in ihrer äußeren Erscheinung, zur allgemeinen Regel erhoben. Die Forderung nach NATURTREUE läßt sich seitdem in der kunsttheoretischen Literatur Italiens verfolgen. In seinem *Trattato della pittura* verweist Leonardo auf die unendliche Vielfalt der Natur, die ein Maler zu studieren und durch entsprechende Variationen in der Gestaltung zum Ausdruck zu bringen habe. Als unentbehrliches Rüstzeug für die malerische Praxis, als Schulung der gestalterischen Fähigkeiten betont Vasari in seiner Einführung zur Malerei die Notwendigkeit der Naturnachahmung: »Hat man sich durch das Zeichnen solcher Dinge eine gute Übung verschafft und eine sichere Hand bekommen, beginne man mit der Darstellung natürlicher Dinge und erwerbe sich mit allem Fleiß und aller Sorgfalt eine gute und tadellose Praxis.« (Vasari, *Einführung in die Künste*, S. 100.) Ein so ausgebildeter Künstler, der die Nachahmung perfekt beherrscht, ist aufgrund seiner gestalterischen Fähigkeiten in der Lage, ein der Natur gleichwertiges Produkt zu schaffen, was nichts anderes bedeutet, als daß dieser unwillkürlich in Konkurrenz zur schaffenden Natur (*natura naturans*) tritt.

Ähnlich wie das Postulat, die Antike zu imitieren, gilt für Vasari die NATURTREUE im Rahmen seiner Vorstellung von einer historischen Entwicklung der Künste als positives Qualitätskriterium. Das Konzept, das dem eines biologischen Wachstumsvorgangs gleicht, differenziert deshalb zwischen drei Generationen von Künstlern, die sich diesem Bewertungsaspekt in unterschiedlichem Maße annähern: Dies sind zum einen jene Kunstschaffenden des Spätmittelalters, mit denen nach Ansicht Vasaris die ›rinascita delle arti‹, die Wiedergeburt der Künste, begann. Um die seit der Antike in einem todesähnlichen Schlaf geglaubte und nun durch Nachahmung der Natur wiedererweckte Kunst in wirkungsvollem Kontrast von der vorangegangenen Epoche abzuheben, bedient sich Vasari der metaphorischen Antithese von Finsternis und Licht: So hebt er den Florentiner Cimabue mit dem Argument hervor, daß er als erster Licht in die Kunst der Malerei gebracht habe (Bettarini/Barocchi, *Vite*, Bd. II, S. 35). Bereits die folgende Künstlergeneration, zu der unter anderem Masaccio gehört, habe ein Höchstmaß an NATURTREUE erreicht, während die unter dem Begriff der *maniera moderna* subsumierten Künstler sowohl die Antike als auch die Natur übertroffen hätten. Dieser Auffassung liegt die Vorstellung zugrunde, daß die erschaffene Natur (*natura naturata*) im Gegensatz zu dem vom Künstler geschaffenen Werk insofern als unvollkommen zu betrachten sei, als sie dem Anspruch auf höchste Vollkommenheit, der wahren Perfektion (→PERFEKTION), nicht gerecht würde. *SF*

NEID auch: MISSGUNST
Ital.: **invidia**

Der Begriff des NEIDES nimmt im Vokabular der italienischen Renaissance einen nicht unbedeutenden Rang ein. Man findet ihn sowohl in literarischen Werken wie in Traktaten, wo er in Zusammenhang mit den ebenso zentralen Begriffen →TUGEND, ›Wetteifer‹ (*emulazione*) und Konkurrenz (*concorrenza*) auftaucht. Der NEID ist hierbei als die natürliche Ergänzung dieses auf die Leistungsmotivation bezogenen Begriffskanons anzusehen. Vasari formuliert auf prägnante Weise das für seine Zeit offenbar zentrale Verhältnis von Leistung und NEID: »So sehr im künstlerischen Schaffen Wetteifer und Konkurrenz zu loben sind und wegen ihres Nutzens für die Welt Achtung verdienen, weil man auf der Suche nach Ruhm und Ehre durch sie dazu angetrieben wird, solche, die mehr darstellen als man selbst, zu bezwingen und zu überflügeln, genauso sehr und noch viel mehr verdient dahingegen der niederträchtige Neid Tadel und Verachtung, weil er Ehre und Wertschätzung bei anderen nicht zu ertragen weiß [...].« (Bettarini/Barocchi, *Vite*, Bd. III, S. 351f.) Das Thema des Künstlerneids ist alt (siehe die antike *Verleumdung des Apelles*), fand aber in der seit dem 15. Jahrhundert sich verändernden Struktur des Gewerbes – hervorgerufen durch neue Auftragspratiken, Wettbewerbe und gezielte Förderung von Talenten dank eines neuen Konzepts von Mäzenatentum – einen besonders fruchtbaren Boden. Untrennbar verbunden mit der Privilegierung einiger Künstlerpersönlichkeiten war die Erkenntnis ihrer Verwundbarkeit durch neidgesteuerte Anfeindung und Verleumdung.

Unter Umständen kann der NEID unter Künstlern im Sinne eines anspornenden Wetteifers auch positiv bewertet werden. So empfiehlt Leonardo den Malern, in Gesellschaft zu zeichnen: »Erstens wirst du dich schämen, wenn du im Kreis der Zeichner als unbegabt giltst, und diese Scham wird ein Anlaß zu eifrigem Studium sein. Zweitens wird der liebe NEID dich anspornen, denen gleichzukommen, die mehr gelobt werden als du, denn das Lob für andere wird dir ein Ansporn sein.« (Leonardo, Ed. Richter, Bd. I, S. 307.) In ähnlichem Zusammenhang spricht auch Cellini von »ehrenhaftem NEID« (Cellini, *La vita*, I, 26).

Das Thema des Künstlerneids wurde auch bildnerisch umgesetzt. Dabei tritt der NEID in personifizierter Form auf: beispielsweise in den Werken, die in Anlehnung an die antike Bildbeschreibung Lukians zur *Verleumdung des Apelles* entstanden sind – unter anderem jenes von Sandro Botticelli in den Uffizien in Florenz. *VL*

Bibl.: Brown 2001; Patz 2007.

ORDNUNG
Ital.: **ordine**
Lat.: *ordo*
Verwandte Begriffe: →MASS, →REGEL

Allgemeiner, der Systematisierung dienender Begriff, der seit der Antike in den vielfältigen Bereichen menschlichen Schaffens angewandt wird; so zum Beispiel von Aristoteles in seiner *Poetik* oder von Vitruv in seinen Büchern zur Architektur, wo die ORDNUNG als eines der Grundprinzipien gilt: »Die Anordnung vergleicht die Teile eines Werks nicht mit Größen, sondern mit Teilen, die am rechten Platz unterzubringen sind. Daher ist es nicht genug, ein gemeinsames Maß zu finden, das als Regel den Größen eines jeden Teils zugrunde liegt; vielmehr ist es notwendig, eine ORDNUNG von etwas zu finden, das teilhat und die Teile nicht mit Größen und Mengen, sondern mit Dingen zu vergleichen, die an ihren Platz zu stellen sind.« (Vitruv, *De architectura*, I, 2, ital. Ed. D. Barbaro, 1556.) Im kunsttheorethischen Kontext dient der Ordnungsbegriff vor allem zur Klassifizierung verschiedener Säulenordnungen. So auch bei Vasari in seiner Definition von ORDNUNG im Rahmen der fünf Qualitäten der *maniera moderna*: »ORDNUNG betraf das Auseinanderhalten der verschiedenen architektonischen Gattungen, so daß jedem Körper die entsprechenden Glieder zukämen und Dorisches, Ionisches, Korinthisches und Toskanisches nicht länger untereinander vertauscht würden.« (Siehe Vorrede des dritten Teils, S. 109.) In Bezug auf die gotische Architektur spricht Vasari auch von einer »barbarischen ORDNUNG« (»**ordine** barbaro«), die gleichbedeutend ist mit der »deutschen ORDNUNG« (»**ordine** tedesco«).

ORDNUNG verkörpert aber auch ein ästhetisches Ideal, das in seiner Bedeutung mit der Vorstellung von Proportion (→MASS), →REGEL und Symmetrie verwandt ist. Als ursprünglich göttliches Prinzip reflektiert sie sich in den Werken des Menschen und läßt sie harmonisch und wohlgefällig erscheinen, während der entgegengesetzte Pol der Unordnung und des Chaos dem ästhetischen Empfinden widerstrebt. Diese ästhetische Qualität spricht Vasari an, wenn er die Möglichkeit einer

Weiterentwicklung des Ordnungsprinzips durch die Vertreter der *maniera moderna* thematisiert: →[KÜNSTLERISCHE] FREIHEIT und die Fähigkeit zur →ERFINDUNG brechen die engen Grenzen der Norm auf, »ohne die ORDNUNG durcheinanderzubringen oder zu beschädigen« (siehe Vorrede des dritten Teils, S. 110). *VL*

Bibl.: Summers 1981, S. 297–318; Thoenes/Günther 1985; Theisen 2000.

PERFEKTION auch: VOLLENDUNG
Ital.: **perfez[z]ione**
Verwandte Begriffe: →GÖTTLICH, →IDEE

Mit dem oft unspezifisch und in zahlreichen Zusammenhängen anzutreffenden Begriff der PERFEKTION öffnet sich der Blick auf eines der zentralen Themen der Renaissance. Den Bedeutungsfeldern von ›Ideal‹ und →IDEE nahestehend, bezeichnet er einen erstrebenswerten, jedoch nur selten verwirklichten Grenzzustand des menschlichen Seins und der es umgebenden Welt. Von Bedeutung hierfür ist im besonderen die antike Ideenlehre Platons, derzufolge ein über der empirisch wahrnehmbaren Welt anzuordnender Bereich von Ideen, das heißt von unveränderlichen Urbildern, existiert, die im Gegensatz zur irdischen Realität vollkommen sind. Der menschliche Geist ist in der Lage, diese PERFEKTION zu erfassen und aufgrund der Erkenntnis jenen Archetypen nachzueifern bzw. sie in den Dingen zu entdecken. Zentral für das ästhetisch-künstlerische Selbstverständnis späterer Zeiten ist die platonische ›Idee des Schönen‹. Die Tatsache, daß etwas in der sinnlich rezipierbaren Welt schön ist, liegt demzufolge in seinem Teilhaben an der ›Idee des Schönen‹ begründet. Durch die Schau des Schönen ist es möglich, sich zum Guten aufzuschwingen, das zugleich an der Spitze der hierarchisch geordneten Ideen steht. Diese durch die neuplatonischen Philosophen Italiens im 15. und 16. Jahrhundert wiederbelebte Ideenlehre (unter anderem durch Pico della Mirandola, Marsilio Ficino, Francesco Diacceto) übte zugleich eine starke Anziehung auf Dichter und auch einige bildende Künstler aus, die durch ihre enge Bindung an die Hofkultur unmittelbaren Zugang zu humanistischem Gedankengut hatten. Von besonderem Interesse war dieser ›philosophische Überbau‹ für die Formulierung theorethischer Maximen im Bereich der bildenden Künste. Jenen kommt in der Wahrnehmung der Welt eine besondere Rolle zu: Einerseits bilden sie diese durch naturgetreue Darstellung ab, zugleich sind sie aber in der Lage, durch Idealisierung ihres Gegenstandes eine höhere Instanz irdischer Existenz sichtbar zu machen. Der Begriff der PERFEKTION läßt sich für beide Möglichkeiten verwenden: Zum einen kann PERFEKTION durch die exakte, durch Anschauung und Übung geschulte Wiedergabe der Natur erreicht werden: »Die Methode freilich, die zur Vervollkommnung der Kunst verhilft, werde um den Preis von Sorgfalt, Streben und Ausdauer erworben.« (Alberti, Ed. Bätschmann, S. 297.) Andererseits ist es dem Künstler möglich, durch das formale Mittel der Idealisierung einen Vollkommenheitsstatus zu suggerieren, der sich in der Wirklichkeit kaum finden läßt. Der Künstler ist in diesem Sinne Verbindungsglied und Medium zwischen den Bereichen des Irdischen und des Überirdischen. Die Konstitution des Künstlers prädestiniert ihn für die Ideenschau und zugleich für die Umsetzung und Vermittlung derselben. Vasari spricht diese komplexe Beziehung zwischen Konzeption und formaler Durchführung mehrfach an, auch auf den oftmals utopischen Charakter dieses Unterfangens anspielend: »[...] weil ihm [Leonardo] schien, daß er nur mit der Hand niemals die künstlerische PERFEKTION der Dinge würde erreichen können, die er sich vorstellte.« (Vasari, *Leonardo*, S.22.) Der Begriff der PERFEKTION taucht in den *Vite* immer wieder auf und bezeichnet abwechselnd Naturnähe, VOLLKOMMENHEIT der Verhaltensformen, der äußeren Gestalt oder dient ganz allgemein als Werturteil über bestimmte Kunstwerke. In der Vita Leonardos wird das adjektivische **perfetto** zudem einige Male durch das antithetische *imperfetto* ergänzt. Vasari bezeichnet hiermit den formalen Aspekt des *non-*

finito zahlreicher Werke Leonardos, der zumeist negativ bewertet wird.

Die Verwendung des Begriffs hat in den *Vite* darüber hinaus eine historische Dimension. Für Vasari ist die Antike **perfezione**, das Mittelalter *rovina* und die Renaissance *restaurazione* oder *rinascita* (siehe Vorrede der *Lebensbeschreibungen*). Im Sinne der Perfektibilität räumt er seiner eigenen Epoche trotz der geforderten Nachahmung des antiken Perfektionsmodells einen gewissen fortschrittsorientierten Spielraum ein, der es erlaubt, das antike Vorbild zu übertreffen und eine noch höhere Stufe der künstlerischen VOLLKOMMENHEIT zu erklimmen.

Der höchste Perfektionsgrad ist laut Vasari mit dem ›göttlichen‹ Michelangelo erreicht, der zugleich Fokus des gesamten Werks ist: Mit ihm und den ihm nachfolgenden Künstlern (einschließlich Vasari selbst) gelangten die drei edelsten Künste mit bewundernswerter PERFEKTION zum Höhepunkt. Vasaris Definition des perfekten Künstlers hat diverse Entsprechungen in anderen Lebensbereichen und bestätigt den allgemeinen Drang zum Vollkommenen in dieser Zeit. So versuchte man in zahlreichen Traktaten und literarischen Werken, perfekte Vertreter spezifischer Daseins- und Gesellschaftsformen zu bestimmen, wie zum Beispiel Alberti in *Della famiglia* (1437–41), Palmieri in *Della vita civile* (entstanden 1431–38, publiziert 1529), Machiavelli in seinem *Principe* (1532) und nicht zuletzt Castiglione, der im *Libro del cortegiano* (1528) die »idea [...] del **perfetto** cortegiano« (Widmung an Don Michel de Silva, III) verfolgte. *VL*

Bibl.: De Vecchi 2002.

PHANTASIE auch: EINBILDUNGSKRAFT

Ital.: **fantasia**

Verwandte Begriffe: →EINFALL, →ERFINDUNG, →MELANCHOLIE

Ursprünglich auf das griechische Wort *phantaseia* zurückgehend, das sowohl mit ›PHANTASIE‹ als auch mit ›Imagination‹ übersetzt werden kann, ist der Begriff in der Kunsttheorie des 15. und

16. Jahrhunderts insofern von fundamentaler Bedeutung für die Emanzipation des bildenden Künstlers vom *imitatore* zum *inventore*, als dessen Tätigkeit letztlich mit der kreativen und von Individualität geprägten Fähigkeit eines Poeten verglichen wurde, aus der spielerisch-freien Kombination von Vorstellungsinhalten Neues zu erschaffen.

Die zunächst im Mittelalter nicht vollzogene Differenzierung zwischen den Begriffen *imaginatio* und **fantasia** führte sowohl die aristotelische Tradition mit der Bedeutung eines ›verblaßten Sinneseindrucks‹ wie die platonische mit der einer ›krankhaften Inspiration‹ fort. Mit beiden Termini assoziierte man das Produkt eines unkontrolliert-spontanen und irrationalen Vorgangs, wie er etwa bei Traum- oder Deliriumszuständen erfahrbar war. Ein solches visionäres Ereignis schildert Dante in seinem Werk *Vita nuova*: »Und da ergriff mich eine so heftige Wirrnis, daß ich die Augen schloß und es in mir zu toben begann, wie wohl ein Mensch im Fieberwahnsinn tut, und daß ich Wahnbilder schaute, in der Art, daß mir zunächst, da meine PHANTASIE in die Irre zu schweifen anfing, Gesichter von Frauen mit wirrem Haar erschienen, die zu mir sprachen: ›Auch du wirst sterben‹«. (Dante, *Vita nuova*, Ed. Laaths, S. 32.)

Erst infolge des zunehmenden Interesses an kunsttheoretischen Schriften der klassischen Antike vollzog sich im Verlauf des Quattrocento die endgültige Trennung der beiden Begriffe: Während *imaginazione* weitestgehend dem psychologischen Kontext verhaftet blieb, wurde PHANTASIE zu einem elementaren Bestandteil des kunsttheoretischen Vokabulars, der sowohl die künstlerische Form als auch den poetischen Inhalt umfaßte. Das Horaz'sche Konzept der *ut pictura poesis* assimilierend, spricht Cennini in seinem *Libro dell'arte* dem bildenden Künstler eine EINBILDUNGSKRAFT zu, die der poetischen PHANTASIE von Dichtern gleicht: »Und verdientermaßen setze sie [die Malerei] an zweite Stelle nach den Wissenschaften und kröne sie durch Dichtkunst. Der Grund dafür ist, daß ein Dichter frei ist in dem, was er auswählt und was er zusammenfügt, so wie es ihm nach seinem Willen gefällt. Darin ist ihm der Maler vergleichbar, der die Freiheit hat, eine aufrechte oder sitzende Figur zu bilden oder eine, die zur Hälfte Mensch und zur Hälfte Pferd ist, gerade so, wie es ihm dank seiner PHANTASIE beliebt.« (Cennini, *Libro dell'arte*, Ed. Thompson, S. 2.)

Die ursprünglich visionäre Dimension von **fantasia** wird noch in einem Brief Mantegnas vom 13. Januar 1506 an Isabella d'Este deutlich, in dem der Künstler seine Mäzenin davon in Kenntnis setzt, daß er ihrer Aufforderung, den gewünschten Entwurf vorzulegen, Folge leisten werde, sobald ihm seine PHANTASIE dabei zu Hilfe käme (»seguitando quanto la **fantasia** me adiutera«). Scheinbar von außen kommend und sich dem Einfluß des Künstlers entziehend, ist der Begriff hier wohl im Kontext neuplatonischer Ideenlehre zu lesen, die das melancholische Temperament unter dem planetarischen Einfluß von Saturn zu außergewöhnlichen geistigen Leistungen befähigt sah (→ MELANCHOLIE). In einem anderen an Isabella d'Este gerichteten Brief aus dem Jahr 1506, der eine Antwort auf die Nachfrage der Herzogin ist, warum Giovanni Bellini noch immer nicht das von ihr in Auftrag gegebene Gemälde für ihr Studiolo ausgeführt habe, gibt Pietro Bembo zu bedenken, daß dem Künstler allzu festgelegte Instruktionen mißfallen würden: »Die Erfindung [...] erfordere, daß dies, was er zu tun habe, seiner PHANTASIE zu belieben habe und er es deshalb nicht schätzt, zahlreiche schriftliche Einzelheiten vorgesetzt zu bekommen, da sie ihm im Weg sind; seine Arbeitsweise, so sagt er selbst, bestehe darin, nach freiem Willen in seinen Bildern umherzustreifen, so daß sie sowohl ihn als auch denjenigen, für den sie bestimmt sind, mit Zufriedenheit erfüllen.« (Zitiert nach M. Kemp 1997, S. 308.)

Die Überführung des Begriffs von seiner mittelalterlichen, irrationalen Bedeutung zu einer mit dem Intellekt verwobenen künstlerisch-kreativen Fähigkeit war bereits durch Filaretes subtile Wortkoppelung *fantasticare-pensare* vorgezeichnet worden (*Trattato dell'architettura*, 1464), erlangte jedoch erst durch die Schriften Leonardos in vollem Umfang an Bedeutung. In einer berühmten Passage seines *Trattato della pittura* schildert Leonardo die stimulierende Wirkung von →FLECKEN auf die PHANTASIE eines kreativ tätigen Menschen, der beispielsweise beim Betrachten einer Mauer zu allerlei →ERFINDUNGEN und neuartigen Kompositionen angeregt werden könne (Leonardo, Ed. Richter, Bd. 1, S. 311–312).

Auch im *paragone,* dem Wettstreit der Künste, spielte die PHANTASIE als Beleg für die Gleichrangigkeit der Malerei mit der Dichtkunst eine nicht unerhebliche Rolle. So hält Leonardo den Dichtern, die ihre Kunst für die erste unter allen Künsten halten, das Argument entgegen, daß sich auch deren PHANTASIE ausschließlich durch den physischen Akt des Schreibens materialisiere: »Wenn ihr [Dichter] sie [die Malerei] handwerklich nennt, weil sie zuallererst eine manuelle Tätigkeit ist, indem die Hände nämlich all jenes formen, was sie mithilfe der PHANTASIE erfunden haben, so entwerft auch ihr Schriftsteller auf manuelle Weise mit der Feder all jenes, was ihr in eurem Geist erdacht habt.« (Leonardo, Ed. Richter, Bd. 1, S. 57.)

In den *Vite* Vasaris ist der Begriff nicht durchgängig positiv konnotiert. Dies wird besonders deutlich, wenn Vasari den seiner Meinung nach zu stark ausgeprägten Phantasiereichtum einiger Künstler kritisiert. In diesem sieht er nämlich die eigentliche Ursache für die zahlreichen und von Anfang an zum Scheitern verurteilten Projekte Leonardos, die fast immer unvollendet blieben. Vasaris versteckter Vorwurf spiegelt sich auch in solchen Formulierungen wie »una cosa bizzarra« (»ein bizzarres Werk«), »pazzie« (»Verrücktheiten«) oder »capricciose misture« (»eigenwillige Mixturen«) wider (siehe auch →EINFALL). Der künstlerische Freiraum, sowohl in formaler als auch in inhaltlicher Hinsicht Neues zu kreieren, erscheint nur dann in einem positiven Licht, wenn die produzierten Werke den ästhetischen Prinzipien Vasaris gerecht werden. Selbst die Hinzufügung des Adjektivs ›schön‹ in Formulierungen wie »schöne PHANTASIEN und Einfälle« (Vasari, *Vita di Marcantonio Raimondi,* Bettarini/Barocchi, *Vite*, Bd. V, S. 5) darf nicht über die Tatsache hinwegtäuschen, daß sich hinter solchen Äußerungen Vasaris häufig eine negative Kritik verbirgt – eine Bezeichnung nämlich, die das Seltsame, Absonderliche einer Komposition oder eines Werks zum Ausdruck bringen soll. *SF*

Bibl.: Schweitzer 1934; Kemp 1977; Fattori/Bianchi 1988; Barolsky 1995; Ferraris 1996; Ränsch-Trill 1996; Horn 2000; Krüger/Nova 2000; Belting 2001; Schulte-Sasse 2001; Schulte-Sasse 2002; Dewender/Welt 2003; Flemming 2003; Huber 2004; Wels 2005.

PLASTIZITÄT auch: RELIEF, ERHEBUNG, RELIEFWERK

Ital.: **rilievo**

Verwandte Begriffe: → CHIAROSCURO, → NATURTREUE

Rilievo taucht als technischer Begriff bereits in den kunsttheoretischen Schriften des frühen Quattrocento auf, weicht in seiner inhaltlichen Bedeutung jedoch von dem heute üblichen Sprachgebrauch als Bezeichnung für eine besondere Art von plastischen Werken, also einer erhabenen Form in Verbindung mit einem flachen Hintergrund (= RELIEF), zunächst ab. Bezeichnenderweise wird **rilievo** bereits bei Cennini, später vor allem bei Alberti hauptsächlich im Zusammenhang mit Werken der Malerei diskutiert. In ihren Traktaten ist **rilievo** sowohl Kriterium als auch Maßstab für die getreue Wiedergabe von natürlichen Dingen und meint die plastische, dreidimensionale Erscheinung einer Gestalt auf dem planen Maluntergrund, die unter anderem durch eine entsprechende Farbmodulation erzielt wird (siehe auch → CHIAROSCURO): »Denn wie der Einfall von Lichtern und Schatten bewirkt, daß sichtbar wird, wo Flächen sich wölben, wo sie, durch ihr Zurückweichen, eine Höhlung bilden oder in welchem Maße jeder Teil sich neigt oder biegt, ebenso bewirkt die Ausgewogenheit von Weiß und Schwarz genau das, was seinerzeit den Ruhm des athenischen Malers Nicias ausgemacht hat und was ein Künstler vor allem anderen anstreben sollte: daß die von ihm gemalten Gegenstände vollkommen PLASTISCH hervorzutreten scheinen.« (Alberti, Ed. Bätschmann, S. 283.) Wenn Alberti in Ermangelung von lebendigen Dingen den Malern aus didaktischen Gründen empfiehlt, sich anstelle eines ausgezeichneten Gemäldes eine mittelmäßige Skulptur zum Vorbild zu nehmen, weil man anhand dieser das Verhältnis von Licht und Schatten besser studieren könne, zeugt dies von dem hohen Stellenwert, den Alberti im Rahmen des Nachahmungspostulats dem **rilievo** einräumt: »Ja, vielleicht hat überhaupt als förderlicher zu gelten, sich im PLASTISCHEN bilden als mit dem Pinsel zu üben.« (Alberti, Ed. Bätschmann, S. 305.) Vasari wird später in seinen *Vite* auf diesen Bedeutungsaspekt, nämlich auf die durch den Maler erzeugte PLASTIZITÄT seiner Figuren, zurückgreifen, der vor allem für die Vita Leonardos als Erfinder des →CHIAROSCURO und für die ihm nachfolgenden Künstler der *maniera moderna* hinsichtlich der Perfektionierung der Kunst eine wichtige Rolle spielt: »Doch all dies zielte darauf ab, die größtmögliche PLASTIZITÄT zu erzeugen und die wahre Bestimmung und Perfektion der Kunst zu erreichen.« (Bettarini/Barocchi, *Vite*, Bd. IV, S. 24.)

Bemerkenswert ist, daß Alberti in seinem 1435 verfaßten Traktat *De pictura* sowohl den lateinischen Ausdruck *eminentia* als auch den Terminus *prominentia* verwendet, wobei ersterer in der Antike die durch eine gewisse Maltechnik erzeugte Illusion einer dreidimensionalen Figur meinte, während *prominentia* üblicherweise einen architektonischen Vorsprung, also eine reale plastische Erhebung bezeichnete. In der nur ein Jahr später folgenden italienischen Fassung *Della pittura* übersetzt Alberti jedoch beide Begriffe mit dem Terminus **rilievo**, dessen Inhaltsspektrum sich, mit Leonardo beginnend, zunehmend auch auf das Medium der Bildhauerei erstreckt. Erstmals führt Leonardo in seinem *paragone* die technischen Bezeichnungen »mezzo **rilievo**« (Halbrelief) und »basso **rilievo**« (Flachrelief) für eine spezielle Form von skulptierten Werken ein, die zwar geeignet sind, eine *istoria* darzustellen, denen er aber hinsichtlich der PLASTIZITÄT keinen Vorteil gegenüber einem Gemälde einräumt: »Wenn du eine Figur im Halbrelief von vorne darstellst, wirst du niemals behaupten, daß du mehr gezeigt hättest als der Maler, der eine Figur von derselben Seite gemalt hat; und das gleiche gilt für eine Gestalt in Rückenansicht.« (Leonardo, Ed. Ludwig, Bd. I, S. 80/81.)

Vasari ist es schließlich, der in seiner Einführung zur Bildhauerei zwischen »alto«, »mezzo«, und »basso **rilievo**« differenziert und somit unser heutiges Verständnis entscheidend mitgeprägt hat (Vasari, *Einführung in die Künste*, S. 83–86). Von letzterem unterscheidet er zudem eine spezifische Form von Flachreliefs, die er mit dem Begriff »stiacciato« (*schiacciato* = platt, flachgepreßt) umschreibt und deren Oberfläche so geringe Niveauunterschiede aufweist, daß sie sich dem Medium der Malerei annähern. Die so bezeichnete Reliefart nennt Vasari vor allem im Zusammenhang mit Werken Donatellos, dessen →DISEGNO und Gabe zur →ERFINDUNG er in dieser Hinsicht rühmt. *SF*

Bibl.: Baxandall 1977 (1972), S. 149; Freedman 1989; Kowalski 1996–1997; Niehaus 1998; Cooper/Leino 2007.

REGEL

Ital.: **regola**

Verwandte Begriffe: →[KÜNSTLERISCHE] FREIHEIT, →MASS, →ORDNUNG

In seiner kunsttheoretischen Bedeutungsdimension entstammt der Begriff vor allem der Architekturtheorie, wo er bereits bei Vitruv im Kontext von →MASS und →ORDNUNG von Bedeutung ist und in diesem Sinne in der Renaissance wieder aufgenommen wird (siehe zum Beispiel Jacopo Vignola, *Regola delli cinque ordini d'architettura*, 1562).

Alberti propagiert die Rolle der Natur als Lehrmeisterin, die dem Künstler konkrete Regelvorgaben für seine Arbeit an die Hand gibt: »[...] genau so hat eben dieselbe Natur etwas Greif- und Anwendbares zur Verfügung gestellt, dank dessen man ein Maß und über zuverlässige und gültige Mittel [*regola*] verfügt, mit deren Hilfe man mühelos, sobald man den Plan dazu faßt, vollkommen passend und vollkommen maßgerecht das vollkommene Gelingen in der entsprechenden Kunstausübung zu erreichen vermag.« (Alberti, Ed. Bätschmann, S. 147.)

Darüber hinaus bezeichnet die REGEL eine für einen bestimmten Kreis von Menschen verbindliche Richtschnur oder

Norm. So galt der Renaissance das Formenrepertoire der Antike als künstlerische Norm, die von Vasari in die Formel der »perfetta **regola** dell'arte« gekleidet wird, der es als absolutem Maßstab nachzueifern gilt (siehe Vorrede des zweiten Teils, S. 111). Neben der ästhetischen Normierung der Kunst durch REGEL, → ORDNUNG und → MASS erkennt Vasari im Abweichen bzw. der → FREIHEIT von der Norm ein besonderes Potential. So können die Vertreter der zweiten Epoche trotz ihrer Befähigung in allen fünf geforderten Bereichen (→ REGEL, → ORDNUNG, → MASS, → DISEGNO, → STIL) die absolute Vollendung nicht erreichen, »... da es ihnen noch an einer gewissen Freiheit in der REGEL mangelte, die – obwohl außerhalb der REGELN stehend – doch von ihnen gelenkt wird und die bestehen kann, ohne die Ordnung durcheinanderzubringen oder zu beschädigen.« (Siehe Vorrede des dritten Teils, S. 110.) *VL*

RUHM

Ital.: **fama**

Verwandte Begriffe: → ERINNERUNG

RUHM bezeichnet das dauerhafte Echo vom Ruf einer Person, das die zeitlich und räumlich begrenzten Dimensionen des individuellen Lebens überwinden kann: »Sein RUHM auf Erden dauert fort und wird so lange andauern wie diese.« (Dante, *Divina Commedia*, Inferno 2,59.) Besonders in der Renaissance wurde RUHM als eine Form der Unsterblichkeit angesehen, da er Taten und Leistungen eines einzelnen in der Erinnerung der Nachkommen verewigen konnte; in diesem Sinne ist der RUHM-Begriff mit jenem der → ERINNERUNG (*memoria*) verwandt. RUHM zu erlangen ist hierbei weniger eine Frage der Herkunft als der persönlichen Leistung: »Mehr durch Verdienst als durch reinsten Blutsadel verdient er ewigen RUHM.« (Boccaccio, *Decamerone*, V 9, 2.)

Vasari differenziert ›Ansehen‹ bzw. ›Ruf‹ (*credito*) und RUHM und betont den übergeordneten, oftmals die historische Realität überhöhenden Charakter des RUHMS. Ansehen (*credito*) ist im

Sinne von ›Leumund‹ zu verstehen, den man sich unter seinen Mitmenschen erwirbt. RUHM bezieht sich dagegen auf außergewöhnliche (auch negative) Charakterzüge und Leistungen. So ist es bezeichnend für Leonardo und seine Vita, daß dieser nicht immer nur in hohem Ansehen stand – Vasari bemängelt das stete *non-finito* seiner Werke –, aber dennoch bereits zu Lebzeiten über die Landesgrenzen hinweg berühmt war. Das Konzept von **fama** ist darüber hinaus die treibende Kraft in der Mythenbildung. Durch die oftmals subtil gesteuerte Rezeption eines Menschen und seiner Werke, wie dies Vasari am Beispiel der Künstler praktiziert, wird die Wahrnehmung desselben verklärt. RUHM ist damit auch Teil der in der Antike fußenden Tradition von Lebensbeschreibungen berühmter Persönlichkeiten (zum Beispiel Plutarchs Parallelbiographien), die in Italien unter der Bezeichnung der *Uomini illustri* sowohl in schriftlicher wie bildlicher Umsetzung fortgeführt wurde. Vasaris Künstlerviten verstehen sich in dieser Tradition, wobei jener mit seinem ehrgeizigen Projekt zum einen die Ruhmesbildung anstrebte und sich zum anderen um eine Neudefinition des Status der Künstler in der Gesellschaft bemühte – zwei Aspekte, die sich gegenseitig beeinflussen. Ein Holzschnitt, den Vasari in der zweiten Edition den Biographien voranstellt, zeigt, wie programmatisch er das Konzept von RUHM begreift: Die Personifikation des RUHMS – geflügelt, mit Posaune und brennender Fackel – ist dort auf anspielungsreiche Weise in eine Szenerie eingebettet, die sich als Auferstehung der Toten vor dem Jüngsten Gericht zu erkennen gibt. Eine beigefügte Inschrift verkündet den Anspruch des Verfassers: »Mit seinen Lebensbeschreibungen will er dafür Sorge tragen, daß keiner der von ihm genannten Männer jemals stirbt oder vom Tod besiegt wird«. *VL*

Bibl.: Joost-Gaugier 1985; Rubin 1995, S. 289–296; Warnke 1997 (1977).

SCHNELLIGKEIT auch: SPONTANEITÄT, PROMPTHEIT, LEBENDIGKEIT
Ital.: **prontezza**
Verwandte Begriffe: →ERFAHRUNG, →LÄSSIGKEIT, →LEBENDIGKEIT, →LEICHTIGKEIT

Die Bezeichnung **prontezza** bzw. die adjektivische Form **pronto** meint im kunsttheoretischen Kontext zum einen die SCHNELLIGKEIT in der Ausführung eines Kunstwerks, insbesondere im Bereich der Malerei. So schreibt Alberti in seinen Anweisungen an die Maler: »[...]; und eben dann folgt die Hand mit größter SCHNELLIGKEIT, wenn eine festbestimmte Berechnung des Geistes sie leitet.« (Alberti, Ed. Bätschmann, S. 305.) Die hier angesprochene Beziehung zwischen dem konzipierenden Geist und der ausführenden Hand rührt an elementare Voraussetzungen des Kunstschaffens und rückt das Konzept von **prontezza** in die Nähe derer von →ERFAHRUNG, →LEICHTIGKEIT und →LÄSSIGKEIT, aber auch jener von →IDEE und →TALENT. Somit ist stete Übung und langjährige Praxis eine Grundbedingung für jene »**prontezza** di mano« (Paolo Pino, *Dialogo di pittura*, in: Barocchi, *Trattati*, Bd. I, S. 117), aber auch ein ebenso offener und flinker Geist, der den Arbeitsprozeß anstößt und steuert.

Prontezza gilt zum anderen auch als formale Qualität eines Kunstwerks im allgemeinen und der Figuren im besonderen. Ihre Bewegungen verdienen das Prädikat **pronto**, wenn sie auf den Betrachter besonders lebendig wirken (siehe auch A. Manetti über Brunelleschi →SCHWIERIGKEIT). In diesem Sinne weist Leonardo an, drei Dinge an einem Gemälde zu überprüfen: erstens die Plastizität der Figuren (*rilievo*), zweitens ihre angemessene Verteilung im Bild und drittens ihre lebendige Wirkung: »Drittens sollen die Figuren mit LEBENDIGKEIT auf ihren besonderen Zweck gerichtet sein.« (Leonardo, Ed. Ludwig, Bd. I, S. 474, § 483.)

Vasari verwendet den Begriff **prontezza** zur Bezeichnung von geistiger Gewandtheit und Spontaneität, gleichermaßen gilt er ihm aber auch als formal ästhetische Kategorie und tritt dort häufig in Kombination mit dem Begriffsfeld um →LEBENDIGKEIT (*vivacità*) auf: »und strebte bei seiner Arbeit ständig danach, die Figuren so lebendig wie möglich in schöner Lebhaftigkeit wahrheitsgetreu abzubilden.« (Bettarini/Barocchi, *Vite*, Bd. III, S. 125.) So wird **prontezza** zu einem wichtigen Kriterium der *maniera moderna*, denn wie Vasari im Vorwort zu diesem dritten Teil bemängelt, fehlte der vorangegangenen *maniera vecchia* jener ›spirito di **prontezza**‹, jene Lebendigkeit, die dann die Werke des dritten Stils auszeichnet. *VL*

Bibl.: Baxandall 1977 (1972), S. 177.

SCHÖNHEIT
Ital.: **bellezza**
Verwandte Begriffe: →ANMUT, →ERSCHEINUNG, →LIEBREIZ, →PERFEKTION

Als einer der zentralen Begriffe des 16. Jahrhunderts kommt SCHÖNHEIT der Vorstellung von →PERFEKTION sehr nahe. Dabei handelt es sich nicht nur um eine den Sinnen angenehme physische Qualität (›**bellezza** del corpo‹), sondern auch um eine ebensolche Eigenschaft der Seele (›**bellezza** dell'animo‹), die in der →ERSCHEINUNG einer Person visuell erfahrbar wird. Beide Konzepte, die körperliche wie die seeliche Schönheit, werden in der Literatur des Cinquecento als voneinander abhängige Wesenszüge behandelt. So rühmte Baldassare Castiglione in seinem *Libro del cortegiano* äußerliche SCHÖNHEIT als ein sichtbares Äquivalent moralischer Qualitäten: »Von Gott geboren, gleicht die SCHÖNHEIT einem Kreis, dessen Zentrum die Güte ist; und wie es keinen Kreis ohne Zentrum geben kann, so gibt es keine SCHÖNHEIT ohne Güte. Deshalb kommt es selten vor, daß eine schlechte Seele in einem schönen Körper wohnt, ist doch die äußerliche SCHÖNHEIT ein wahres Zeichen für innere Güte, und mehr oder weniger ist jene Anmut den Körpern wie eine Eigenschaft der Seele eingeprägt, die diese am Äußeren erkennbar macht: Dies ist mit den Bäumen vergleichbar, bei denen die SCHÖNHEIT der Blüten ein Zeugnis für die Qualität ihrer Früchte ist.« (Castiglione, *Libro del cortegiano*, IV, 57.)

Generell sah man vor allem in harmonischen Proportionen ein quantitatives Maß für SCHÖNHEIT. Bereits Vitruv hatte in seinem Traktat *De architectura* die Gestalt von Säulen und deren Proportionen mit denen von Menschen verglichen. Assoziierte er die dorische Ordnung mit den männlichen Größenverhältnissen, so schienen ihm die ionischen und korinthischen Säulen aufgrund ihrer grazileren Erscheinung den weiblichen Proportionen ähnlich. In einer der populärsten Schriften des 16. Jahrhunderts, die sich neben vielen anderen mit dem Ideal weiblicher SCHÖNHEIT befaßte, wird die feminine Silhouette sogar in Analogie zu den Umrißformen antiker Vasen gesetzt, wobei das Verhältnis zwischen einem langen Hals, einem schmalen Torso und den rundlich-schwellenden Hüften maßgebend war. So formulierte Agnolo Firenzuola in seinem 1548 erstmals erschienenen *Dialogo delle bellezze delle donne* (am Hof des Medici-Papstes Clemens VII. begonnen, 1542 in Prato vollendet) das populäre zeitgenössische Konzept von weiblicher SCHÖNHEIT wie folgt: »SCHÖNHEIT ist nichts anderes als eine wohlgeordnete Eintracht und gleichsam eine Harmonie, die verdeckt aus der Zusammenstellung, der einheitlichen Koordinierung der unterschiedlichsten Glieder resultiert.« (Firenzuola, *Opere*, S. 538.) Neben dieser quantitativen SCHÖNHEIT des weiblichen Körpers erörterte Firenzuola bis ins Detail, wie Stirn, Haare, Augen, Ohren und Wangen sowie Kinn und Nase, aber auch Schultern, Hände, Brüste und Beine einer Frau von idealer SCHÖNHEIT geformt und welche Farbe ihnen zu eigen sein sollte. Besondere Aufmerksamkeit schenkte er dem weiblichen Lächeln, das selten zum Einsatz kommen und Bescheidenheit ausdrücken sollte und bei dem außerdem nur fünf oder sechs der oberen Zähne sichtbar werden durften. In seiner Argumentation, daß das Lächeln einer schönen Frau nicht nur ihre Anmut enthülle, sondern auch ihren Mund zum Paradies werden lasse, folgt Firenzuola den Vorstellungen von Petrarca und Dante. Auch Vasaris detaillierte Beschreibung des Gesichts der Mona Lisa, die Leonardo für Francesco del Giocondo malte, schließt mit der Bemerkung: »Und man sah in diesem Gemälde Leonardos ein Lächeln, so anmutig, daß es eher göttlich als menschlich anzuschauen war, und man hielt es für etwas Wunderbares, da es so lebendig schien wie im Leben.« (Vasari, *Leonardo*, S. 40.)

Aus dem von Plinius übernommenen Postulat, daß zwischen einem Bild und seinem Maler eine ähnliche verwandtschaftliche Beziehung bestünde wie zwischen einem Vater und seinem Sohn, ein Kunstwerk also seinem Schöpfer ähnlich sehe (siehe auch →ERSCHEINUNG), resultiert umgekehrt die Vorstellung, daß ein Maler selbst von schöner Gestalt und von innerer SCHÖNHEIT beseelt sein sollte, denn, so die Ansicht Leonardos, anders sei es gänzlich unmöglich, schöne Gestalten zu erschaffen: »Denn wärest du nämlich ein Tier, würden deine Figuren dementsprechend und ohne Geist erscheinen, so wie auf dieselbe Weise alles Gute und Schlechte von dir sich zum Teil in deinen Figuren zeigen wird.« (Leonardo, Ed. Richter, Bd. 1, S. 342.) Aus diesem Grund betont Vasari in der Vita Leonardos nicht nur die körperliche Wohlgestalt des Künstlers, sondern schildert auch dessen Fähigkeit, dem Bildnis der Jungfrau Maria, dem Prototyp von SCHÖNHEIT schlechthin, eine wahrhaft göttliche **bellezza** zu verleihen: »Im Antlitz der Madonna sah man eine solche Schlichtheit, SCHÖNHEIT und Grazie, wie man sie der Mutter Christi nur verleihen kann.« (Vasari, *Leonardo*, S. 36.) *SF*

Bibl.: Cropper 1976; Sohm 1995; Cropper 1995; Ponte 1998; Ames-Lewis/Rogers 1998; Feser 2010.

SCHWIERIGKEIT auch: MÜHSELIGKEIT
Ital.: **difficoltà**
Verwandte Begriffe: →LEICHTIGKEIT (Antonym)

Der Begriff findet in der kunsttheoretischen Literatur zur Bezeichnung der spezifischen Herausforderungen von Malerei und Skulptur Verwendung, oftmals mit dem Ziel, im Rahmen des *paragone*-Streits einen Vorrang der einen vor der anderen zu postulieren. In einem von Varchi abgedruckten Brief Francesco da Sangallos bringt dieser die diversen Argumente knapp auf den Punkt: »So sage ich, daß die Malerei ihre SCHWIERIGKEIT in der Darstellung von Schatten und Licht und die Skulptur ihre SCHWIERIGKEIT im Arbeiten mit der Materie hat; die Malerei hat die SCHWIERIGKEIT der Verkürzungen, während sich der Skulptur die SCHWIERIGKEIT stellt, daß der Bildhauer da, wo der Maler eine Figur, das heißt eine einzige Ansicht malt, viele Ansichten ausführen muß.« (Barocchi, *Scritti,* Bd. 1, S. 516.) Aber nicht nur im Vergleich, sondern auch innerhalb der einzelnen Metiers stellten sich den Künstlern besondere Herausforderungen und somit auch Möglichkeiten, sich vor anderen zu profilieren. Im Bereich der Malerei ist das Konzept der SCHWIERIGKEIT vor allem mit dem Element der perspektivischen Verkürzung verknüpft und jenem der Einbindung der Figuren in die erzählerische Handlung. So berichtet der Biograph Brunelleschis, Antonio Manetti, von dessen Wettbewerbsrelief für die Türen des Baptisteriums: »[...] alle waren erstaunt und verwundert wegen der SCHWIERIGKEITEN, die er sich auferlegt hatte, beispielsweise die Pose Abrahams [...], seine Lebendigkeit [...]« (Manetti, *Vita di Filippo Brunelleschi*, S. 63).

Zentral für dieses Konzept ist seine Wechselwirkung mit dem antithetischen Begriff der → LEICHTIGKEIT, da nur die scheinbare Mühelosigkeit der bildnerischen Umsetzung einer solchen formalen Herausforderung den gewünschten Effekt beim Betrachter garantiert: Die SCHWIERIGKEIT darf als solche nicht erkennbar sein; nur der geschulte Kunstkenner weiß um die Mühen der Ausführung und erfährt dank dieses Wissens einen gesteigerten Genuß. **Difficoltà** um ihrer selbst willen wird demnach negativ bewertet, und so warnt Leonardo die Maler: »[...] die Muskeln der Figuren dürfen nicht vollständig ausgearbeitet sein, da sie sonst SCHWIERIG und wenig anmutig geraten.« (Leonardo, Ed. Ludwig, Bd. 1, S. 344, § 337.)

SCHWIERIGKEIT ist aber nicht nur eine formal ästhetische Qualität, deren Bedeutungsspektrum von der Konzeption eines Werks über die manuelle Ausführung, das fertige Kunstprodukt bis hin zur Wahrnehmung durch den Betrachter reicht. Sie ist überdies Bestandteil eines aristokratischen Ideals, das Castiglione in seinem *Libro del cortegiano* in Zusammenhang mit dem Konzept von → LÄSSIGKEIT entworfen hat und das an den Höfen vorbildlich kultiviert wurde. Vasari, der an der Nobilitierung der Künste energisch mitwirkte, überträgt diese ethische Qualität auf die Künstlerpersönlichkeit, wobei Michelangelo zum vollendeten Vertreter Castiglionescher → LÄSSIGKEIT wird, weil »[...] der Anblick seiner komplexen Gedanken und des mit spielerischer Leichtigkeit ausgeübten Stils unglaublich war«. (Vasari, *Michelangelo*, S. 47.) *VL*

Bibl.: Baxandall 1977 (1972), S. 172; Summers 1981, S. 177ff.; Mendelsohn 1982, Spagnolo 2004.

SORGFALT auch: FLEISS.
Ital.: **diligenza**
Verwandte Begriffe: → GEDULD, → SCHNELLIGKEIT (Antonym)

Die minuziöse Ausführung und akkurate Gestaltung formaler Details bezeichnend, ist **diligenza** einer der fundamentalen Begriffe in der Kunsttheorie des 16. Jahrhunderts, jedoch sind die jeweiligen Konnotationen, die vermutlich aus der antiken Tradition übernommen wurden, sehr ambivalent.

Bereits Plinius rühmte in seiner *Naturalis historiae* den Maler Nikophanes für die von ihm in seinen Gemälden aufgewendete SORGFALT, die jedoch nur von Sachverständigen, sprich von anderen Künstlern, als solche wahrgenommen und verstanden werden konnte (»**diligentia**, quam intellegant soli artifices« – Plinius, *Naturalis historiae*, XXXV, 137). Im Gegensatz zur → SCHNELLIGKEIT (*prontezza*) bedeutete SORGFALT die permanente Kontrolle über das Werkzeug, die bedachte Ausführung des Kunstwerks, weshalb diese als Zeugnis zur Befähigung eines Künstlers herangezogen wurde. So taucht der Begriff beispielsweise sehr häufig in Vertragstexten aus dem Tre- und Quattrocento als Garantie für die akribische Genauigkeit eines Künstlers bei der Ausführung seiner Arbeit auf. In Vasaris *Vite* tritt dieser Aspekt besonders in solchen Passagen deutlich zutage, in denen der Terminus mit der Vollendung eines Werks assoziiert wird: »Er [Piero di Cosimo] begann mit der Ölmalerei, nachdem er ein paar Werke von Leonardo gesehen hatte, die den *sfumato* und jene unglaubliche Sorgfalt aufwiesen, die Leonardo an den Tag legte, wenn er seine Kunstfertigkeit unter Beweis stellen wollte.« (Vasari, *Piero di Cosimo, Fra Bartolomeo und Mariotto Albertinelli*, S. 17.)

SORGFALT ist jedoch nur dann positiv zu werten, wenn sie – so Vasaris Kritik an Leonardos Arbeitspraxis – nicht in einem solchen Übermaß betrieben wird, daß sie die Fertigstellung eines Werks vollkommen in Frage stellt. Übertriebene Kleinteiligkeit und übersteigerte Hingabe in der Ausführung von Details, die die Aufmerksamkeit des Künstlers vom Werk in toto ablenken, verurteilte schon Plinius in den skulpturalen Schöpfungen des attischen Bildhauers Kallimachos. Jener habe nämlich nicht die Fähigkeit besessen, seinen FLEISS zu beschränken (Plinius, *Naturalis historiae*, XXXIV, 92), weshalb man ihn auch ›katatexitechnos‹ nannte, sprich ›einer, der die Kunst in Details auflöste‹. Scheinbar hatte Vasari diesen Passus über Kallimachos im Gedächtnis, als er im Vorwort zum dritten Teil seiner *Vite* an den Künstlern der zweiten Epoche bemängelte, daß diese in ihrem Ehrgeiz, höchste Perfektion bei der Nachahmung von Natur zu erlangen, fehlgeleitet wurden und ihr übertriebener FLEISS deshalb den Stil spröde werden ließ. SORGFALT ebenso wie FLEISS sollten vom Künstler in Maßen verwendet und dennoch so gezielt eingesetzt werden, daß die eigene Kunstfertigkeit in vollendeten Werken zur Schau gestellt wird. Eine solche unscharfe Grenzlinie den kunstästhetischen Prinzipien Vasaris entsprechend auszuloten, ist zugleich An- und Herausforderung an die Künstler der *maniera moderna*. Und nicht von ungefähr bemerkt Vasari gleich im zweiten Satz seiner Autobiographie, daß er die eigenen Werke mit Eifer, SORGFALT und hingebungsvoller Mühe gestaltet hätte (Vasari, *Mein Leben*, S.13). *SF*

Bibl.: Muller 1985; De Girolamo Cheney 2005.

STÄRKE auch: KRAFT, AUSDRUCKSKRAFT
Ital.: **forza**
Lat.: *fortitudo*
Verwandte Begriffe: →TUGEND

Der Begriff umfaßt das Spannungsfeld von körperbezogenen Energien und der Fähigkeit zu geistigem Wirken und war im damaligen Verständnis der Zeit Ausdrucksmöglichkeit der →TUGEND (*fortitudo* ist eine der Kardinaltugenden), die Menschen von besonderer Vitalität, Entschlossenheit und Durchsetzungskraft kennzeichnete. Die körperliche STÄRKE, die es Leonardo ermöglichte, »eiserne Mauerringe und Hufeisen [zu verbiegen], als wären sie aus Blei« (Vasari, *Leonardo*, S. 46), ist durchaus als Anspielung auf den Herkulesmythos zu verstehen, der dank seiner christlichen Umdeutung in Kunst und Literatur zu einem Sinnbild der Tugend wurde. Vasari verwendet **forza** auch zur Beschreibung eines formalen Aspekts, der sich in visuell wahrnehmbarer Materialität und Vitalität des Menschen äußert: »mit der die modernen Maler seitdem ihren Figuren große AUSDRUCKSKRAFT und Plastizität verleihen.« (Vasari, *Leonardo*, S. 46.) In diesem Sinne spricht Vasari auch von »der Plastizität und ungeheuren KRAFT der Figuren« (»relievo e **forza** terribile« – Vasari, *Einführung in die Künste*, S. 111). *VL*

STIL auch: ART, WEISE, BENEHMEN
Ital.: **maniera**

Der Begriff **maniera** erscheint rückblickend in einer nahezu willkürlichen Bedeutungsvielfalt, die seine Definition erschwert. Grundsätzlich kann man in der kunsttheoretischen Literatur wenigstens seit dem 14. Jahrhundert drei Kategorien der Wortverwendung ausmachen:

1. Allgemeine Bezeichnung eines individuellen künstlerischen STILS.

2. Mit adjektivischer Ergänzung als kritisches Urteil (positiv oder negativ) über ein Kunstwerk, den STIL einer Epoche oder einer ganzen Kunstlandschaft.

3. **Maniera** selbst wird zum stilbildenden Merkmal und in Folge als absoluter, das heißt nicht weiter durch ein Adjektiv oder einen Artikel zu bestimmender Terminus verwendet. Aus diesem entwickelt sich schließlich Ende des 18. Jahrhunderts der daraus abgeleitete Begriff des ›Manierismus‹ (*manierismo*).

In seiner ersten Bedeutung greift schon Cennino Cennini den Begriff auf: »[...] dann geschieht es, wenn die Natur dir Phantasie gegeben hat, daß du dir einen eigenen STIL erwerben wirst.« (Cennini, *Libro dell'arte*, XXVII.) In ähnlichem Kontext rät auch Leonardo: »So sage ich den Malern, daß sie niemals den STIL eines anderen nachahmen dürfen.« (Leonardo, Ed. Ludwig, Bd. I, S. 141, § 81.) Vasari spricht von »sua **maniera**« oder der »**maniera** di Michelangelo«. In diesem Zusammenhang bezeichnet **maniera** auch technische Eigenarten der Künstler.

Ebenso häufig findet sich bei Vasari **maniera** im Sinne der zweiten Bedeutungsebene. Als kritisches Urteilsmaß wird der Begriff zur Bewertung eines künstlerischen Stils herangezogen und erscheint daher sowohl in positiver als auch negativer Form: »durezza nella **maniera**«, »bella **maniera**«, »**maniera** secca e cruda«, »**maniera** vecchia«, »**maniera** terza« bzw. »**maniera** moderna« (*Vite*). Hier ist die Verwendung von **maniera** mit der stilistischen und historischen Einordnung von Kunstwerken verbunden.

Die dritte Qualität des **maniera**-Begriffs als absoluter Terminus entwickelte sich aus dem allgemeinen Gebrauch des Wortes und steht mit dem ersten Bedeutungsfeld in Verbindung. Der dort mit **maniera** benannte persönliche STIL eines Künstlers hat seine Entsprechung und letztlich seinen Ursprung in der Beschreibung des menschlichen Verhaltens in seiner spezifischen Eigenart (»avere **maniera**« – »Stil besitzen«). Bezeichnenderweise räumt die höfische Kultur im Italien des 15. und 16. Jahrhunderts dieser individuellen **maniera** einen hohen Stellenwert ein, offensichtlich inspiriert von der französischen Hofliteratur, in der *manière* bereits seit dem 13. Jahrhundert mit aristokratischen Verhaltensweisen gleichgesetzt wurde und dort in die Bedeutungssphäre von *raffinesse* und *savoir-faire* gehörte. Auf vergleichbare Weise wird der Begriff der **maniera** im höfischen Ambiente

Italiens mit den dort proklamierten Elementen der Persönlichkeitsbildung verknüpft und analog oder gar synonym mit →ANMUT (*grazia*) und →LEICHTIGKEIT (*facilità*) gebraucht. Lorenzo de' Medici zählt unter den Tugenden der Frauen **maniera** als eigenständige Qualität auf: »[...] großer Geist, ehrenhafte und schmückende Verhaltensweisen sowie Sitten, STIL und elegante Gesten.« (Zitiert nach Shearman 1963, S. 204.) Der Wortsinn ›STIL‹ umfaßt hier die ganze Vielfalt der hochgeschätzten höfischen Eleganz, die sich unter anderem in Umgangsformen, sprachlicher Gewandtheit und geistiger Flexibilität äußert. In jenem höfischen Kontext wird **maniera** dann auch erstmals als absoluter Terminus auf die bildenden Künste übertragen. In einem Sonett von Agnolo Galli, das dieser 1442 am Hof von Urbino verfaßte, wird Pisanello neben anderen künstlerischen Qualitäten **maniera** zugesprochen: »Kunstfertigkeit, Maß, Grazie und *disegno*, STIL, Perspektive und Naturnähe gab ihm der Himmel als wunderbares Geschenk.« (Zitiert nach Baxandall 1971, S. 11.) Die Eleganz des Hofmanns, manifestiert in →SCHÖNHEIT, →ANMUT, Castiglionescher →LÄSSIGKEIT und →LEICHTIGKEIT, findet nun im künstlerischen Metier ihre Entsprechung in natürlicher Form- und Farbgebung, einer lockeren (eleganten) Malweise und phantasievollen Kompositionen.

Vasari verwendet **maniera** in den verschiedensten Zusammenhängen. Häufig findet sich der Begriff in den beiden erstgenannten Bedeutungen, zentral ist aber vor allem seine Verwendung in der Vorrede des dritten Teils der *Vite,* in der die dritte Bedeutungsebene des **maniera**-Begriffs (als absoluter Terminus) erstmals in einem kunsttheoretischen Text eingesetzt wird. »Regel, Ordnung, Proportion, *disegno* und Stil« (»regola, ordine, misura, disegno e **maniera**«) sind die berühmten fünf Qualitäten, durch deren Perfektionierung sich die Vertreter des letzten Teils der *Vite* auszeichnen. Für die ersten vier liefert Vasari klare Definitionen, die zeigen, daß es sich bei ihnen um technische Komponenten künstlerischen Schaffens handelt. Zu **maniera** bemerkt er: »Durch die Gewohnheit des ständigen Wiedergebens der allerschönsten Dinge – seien es nun Hände oder Köpfe, Körper oder

Beine – entstand schließlich dieser schönste der STILE, wobei durch das Zusammenfügen all dieser schönen Teile die schönstmögliche Figur geschaffen wird, die dann in allen Werken und für jede Figur zu verwenden ist: Dies ist der Grund, warum man ihn den schönen STIL nennt.« (Siehe Vorrede des dritten Teils, S. 110.) Vasari verzichtet hier auf eine technische Definition und greift zur Beschreibung der vollendeten **maniera** einen in der Renaissance beliebten antiken Topos auf: Diesem zufolge habe Zeuxis anläßlich eines Auftrags zu einem Gemälde der Helena die fünf schönsten Frauen der Stadt Kroton herbeigerufen, um aus ihren jeweils schönsten Zügen ein vollkommenes Frauenbild zu schaffen. Auf dieser metaphorischen Ebene bringt Vasari offenbar zum Ausdruck, daß sich die vollendete **maniera** aus der Perfektion der vier anderen Qualitäten ergibt und letztlich durch diese im Kunstwerk sichtbar wird. Die ›bella **maniera**‹, die zugleich die ›**maniera** moderna‹ bezeichnet, ist damit dem Konzept von →SCHÖNHEIT verwandt, hier allerdings im Sinne einer Vervollkommnung der Natur durch die Kunst verstanden: Diese ist nunmehr in der Lage, eine ideale Schönheit darzustellen, die keine irdische Entsprechung mehr hat und so über die reine Naturdarstellung hinausgeht. Offen zeigt sich hier der elitäre Charakter dieser Kunst, deren theoretischer Hintergrund in der aristokratischen Gesellschaft wurzelt und für deren Geschmack sie in erster Linie geschaffen wurde.

Den Beginn in der *maniera moderna* macht Leonardo, weil er Vasari zufolge als erster die fünf Qualitätsanforderungen erfüllt habe: »Aber ihre Fehler [die der Künstler der *maniera vecchia*] wurden dann ganz deutlich von den Werken Leonardo da Vincis aufgezeigt, der diesem dritten STIL den Anstoß gab – den wir den modernen nennen wollen – und der über Kühnheit und Können im *disegno* und über die präzise und wirklichkeitsgetreue Wiedergabe aller Einzelheiten der Natur hinaus mit guter Regel, bester Ordnung, einwandfreier Proportion, vollendetem *disegno* und göttlicher Anmut … seinen Figuren wahrhaft Bewegung und Atem verlieh.« (Siehe Vorrede des dritten Teils, S. 115.) Bezeichnenderweise ersetzt Vasari an der entsprechenden Stelle **maniera** durch »grazia divina« und deutet auf diese Weise den Bedeutungsspielraum des Wortes an.

Es bleibt zu erwähnen, daß Vasari **maniera** als absoluten Terminus fast ausschließlich im positiven Sinne verwendet. Sein Bild von der historischen Entwicklung der Kunst trägt allerdings die negative Konnotation des **maniera**-Begriffs bereits in sich, die sich in der Folgezeit herausbilden sollte. Vasaris Modell der *Vite* mit Michelangelo als Vertreter der höchsten Perfektionsstufe der Kunst im Fokus des Werks impliziert eine nach dem Erreichen dieses Höhepunkts wahrscheinliche Phase der Dekadenz.

Seit den achtziger Jahren des 16. Jahrhunderts lassen sich vermehrt negative Tendenzen in der Verwendung des **maniera**-Begriffs ausmachen, die in einer Passage der *Vite de' pittori, scultori ed architetti moderni* (1672) von Giovann Pietro Bellori kulminieren: »Die Kunst, die seit Cimabue und Giotto im Verlauf von gut zweihundertfünzig Jahren nach und nach fortgeschritten war, wurde nun sehr bald im Niedergang gesehen – erst Königin, dann anspruchslos und gewöhnlich. Nach dem Untergang dieses vortrefflichen Jahrhunderts verlor sie in Kürze jegliche Form, und die Künstler, das Studium der Natur vernachlässigend, verdarben die Kunst durch den STIL, will sagen durch die imaginäre Idee, die auf der praktischen Gewohnheit beruht und nicht auf der Nachahmung.« (Bellori, *Vite*, Ed. Borea, S. 31.)

In der Tradition dieser negativ interpretierten **maniera** steht auch die Prägung des Manierismus-Begriffs durch Luigi Lanzi in seiner *Storia pittorica della Italia* (1789/1808). Er bezeichnet damit die künstlerische Entwicklung nach Michelangelo (vor allem Vasari und seine Nachfolger), an der er die Überbewertung der **maniera** zu Lasten einer angemessenen Naturdarstellung kritisiert. Erst zu Beginn dieses Jahrhunderts fand der Manierismus-Begriff und die damit bezeichnete Kunst eine Aufwertung, die vor allem von einer Diskussion im deutschsprachigen Raum ausging (vgl. die zentralen Aufsätze von Friedländer und Pevsner aus dem Jahr 1925). Erstmals wurden hier die dem Manierismus eigenen Aspekte von höfischem Künstlertum (später besonders von Shearman), Antiklassizismus und Spiritualität (im Rahmen der Gegenreformation) als Elemente einer neuen, eigenständigen Formensprache gewürdigt. *VL*

Bibl.: Friedländer 1925, S. 49–86; Pevsner 1925, S. 149–262; Shearman 1963; Shearman 1988 (1967); Zerner 1972, S. 105–121; Arasse/Tönnesmann 1997, S. 418–421; Link-Heer 2001.

TALENT auch: BEGABUNG, GEIST, VERSTAND, KREATIVITÄT
Ital.: **ingegno**
Lat.: *ingenium*
Verwandte Begriffe: →ERFINDUNG, →PHANTASIE, →VERSTAND

Der italienische Begriff **ingegno** gehört zu den wichtigsten Termini der italienischen Kunsttheorie des 15. und 16. Jahrhunderts, wird aber fälschlicherweise häufig mit dem modernen Geniebegriff assoziiert, wie ihn die Romantik prägte. Die Grundlagen für seine Bedeutung wurden bereits in der antiken Rhetorik vorgeprägt, wo **ingenium** einerseits mit der durch Übung erworbenen Erfahrung und andererseits mit theoretischen Kenntnissen kontrastiert wird. In seinem Werk *De oratore* verteidigt Cicero seine Auffassung von der Notwendigkeit universaler Bildung gegenüber seinem Bruder, der die Meinung vertritt, daß allein Begabung und Erfahrung für die Kunst der Rede ausreichend seien: »[...]; denn während ich behaupte, die Kunst der Rede setze höchste Bildung auf wissenschaftlichem Gebiet voraus, meinst du, sie sei von den Feinheiten der Theorie zu trennen und gewissermaßen auf BEGABUNG und praktische Übung zu gründen.« (Cicero, *De oratore*, I, 5, Ed. Merklin, S. 45.) Demnach ist TALENT zwar eine wesentliche Komponente der Redekunst, doch ohne entsprechende Schulung vermag diese Gabe nur wenig auszurichten. Vitruv verfährt in ähnlicher Weise, wenn er in seinem Traktat *De architectura* auf die Interdependenzen von wissenschaftlicher Lehre und natürlicher BEGABUNG aufmerksam macht: »Weder kann TALENT ohne Schulung noch Schulung ohne BE-

GABUNG einen vollendeten Meister hervorbringen.« (Vitruv, *De architectura*, I, 1,3.)

Der große Einfluß dieser antiken Tradition zeigt sich in den kunsttheoretischen Schriften des Quattrocento, besonders wenn Ghiberti in seinen *Commentarii* auf die Formulierung Vitruvs in fast unverändertem Wortlaut zurückgreift: »Erforderlich ist, daß [der Künstler] über große BEGABUNG und Ausbildung [in seinem Fach] verfügt, weil weder TALENT ohne Lehre noch Lehre ohne TALENT den perfekten Künstler hervorzubringen vermag.« (Ghiberti, Ed. Schlosser, S. 5.) In seinem Malereitraktat *De pictura* von 1435 erklärte Alberti darüber hinaus, daß nur BEGABUNG mit Fleiß und Hingabe gepaart schließlich zum Gipfel des Ruhms führen würde (Alberti, Ed. Bätschmann, S. 245).

In seiner weiteren Bedeutungsdimension als einer mit dem Geist gekoppelten Fähigkeit zeichnet sich der Begriff **ingenium** in nachantiker Zeit erstmals bei Petrarca ab, der Giottos überragendes TALENT pries und dabei vor allem die geistigen und nicht-manuellen Fähigkeiten des Künstlers durch die Wortkombination ›manus et *ingenium*‹ deutlich hervorhob. Diese Formulierung Petrarcas wurde in vielerlei Hinsicht rezipiert und scheint auch in den folgenden Worten Albertis nachzuklingen: »Und eben dann folgt die Hand mit größter Schnelligkeit, wenn eine festbestimmte Berechnung des Geistes sie leitet.« (Alberti, Ed. Bätschmann, S. 305.) Die Zuspitzung jener von Petrarca geprägten Formulierung spiegelt sich in den Worten Benedetto Varchis von 1547 anläßlich eines Vortrags an der Florentiner Akademie wider: »Unzulänglich wird also jener Meister sein, der sich nicht darauf versteht, mit seinem Meißel etwas auszudrücken, das er sich in seinem GEIST vorgestellt hat; vielmehr werden seine Hände, die nicht der Phantasie gehorchen, das Gegenteil von dem erschaffen, was er ersonnen hat und von dem er glaubte, es ausführen zu müssen [...]« (Benedetto Varchi, *Due lezzioni*, in: Barocchi, *Scritti*, Bd. II, S. 1322 [Anmerkung]).

In den kunsttheoretischen Schriften des Cinquecento taucht der Terminus häufig in Kombination mit Begriffen auf, die dem kreativ-schöpferischen Bereich – so beispielsweise →ERFIN-

DUNG (*invenzione*) oder →PHANTASIE (*fantasia*) – zugeordnet werden. Als Beispiel können hier Leonardos berühmte Ausführungen über das Betrachten von Mauern genannt werden, wodurch der schöpferische GEIST zu allerlei Arten von Bilderfindungen inspiriert werden soll. »Ich werde jedoch nicht davon abgehen, diesen Regeln eine neue Entdeckung des Erforschens hinzuzufügen, die [...] von großer Nützlichkeit ist, um den Geist zu unterschiedlichen Erfindungen anzuregen. Und dies ergibt sich, wenn du wiederholt einige Mauern betrachtest, die mit verschiedenen Flecken beschmutzt oder aus unterschiedlichen Steinen zusammengesetzt sind. Wenn du nämlich irgendeine Gegend zu erfinden hättest, könntest du dort Vorbilder für verschiedenartige Landschaften erkennen; [...]« (Leonardo, Ed. Richter, Bd. 1, S. 311–312). Diese Passage aus Leonardos Malereitraktat macht auf anschauliche Weise deutlich, daß schöpferische Leistungen einer gewissen geistigen Disposition bedürfen, sie aber nur dann zur vollen Entfaltung kommen, wenn sich diese mit der Inspiration verbinden – eine Auffassung, die bereits von Cicero für die Kunst der Rhetorik vertreten worden war und im Laufe der Zeit für alle Arten von künstlerischer Betätigung adaptiert wurde. *SF*

Bibl.: Baxandall 1971; M. Kemp 1997, S. 294–330; Pfisterer 2002.

TUGEND auch: BEGABUNG, TALENT, VERDIENST, LEISTUNG

Ital.: **virtù**
Lat.: *virtus*

In der italienischen Renaissance ein Begriff mit reicher Konnotation, die weit über die heutige Bedeutung hinausgeht. **Virtù** bezeichnet umfassend die hohe Gesinnung eines Menschen, die sich in seiner Denk- und Handlungsweise manifestiert. Die Verwirklichung der positiven Qualitäten der menschlichen Natur im sozialen Gefüge gilt als Maßstab für die hohe Auszeichnung als ›uomo di **virtù**‹. Zentral für diese Konzeption ist darüber hinaus ihre Unabhängigkeit vom gesellschaftlichen Stand einer Person: Jeder, der dafür von Natur aus prädestiniert ist (hinsichtlich Intelligenz, Begabung usw.), kann **virtù** erlangen und kultivieren. Dies ist elementar für das neue Selbstverständnis vieler Künstler, deren **virtù** sich in der Qualität ihrer Werke, Bildung und ihrem Auftreten offenbart und ihnen erlaubt, sich auf den höchsten Ebenen der Gesellschaft zu bewegen. Bezeichnend für diese Entwicklung ist die in humanistischen Kreisen betriebene Herauslösung des Begriffs aus seinem christlich-moralischen Kontext und seine Neudefinition in Anlehnung an die antike ›**virtus**‹, deren konstituierendes Element die individuelle LEISTUNG ist. Bezeichnenderweise spielen die antik geprägten Kardinaltugenden im Begriffsfeld der humanistischen **virtù** eine entscheidende Rolle, während ihre theologischen Schwestern nahezu verdrängt werden. In diesem Sinne handelt es sich vor allem um ein Konzept der höfischen Kultur, das in dem Wort ›VERDIENST‹ seine treffendste deutsche Entsprechung findet. So liest sich auch Castigliones Benennung der ›**virtù** dell'animo‹ des vollendeten Hofmanns wie ein antiker Tugendkanon: »[...] so sagen wir im Hinblick auf unser Belang mit wenigen Worten, daß es für ihn [den vollendeten Hofmann] genügt, wenn er, wie man zu sagen pflegt, ein ehrbarer und rechtschaffener Mann ist; dies schließt Weisheit, Güte, Stärke und Besonnenheit mit ein und all die anderen Eigenschaften, die einem so ehrenvollen Namen angemessen sind.« (Castiglione, *Libro del cortegiano*, I, 41.) *VL*

Bibl.: Kusch-Arnhold 2006.

URTEILSKRAFT auch: URTEIL, URTEILSFÄHIGKEIT, SACHVERSTAND, KENNERSCHAFT

Ital.: **giudizio**

Verwandte Begriffe: →ANMUT, →DISEGNO, →SCHÖNHEIT

Die intellektuelle und an praktischen Erfahrungen geschulte Fähigkeit eines Künstlers, das eigene Werk oder das eines anderen zu beurteilen, nimmt in den kunsttheoretischen Schriften des 16. Jahrhunderts einen bedeutenden Rang ein. Die Grundlagen einer solchen Kunstkritik sind auf die Funktion der Sinne zurückzuführen, denen man eine tragende Rolle in der Urteilsfindung beimaß. Die akustische und die optische Wahrnehmungsfähigkeit wurden im Gegensatz zu den anderen Sinnen als höherwertig erachtet, da sie – gemäß dem aristotelischen Postulat – besser geeignet schienen, Schönheit in Form von harmonischen Proportionen wahrzunehmen. Von Augustinus dem Geistigen zugeordnet und damit eine rationale Qualität widerspiegelnd, wurde dem Sehsinn in Leonardos *paragone* der Künste schließlich der Primat unter allen Sinnen zugestanden, so daß die URTEILSFÄHIGKEIT des Auges (›**giudizio** dell'occhio‹) zur Tugend jeder künstlerischen Praxis avancierte und dem Künstler selbst →ANMUT verlieh. Dieser Topos wird von Vasari für sein künstlerisches Vorbild Michelangelo adaptiert, indem er behauptet, daß jener die »Zirkel im Auge« (»seste nell'occhio«) hätte (Vasari in einem Brief an M. Bassi, 1570, in: Frey, Bd. II, S. 520).

Die Beherrschung von kunsttheoretischen, numerisch quantifizierbaren Regeln der Proportionslehre und der zentralperspektivischen Verkürzung als unentbehrliche Grundlage dieser Praxis wurde der normativen Instanz des Auges unterstellt. Schon Alberti verwies auf den engen Zusammenhang zwischen Seherfahrung und URTEILSKRAFT, wenn er dem Maler eine Arbeitstechnik empfahl, die es ihm mit Hilfe eines grob gewebten Tuches ermöglichte, plastische Gegenstände auf eine plane Fläche zu übertragen: »Schließlich bietet dieses nämliche Tuch insofern eine unschätzbare Hilfe zur vollkommenen Ausgestaltung der Malerei, als man einen Gegenstand, der selbst hervorragt und Rundungen aufweist, auf der besagten Ebene des Tuches gleichsam gezeichnet und gemalt sehen kann. Aufgrund des Gesagten vermögen wir hinlänglich – in Theorie [**iudicio**] und Praxis [*experientia*] – zu erkennen, was für einen Nutzen das Tuch zum leichten und richtigen Malen gewährt.« (Alberti, Ed. Bätschmann, S. 250–251.)

Von einem Künstler mit ›**giudizio** dell'occhio‹ wurde erwartet, daß er in der Lage ist, die Regeln zugunsten einer harmonischen Einheit des Ganzen zu modifizieren und seine Figuren mit →ANMUT zu gestalten. Wie wenig hilfreich die an geometrischen Konstruktionen orientierte Theorie für die künstlerische Praxis war, zeigte sich besonders bei der Darstellung von bewegten Figuren, bei deren Gestaltung sich der Maler auf sein eigenes Ermessen, sein eigenes, an der Erfahrung geschultes Augenmaß verlassen mußte. Eine solche freihändige, mit →SCHWIERIGKEIT verbundene Gestaltungsweise, die dem Auge Gefallen und Genuß bereiten sollte, verschaffte dem Künstler hohes Ansehen. Als sensorisches und mit ›Ratio‹ assoziiertes Organ hatte das Auge die Arbeit der Hände zu überwachen, womit das Prinzip der URTEILSFÄHIGKEIT in seiner Wertigkeit über das zu Beurteilende gestellt wurde. In seinem *Trattato della pittura* rühmt Leonardo eine solche künstlerische Kompetenz und tadelt jene Meister, deren URTEILSFÄHIGKEIT hinter der Qualität ihrer Werke zurückbleibt (Leonardo, Ed. Richter, Bd. I, S. 308).

Die Diskussion um die Frage, ob **giudizio** eine angeborene oder erlernbare Disposition sei, spiegelt sich in einigen zeitgenössischen Schriften wie beispielsweise in Serlios Architekturtraktat wider (im 7. Buch, das um 1546 geschrieben wurde). Nach den Vorstellungen Michelangelos stellte die URTEILSKRAFT sogar eine von Gott gegebene Fähigkeit dar. Dem Konzept von →DISEGNO nahestehend, wird dem bildenden Künstler – gleich dem Poeten – ein künstlerischer Freiraum zugestanden. Der Begriff meinte nicht nur die Fähigkeit, vollendete Proportionen und perspektivische Verkürzungen allein mit dem Auge zu bemessen, sondern auch die mentale Leistung, in dieser Hinsicht Vollkommenes zu ersinnen und durch freie Handhabung der Kunsttheorie entsprechend handwerklich umzusetzen. Dieser künstlerischen Freiheit sind jedoch, wenn auch diffuse Grenzen gesetzt. Vasari versteht URTEILSKRAFT deshalb in erster Linie als Selbstkontrolle des Künstlers, als Fähigkeit zur Beurteilung der eigenen Qualität, durch die allzu übertriebene Einfälle (→EINFALL) unterbunden werden sollten: »Das beste Maß ist aber noch immer das Urteil der Augen, und wenn auch ein Werk durchaus hervorragend bemessen ist, das Auge aber beleidigt, dann wird man nicht umhinkommen, es zu kritisieren. Wir sagen deshalb folgendes: Das Maß bietet eine korrekte Orientierung beim Vergrößern der Figuren und gibt ihnen eine Höhe und Breite, die das Werk bei Einhaltung der Regeln proportionieren und anmutig gestalten. Nichtsdestoweniger hat das Auge dann auf der Grundlage seines Urteils wegzunehmen und hinzuzufügen, entsprechend der sich ihm zeigenden Mängel, bis es ihm das richtige Maß an Proportion, Anmut, *disegno* und Vollendung verliehen hat, die ihm das uneingeschränkte Lob jedes ausgezeichneten Kenners einbringen wird.« (Vasari, *Einführung in die Künste*, S. 77–78.) Diese Worte Vasaris reflektieren nicht nur die rationale Qualität des Begriffs, sondern lassen vielmehr dessen ästhetische Komponente offensichtlich werden, die in der sachverständigen Ausbildung von Kunstliebhabern eine nicht unwesentliche Rolle spielte. Das scheinbar Subjektive des künstlerischen Werturteils wird faktisch durch einen Konsens über ästhetische Wertvorstellungen oder, um es anders auszudrücken, durch einen allgemeinen GESCHMACK (*gusto*) nivelliert, der als natürliches Kommunikationsmittel zwischen dem Künstler und der Öffentlichkeit fungiert. Schon in der Antike wurde die Theorie entwickelt, daß die Meinung aller Betrachter letzten Endes zum vollkommenen Werk führen würde und man selbst allzu freien Einfällen des Künstlers auf diese Weise entgegenwirken könnte. Plinius überlieferte die späterhin zum Topos avancierte Anekdote von Apelles, der nach Fertigstellung eines Gemäldes dieses einem breiten Publikum zu präsentieren pflegte, um dessen Ansichten darüber zu hören, wobei sich der Künstler – um den Betrachter nicht durch seine Anwesenheit zu beeinflussen – dabei stets versteckt gehalten haben soll. Als aber eines Tages ein vorbeikommender Schuster mehrmals hintereinander Kritik an einem seiner Werke übte, soll er diesem erzürnt die bis heute sprichwörtlich gebliebene Formulierung zugerufen haben: ›Schuster, bleib bei deinen Leisten‹. Besonders aufschlußreich für die enge verwandtschaftliche Beziehung zwischen den Begriffen **giudizio** und *gusto* sind die Ausführungen des venezianischen Kunsttheoretikers Paolo Pino: »[…] Vielfältig sind die menschlichen URTEILE, unterschiedlich die [physischen] Eigenschaften und so gewinnen wir auf die gleiche [unterschiedliche] Weise das eine aus dem anderen, vom Intellekt den GESCHMACK. Diese Abweichung [im geschmacklichen Urteil] ist die Ursache dafür, daß die Dinge nicht allen gleichermaßen gefallen.« (Paolo Pino, *Dialogo di pittura* (1548), in: Barocchi, *Trattati,* Bd. I, S. 132.) Die Erkenntnis, daß aus einem abweichenden GESCHMACK ein anderes URTEIL resultiert, läßt sich auch in einer Bemerkung Vasaris finden, die an die Formulierung Pinos erinnert, hier aber negativ konnotiert ist: »Wie unterschiedlich sind doch die URTEILE der Menschen und wie oft fallen sie aus Neid boshaft aus [...].« (Vasari, *Leonardo*, S. 32.) Nur wahre Kenner von Kunst, so Vasaris Ansicht, werden dank desselben Bewertungsmaßstabs zu einem identischen URTEIL kommen. So sind die *Vite* auch in der didaktischen Absicht verfaßt worden, Kunstliebhaber mit ästhetischen Prinzipien und Qualitätsmerkmalen vertraut zu machen, so daß diese eine KENNERSCHAFT entwickeln können, die mit jener von Künstlern vergleichbar ist, ohne selbst über eine künstlerische Begabung verfügen zu müssen. *SF*

Bibl.: Klein 1970 (1961), S. 342–352; Summers 1981, S. 352–363 u. S. 368–379; Lüthe/Fontius 2001.

VERSTAND auch: DENKVERMÖGEN, INTELLEKT

Ital.: **intelletto**

Verwandte Begriffe: →DENKEN, →IDEE, →PHANTASIE, →TALENT

Aufgrund seiner philosophischen Implikationen findet der Begriff in der Renaissance vor allem in erkenntnistheoretischen Schriften Verwendung. Varchi nennt **intelletto** in einer Begriffsanalyse »den vornehmsten Teil der Seele [...], den man häufig auch als Geist bezeichnet« (*Lezzione sopra un sonetto di Michelangelo,* in: Barocchi, *Scritti,* Bd. II, S. 1336ff.). Varchi unterscheidet zwei Arten bzw. Teile des INTELLEKTS: einen universalen (›**intelletto** universale‹), der den Menschen in die Lage versetzt, die Dinge in einem allgemeingültigen, unveränderlichen Idealzustand zu erfassen und einen speziellen (›**intelletto** particolare‹), der durch die sinnlich wahrgenommenen Reize gespeist wird und den Varchi mit der →PHANTASIE (*fantasia*) und der Vorstellungskraft (*immaginazione*) gleichsetzt. Varchis Analyse des Begriffs ist Teil seiner Interpretation eines Gedichts von Michelangelo, das als theoretische Äußerung des Künstlers über sein Schaffen gewertet werden kann und dafür Berühmtheit erlangte (siehe auch → IDEE). In der ersten Strophe ist der komplexe Vorgang der künstlerischen Umsetzung einer Vorstellung ins Werk prägnant in Worte gefaßt: »Non ha l'ottimo artista alcun concetto, / ch'un marmo solo in sé non circonscriva / col suo superchio, e solo a quello arriva / la man che ubbidisce all' **intelletto**.« – »Es hat der beste Künstler keine Konzeption, die allein der Marmorblock nicht schon mit seinem Überschuß in sich schließt; und nur die Hand, die dem INTELLEKT gehorcht, gelangt dorthin.« Hand und INTELLEKT, das heißt künstlerische Technik und Vorstellungskraft des Künstlers bilden das Spannungsverhältnis und die Grundlage des Schaffensprozesses. Die von Michelangelo propagierte elitäre Rolle des INTELLEKTS ist als eine Nobilitierung der künstlerischen Produktion zu lesen, in der die handwerklichen Aspekte untergeordnet sind und die bildende Kunst in den Rang der *artes liberales* erhoben wird. Der entscheidenden Bedeutung des Übertragungsmodus, mit dem die im Geist ersonnenen Vorstellungen manuell in ein Kunstwerk ›übersetzt‹ werden, trägt auch Vasari Rechnung. In der Vita Leonardos versucht er ihn mit offensichtlich philosophisch geschultem Vokabular sprachlich zu fassen: »So erklärte er [Leonardo] ihm, daß sich schöpferische Menschen gerade dann am meisten mühen, wenn sie nicht arbeiten, weil sie nämlich im Geist Neues ersinnen und sich so die perfekten Ideen ausbilden, die dann die Hände zum Ausdruck bringen und gemäß dem wiedergeben, was zuvor der VERSTAND konzipiert hat.« (Vasari, *Leonardo*, S. 29–30.) *VL*

VORSTELLUNG auch: KONZEPTION
Ital.: **concetto**
Lat.: *conceptus*
Verwandte Begriffe: →DISEGNO, →IDEE

Der Bedeutungsdimension von →IDEE eng verwandt, wird mit dem Begriff **concetto** ein geistig entworfenes, vollendetes Urbild bezeichnet, das dem Kunstwerk vorausgeht. Eine eindeutige Trennung der beiden Termini ist jedoch aufgrund des unsauberen zeitgenössischen Sprachgebrauchs nur schwer faßbar. Aus den schriftlichen Äußerungen von Künstlern läßt sich bedingt die These ableiten, daß **concetto** im künstlerischen Umfeld weitaus gebräuchlicher war als das nahestehende Wort *idea*, das wohl hauptsächlich im philosophischen Kontext Verwendung fand.

Bereits 1547 hatte sich der Florentiner Gelehrte Benedetto Varchi mittels einer Auflistung von Synonymen um eine Definition des Begriffs bemüht, als er in seinem Vortrag an der Akademie von Florenz jenes berühmt gewordene Gedicht Michelangelos (um 1544) interpretierte, das mit den folgenden Versen beginnt: »Non ha l'ottimo artista alcun **concetto** / c'un marmo solo in sé non circonscriva / col suo superchio« – »Es hat der beste Künstler keine KONZEPTION, die allein der Marmorblock nicht schon mit seinem Überschuß in sich schließt«. Varchi bemüht sich darin, Malerei und Skulptur auf eine Ebene mit der Dichtkunst zu stellen, indem er auf die allen gemeinsame Verwendung des **concetto** hinweist. Bilder werden als metaphorische Übermittler von **concetti** angesehen, da sie ähnlich wie poetische Texte die Kraft besitzen, Emotionen im Betrachter zu wecken: »Und der erste Anfang, oder wollen wir sagen, die bewirkende Ursache aller Dinge, die gesagt und gemacht werden, ist somit jene Art oder Form oder Bildvorstellung oder Aussehen oder Idee oder Muster oder Vorlage oder Ebenbild oder Vorhaben oder KONZEPTION oder Modell oder – wie man auf andere Weise sagen könnte oder müßte – wie das Bild oder Phantasiebild wäre, das in der Phantasiefähigkeit, oder wollen wir sagen, in der imaginierenden Macht dessen liegt, der sie [die

Phantasiebilder] entweder machen oder sagen will.« (Benedetto Varchi, *Lezzione sopra un sonetto di Michelangelo*, in: Barocchi, *Scritti*, Bd. II, S. 1330.)

Der Begriff findet sich bereits in den kunsttheoretischen Schriften des Quattrocento, in denen der Sinn über das visionäre Anfangsstadium hinauszugehen und eine Realisierung in Form kleinerer Skizzen zu enthalten scheint. So formulierte Alberti: »Stehen wir nun vor der Aufgabe, einen Vorgang [*istoria*] zu malen, so werden wir zunächst ziemlich lange darüber nachdenken, in welcher Ordnung und auf welche Weise wir ihn gestalten müssen, um größtmögliche Schönheit zu erzielen. Dabei werden wir auf Papier kleine Skizzen entwerfen und bald den ganzen Vorgang [*istoria*], bald dessen einzelne Teile versuchsweise festhalten; und wir werden alle unsere Freunde diesbezüglich um Rat fragen.« (Alberti, Ed. Bätschmann, S. 309.) Wie Alberti differenzierte Vasari später auch zwischen der manuellen Ausführung und dem geistigen Entwurf des Künstlers, der sich jedoch wiederum in der Zeichnung widerspiegeln sollte. So berichtet Vasari in der Vita Albertis, daß jener es sehr gut verstanden habe, seine VORSTELLUNGEN in Zeichnungen umzusetzen (Bettarini/Barocchi, *Vite*, Bd. III, S. 288). Darüber hinaus erklärt Vasari in seiner Einleitung zur Malerei: »Und da aus dieser Erkenntnis eine gewisse VORSTELLUNG und ein Urteil entsteht, das im Geist die später von Hand gestaltete und dann Zeichnung genannte Sache formt, so darf man schließen, daß *disegno* nichts anderes sei, als eine anschauliche Gestaltung und Darlegung jener Vorstellung, die man im Sinn hat, von der man sich im Geist ein Bild macht und sie in der Idee hervorbringt.« (Vasari, *Einführung in die Künste*, S. 98.) *SF*

Bibl.: Mendelsohn 1982; Wallace 2008.

WEICHHEIT auch: ZARTHEIT

Ital.: **morbidezza**

Verwandte Begriffe: →ZARTHEIT

Als Begriff der Kunsttheorie bezeichnet **morbidezza** vor allem in der Malerei eine Qualität der Farb- und Formgebung, die besonders in der Darstellung des Inkarnats erwünscht ist, da sie eine naturgetreue Wirkung unterstützt: »Und mit Sicherheit ist das Kolorit von großer Wichtigkeit und Kraft, da der Maler, wenn er in der Lage ist, die Farben und die ZARTHEIT des Fleisches und die Eigenschaften jedweder Sache gut nachzubilden, seine Gemälde so lebendig erscheinen läßt, daß ihnen nur noch der Atem fehlt.« (Lodovico Dolce, *Dialogo della pittura*, in: Barocchi, *Trattati*, Bd. I, S. 145f.) **Morbidezza** gilt Dolce des weiteren als Maßstab der Naturtreue: »[Tizian] entwickelte einen ungemein weichen Stil in der Farbgestaltung und war in den Farben der Wirklichkeit so nahe, daß man wahrlich sagen darf, er zieht dank ihm mit der Natur gleich.« (Lodovico Dolce, *Dialogo della pittura*, in: Barocchi, *Trattati*, Bd. I, S. 145f.) Bezeichnend für den Venezianer Dolce ist die hier vorgetragene hohe Bewertung des Kolorits (im Gegensatz zum *disegno* des Toskaners Vasari), das wie auch die Qualität der **morbidezza** in der venezianischen Malerei eine zentrale Rolle spielt.

Bei Vasari ist der Begriff im Hinblick auf den technischen Fortschritt der Künste mit der *maniera moderna* und dort besonders mit Giorgione und Correggio verbunden. Diesen gelingt es, in der Nachfolge Leonardos und dessen *sfumato*-Technik eine Malweise zu entwickeln, in der **morbidezza** eine zentrale Rolle spielt. Die Innovation wird vor allem im Vergleich mit einigen Vertretern der zweiten Epoche faßbar, deren durch übermäßiges Üben hart und spröde gewordener Stil von Vasari kritisiert wird (siehe Vorrede des dritten Teils, S. 112). **Morbidezza** ist zudem mit einer bestimmten Art und Weise der Ausführung verbunden, in der →LEICHTIGKEIT (*facilità*) und →KÜNSTLERISCHE FREIHEIT (*licenzia*) eine wichtige Rolle spielen: »Gleichermaßen ist es nicht möglich, die unendlich anmutige Lebendigkeit zu beschreiben, die Antonio aus Correggio seinen

Werken verlieh. So malte er Haare auf eine Weise, die nichts mit jener seiner Vorgänger gemein hatte, die mühsam, schneidend und spröde wirkte; seine hingegen waren von einer flaumigen WEICHHEIT, die die einzelnen, mit Leichtigkeit ausgeführten Strähnen wie aus Gold und schöner als echtes Haar erscheinen ließ, so daß diese von den gemalten Haaren übertroffen wurden.« (Siehe Vorrede des dritten Teils, S. 117–118.) *VL*

WUNDER auch: HERRLICHKEIT, ERSTAUNEN
Ital.: **meraviglia** oder auch **maraviglia**
Verwandte Begriffe: →ANMUT, →GÖTTLICH, →PERFEKTION, →SCHÖNHEIT

Ursprünglich ein Begriff der Rhetorik- und Dichtungslehre verlangt **meraviglia** je nach Satzkontext verschiedene Nuancen der Übersetzung. Das Spektrum seiner Bedeutungen überschneidet sich zum Teil mit denen von →ANMUT (*grazia*) und →SCHÖNHEIT. Jedoch ist **meraviglia** eher als eine Steigerung derselben zu verstehen, so daß auch die Bedeutungsfelder von →GÖTTLICH und →PERFEKTION berührt werden.

Für die Kunsttheorie ist vor allem jene Bedeutungsdimension relevant, die alle Arten von Bewunderung umfaßt und das Nichtalltägliche zum Ausdruck bringt. Dies kann einerseits auf Personen bezogen sein, denn bereits Dante verwies auf die außerordentlichen, die Normalität übertreffenden Eigenschaften Beatrices: »[…] könnten wir nur verweilen, um die Herrlichkeit dieser Frau zu schauen.« (Dante, *Vita nuova*, 14, 6.)

Andererseits können sowohl die von der Natur hervorgebrachten Dinge als auch das von Menschenhand Erschaffene mit dem Begriff assoziiert werden, wobei der Grad des ERSTAUNENS in aller Regel von der Seltenheit des zu bewundernden Objekts abhängig ist. Schon Augustinus war der Ansicht, daß Dinge, die mit unserer Kenntnis der Natur nicht in Einklang zu bringen sind, beim Menschen Neugier und Wissensdurst erzeugen würden. Gemäß religiöser Lesart waren WUNDER Außerkraftsetzungen der Naturgesetze. Für die mittelalterlichen Theoretiker wie den

Theologen Thomas von Aquin war das ERSTAUNLICHE vor allem mit einer freudigen Erregung verbunden, und zwar insofern, als Marias Reaktion auf das Erscheinen des Verkündigungsengels von ihnen als ein positiver Schock gedeutet wurde. WUNDER seien demnach das beste Mittel, die Aufmerksamkeit der Seele zu erregen.

In der Konnotation eines ›bewundernden ERSTAUNENS‹ findet der Begriff Eingang in die kunsttheoretischen Schriften des 15. und 16. Jahrhunderts, verstärkt jedoch in der Literatur des Barock. Cellini spricht in seiner Autobiographie von dem überraschenden Effekt, der selbst den gelehrten Betrachter und Sammler von Kunstobjekten in Erstaunen versetzte, weil ein Werk das bisher Gesehene in den Schatten stellte und alle Vorstellungen und Erwartungen übertraf: »Ich enthüllte diese kolossale Statue, über die der König noch mehr STAUNEN zeigte als über jedes andere Werk, das er je gesehen hatte.« (Cellini, *Vita*, II, 39.) In diesem Sinne verwendet auch Vasari den Begriff **meraviglia**, um das Erstaunliche an Leonardos *Abendmahlfresko* hervorzuheben oder den Karton der *Heiligen Anna Selbdritt* entsprechend zu würdigen, der bei Künstlern und Laien gleichermaßen eine verblüffende Wirkung erzielte, weil er in seiner Einzigartigkeit das bisher Gesehene in den Schatten stellte: »Als das Werk fertiggestellt und in einem Raum gezeigt wurde, STAUNTEN nicht nur die Künstler darüber, sondern es kamen wie zu einer Feiertagsprozession zwei Tage lang Männer und Frauen, Junge und Alte, um dieses WUNDERWERK Leonardos zu sehen, das das ganze Volk zum STAUNEN brachte.« (Vasari, *Leonardo*, S. 36.)

Der Begriff kann darüber hinaus im Kontext der *paragone*-Diskussion als besondere Auszeichnung für eine der Kunstgattungen Verwendung finden. So hebt Leonardo die Vorzüge der Malerei gegenüber der Bildhauerkunst unter anderem mit dem Argument hervor, daß diese »von größerem geistigen Anspruch, Kunstfertigkeit und HERRLICHKEIT« sei (Leonardo, Ed. Richter, Bd. I, S. 97). Eine ins Überirdische tendierende Konnotation des Begriffs läßt sich bei Benedetto Varchi ausmachen, der im Rahmen der zeitgenössischen Disputation um die Rangfolge der Künste Gemälden einen fast übernatürlichen Charakter zuschreibt, wenn er die Schwierigkeiten ihrer Genese aufzählt: »Dem fügen sie [die Maler] hinzu, daß ein Maler zur Verkürzung von Figuren, Gebäuden, Städten und Landschaften der Perspektive bedarf, die sich auf maßgerechte Linien, Farben, Lichter und Schatten gründet, damit wunderbare und fast übernatürliche Werke entstehen.« (Benedetto Varchi, *Della maggioranza delle arti*, in: Barocchi, *Scritti*, Bd. I, S. 530.) *SF*

Bibl.: Summers 1981, Kap. X; Barolsky 1993; Walker Bynum 1997; Rougé 1998.

ZARTHEIT

Ital.: **dolcezza**

Verwandte Begriffe: →CHIAROSCURO, →WEICHHEIT

Es handelt sich um einen Begriff, der in der Kunsttheorie zur Beschreibung einer besonders weichen und zarten Farb- und Malqualität dient und in seiner Verwendung jenem der →WEICHHEIT nahesteht: »Aber diese Ehrenhaftigkeit wandte der gute Raffael in allen seinen Werken an, so daß er allgemein seinen Figuren einen ZARTEN und freundlichen Anschein verlieh, der bezaubert und entflammen läßt.« (Lodovico Dolce, *Dialogo della pittura*, in: Barocchi, *Trattati*, Bd. I, S. 195.) Auch Vasari stellt diese Verbindung von **dolcezza** und →ANSCHEIN her, die in ihrer atmosphärischen Qualität offensichtlich miteinander verwandt sind. In seinem Modell von einer an stilistischen Aspekten gemessenen Entwicklung der Künste bedeutet die Qualität von ZARTHEIT in den Werken einiger Künstler der zweiten Epoche überdies einen meßbaren Fortschritt in Richtung der *maniera moderna*: »[…] so fehlte doch eine gewisse Lebendigkeit, die man – wie auch eine harmonische ZARTHEIT der Farben – nie bei ihnen sah und die als erste von Francia Bolognese und Pietro Perugino in ihren Werken vorgeführt wurden.« (Siehe Vorrede des dritten Teils, S. 115.) *VL*

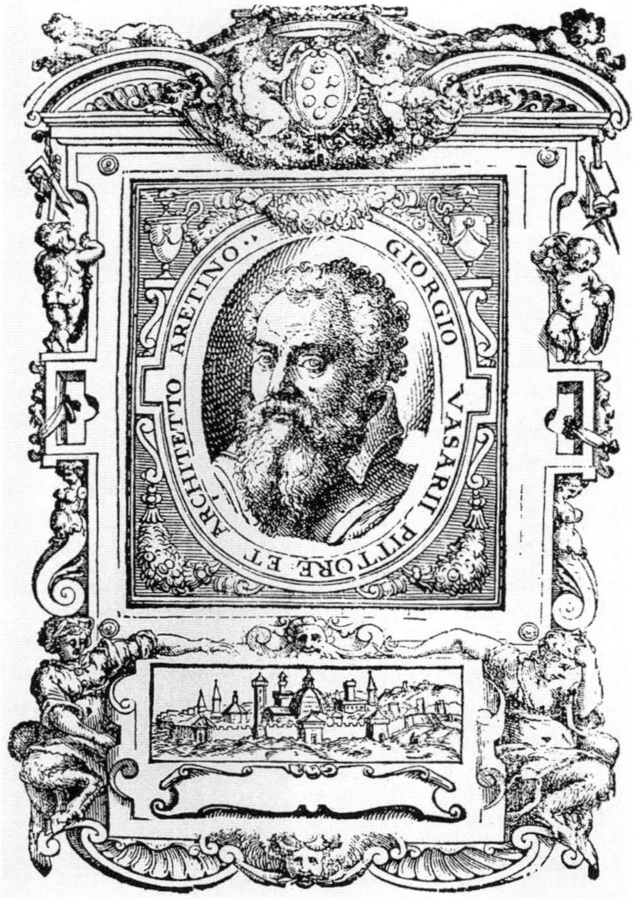

Autorenporträt der Ausgabe 1568

Die Edition Giorgio Vasari

Giorgio Vasari
Lebensläufe der hervorragendsten Künstler

»Solche Unternehmungen entspringen nur der Leidenschaft. Wagenbach hat sich mit Vasaris Künstler-Viten selbst ein Geschenk gemacht.«
Horst Bredekamp, Literaturen

Kunsttheorie und Kunstgeschichte
312 Seiten mit vielen farbigen Abbildungen.

Das Leben des Parmigianino
96 Seiten mit vielen farbigen Abbildungen.

Das Leben des Raffael
208 Seiten mit vielen farbigen Abbildungen.

Das Leben des Pontormo
144 Seiten mit vielen farbigen Abbildungen.

Das Leben des Sebastiano del Piombo
96 Seiten mit vielen farbigen Abbildungen.

Das Leben des Rosso Fiorentino
96 Seiten mit vielen farbigen Abbildungen.

Giorgio Vasari. Mein Leben
192 Seiten mit vielen farbigen Abbildungen.

Das Leben des Tizian
144 Seiten mit vielen farbigen Abbildungen.

Das Leben des Giulio Romano
96 Seiten mit vielen farbigen Abbildungen.

Das Leben des Andrea del Sarto
144 Seiten mit vielen farbigen Abbildungen.

Steinschneider, Glas- und Miniaturmaler
224 Seiten mit vielen farbigen Abbildungen.

Das Leben des Leonardo da Vinci
144 Seiten mit vielen farbigen Abbildungen.

Einführung in die Künste der Architektur, Bildhauerei und Malerei
176 Seiten mit vielen farbigen Abbildungen.

Sodoma und Beccafumi
160 Seiten mit vielen farbigen Abbildungen.

Die Leben der Bildhauer des Cinquecento
320 Seiten mit vielen farbigen Abbildungen.

Das Leben des Sansovino und des Sanmicheli mit Ammannati, Palladio und Veronese
272 Seiten mit vielen farbigen Abbildungen.

Das Leben des Bramante und des Peruzzi
160 Seiten mit vielen farbigen Abbildungen.

Die Künstler der Raffael-Werkstatt
256 Seiten mit vielen farbigen Abbildungen.

Das Leben des Giorgione, Correggio, Palma il Vecchio und Lorenzo Lotto
128 Seiten mit vielen farbigen Abbildungen.

Das Leben des Piero Di Cosimo, Fra Bartolomeo und Mariotto Albertinelli
144 Seiten mit vielen farbigen Abbildungen.

Das Leben des Perino del Vaga
128 Seiten mit vielen farbigen Abbildungen.

Das Leben des Montorsoli und des Bronzino sowie der Künstler der Accademia del Disegno
256 Seiten mit vielen farbigen Abbildungen.

Das Leben des Francesco Salviati und des Cristofano Gherardi
240 Seiten mit vielen farbigen Abbildungen.

Das Leben des Daniele da Volterra und des Taddeo Zuccaro
200 Seiten mit vielen farbigen Abbildungen.